Karl-Wilhelm Weeber

DAS
RÖMER
LEXIKON

C.C. Buchner

Das Römerlexikon

Karl-Wilhelm Weeber

1. Auflage, 1. Druck 2022

Alle Drucke dieser Auflage sind, weil untereinander unverändert, nebeneinander benutzbar.
Dieses Werk folgt der reformierten Rechtschreibung und Zeichensetzung.

© 2022 C. C. Buchner Verlag, Bamberg

Lektorat: Melanie Kattanek, Gunzenhausen
Gestaltung und Satz: Petra Michel, Amberg
Umschlagmotiv: Zeichnung nach einem Fußbodenmosaik im sogenannten Haus
    der Arbeiten des Herkules in der römischen Stadt Volubilis (im heutigen Marokko).
Druck: mgo360 GmbH & Co. KG, Bamberg

www.ccbuchner.de

ISBN 978-3-7661-**5490**-3

Ein „Römerlexikon" ohne Römer und Römerinnen? Da kann man beim oberflächlichen Durchblättern stutzig werden. Tatsächlich finden sich in diesem Buch keine Biografien berühmter Persönlichkeiten des antiken Rom, wohl aber eine Menge Informationen zu ihrer Lebenswelt, die uns ziemlich fremd ist. Und natürlich tummeln sich in dieser Lebenswelt auch jede Menge Menschen! Wer lateinische Texte liest, stößt häufig auf „Leerstellen" oder Andeutungen und möchte mehr Hintergrund, mehr konkrete „Facts" über den Alltag und die Politik, über Arbeit und Freizeit oder auch über die sprachlichen Wurzeln mancher Begriffe erfahren (wie die deutschen „Fakten" kommen z. B. auch die englischen *facts* aus dem Lateinischen; beides geht auf lateinische *facta* zurück, Dinge, die „gemacht" bzw. „geschehen" sind).

Dieses Buch will dabei helfen, solche Informationslücken zu schließen: Schauten die Römerinnen und Römer nur bei öffentlichen (Sport-)Wettkämpfen zu oder trieben sie selbst im Alltag auch Sport? Gab es Moden bei der Kleidung? Musste sich, wer im Römischen Reich unterwegs war, vor Kriminellen fürchten? Legte man in Rom Wert auf Umweltschutz, auf die Schonung der als göttlich verehrten Natur? Gab es schon Drogen – oder hatten die Römer vielleicht sogar ein Drogenproblem? Oder auch ganz Normales: Wie sah ein römisches Frühstück aus, wie „funktionierte" ein Opfer, welche Haustiere leisteten den Menschen Gesellschaft und wie ging man shoppen? Die Antworten beschränken sich nicht auf die Welt der vornehmen Senatoren und reichen Ritter, sondern beziehen auch das Leben der „kleinen Leute", der Sklaven und Freigelassenen ein – soweit es sich aus den Quellen rekonstruieren lässt (die fast ausschließlich von Angehörigen der Oberschicht geschrieben worden sind!).

Das „Römerlexikon" will eher ein Lesebuch sein als ein Nachschlagewerk. Deshalb ist es nicht in eine Vielzahl „Miniartikel" gegliedert, die mehr oder weniger unvernetzt nebeneinanderstehen. Die Struktur orientiert sich vielmehr an wichtigen **Oberbegriffen**, denen in der Regel die entsprechenden Detailaspekte untergeordnet sind: „Frühstück" findet sich beispielsweise unter „Mahlzeiten", „Zahnpasta" unter „Körperpflege", „Liebeszauber" unter „Magie", „Konsul" unter „Ämterlaufbahn", „Beamte" und „Senat". Zu **grau abgehobenen Begriffen** gibt es einen eigenen Text. Und wer statistische Angaben sucht, wird im Artikel „Rom in Zahlen" fündig.

Zwischendrin gibt es immer wieder pointierte Zitate römischer Autoren. Die Zeitzeugen, die da zu Wort kommen, werden auf den Seiten 196/197 kurz vorgestellt und zeitlich eingeordnet. Wer es genauer wissen und einzelne Stellen nachschlagen will, findet hier die Angaben dazu: ccbuchner.de/clip_code/5490-01

Das „Römerlexikon" will vor allem junge Leserinnen und Leser ansprechen. Ihnen soll es über die Erläuterung und Vertiefung der lateinischen Texte hinaus einen Zugang zu der andersartigen, manchmal als exotisch empfundenen Welt des alten Rom erschließen. Der Autor möchte aber auch „ältere Semester" mit schon länger zurückliegender Latein-Erfahrung dazu einladen, ihr Rom-Wissen aufzufrischen und zu erweitern. Und er wagt es, euch und Ihnen allen viel Vergnügen zu wünschen.

Wo bei einer Jahreszahl oder einem Jahrhundert weder „v. Chr." noch „n. Chr." angegeben ist, geht es um die Zeit nach Christus.

Abendessen
→ Mahlzeiten

Aberglaube
→ Amulett; Magie; Vorzeichen

Ämterlaufbahn

„Ihr habt mich, Römer, nach langer Zeit als neuen Mann in dieses Amt gewählt", ruft der Anwalt und Politiker Cicero stolz in einer Rede ans Volk aus – das heißt als einen, dessen Familie nicht zur **Nobilität** zählte. Mehr noch: „Und das auch noch meō annō!" Doch was soll das heißen: „in meinem Jahr"? Ciceros Zuhörer verstanden, was er meinte: Er hatte zum *frühestmöglichen* Zeitpunkt das Konsulat, Roms höchstes Amt, erreicht.

180 v. Chr. war erstmals ein Mindestalter für die Bekleidung der wichtigsten Ämter eingeführt worden. Nach einigen Änderungen sah der cursus honōrum, die „Abfolge der Ehrenämter", in Ciceros Zeit (also der ersten Hälfte des 1. Jh.s v. Chr.) so aus: Die Wahl zum Quästor setzte ein Mindestalter von 31 Jahren voraus; als Ädil musste man mindestens 37 Jahre alt sein, als Prätor 40 und als Konsul 43. Cicero bekleidete das Konsulat im Jahr 63 v. Chr., in „seinem Jahr". Also muss er 106 v. Chr. geboren sein – was von Informationen in anderen Quellen bestätigt wird. Er war demnach ein Senkrechtstarter im politischen Geschäft, der früh seinen Karrieregipfel erreichte.

Ehemalige Prätoren und Konsuln konnten dann noch zum Zensor gewählt werden. Für dieses Amt gab es keine festgelegten Voraussetzungen, ebenso wenig für das Ausnahmeamt der Diktatur.

In der Kaiserzeit blieb diese Ämterlaufbahn offiziell bestehen. Allerdings entschied jetzt *der Kaiser* über die Besetzung der Stellen, und im Laufe der Zeit wurde das Eintrittsalter heruntergesetzt. Zudem richtete Augustus, ab 27 v. Chr. der erste **Kaiser**, eine weitere Ämterlaufbahn ein. Sie war Angehörigen des Ritterstandes vorbehalten und unterlag noch stärker der kaiserlichen Kontrolle als der traditionelle cursus honōrum; der Kaiser konnte beispielsweise jeden dieser Beamten jederzeit feuern.

Alle **Beamten** (magistrātūs), die „Behördenchefs", hatten natürlich einen Apparat von Hilfspersonal zur Verfügung, der ihre Anweisungen durchführte. Die Quästoren (zur Zeit Ciceros 30) führten die Aufsicht über die Staatskasse und das Staatsarchiv einschließlich der Bürgerlisten. Sie kümmerten sich auch in den **Provinzen** als zweite Männer hinter dem Statthalter um die Finanzen. Die vier Ädilen hatten im Wesentlichen **Polizei**-Aufgaben. Sie übten die Kontrolle über Straßen, Märkte, die Getreideversorgung der Hauptstadt und die öffentlichen Spiele aus. Die zehn Prätoren waren für die **Recht**-Sprechung zuständig; außerdem wurden sie als Provinzstatthalter eingesetzt. Mit der Ausdehnung von Roms Herrschaftsbereich und dem entsprechenden Anwachsen der Zahl von Provinzen wurden immer mehr Proprätoren ernannt (prō praetōre, „anstelle eines Prätors"). Sie nahmen die Aufgaben eines Provinzstatthalters wahr, ohne selbst Prätor zu sein. Die beiden Konsuln standen an der Spitze des cursus honōrum. Sie waren gewissermaßen die Regierungschefs – eine fast modern anmutende „Doppelspitze", die den Staat in enger Zusammenarbeit mit dem Senat leitete. In Kriegszeiten wurden sie zu Oberbefehlshabern des römischen Heeres.

Nur alle fünf Jahre wurden zwei Zensoren gewählt. Sie überprüften die Bürgerlisten und teilten die **Bürger** nach ihrem Vermögen in Klassen ein. Außerdem kontrollierten sie, wie in den zurückliegenden fünf Jahren mit dem staatlichen Vermögen umgegangen worden war. Und sie schauten sich als Sittenwächter die Lebensführung vor allem der **Senatoren** und **Ritter** an. Wer sich skandalös benommen hatte und sich deshalb eine nota cēnsōria, den „Tadel des Zensors", einhandelte, konnte sogar aus dem Senat fliegen. Auch die Neuaufnahme von Senatsmitgliedern lief über die Zensoren –

angesichts ihrer Machtfülle war die Zensur ein ausgesprochen ehrenvolles Amt, für das nur besonders angesehene Bürger infrage kamen.

Zwischen Quästoren und Ädilen einerseits und Prätoren und Konsuln andererseits verlief eine deutliche Trennlinie in der Ämterlaufbahn. Die beiden höheren Positionen hatten eine gewissermaßen uneingeschränkte Amtsgewalt, die ursprünglich mit einem militärischen Kommando gekoppelt und damit dem außerstädtischen Bereich zugeordnet gewesen war. Diese Amtsgewalt nannten die Römer *imperium* („Befehl"): Prätoren und Konsuln waren Oberbeamte *cum imperiō*, „mit Befehlsgewalt".

Diese besondere Macht spiegelt sich auch in der Begleitung durch Liktoren wider. Das waren Amtsdiener, die Rutenbündel mit Beilen (*fascēs*) trugen. Als echte Waffen wurden die *fascēs* kaum eingesetzt, höchstens einmal als Drohung, um den Weg für die Magistrate freizumachen. Sie waren also eher „Hoheitsabzeichen", die das *imperium*, den Anspruch auf Gehorsam und die Würde der Amtsträger abbildeten: eher ein Ehrengeleit als ein Trupp von Bodyguards. Prätoren hatten Anspruch auf

Drei Liktoren mit Rutenbündeln und Äxten: Diese *fascēs* waren Symbole der Amtsgewalt römischer Magistrate. Die drei Bronzestatuetten sind nur etwas über 10 cm hoch.

sechs, Konsuln auf zwölf Liktoren. Ein **Diktator** wurde von 24 Liktoren begleitet. Diese gingen dem Beamten stets voran, wenn er sich in der Öffentlichkeit zeigte. Das war nicht immer angenehm. Die Liktoren seien ihm manchmal „total lästig" (*molestissimī*), gab Cicero in einem Brief an einen Freund zu. Ansonsten aber wurde er nicht müde, sein eigenes Wirken als Konsul zu rühmen, nachdem er es an die Spitze der römischen Ämterlaufbahn geschafft hatte.

Alkohol

→ Drogen; Getränke

Amphitheater

→ Gladiatoren; Tierhetzen

Amulett

Wie kann man den Zoll überlisten? Ein Sklavenhändler aus der Stadt Brundisium hatte eine Idee: Einen hübschen und deshalb kostbaren jungen **Sklaven** gab er bei den Zöllnern im Verschiffungshafen einfach als freien Menschen aus, indem er ihm eine *toga praetexta* anzog und eine *bulla* um den Hals hängte. Die purpurverbrämte Toga war frei geborenen Knaben vorbehalten, die *bulla* frei geborenen Jungen und Mädchen. Sie werden oft damit dargestellt: Die *bulla* („Blase") war eine Kapsel, meist rund, manchmal linsenförmig und von etwa fünf Zentimetern Durchmesser; sie war aus Gold gearbeitet, wenn die Eltern wohlhabend waren, sonst aus Leder. Die Kinder bekamen sie kurz nach ihrer Geburt umgehängt; sie trugen die *bulla immer*, bis zum Eintritt ins Erwachsenenalter, das heißt bis zum Anlegen der *toga virīlis*, „Männertoga", bzw. bis zu ihrer **Hochzeit**. Und in der *bulla* befand sich ein kleines Amulett.

Ein *āmūlētum* konnte ein Glücksbringer sein, vor allem aber sollte es Übel abwehren. Der Fachausdruck für diese Wirkung ist ein griechischstämmiges Wort: Man spricht von einer *apotropäischen*, „(Gefahren) abwendenden" Wirkung. Entsprechend leiteten die Römer *āmūlētum* von *āmōlīrī* ab, „wegwälzen", „abwenden", aber diese Wortherkunft stimmt wohl nicht. An die magische Wirkung solcher Amulette glaubten sehr viele Menschen aus allen Schichten. Sie fühlten sich gleichsam im Visier unsichtbarer Mächte. Und das Leben war damals viel weniger planbar als heutzutage; die Lebensrisiken waren ungleich größer: Krankheit, finanzieller Ruin, sogar illegale Versklavung. Nicht zufällig war die Glücks- und Schicksalsgöttin Fortuna eine der wichtigsten Gottheiten der Römer. Man versuchte sich gegen Einflüsse schlimmer Dämonen, gegen böse Blicke und den von Neidern und Konkurrenten ausgehenden Schadenzauber auf alle mögliche Weise zu schützen. Und das nicht nur mit Gegenständen und Bildern; auch Gesten, Beschwörungsformeln und Rituale galten als āmūlēta.

„Zu den āmūlēta zählt es, wenn man auf seinen gelassenen Urin spuckt und auf ähnliche Weise in den Schuh des rechten Fußes, bevor man ihn anzieht."
(Plinius der Ältere)

Im heutigen engeren Sinn des gegenständlichen Amuletts kam alles Mögliche infrage: Bildchen, Götterfiguren, Tierzähne z. B. von Wolf und Pferd, Wollfäden, Edelsteine häufig mit eingravierten Motiven, geheimnisvolle Buchstaben- und Zahlenkombinationen und vieles, vieles mehr. Man trug diese Amulette um den Hals, am Kopf, an Armen und Beinen, gern verdeckt, damit feindliche „Gegenkräfte" sie nicht so schnell entdeckten; man nähte sie auch in die **Kleidung** ein oder integrierte sie in **Schmuck**. Nicht wenige Menschen sicherten sich mit gleich mehreren Amuletten gegen böse Mächte ab. Auch die mächtigsten Männer der Welt mochten nicht auf apotropäische Schutzmittel verzichten: Nero (Kaiser 54 – 68) „schwor" auf die kleine Statue eines Mädchens. Er hatte sie von einem unbekannten „Fan" geschenkt bekommen; sie sollte ihn vor Verschwörungen warnen. Und Augustus (Kaiser 27 v. Chr. – 14 n. Chr.) verließ sich bei Gewitter – er fürchtete sich ganz besonders davor – auf ein Robbenfell. Das hatte er stets dabei.

Anwalt → Recht und Gesetz

Diese goldene Bulla (Durchmesser 6 cm) wurde einst als Amulett um den Hals getragen. Gefunden wurde sie in Herculaneum, einer Stadt, die beim Vesuv-Ausbruch 79 n. Chr. verschüttet wurde.

Arbeit In der ersten und zweiten Stunde des Tages werden **Klienten** zur Morgenbegrüßung empfangen, in der dritten hat man vor Gericht zu tun, bis zur fünften folgen dann verschiedene Arbeiten (variī labōrēs), die sechste Stunde – die Mittagszeit – ist für ein Schläfchen reserviert, das mit der siebten Stunde zu Ende geht. Danach wartet **Sport** oder das Bad, und in der neunten Stunde macht man sich für die cēna, die Haupt-**Mahlzeit** des Tages, bereit. Umgerechnet ab 15, spätestens ab 16 **Uhr** ist dann Entspannung angesagt.

So beschreibt Martial einen „typischen" Tagesablauf. Arbeiten im Sinne einer Verpflichtung, der man sich nicht entziehen kann, ist in diesem Lebensrhythmus auf wenige Stunden am Tag beschränkt – das könnte man schon fast als Freizeitparadies bezeichnen. Eine beneidenswerte Work-Life-Balance, oder, lateinisch ausgedrückt: ein klarer Sieg des ōtium („Muße", „Freizeit") über das neg-ōtium („Tätigkeit", „Aufgabe").

Aber: Zwar hat es Römer gegeben, auf die dieser Tagesablauf zutraf, doch das war eine ganz kleine privilegierte Gruppe – Angehörige einer Elite, die den labor, die „Arbeit", weitgehend aus ihrem Leben verbannen konnten. Für die ganz große Mehrheit der Römer und Römerinnen war das allenfalls eine Wunschvorstellung. Sie waren auf Erwerbsarbeit angewiesen, um zu überleben, und zwar auf deutlich mehr tägliche labor-Stunden als die erwähnten drei bis fünf. Und das ein Leben lang, ohne Aussicht auf eine **Rente**.

Aber waren da nicht die **Sklaven**, die einen Großteil der Arbeit erledigten? Natürlich waren sie da, und natürlich arbeiteten sie. Aber niemals und nirgendwo in der römischen Welt war Sklavenarbeit die Grundlage der Wirtschaft. Dass ein Großteil der freien Menschen gewissermaßen die Hände in den Schoß legen und Sklaven für sich arbeiten lassen konnte, ist eine Geschichtslegende. Sie hält sich allerdings hartnäckig, und deshalb muss man auch schon mal grober formulieren: Das ist schlicht Quatsch (siehe **Brot und Spiele**).

Der größte Teil der römischen **Bevölkerung** lebte auf dem Land, schätzungsweise 80 bis 85 Prozent. Entsprechend hoch war die Zahl der Arbeitskräfte in der Landwirtschaft. Ob als Kleinbauern, Lohnarbeiter, Hirten, Transport- und Saisonkräfte bei der Ernte oder als Handwerker auf Gutshöfen – die meisten freien Landbewohner waren im Agrarsektor tätig. Die erhaltenen ausführlichen Ratgeber für die Arbeitsorganisation größerer Betriebe – von Autoren wie Cato, Varro und Columella – sowie Vergils Lehrgedicht über den Landbau („Geōrgica") lassen keinen Zweifel daran, dass die Arbeit das Leben der Menschen bestimmte. Und zwar in aller Regel tagtäglich von morgens bis abends mit nur wenigen Feiertagsunterbrechungen und etwas mehr Ruhe in den Wintermonaten.

Nīl sine magnō vīta labōre dedit mortālibus ist ein berühmtes Wort des Horaz, „nichts hat das Leben den Sterblichen ohne große Mühe geschenkt".

Die hart arbeitenden Menschen gerade auch auf dem Land hätten dieser Aussage zugestimmt – wenn sie das Gedicht hätten hören oder **lesen** können.

Bei Kleinbauern-**Familien** mussten alle mit anpacken, auch Frauen und Kinder. Kinder-

Ein Feldarbeiter bei der Olivenernte im Fußbodenmosaik einer römischen Villa in Nordafrika, 2. Jh.
Ein Großteil der Menschen im Römischen Reich arbeitete in der Landwirtschaft.

arbeit war hier ganz üblich, zumal ja nur ein winziger Teil der Kinder auf dem Land Schulunterricht hatte. Schon Fünf- und Sechsjährige hüteten Ziegen und Schafe, fütterten Geflügel, sammelten Brennholz oder halfen bei der Olivenernte. Ältere Kinder machten bei der Haus- und Feldarbeit mit und passten auf ihre jüngeren Geschwister auf.

Nicht nur für die Landwirtschaft, sondern auch für das Transportwesen, die Bauwirtschaft, für Handwerk und Handel galt: Es gab kaum Maschinen. Fast alle Arbeit musste mit Muskelkraft von Mensch und Tier bewältigt werden. Dazu brauchte man im Vergleich mit heutigen Produktionsbedingungen viel mehr Arbeiter. Die wurden allerdings oft nur als Lohnarbeiter (mercennāriī) für Werksverträge eingestellt, z. B. für den Bau eines **Tempels**, das Entladen eines Schiffes usw. Feste Arbeitsverhältnisse waren daher keine Selbstverständlichkeit. Es gab weder Tarifverträge noch Gewerkschaften und auch kaum Arbeitsschutzvorschriften. Für besonders gefährliche Arbeiten heuerten viele Unternehmer lieber freie Arbeitskräfte an, um bei Arbeitsunfällen keine eigenen Sklaven zu verlieren.

„Manche Weinreben wachsen an Pappeln so hoch empor, dass der für die Traubenernte angemietete Arbeiter sich die Bezahlung seines Scheiterhaufens und Grabes vertraglich vom Auftraggeber zusichern lässt." (Plinius der Ältere)

Gefährlich und körperlich äußerst anstrengend war die Arbeit im Steinbruch sowie unter Tage (das heißt in Bergwerken). Verurteilte Verbrecher wurden oft zur Zwangsarbeit verpflichtet. Besonders gesundheitsgefährdend war die Arbeit in Goldbergwerken und Bleihütten. Allerdings gab es auch Minen, in denen auf die Sicherheit und die Erholung der Bergleute achtgegeben wurde, wie etwa die Bergwerksordnung in Vipasca (im heutigen Portugal) zeigt.

Das Handwerk zeichnete sich durch eine starke Spezialisierung aus. Insgesamt kennt man mehr als 500 lateinische Bezeichnungen für verschiedene Handwerksberufe. Angehörige eines Berufsstandes waren häufig in Verei-

Ein Schreiner bei der Arbeit an der Werkbank: Mit dem Hammer holt er aus; in der linken Hand hält er einen sogenannten Beitel. Wandmalerei aus Pompeji, 1. Jh.

nen organisiert, die vor allem der Geselligkeit dienten. Man erlernte ein Handwerk, indem man dem Vater oder Lehrherrn bei der Arbeit zuschaute und sich von ihm anleiten ließ. Lehrverträge waren die Ausnahme. Aber es gab sie: Im trockenen Wüstensand Ägyptens haben sich auf Papyrusblättern mehrere Dutzend Ausbildungsverträge erhalten, die über zwei bis drei Jahre liefen. Manche Azubis hatten sogar Anspruch auf ein paar Tage Urlaub – und waren damit bessergestellt als die meisten Arbeitnehmer. Im Handwerk gab es vor allem Kleinbetriebe mit wenigen Mitarbeitern. Oft hatte der Handwerker direkt bei seiner taberna (hier: „Werkstatt") auch einen Laden, in dem er die eigenen Produkte verkaufte. Größere Betriebe mit mehreren Dutzend Beschäftigten gab es nur in wenigen Branchen, u. a. in der Keramik-, Glas- und Ziegelproduktion.

Auch im Handel überwogen kleine Unternehmen. Handelsketten mit Filialen kannten die Römer nicht. Der Einzelhandel war von unzähligen spezialisierten tabernae („Läden") geprägt, deren Inhaber meist nur ein einziges Geschäft betrieben. Im Großhandel dagegen waren auch Reeder und Handelsorganisationen mit zahlreichen Beschäftigten tätig. Der Fernhandel war lukrativ, allerdings auch riskant – ebenso wie die Arbeit als Matrose: Schiffsunglücke waren keine Seltenheit.

Frauenarbeit wollte die Oberschicht auf den Haushalt, die Kindererziehung und die Wollarbeit beschränken. Vor allem bei den Ärmeren sah der Alltag deutlich anders aus. Frauen waren vor allem als Verkäuferinnen und Friseurinnen tätig, in sozialen Berufen z. B. als Ammen und Hebammen, in der Textilherstellung, der Landwirtschaft sowie als Bedienungen in der Gastronomie, und in der Unterhaltungsbranche als Schauspielerinnen, Musikerinnen, Tänzerinnen und **Prostituierte**. Letztere (von der Kellnerin an) waren alles inhoneste, das heißt „ehrlose", Berufe. Sie standen unter dem generellen Verdacht, ihren Körper zu verkaufen. In Führungspositionen waren Frauen nur vereinzelt tätig, etwa als Geschäftsführerin eines Ladens oder als Gutsverwalterin (vīlica). Die vīlica nahm tatsächlich Managementaufgaben in der Verwaltung eines Gutshofes wahr, allerdings stets nur an zweiter Stelle hinter ihrem Ehemann, dem vīlicus.

Da nur wenige Mädchen eine (Grund-) **Schule** besuchten und die allermeisten keinen höheren Schulunterricht beim grammaticus hatten, gab es in einem heute stark weiblich geprägten Arbeitsbereich keine Frauen: Lehrerinnen kannten die Römer nicht. Die männlichen Lehrer waren in ihrer Arbeit nicht als Intellektuelle anerkannt – ebenso wenig wie der **Arzt**, Ingenieur und Architekt, die als Handwerker galten. Geistesarbeiter waren nach römischer Auffassung Juristen, Philosophen und Schriftsteller – und Politiker, die sich in ihrer Selbsteinschätzung (jedenfalls in der Zeit der Republik) geradezu Tag und Nacht für den Staat einsetzten und jede Menge Lasten (onera) schulterten, auch wenn ihr Arbeitstag gegen Mittag zu Ende war.

Natürlich leisteten auch alle, die in den staatlichen Verwaltungen Dienst taten, „Arbeit", und ebenso die Soldaten, für deren Tätigkeit der Begriff labor, „anstrengende Arbeit", „Strapaze", geradezu selbstverständlich war – vor allem, aber nicht nur, wenn sie im Kriegseinsatz waren. Die labōrēs der Legionäre wurden auch weithin geschätzt und waren als Begriff in diesem Zusammenhang positiv besetzt.

Ansonsten fand die Oberschicht für das, was die meisten Menschen an Arbeit leisteten, keine freundlichen Worte. Im Gegenteil. „Unedel und unsauber" sei das, womit etwa Tagelöhner ihren Lebensunterhalt verdienten, fand Cicero und durfte sich dabei als Sprachrohr der Elite fühlen. Auch alle Handwerker fielen unter die negōtia sordida, die „schmutzigen Gewerbe". Warum? Weil sie sich für ihre Dienstleistungen bezahlen ließen – das war im römischen Verständnis nicht weit von Sklaverei entfernt, denn es entsprach nicht der Unabhängigkeit, die Kennzeichen eines freien Mannes war. Jedenfalls nach Auffassung Ciceros und seiner Standesgenossen, die jeglicher Erwerbsarbeit ablehnend gegenüberstanden.

Welche Arbeit aber galt nach ihrer Meinung als „ehrenhaft"? Das war die Landwirtschaft – natürlich möglichst als Großgrundbesitzer, der

Ein Metzger ließ sich auf seinem Grabstein in seiner Fleischerei darstellen: Das Relief zeigt ihn, wie er am Hackklotz ein Stück Fleisch zerteilt; seine Frau ist für die Buchhaltung zuständig. Aus Rom, 2. Jh.

andere für sich und seinen Lebensunterhalt arbeiten ließ. Und das war in Maßen auch der Großhandel. Denn der sei weniger betrügerisch als die kleinen Krämer, deren Geschäftsprinzip auf Täuschung und Lüge aufgebaut sei – fand Cicero.

Das ist die pure Ideologie der großgrundbesitzenden Oberschichtangehörigen, und die wiederholten sie wieder und immer wieder. Sie redeten der großen Mehrheit der arbeitenden Menschen ein, dass ihre Arbeit „schmutzig", „unanständig", ja in fast sklavischer Weise „unfrei", da nicht selbstbestimmt sei.

Und wie reagierten die in ihrer Arbeits- und Lebensleistung so Herabgesetzten auf diese arrogante Haltung der „feinen" Leute? Die Oberschicht setzte die Werte und Normen der Gesellschaft und verfügte allein über die Stellung und die Bildung, um diese Sicht der Dinge öffentlich zu propagieren – und gegen *sie* waren sie im Grunde machtlos, jedenfalls all diejenigen, die ganz unten in der gesellschaftlichen Rangordnung standen. *Die* jedoch, die sich einen soliden Lebensstandard erarbeitet hatten, fingen seit der Zeit des Augustus (Kaiser 27 v. Chr. – 14 n. Chr.) an, sich gegen diese üble Diskriminierung ihrer Arbeit zu wehren, und das mit bemerkenswerten Mitteln: Sie führten nicht

das große Widerwort in der Öffentlichkeit – da hätte ihnen ohnehin kaum jemand zugehört. Nein, sie untertunnelten die „öffentliche Meinung" geradezu durch bildliche Darstellungen, die ihre Lebensleistung über ihr Leben hinaus zeigen sollten. Schmiede und Bäcker, Metzger und Textilfabrikanten, Möbelschreiner und Seilhersteller nutzten ihr Grabmal, um Szenen aus ihrem Berufsalltag abzubilden. Sie stellten damit ein Selbstbewusstsein unter Beweis, das sich *gerade* aus dem Stolz über ihre erfolgreiche Arbeit speiste.

Und was ist mit den Lohnarbeitern und Kleinbauern, den Maurern und den Straßenhändlern? Warum gibt es von ihnen keinen vergleichbaren Protest gegen die Einschätzung ihrer Arbeit? Weil ihre „schmutzige Tätigkeit" so schlecht bezahlt wurde, dass sie sich diese Grabmal-Demonstrationen finanziell schlicht nicht leisten konnten.

Architektur → **Forum; Säulenhalle; Tempel**

Armut → **Bettler; Geld; Kriminalität; Prostitution**

Arzt

Manche **Sklaven** hatten nach ihrer Freilassung ein Problem. Ihr Herr hatte ihnen ein Brandzeichen „verpasst", um sie als Unfreie zu brandmarken. Spätestens jetzt, in ihrem neuen bürgerlichen Leben, empfanden sie das als eine belastende, peinliche Diskriminierung. Aber die Rettung nahte – in Gestalt des Arztes Eros. Er habe sich im 1. Jh. in Rom darauf spezialisiert, „abstoßende Sklavenmale (servōrum stigmata) zu entfernen". Der Name ist – wie alle anderen Namen beim Dichter Martial – erfunden, aber solche Fachärzte dürfte es gegeben haben. Martial erwähnt in demselben Gedicht auch einen Zahnarzt, einen Augenarzt und einen Chirurgen. In anderen Quellen tauchen zudem Ohren- und Frauenärzte auf, die vor allem als Geburtshelfer hervortraten. In diesem Bereich gab es auch ein paar Mediziner*innen*, wobei die Grenze zur Hebamme (obstetrīx) fließend war. Ansonsten war der Arztberuf fest in männlicher Hand.

Der *normale* Arzt war Allgemeinmediziner. Seine Patientinnen und Patienten suchten ihn in einer taberna medicī, „Arztpraxis", auf, oder sie ließen ihn zu einem Hausbesuch rufen. Gegenüber heutigen Verhältnissen muss man allerdings erheblich umdenken, was man sich unter einem Arzt im alten Rom vorzustellen hat. Es gab keinerlei staatliche Prüfungen und Aufsicht; daher konnte sich jeder Arzt nennen, der es sein wollte: Medicus war keine geschützte oder irgendwie kontrollierte Berufsbezeichnung. Hatte ein Arzt Erfolg, so sprach sich das herum, und er baute sich einen Patientenstamm auf. Erzielte er keinerlei oder kaum Heilungserfolge, dann musste er über kurz oder lang seine Praxis schließen und sich einen anderen Beruf suchen – schlicht mangels Nachfrage.

Und es gab auch keine feste Honorarordnung. Arzt und Patient mussten die Behandlungskosten aushandeln. Einkommen und Ansehen der meisten Ärzte entsprachen bei Weitem nicht dem heute Üblichen. Ärzte wurden als Handwerker angesehen und als solche bezahlt. Die Oberschicht sah es geradezu als „sklavisch" an, sich für eine Dienstleistung bezahlen zu lassen. Erzielte ein Arzt jedoch überragende Heilungserfolge, oder wurde er durch ein neuartiges Heilverfahren bekannt, dann hatte er die Chance, eine Stellung als Hausarzt in einer reichen **Familie** zu bekommen oder sogar Leibarzt am kaiserlichen Hof zu werden. Auch Modeärzte, die geschickt von sich reden machten – einschließlich öffentlicher Behandlungen von Patienten – und dadurch viele wohlhabende Patienten gewannen, konnten zu Millionären aufsteigen. Das gelang aber nur den wenigsten. Die meisten Ärzte hatten ihr Auskommen und konnten ihre Familie ernähren – mehr aber auch nicht.

Über mehrere Jahrhunderte hinweg stammten rund 90 Prozent der Ärzte aus Griechenland bzw. anderen griechischsprachigen **Provinzen** im Osten des Reiches. Die professionelle griechische Medizin war der laienhaften altrömischen Hausvätermedizin weit überlegen. Sie hatte hervorragende Praktiker und zudem viele „schreibende" Ärzte hervorgebracht, die ihr Wissen in medizinischen Fachbüchern veröffentlichten. Im Zuge der römischen Eroberung wurden griechische Ärzte als Sklaven nach Rom verschleppt, später ließen sich freie griechische Mediziner in der Hauptstadt nieder, weil die stark wachsende Großstadt gute Berufsaussichten bot. Sie bildeten ihrerseits Assistenten zu Ärzten aus, die sich dann nach ein, zwei oder drei Jahren selbstständig machten.

Die nichtrömische Herkunft vieler Mediziner und ihre sozial niedrige Stellung als Sklaven oder **Freigelassene** machte sie manch einem Römer verdächtig – erst recht, wenn Pfuscher und „schwarze Schafe" den Arztberuf immer wieder einmal in Verruf brachten. Schon im alten Rom gab es Verschwörungstheorien. Eine davon besagte, die griechischen Ärzte hätten sich verschworen, aus Rache für die Eroberung ihrer Heimat möglichst viele Römer umzubringen. Das war natürlich blühender Unsinn – auch wenn manch ein forscher medicus eine Vorliebe fürs „Schneiden und Brennen" entwickelte. Das sagte man etwa dem Archagathos nach. Er ließ sich im Jahr 219 v. Chr. als erster Arzt in Rom nieder und fing sich wegen seiner „Brutalität" den Spitznamen carnifex ein, „Fleischmacher", „Schlächter".

Sicher ist aber: Es hat sehr viele tüchtige Ärzte gegeben, die ihre Patientinnen und Patienten heilen oder zumindest ihre Leiden lindern konnten. Das geht aus den umfangreichen wissenschaftlich-medizinischen Schriften hervor, die sich erhalten haben, aber auch aus den zum Teil hochentwickelten ärztlichen Instrumenten, die Archäologen gefunden haben. Viele Arzneimittel hatten tatsächlich die Heilwirkung, die man sich von ihnen versprach. Die meisten davon stellten die Ärzte selbst her; den Beruf des Apothekers gab es nicht.

Bei der medizinischen Versorgung der **Bevölkerung** gab es erhebliche Unterschiede. Auf dem Land war die Zahl der Ärzte gering, in der Stadt hing es stark vom Geldbeutel der / des Einzelnen ab, „wie viel Arzt" sie / er sich leisten konnte. Die Krankenversicherung war noch längst nicht erfunden, und viele Menschen lebten so nah am Existenzminimum, dass sie das Honorar für einen Arzt nicht aufbringen konnten. Die Krankenpflege mussten Angehörige übernehmen; es gab keine Krankenhäuser, und nur wenige Ärzte hatten ein Nebenzimmer, in dem die frisch Operierten versorgt werden konnten.

Neben den Angehörigen der Oberschicht genossen vor allem zwei Gruppen der Bevölkerung eine erstklassige medizinische Versorgung. Das waren zum einen die Soldaten. Beim Militär gab es Lazarette, und Feldärzte begleiteten die Legionäre auf ihren Kriegszügen. Auf die zweite Gruppe kommt man auch bei einigem Nachdenken nicht so schnell – die **Gladiatoren**. Aufgrund ihrer langen Ausbildung und ihrer „Fangemeinde" waren sie, so menschenverachtend das heute klingt, besonders „wertvoll". Andererseits waren sie durch ihre berufliche Tätigkeit besonders gefährdet, was schwere Verletzungen anbelangt. Und deshalb verpflichteten die Besitzer der Gladiatorenschule häufig besonders qualifizierte Ärzte, wie man an einem der ganz Großen unter den Ärzten der Antike sieht (er selbst hätte sich wohl als den Größten bezeichnet): Galenos (eingedeutscht Galen, auf dem „e" betont). Bevor er im Jahr 169 in Rom zum kaiserlichen Leibarzt aufstieg, praktizierte er in seiner Heimat Pergamon einige Zeit als Gladiatorenarzt.

Ausländer → **Bevölkerung**

Baden

„Auf diesem Landgut badet man nach städtischer Art, und es wird jeglicher Komfort geboten."

Mit verlockender Werbung konnte man auch die Römer schon ansprechen, wie diese Inschrift zeigt, die jemand in einen Stein gemeißelt hat. Sie lud zum Besuch einer Badeanstalt im ländlichen Umfeld der Großstadt Rom ein. Wer an die berühmten Thermenpaläste des

Oben: Stempel für eine Augensalbe. Darunter: der Abdruck dieses Stempels. Zu lesen sind der Name des Augenarztes und Herstellers Quintus Valerius Sextus, die Rezeptur und die Anwendungsgebiete.

Römische Fußboden- und Wandheizung: Die heiße Luft kam durch den Bogen im hinteren Teil, zirkulierte unter den „hängenden Böden" (Hypokausten) und stieg durch die hohlen Wandziegel nach oben.

kaiserzeitlichen Rom denkt, mag sich fragen, ob da nicht jemand allzu vollmundig formuliert hat. Aber es gab eben auch andere Bäder in Rom, und zwar in viel größerer Zahl. Das waren die balnea, in die man zu hygienischen Zwecken ging: Die allermeisten Menschen hatten in ihrer Wohnung kein Badezimmer, keine Küche und kein fließendes Wasser. Um sich gründlich zu waschen, waren sie auf diese Badestuben in ihrer Nachbarschaft angewiesen. Viele begnügten sich mit *einem* Bad pro Woche. Mit meist einem Viertel As war der Eintritt relativ preiswert. Zum Vergleich: Ein Lohnarbeiter verdiente ungefähr 16 Asse am Tag. Manchmal übernahmen reiche **Bürger** die Eintrittsgebühren für die ärmeren.

Solche „Mietbäder" waren oft dunkel und schlicht eingerichtet; „sie dienten dem Nutzen und nicht dem Vergnügen", stellt ein römischer Beobachter fest. Aber es gab auch Bäder, die ihren Kunden eine Umgebung boten, in der sie sich wohlfühlten – mit Komfort eben, wenn auch nicht mit „jeglichem" ...

Mit der Einwohnerzahl stieg auch die Zahl der balnea steil an: Im späten 1. Jh. v. Chr. zählte man in Rom 160, im 4. Jh. n. Chr. an die 900. In anderen Städten war die Situation vergleichbar. Größere Landgüter hatten Badestuben für die **Sklaven** und die freien Arbeiter.

Die Erfindung der Fußbodenheizung (Hypokausten) gab der römischen Badekultur einen enormen Schub. Wohlhabende Römer ließen sich seit dem 1. Jh. v. Chr. prächtige Privatbäder in ihr geräumiges Haus in der Stadt (domus) und auf dem Land (vīlla) einbauen. Die Bäder hatten verschiedene Räume mit kaltem, lauwarmem und warmem Wasser (frīgidārium, tepidārium, caldārium), häufig auch noch eine Sauna (sūdātōrium, „Schwitzbad"). Die Wände waren mit Marmorplatten verkleidet. Mosaiken und Statuen schmückten viele Bäder. Beim Baden im eigenen herrlichen Warmbad aufs Meer hinaus blicken zu können empfand mancher stolze Badbesitzer als Gipfel des Luxus.

Einen solchen Luxus konnten sich allerdings nur die wenigsten Römerinnen und Römer leisten. Damit auch der „kleine Mann" an den „Segnungen" des Badens in luxuriöser Umgebung teilhaben konnte, wurden überall im Römischen Reich große Thermenanlagen gebaut. In ihnen verbrachten Hunderte, in einigen riesigen Badepalästen sogar mehrere Tausend Menschen zur gleichen Zeit ihre Freizeit. Diese „Wellness-Tempel" boten auch **Sport**-Möglichkeiten vor allem für das beliebte Ballspiel; man konnte Dichtern und Philosophen bei Vorträgen zuhören, sich massieren lassen oder sich in unterschiedlich warmen Wasserbecken vergnügen. Besonders beliebt waren große Wannen mit ständig zufließendem warmem Wasser. Ihm verdankten die „Thermen" ihren Namen: Das griechische Adjektiv thermós bedeutet „warm". Händler verkauften Snacks und **Getränke**, aber auch Haarauszupfer und andere **Körperpflege**-Spezialisten boten ihre Dienste an. Für sportliches Schwim-

men war die natātiō, der Swimmingpool", meist zu klein und zu flach; mehr als ein munteres Planschen war selten möglich.

Außer ihrer **Kleidung** nahmen Badegäste nur ein Handtuch, einen Schaber (strigilis) zum Abschaben von Sand, Öl und Schweiß nach sportlicher Betätigung und ein Fläschchen Öl mit in die Thermen, manche auch Holzsandalen, weil einige Fußböden sehr heiß waren, **Geld** und Wertsachen dagegen möglichst wenig, um nicht zu Opfern der berüchtigten Badeanstaltsdiebe zu werden. Denn wer hatte schon einen Sklaven dabei, der auf seine Sachen aufpasste?

Die Badegäste zogen sich zunächst im apodytērium (Auskleideraum) aus – und waren dann nackt. Die wenigsten trugen einen Lendenschurz (subligar). Wo es keine getrennten Männer- und Frauentrakte gab, waren balnea mīxta, „Gemeinschaftsbäder", die Regel. Das führte dazu, dass sich auch und gerade in den

Das Frauenbad der sogenannten Stabianer Thermen in Pompeji: Man trug Badelatschen, um sich auf dem warmen Boden nicht die Füße zu verbrennen, und war ansonsten nackt. Zeichnung von Peter Connolly.

„Badetempeln" der Hauptstadt deutlich mehr Männer als Frauen aufhielten. In manchen Thermen gab es unterschiedliche Öffnungszeiten für Männer und Frauen.

„Bäder, Weine und Liebe ruinieren unseren Körper. Aber sie machen das Leben aus: Bäder, Weine und Liebe."

Mit diesem Spruch ließ ein Römer seinen Grabstein verzieren. Aber wie viel Zeit verbrachten die Menschen überhaupt in den Thermen? Angehörige der Oberschicht suchten ihre Privatbäder häufig auf, möglichst jeden Tag für ein, zwei Stunden vor der Haupt-**Mahlzeit** (cēna). Für den einfachen Bürger dagegen war der Besuch der prächtigen großen Badeanlagen – Vorläufer der heutigen Spaßbäder – ein seltenes Vergnügen: ein Höhepunkt an Freizeitaktivität, der ihm rein statistisch nur ein paarmal im Jahr möglich war, auch wenn der **Kaiser** die Unterhaltungskosten der prächtigen „Kaiserthermen" trug.

Die Gesamtkapazität aller stadtrömischen Thermen lag im 3. Jh. bei maximal 25.000 Badegästen. Wer einmal „drin" war, nutzte deshalb diese Chance zu einem möglichst ausgiebigen, stundenlangen Aufenthalt in diesen Badeparadiesen mit „jeglichem städtischem Komfort".

Wo warmes Wasser aus heißen Quellen der Erde entströmte, fühlten sich Römer besonders wohl. Um die Thermalquellen herum legten sie Bade- und Schwimmbecken an. Eine Reihe deutscher Heilbäder hat so bereits eine römische Vergangenheit: Aachen (Aquae Granni) ebenso wie Wiesbaden (Aquae Mattiacae), Badenweiler, Baden-Baden (Aquae), Bad Bertrich oder Bad Gögging. In England ist Bath (Aquae Sulis) das berühmteste Heilbad mit immer noch sehenswerten Überresten aus der Römerzeit.

Wer nahe am Meer, an einem See oder Fluss wohnte, nutzte die natürlichen Gewässer für ein Bad – jedenfalls in den Sommermonaten. Den Sprung in den Tiber zur Begrüßung des Neuen Jahres wagten aber wohl nur wenige abgehärtete „Kaltbader". Auch deren Zahl nahm in der Kaiserzeit vermutlich stark ab, weil aller mögliche Unrat in den Fluss eingeleitet und geworfen wurde und der Tiber sich im Stadtgebiet Roms in eine ziemlich dreckige Brühe verwandelte. Da zog man doch einen Wohlfühlort zum Baden vor, den berühmten splendor thermārum, den „Thermenglanz".

Bauern → Arbeit

Beamte Es schwingt nicht selten ein bisschen Spott mit, wenn wir heute Beamte als „Staatsdiener" bezeichnen. Der Begriff trifft aber auch etwas sehr Wesentliches: Beamte sind „weisungsgebunden". Das heißt im Klartext: Sie bekommen von ihren Vorgesetzten Anweisungen, nach denen sie zu arbeiten haben. Innerhalb eines bestimmten Rahmens dürfen sie selbst entscheiden, aber dieser Rahmen ist ihnen vorgegeben. Insofern „dienen" sie; ihre „Herren" sind die Gesetze und die Politiker, die vom Volk gewählt worden sind.

Beamte (magistrātūs) im alten Rom waren dagegen „Herren", die ihrem Personal – modern gesprochen: ihren Beamten – sagten, was sie zu tun und zu lassen hatten. Sie trafen weitreichende politische Entscheidungen und hatten politische Macht. Diese Macht „holten" sie sich in der Zeit der Republik über Wahlen: Alle wichtigen Beamten wurden von der Volksversammlung in Rom in ihre Ämter gewählt. Und es waren Ehrenämter (honōrēs): Für ihre Tätigkeit erhielten die Magistrate kein Gehalt.

Wie aber verhinderte man, dass der einzelne Beamte zu viel Macht anhäufte? Beamte wurden nur auf ein Jahr (annus) gewählt (man spricht hier von „Annuität"). Zweitens durfte man ein Amt nicht sofort wiederholen (Verbot der „Iteration", von iterum, „noch einmal"). Drittens war zwischen einem Amt und dem nächsthöheren Amt gesetzlich eine Pause von zwei oder mehr Jahren vorgeschrieben. Das vierte Prinzip beugte einem möglichen Amtsmissbrauch besonders wirkungsvoll vor: Man spricht von der „Kollegialität" – gemeint ist, dass jeder Beamte mindestens einen Kollegen (collēga) hatte (mit Ausnahme des **Diktators**) und dieser Kollege sein Veto („ich verbiete!") einlegen konnte. Mit einem solchen Veto war die Amtshandlung gestoppt. Positiv formuliert:

Die Beamten mussten sich darum bemühen, innerhalb ihrer eigenen Stufe Einstimmigkeit zu erreichen. *Gegen* einen Kollegen mit der gleichen Amtsgewalt (potestās) ging nichts. Dieses Veto-Recht funktionierte erst recht, wenn es sich gegen die Anweisung eines Magistrats richtete, der in der **Ämterlaufbahn** niedriger stand. Er hatte sich der Anordnung des Höherstehenden zu unterwerfen.

In der Kaiserzeit wurden diese Grundsätze faktisch außer Kraft gesetzt, nämlich dadurch, dass der Wille des **Kaisers** über allem stand. Er bestimmte nicht nur die Beamten, sondern konnte sich jederzeit über sie hinwegsetzen.

Das galt nicht nur für Rom, sondern auch für die anderen Städte im Reich. Dort wurden die Beamten allerdings für die kommunale Ebene – also alles, was die einzelne Stadt betraf – nach wie vor von der (männlichen) **Bevölkerung** gewählt. Und zwar in einem durchaus heftigen Wahlkampf. Das zeigen die Wahlinschriften aus Pompeji in beeindruckender Weise. Man machte mit großen, an die Häuserwände gepinselten Werbe-Inschriften für einzelne Kandidaten Wahlkampf. Von diesen „Dipinti" („Malereien") haben sich in Pompeji knapp 3.000 erhalten – die Stadt wurde beim Ausbruch des Vulkans Vesuv verschüttet und viele Hauswände blieben dabei aufrecht stehen. Nachbarn, Berufsverbände, Freunde und andere Unterstützergruppen forderten dazu auf, den XY zu wählen, weil er ein „guter Mann" sei und „würdig, die Stadt zu vertreten".

Das Überraschendste an diesen Wählerinitiativen ist, dass sich auch Frauen daran beteiligten. Sie warben für bestimmte Kandidaten, ohne dass sie selbst die Chance hatten, zu wählen oder gar gewählt zu werden: Beamte im alten Rom und in allen Städten des Imperium Romanum waren – aus antiker Sicht: selbstverständlich – immer nur Männer.

Behinderung

Da waren sie aber an den absolut Falschen geraten! Die Rede ist von den Prätoren, die im Jahr 197 v. Chr. versuchten, einen ihrer Amtskollegen von einer Opferhandlung auszuschließen. Offenbar bewegte sie die Sorge, dass ein dēbilis, „Schwacher", „Behinderter", von den Göttern als Vertreter bittflehender Römer nicht akzeptiert werden könnte, dass sie beleidigt seien, wenn ihnen ein „Unvollkommener" wie Marcus Sergius Silus gegenübertrete. Sergius wehrte sich gegen die Diskriminierung mit deutlichen Worten: Seine Behinderung gehe auf Kriegsverwundungen zurück, die er im Dienst der Allgemeinheit erlitten habe. Ja, seine rechte Hand sei verstümmelt, aber er habe sich eine Hand aus Eisen anfertigen und am Arm befestigen lassen und damit erfolgreich gekämpft. Ja, er hinke, aber das gehe auf 23 Verwundungen in Schlachten zurück. Außerdem sei er zweimal in Hannibals Gefangenschaft geraten (im 2. Punischen Krieg, 218 – 201 v. Chr.), habe da 20 Monate in Ketten ausgehalten, bevor er geflohen sei, und habe

Wahlwerbung auf pompejanischen Hauswänden: In der Mitte zum Beispiel wird Gaius Lollius Fuscus als Ädil („AED") vorgeschlagen. „DRP" steht für **dīgnus reī pūblicae**, „würdig, die Stadt zu vertreten".

sich trotzdem immer wieder ins Kampfgetümmel gestürzt. Ob er ihnen auch noch seine militärischen Auszeichnungen zeigen solle? Das reichte. Seine Kollegen gaben ihren Widerstand auf: Ein solcher Behinderter sei auch den Göttern zuzumuten, befanden sie.

Mit seiner Handprothese war Sergius sicher eine Ausnahmeerscheinung, als Kriegsversehrter dagegen nicht. Behinderte Veteranen (ehemalige Soldaten) mit amputierten Gliedmaßen und anderen sichtbaren körperlichen Einschränkungen – die Römer sprachen von vitia, „Fehlern", „Defiziten" – waren besonders nach langen Kriegen ein üblicher Anblick auf den Straßen. Manchen half immerhin eine Prothese, also ein künstliches Körperteil. Eine staatliche **Rente** bezogen sie nicht; wohl aber erhielten sie beim Ausscheiden aus dem **Militärdienst** eine **Geld**-Prämie oder ein Stück Land als Existenzgrundlage.

Ansonsten waren insbesondere Augenkrankheiten mit (teilweiser) Erblindung häufig. Für eine deutlich höhere Zahl von Behinderten als heutzutage spricht eine noch nicht so entwickelte Medizin. Auf der anderen Seite war die Gesamtbevölkerung erheblich jünger, sodass es weniger alte Menschen mit dauerhaften gesundheitlichen Einschränkungen gab. Säuglinge mit schweren Behinderungen mussten nicht aufgezogen werden. Darüber entschied der Vater. Dieser Infantizid (īnfāns, „Kleinkind", caedere, „töten") ist aus heutiger Sicht etwas Schreckliches, in einer Welt mit ohnehin sehr hoher Kindersterblichkeit und ohne das Leitkonzept der Menschenwürde wurde das anders gesehen. Aus Texten wissen wir, dass Behinderte in der Antike verspottet oder gar von reichen Römern zur Unterhaltung „gehalten" wurden.

Die Integration behinderter Menschen in die Gesellschaft gelang umso besser, je wohlhabender ihre **Familie** war. Oberschichtangehörigen stand der Gang in die Politik durchaus offen – sofern sie nicht taubstumm waren oder stotterten. Aber selbst da gab es Ausnahmen wie Claudius (Kaiser 41–54), einen Spastiker, der hinkte und stotterte. Einige Jahrhunderte früher hatte sich Appius Claudius, der Erbauer der berühmten Via Appia, auch noch nach seiner Erblindung

politisch betätigt (Beiname Caecus, „der Blinde"). In diesen Kreisen konnten **Sklaven** helfen, wo der Behinderte nicht allein zurechtkam.

In der Welt der „kleinen Leute" stößt man auf stark gehbehinderte Schuster, Töpfer und andere Handwerker, die im Sitzen arbeiten konnten. Wer seinen Lebensunterhalt nicht selbst verdienen konnte, musste sich auf die Hilfe von Familienangehörigen verlassen oder sein Leben als **Bettler** fristen. Staatliche Unterstützungsleistungen gab es nicht. Psychisch Kranke wurden häufig vor der Gesellschaft versteckt. Sie blieben zu Hause und standen notfalls unter der Aufsicht eines gesetzlichen Vertreters. Die cūra furiōsī, „Pflegschaft für einen Unzurechnungsfähigen", kannte das römische **Recht** schon sehr früh. Ansonsten gab es kaum rechtliche Einschränkungen im Leben von Behinderten. Ein behinderter römischer **Bürger** hatte alle Bürgerrechte.

Beruf → Arbeit

Bestattung → Sterben

Bettler Die Kleinstadt Aricia lag am 16. Meilenstein der Via Appia, rund 25 Kilometer südlich von Rom. Dort gab es eine Bettlerkolonie. Zwar wissen wir nicht, wie groß sie war, wohl aber, warum die Bettler sich dort niederließen: Die Steigung der Via Appia verlangsamte die Fahrt der Wagen – und die Bettler hatten somit mehr Zeit, die Reisenden um eine Gabe zu bitten. Wer Erfolg hatte, warf seinem Wohltäter eine Kusshand hinterher.

Ähnliche Szenen werden sich auch in Rom und in anderen Städten an belebten Kreuzungen abgespielt haben. Bettler gehörten zum Straßenbild. Ihre Zahl war wohl nicht gering, aber nähere Informationen dazu gibt es nicht. Der lateinische Begriff für „Bettler" verrät einiges über die Ursachen dieser sozialen Misere: Mendīcus ist einer, der ein mendum aufweist, einen „Fehler", ein „Gebrechen" – ein körperliches oder geistiges Handicap. Wer aufgrund einer starken **Behinderung** seinen Lebensunterhalt nicht durch **Arbeit** verdienen und nicht auf die Hilfe von **Familien**-Angehörigen zählen konnte, musste betteln, um zu überleben. Staatliche Fürsorgemaßnahmen gab es nicht, erst recht keine Versicherung gegen fundamentale Lebensrisiken wie Krankheit, Invalidität oder Arbeitslosigkeit.

Bettler saßen am Straßenrand und streckten die Hand nach einer kleinen Münze oder einem Stück Brot aus. Viele waren obdachlos; die Nacht verbrachten sie unter Brücken oder im Schutz von **Säulenhallen**. Schlimm waren vor allem die Wintermonate, wenn Kälte und Nässe ihr Elend vergrößerten. Die Spendenbereitschaft der Römer war sehr unterschiedlich ausgeprägt. „Mildtätigkeit" gegenüber den Ärmsten der Gesellschaft gehörte nicht zu den Idealen der Wohlhabenden. Das änderte sich erst in christlicher Zeit, da cārītās, „Nächstenliebe", ein zentraler Wert der christlichen Ethik ist.

Im Kampf um Almosen standen die Bettler auch in Konkurrenz untereinander. Manche erhofften sich Vorteile von einer glaubwürdigen Geschichte ihrer Verelendung. Sie hielten Passanten z. B. gemalte Bilder eines furchtbaren Schiffbruchs hin, um ihr Mitleid zu erregen. Andere lenkten die Blicke gezielt auf ihre Behinderung, eine verkrüppelte Hand, ein erblindetes Auge oder ein amputiertes Bein.

Es gab wohl auch Simulanten und üble Geschäftemacher, die als „Bettelunternehmer" **Sklaven**kinder auf die Straßen schickten und „eine halbtote, halbverhungerte **Sklaven**-Truppe" auf widerliche Weise ausbeuteten. Allerdings zeigte sich menschlich Abstoßendes auch auf der „Geber-Seite". Der Philosoph Seneca sah viele, die Bettler mit besonders herablassender Geste eine Spende in den Schoß warfen. Als „erniedrigend", „voller Verachtung" verabscheute er diese Arroganz. Womit er auch heute noch recht hat.

Bevölkerung

Das Imperium Romanum war ein Vielvölkerstaat, in dem außer den Amtssprachen Latein und (im Osten) Griechisch rund 50 weitere Sprachen gesprochen

Eine Frau mit Hut reicht einem Bettler eine Gabe. Stab und Hund waren häufige „Begleiter" von Bettlern. Wandmalerei aus Pompeji, 1. Jh. v. Chr.

wurden. Rom war intensiv bemüht, den römischen Way of Life über die jeweilige Oberschicht auch an die Bevölkerung der unterworfenen **Provinzen** zu vermitteln. Das war eine im Ganzen erfolgreiche Politik der „Romanisierung". Wissenschaftler haben in den letzten Jahrzehnten aber überzeugend nachweisen können, dass sich die römische Zivilisation auch von lokalen und regionalen Kulturen beeinflussen ließ, dass also die Romanisierung keine „Einbahnstraße" war. In besonderer Weise haben sich die Römer den griechischen Einflüssen geöffnet. Dass die Griechen ihre kulturellen Lehrmeister waren, konnten selbst Römer mit starkem „Nationalgefühl" nicht bestreiten.

Die Hauptstadt Rom war das, was man heute eine Multikulti-Metropole nennen könnte. Sie zog viele Migranten aus allen Teilen des Reiches und aus dem angrenzenden „Barbaricum" an: Lehrer und **Ärzte** (deren Ansiedlung wurde zeitweise stark gefördert), Künstler und Schriftsteller, Studenten und Wohlhabende mit großem Gefolge, Entertainer und andere, die der **Arbeit** wegen kamen, Arme und Diplomaten, Händler und Soldaten. Hinzu kam eine große Zahl unfreiwilliger „Zuwanderer": **Sklaven**, die von Kriegszügen oder auf illegalen Wegen (Menschenhandel, Piraterie) nach Rom verschleppt wurden. „Aus dem gesamten Erdkreis sind die Menschen hierhin zusammengeströmt", stellte der Philosoph Seneca fest. Dadurch sei Rom, fügt er hinzu, zu einer cīvitās commūnis geworden, einer „gemeinschaftlichen Stadt" oder „Weltstadt" auch im Hinblick auf die aus vielen Nationen zusammengesetzte Bevölkerung. Was für die „Kunstszene" und für das riesige internationale Warenangebot galt, traf auch auf die Herkunft der Menschen zu: orbis in Urbe, „die ganze Welt in einer einzigen Stadt".

„Rom hat niemals jemanden abgewiesen. Im Gegenteil. So wie der Boden der Erde alle Menschen annimmt, so nimmt auch diese Stadt Menschen aus der ganzen Welt auf." (Älius Aristides)

Diese Offenheit der Stadt hatte durchaus Tradition. Romulus habe seine neugegründete Stadt zum asȳlum ausgerufen, so die Legende, das heißt zu einem Zufluchtsort, der nicht groß danach fragte, woher und warum Menschen ihn aufsuchten. Obwohl das von manchen Rom-Kritikern in der Negativpropaganda verwendet wurde – das frühe Rom sozusagen als Sammelort von Dahergelaufenen, Kriminellen und flüchtigen Sklaven –, bekannten sich die Römer noch in der Zeit des Augustus (Kaiser 27 v. Chr. – 14 n. Chr.) zu ihrer Asyl-„Geschichte".

Wie groß war der Anteil von „Nichtrömern" an der hauptstädtischen Bevölkerung? Belastbare statistische Angaben liegen dafür nicht vor. Alle Zahlen sind deshalb sehr ungenaue Schätzwerte. Sicher ist, dass es viele griechischsprachige Menschen aus dem Osten des Reiches nach Rom zog: Griechen, Syrer und Ägypter waren stark vertreten, und das Griechische war eine in Rom nicht nur bei den Gebildeten verbreitete Sprache. Ab und zu wurden im **Theater** sogar Stücke auf Griechisch gespielt. Aber auch aus Spanien, Gallien, Germanien und Nordafrika ließen sich viele Menschen nach Rom locken, wo ja auch das „große **Geld**" saß: vermögende Menschen mit großer Kaufkraft und der Bereitschaft, viel Personal zu beschäftigen und sich als Sponsoren von Dichtern und Entertainern zu engagieren.

Realistische Schätzungen gehen davon aus, dass in der frühen Kaiserzeit jährlich mindestens 10.000 Immigranten von außerhalb Italiens nach Rom gezogen sind. Es gab dort keine Willkommenskultur und auch keine Integrationshilfen für die neu Zugezogenen, aber der Staat legte auch niemandem Steine in den Weg. Die meisten waren keine römischen **Bürger** – sie besaßen kein römisches Bürgerrecht – und mussten sich wahrscheinlich als peregrīnī, „Fremde", registrieren lassen. Aber bis auf seltene Notzeiten mit knapper Lebensmittelversorgung, in denen es schon einmal zu vorübergehenden Ausweisungen von „Fremden" kam, nahm die Stadt ihre neuen Bewohner bereitwillig auf. Der Anteil der peregrīnī wird insgesamt auf 100.000, also zehn Prozent der Gesamtbevölkerung, veranschlagt, der Anteil der Sklaven auf 200.000 bis 300.000. Zahlreiche römische Bürger waren Nachkommen von Unfreien, die keineswegs alle aus Italien stammten.

Religiöse Feier beim Isis-Kult. Im Vordergrund ein mit Girlanden geschmückter Altar. Mehrere Priester halten ein sīstrum (eine für den Isis-Kult typische Rassel) in der Hand. Wandmalerei aus Pompeji, 1. Jh.

Vermutlich erklärt sich auch von dieser multi-ethnischen Zusammensetzung der Bevölkerung der weitgehend friedliche Umgang miteinander. Gewiss, es gab Vorurteile und Ärger etwa über allzu „clevere" Griechen oder über Syrer, die ihre Sprache, Sitten und **Kleidung** so selbstverständlich wie andere Volksgruppen an den Tiber mitbrachten. Und es gab Widerstand gegen **Senatoren** aus Gallien, die den Römern begehrte Plätze im Senat „wegschnappten". Aber da gab es auch den Kaiser Claudius (41–54), der seinem Senat eindringlich in Erinnerung rief, dass Integration von Unterworfenen schon immer eine Stärke der Römer, ja ihr Erfolgsrezept gewesen sei:

„Noch am selben Tag behandelte unser Gründerkönig die, die gerade noch Feinde gewesen waren, als Bürger." (So bei Tacitus.)

Das war keine billige Phrase, sondern ein gelebtes Programm, ehemalige Gegner einzubinden. Sie blieben in rechtlicher Hinsicht oft genug benachteiligt, aber sie durften ihre nationalen Identitäten durchaus behalten – auch und gerade ihre Religionen. So zogen in der Hauptstadt Rom Anhängerinnen und Anhänger der ägyptischen Isis-Religion in Prozessionen ebenso ungehindert durch die Straßen wie die des kleinasiatischen Kybele-Kults. Solange sie die gemeinschaftliche Religion unter „Jupiter & Co." nicht infrage stellten, wurden **Mysterienkulte** geduldet. Als problematisch erwiesen sich da nur Juden und Christen, die aufgrund ihrer monotheistischen Überzeugung nur einem einzigen – *ihrem* – Gott huldigten. Aber selbst die Juden, die sich in ihrer Heimat als gefährliche Widerständler gegen die römische Herrschaft hervortaten, blieben als Volksgruppe und Religionsgemeinschaft in Rom unbehelligt. Man schätzt ihre Zahl dort für das 1. Jh. auf 20.000 bis 40.000. Auch wenn wenig Verständnis für ihre strikten religiösen Gebote herrschte (Monotheismus, Sabbatruhe, Verzicht auf Schweinefleisch, Beschneidung) und Juden sich nur zögerlich am städtischen Leben beteiligten, wurden sie nicht ausgegrenzt.

Mochten sich in einigen Vierteln auch Bewohner gleicher ethnischer Herkunft ballen, so war das antike Rom doch weit von Gettobildungen entfernt – und ebenso von starken Spannungen zwischen einzelnen Volksgruppen. Gewaltsame Konflikte gar hat es überhaupt nicht gegeben. Im Ganzen respektierte man offenbar das nationalitätenbedingte Anderssein einzelner Bevölkerungsgruppen. Die waren ihrerseits in aller Regel bereit, sich in den römischen Alltag zu integrieren, so viel Latein zu lernen, dass sie sich verständigen konnten, und die domina Rōma, „Herrin Rom", als Grundlage des Zusammenlebens anzuerkennen. In diesem Rahmen konnten alle Einwohnerinnen und Einwohner Roms gewissermaßen nach ihrer eigenen Fasson selig werden – also nach ihren eigenen Vorstellungen. Rom war in Sachen Toleranz eine wahrhaft offene Stadt.

Brot und Spiele

„Brot und Spiele" – den „Slogan" kennen fast alle. Aber er verbindet sich mit unterschiedlichen – und oft sehr falschen – Vorstellungen. Manche sehen darin einen Idealzustand: dass man das, was man zum Leben braucht, zum Nulltarif bekommt, jedenfalls ohne große Mühe oder gar **Arbeit**; und dass für die reichliche Freizeit gute Unterhaltungsangebote bereitstehen, natürlich ebenfalls zum Nulltarif. Andere erkennen darin ein als negativ beurteiltes Herrschaftskonzept: Die Mächtigen wollen das Volk von der Politik ablenken, ihm durch „Wohltaten" die Mitsprache gewissermaßen abkaufen oder es sogar entmündigen und ruhigstellen. In diesem Sinne verwendete es der „Erfinder" der berühmten „Formel", der Dichter Juvenal, im 1./2. Jh. Allerdings gab er den Römern eine Mitschuld an der politischen Situation: Sie wollten keine Ämter und militärischen Kommandos mehr vergeben, kritisiert er seine Mitbürger. „Das Volk wünscht sich ängstlich nur noch zwei Dinge: pānem et circēnsēs, Brot und (Circus-)Spiele".

Nun kann man viele Wünsche haben. Ob sie aber erfüllt werden, steht auf einem anderen Blatt. Die römischen **Kaiser** gaben sich schon Mühe, ihren „**Klienten**", dem stadtrömischen Volk, eine Menge zu bieten, um sich beliebt zu machen: öffentliche „Spiele" wie **Gladiatoren**-Kämpfe, Theateraufführungen und **Wagenrennen**. Die Anzahl der „Spieltage" war hoch, aber die meisten Veranstaltungen gab es in den drei großen **Theatern** der Hauptstadt, und sie hatten zusammen eine Sitzplatzkapazität von ungefähr 32.000. Bei einer Million Einwohnern hieß das aber auch: 970.000 Menschen waren an diesen Tagen *nicht* bei den „Spielen". Die Gesamtrechnung wirkt ernüchternd: Spieltage mal Zuschauerkapazität, geteilt durch eine Million, ergibt jährlich 15 bis 20 circēnsēs-Tage für jeden Bürger bzw. jede Bürgerin. Das ist weniger als ein Fünftel unserer heutigen freien Wochenenden, denn die ergeben 104 Tage.

Auch beim „Brot" war man weit vom Schlaraffenland entfernt. Es gab in Rom 200.000 Bezieher kostenlosen Getreides. Diese Sozialleistung hieß frūmentātiō, „Getreideverteilung". Die Empfänger erhielten den Rohstoff Getreide, kein Brot. Die dem einzelnen Bezugsberechtigten zustehende Menge bedeutete ungefähr 3.500 Kilokalorien pro Tag. Für einen körperlich hart schuftenden Bauarbeiter oder Lastenträger reichte das kaum aus – und schon gar nicht für eine ganze **Familie**.

Und wovon bezahlten die Menschen ihre – in Rom besonders hohe – Miete, wovon ihre Kleidung, wovon andere Lebensmittel, wovon ihre Ausgaben für Freizeit und Hobbys? Die **Geld**-Geschenke, die die Kaiser zu besonderen Gelegenheiten ausschütteten, reichten dafür bei Weitem nicht aus. Und das heißt: Die allermeisten mussten einer Erwerbsarbeit nachgehen, wenn sie überleben wollten. Ein „Sozialparadies" Rom hat nie existiert; die einzige kostenlose Leistung des Staates außer der frümentātiō war die Bereitstellung frischen Wassers. Ansonsten gab es keinerlei Unterstützung, auch nicht für die Ärmsten, die Alten oder die Menschen mit **Behinderung**.

Dass „Brot und Spiele" nie ein Ersatz für Arbeit gewesen sind, das wusste natürlich auch Juvenal. Er wollte mit seiner zugespitzten pānem-et-circēnsēs-Formulierung eine aus seiner Sicht falsche Einstellung der Römer kritisieren: dass sich das Volk von den Machthabern „bestechen" lasse. Allerdings war Rom auch *vor* der Kaiserzeit keine Demokratie gewesen. Und Massenunterhaltung und Getreide zum Nulltarif waren schon lange vor dem Ende der Republik eingeführt worden. Wie aber erklärt sich dann die maßlose Übertreibung, die in Juvenals berühmt gewordener „Formel" steckt? Zum einen sei noch einmal daran erinnert, dass er von einem *Wunsch* spricht – und nicht einen tatsächlichen Zustand beschreibt. Und zum Zweiten: Juvenal war Satiriker. Und Satiriker spitzen bestimmte Fehlentwicklungen in ihren Aussagen nun einmal gern zu. Sie übertreiben, um ihre Leser aufzurütteln. Niemand würde heute das, was ein Kabarettist von der Bühne aus sagt, als Beschreibung der Wirklichkeit ansehen. Juvenal wäre erstaunt gewesen, wie man seinen pānem-et-circēnsēs-„Slogan" als vermeintliche Darstellung der Alltagsrealität so missverstehen konnte. Ob er sich darüber gefreut hätte? Wahrscheinlich nicht, weil dieses Verständnis seine Leser als allzu kritiklos gegenüber dem Kritiker entlarvt.

Buch

Wer einen dicken Wälzer in Händen hält, kann der Hochachtung oder des Mitgefühls seiner Umgebung sicher sein: „Musst du den ganz durchlesen?" Der „Wälzer" ist wahrscheinlich eine von Studenten „erfunde-

ne" Entlehnung von lateinisch volūmen. Das ist die „Buchrolle", und die las man, indem man sie „umwälzte", das heißt umdrehte oder abrollte. Dieses „Wälzen" (volvere) entsprach dem **Lesen**, denn das Buch war in der Römerzeit meist eine solche Buchrolle: Bis zu 20 aneinandergeklebte Papyrusblätter wurden um einen Stab gewickelt. Wer sich mit dem Text darauf beschäftigen wollte, musste das volūmen nach und nach entrollen. Lesen war deshalb ein Vorgang, der hohe Konzentration erforderte und keine Nebenaktivitäten erlaubte. Man brauchte ja beide Hände, um die Papyrusrolle festzuhalten und sie ab- bzw. zurückzurollen. Außerdem las man in der Regel halblaut, sodass auch Zunge und Stimme auf aktiv „geschaltet" waren.

Erst ab dem 3. Jh. n. Chr. machte der cōdex der Papyrusrolle ihre führende Stellung streitig, das heißt der Buchblock mit übereinandergelegten und in der Mitte geknickten Blättern, die meist von einem Ledereinband geschützt wurden. Damit verband sich auch ein Wechsel des Beschreibstoffes: Statt der aus den Fasern der Papyrusstaude gewonnenen pflanzlichen Blätter verwendete man zunehmend Pergament. Das wurde durch die Bearbeitung gereinigter Tierhäute hergestellt. Wie sehr jedoch Papyrus über viele Jahrhunderte als *der* Beschreibstoff schlechthin galt, zeigt sich an seinem hartnäckigen sprachlichen Weiterleben als „Papier", englisch *paper* oder französisch *papier*.

Das Buch (liber) war gewissermaßen eine thematische Einheit, die auf eine Papyrusrolle passte. War sie umfangreicher als üblich, so konnte man die Rolle durch Ankleben weiterer Blätter verlängern. Dadurch wurde sie allerdings dicker, schwerer und unhandlicher. Der Normalumfang der Buchrolle lag nicht über umgerechnet zehn Meter bei einer Höhe von 20 bis 25 Zentimetern. Es sei denn, der Text wurde durch Illustrationen ergänzt; dann erreichten Papyrusrollen auch schon einmal ein Format von bis zu 40 Zentimetern Höhe. Der Buchtitel stand, meist in auffälligem Rot geschrieben, auf einem angehängten Pergamentschildchen, einer „Aufschrift" mit der wenig überraschenden lateinischen Bezeichnung titulus. Wenn also Vergils „Aeneis" zwölf Bücher umfasste, so

Ein junger Mann mit einer Buchrolle. Anders als ein heutiges Buch konnte man eine solche Papyrusrolle nicht mit nur einer Hand halten. Wandmalerei aus Herculaneum, 1. Jh.

waren das zwölf Papyrusrollen. Wenn Plinius der Ältere seine „Naturgeschichte" auf 37 Bücher verteilte, so musste, wer das Werk vollständig besitzen wollte, 37 Buchrollen erwerben. Gelagert wurden Bücher in scrīnia, zylindrischen Schachteln, bzw. capsae – das waren ebenfalls runde Behälter aus Holz, in denen man auch andere Gegenstände aufbewahrte – u. a. auch **Geld**, woraus sich die „Kasse" und englisch *cash* entwickelt haben.

Wie heute gab es Bücher mit Gedichten und (Unterhaltungs-)**Literatur**, Fachliteratur und Ratgebern, Lustigem und Ernstem, Anspruchsvollem und qualitativ Fragwürdigem, das die „lieben" Dichterkollegen schon mal als charta cacāta„ „vollgekacktes Papier", einstuften. Der „Krimi" war noch nicht erfunden, wohl aber verkauften sich Erzählungen mit Gewalt-„Einlagen" und Verbrecherstorys gut. In den Städten gab es Buchhandlungen (tabernae librāriae) und Antiquariate. Dort trafen sich Buchfreunde zum Stöbern und zur Diskussion mit anderen literarisch Interessierten. Ausgaben von Bestseller-Autoren wie Martial, der für ebenso knappe wie treffsichere Spottgedichte bekannt war, hatten die besten Plätze in den Auslagen der Buchhändler. Allerdings war der Buchmarkt sehr viel überschaubarer als heute. Zum einen konnte nur eine Minderheit der Menschen flüssig lesen, zum anderen waren Bücher teuer, für den Normalverdiener fast unerschwinglich. Denn jedes Exemplar musste von Hand kopiert – also abgeschrieben – werden. Die Kopisten nannte man librāriī; viele waren **Sklaven**, die einem Verleger oder einem Buchhändler gehörten.

Es sind nur wenige genaue Preisangaben überliefert. Eine – allerdings in Purpur gebundene – Luxusausgabe von Martials erstem Buch mit Spott-Epigrammen kostete fünf Denare. Dafür musste ein Lohnarbeiter fünf Tage lang arbeiten. Geradezu astronomische Höhen erreichten wertvolle alte Bücher. Eine über hundert Jahre alte Papyrusrolle mit dem zweiten „Aeneis"-Buch Vergils – allerdings möglicherweise aus dem Besitz des Dichters selbst – kostete im 2. Jh. 20 aureī, „Golddenare": an die zwei Jahresverdienste eines Arbeiters. Es waren die Verleger und Buchhändler (viele waren beides zugleich), die an Büchern verdienten, nicht die Autoren. Da es kein Urheberrecht gab wie heute, konnte jedermann ein Buch abschreiben lassen, ohne dass dem Autor ein Honorar zufloss. Den Autoren blieb nur der Ruhm; den konnten sie allerdings versilbern, indem sie großzügige Sponsoren gewannen. Nach Maecenas, einem Freund des Augustus, der Dichter großzügig unterstützte, nannte (und nennt) man solche Förderer „Mäzene". Autoren, die keinen Sponsor fanden, mussten sich mit einem Broterwerb über Wasser halten. Viele Lehrer veröffentlichten z. B. gelehrte Kommentare zu Gedichten oder Bücher zu grammatischen Fragen.

„Nicht nur Rom erfreut sich in seiner Freizeit an meiner Muse (...); auch Britannien, so sagt man, singt meine Verse. Was nützt es? Mein Geldbeutel merkt nichts davon." (Martial)

Weil sie teuer waren, galten Bücher auch als Statussymbol. Reiche Römer schmückten ihr Haus mit Bibliotheken. Manche stellten diese wertvollen Büchersammlungen Forschern und

Gelehrten zur Verfügung, andere sonnten sich lediglich in diesem Luxus und hielten sich für gebildet, weil sie Bücher besaßen – in die sie selbst nie einen Blick geworfen hatten. Das zeigt, welch hohen Rang das Buch schon im alten Rom als Kulturgut besaß. Nicht nur für Cicero galt die Einsicht:

Librī magistrī, librī amīcī. – „Bücher sind unsere Lehrer, Bücher sind unsere Freunde."

Bürger

Cīvis Rōmānus sum! – „Ich bin römischer Bürger!" Mit diesen drei „Zauberworten" erreichte es der Apostel Paulus, dass der Prozess gegen ihn wegen Hochverrats vom römischen Statthalter der Stadt Cäsarea nicht weitergeführt wurde. Denn als römischer Bürger hatte er bei angeblichen Schwerverbrechen das **Recht**, vor ein kaiserliches Gericht gestellt zu werden. Und tatsächlich: Paulus wurde als Gefangener nach Rom gebracht.

Der Gegenbegriff zum cīvis Rōmānus war peregrīnus, „Fremder", „Untertan". Als solcher hätte Paulus vom Statthalter verurteilt werden können, und zwar auch zum Tod. Wer zum Tod verurteilt wurde, hatte in den Augen der Römer seine Ehre verloren. Und Inhaberinnen und Inhabern des römischen Bürgerrechts (cīvitās Rōmāna) sollte das eben erspart bleiben. Zudem durfte ein *männlicher* römischer Bürger wählen und sich selbst als Kandidat für ein öffentliches Amt bewerben; er durfte in römischen Legionen Dienst tun (was nicht jeder als Privileg wahrnahm …) und wurde danach als Veteran mit einem Stück Land versorgt. Und Bürger mussten keine direkten Steuern und Abgaben zahlen: Solche „Kopf- und Bodensteuern" galten in der Antike als eines freien Bürgers unwürdig; sie wurden als Tribute nur Untertanen wie den Bewohnern der **Provinzen** auferlegt. Heutige Lohn- und Einkommenssteuern hätten römische Bürger tatsächlich als entwürdigend empfunden. Indirekte Steuern dagegen, etwa Hafenzölle oder die Freilassungssteuer, die sich am Wert des freigelassenen **Sklaven** bemaß, mussten Bürger durchaus entrichten. Römischen Bürgern war schließlich auch das Tragen der Toga vorbehalten. Bei bestimmten Gelegenheiten – wenn sie z. B. auf dem **Forum** Romanum unterwegs waren – *mussten* sie dieses „Bürgerkleid" sogar anlegen. Wer auf Reliefs oder in anderen Darstellungen als togātus, „Togaträger", abgebildet ist, war demnach sicher römischer Bürger.

Bürger bzw. Bürgerin war, wer von freien römischen Bürgern abstammte oder wem das Bürgerrecht verliehen worden war. Viele Angehörige der Oberschicht in den Provinzen kamen ohne große Mühe zu diesem Vorrecht. Denn indem sie es an sie verliehen, gewannen die Römer ihre Loyalität. Aus moderner Sicht überraschend ist, dass auch Privatleute de facto das

Ob alt oder jung – die drei Männer in diesem Relief tragen Toga, wodurch sie als römische Bürger zu erkennen sind. Im Hintergrund: die Göttin Fortuna mit einem reich gefüllten Horn („Füllhorn"). Aus Nordafrika.

Bürgerrecht vergeben konnten: indem sie Sklaven freiließen. Die **Freigelassenen** hatten zwar zunächst ein eingeschränktes Bürgerrecht, aber ihre Kinder waren dann „vollwertige" römische Bürgerinnen und Bürger.

Für die Zeit des Augustus (Kaiser 27 v. Chr. – 14 n. Chr.) schätzt man ganz grob, dass fünf Millionen cīvēs Rōmānī (einschließlich Frauen und Kinder) etwa 40 Millionen peregrīnī im Imperium gegenüberstanden. Dieses Verhältnis veränderte sich im Laufe der Kaiserzeit stark. Immer mehr Provinzbewohner wurden zu Bürgern – ein Integrationsprozess, der auch dazu diente, das Riesenreich zusammenzuhalten. Im Jahr 212 erreichte diese Entwicklung ihren Höhepunkt. Damals verlieh Kaiser Caracalla in der „Constitutio Antoniniana" fast allen freien Menschen, die im Römischen Reich lebten, das Bürgerrecht. Ausgenommen war lediglich eine kleine Gruppe, die sich nicht genau bestimmen lässt. Die Beweggründe für die großzügige Aktion des Kaisers waren nicht nur edler Natur. Er wollte damit auch die leere Staatskasse füllen, weil bestimmte Steuern – wie die Erbschafts- und die Freilassungssteuer – nur von Bürgern erhoben wurden.

Und Paulus? Wie hat sich die Berufung auf sein römisches Bürgerrecht ausgewirkt? Er wurde, wie gesagt, nach Rom gebracht und dort vor ein kaiserliches Gericht gestellt. Die Richter sprachen ihn schuldig. Paulus wurde mit dem Schwert hingerichtet; das galt als ehrenvoller als z. B. die Kreuzigung.

Christentum → **Mysterienkulte**

Circus → **Wagenrennen**

Diktator Was ist ein Diktator? Das weiß doch jeder: ein Herrscher, der gewaltsam an die Macht gekommen ist, der ohne gesetzliche Grundlage regiert und der jede politische Opposition unterdrückt, ein „Tyrann" eben.

Der Begriff stammt aus dem Lateinischen. Aber bei einem römischen dictātor muss man umdenken. Denn er kam *rechtmäßig* in sein Amt. Mehr noch: Die dictātūra war ein reguläres Amt. Allerdings eines mit Sondervollmachten. Der Name verrät es: Dicāre ist ein starkes dīcere, „sagen"; der dictātor war also einer, der „klare Ansagen machte", das heißt Befehle gab, die alle – auch die anderen **Beamten** – befolgen mussten. Im Unterschied zu allen anderen Magistraten hatte er keinen Kollegen; auch die **Volkstribunen** hatten keine Handhabe, sich seinen Anordnungen zu widersetzen. Als Ausgleich für diese außerordentliche Macht durfte er nur höchstens sechs Monate im Amt sein. Sobald er seine zu Amtsantritt definierte Aufgabe erledigt hatte, musste er zurücktreten.

Ernannt wurde ein dictātor vor allem in Krisen- und Kriegszeiten, damit eine straffe Führung gewährleistet war. Die Ausrufung eines solchen Notstandes war eine Ausnahmesituation; entsprechend selten wurden dictātōrēs ernannt – letztmalig im Jahr 201 v. Chr. Im 1. Jh. v. Chr. rief sich Sulla nach einem gewonnenen Bürgerkrieg selbst zum dictātor aus. Er trat aber zurück, sobald er den Staat in seinem Sinne neu geordnet hatte. Damit habe er sich wie ein Erstklässler benommen, stellte ein paar Jahrzehnte später ein anderer Machthaber kopfschüttelnd fest, der sich selbst zum dictātor perpetuus, „Diktator auf Dauer", ausgerufen hatte. Das war Cäsar. Am 15. März 44 v. Chr. reagierten seine Gegner auf diesen Putsch mit einem Attentat: Sie brachten den „Tyrannen" um. Im Unterschied zu den „klassischen" römischen dictātōrēs haben Sulla und Cäsar das zweifelhafte Verdienst, den Diktator-Begriff im heutigen Sinne vorbereitet zu haben.

Drogen

Ausgerechnet Marc Aurel, der „Philosoph auf dem Kaiserthron" (Kaiser 161 – 180), soll ein opiumsüchtiger „Junkie" gewesen sein? Die steile These wurde vor ein paar Jahrzehnten von einigen Wissenschaftlern vertreten. Inzwischen hat sie sich als deutlich weniger steil herausgestellt. Ja, der Kaiser griff regelmäßig zum „Wundermittel" thēriac; und ja, dieses thēriac enthielt auch Mohnsaft. Der sorgte für einen besseren Schlaf und war deshalb ein wirksames Mittel gegen die chronischen Schlafstörungen, die den Kaiser plagten. Aber die Dosis reichte nicht aus, um Marc Aurel eine „Drogensucht" zu attestieren.

Dass die Fruchtkapsel des Schlafmohns eine „Schlaf erregende Wirkung" hat, ist unbestritten. Und entsprechend wurde sie auch vom **Arzt** eingesetzt. Außerdem dienten Opiumkügelchen zur Betäubung von Patientinnen und Patienten, die sich schmerzhaften Eingriffen unterziehen mussten. Doch als Freizeitdroge machte der „Stoff" in der Römerzeit keine Karriere – vielleicht auch deshalb, weil man sehr wohl wusste, dass eine Überdosierung tödlich enden konnte.

Ähnliches lässt sich zum Cannabis sagen. Der Hanf wurde zum einen – jenseits jeglichen Drogenverdachts – zur Herstellung von Seilen verwendet, zum anderen diente er als Medikament gegen Entzündungen, Verstopfungen und Blähungen. Man wusste zwar, dass er, als „Gras" inhaliert, bei manchen Völkern wie den Skythen – einem Stamm in der heutigen Ukraine – große Fröhlichkeit, ja Lachkrämpfe auslöste. Aber als „bewusstseinserweiternde" Droge fand Cannabis keinen Eingang in die griechisch-römische Zivilisation. Sie blieb, was heute illegale Drogen angeht, bemerkenswert „clean".

Von der legalen Droge unserer Zeit, dem Alkohol, lässt sich das nicht sagen. Im Gegenteil. Wein war geradezu ein Grundnahrungsmittel der Römer (und auch deshalb ein wichtiger Wirtschaftsfaktor). Dass sie den Weingott Bacchus verehrten und dass dessen Anhänger sehr „intensive" Bacchanalia, „Bacchus-Feiern", veranstalteten, passt zu dieser Wertschätzung des Weines ebenso wie sein aus dem Griechischen übernommener Beiname Lyaeus, „(Sorgen-)Löser". Tatsächlich war der Wein in allen Gesellschaftsschichten beliebt, und er floss in einfachen **Gaststätten** ebenso reichlich wie auf den **Partys** der Oberschicht. Vom Dichter Horaz gibt es zahlreiche Hymnen auf den Wein und seine berauschende Wirkung. Sie bringen die allgemeine Akzeptanz dieser Droge gut zum Ausdruck. Auch **Jugendliche** durften Wein trinken, und selbst Kinder ließ man am Weinglas zumindest nippen.

Nunc est bibendum! –
„Jetzt müssen wir trinken!" (Horaz)

Nunc vīnō pellite cūrās! –
„Jetzt vertreibt die Sorgen mit Wein!" (Horaz)

Cūra fugit multō dīluiturque vīnō. –
„Die Sorge flieht und löst in reichlich Wein sich auf." (Ovid)

Beschränkungen gab es nur für Frauen, weil man sich vor deren „Enthemmung" fürchtete. Für sie galt zumindest in der Zeit der Republik ein Weintrinkverbot, das angeblich alle männlichen Angehörigen durch einen „Kuss-Test" überprüfen durften. Wie strikt dieses Verbot eingehalten wurde, lässt sich nicht überprüfen. Wohl aber ist festzustellen, dass es in der Kaiserzeit faktisch aufgehoben war. „Frauen trinken ebenso viel wie Männer", rügte der Philosoph Seneca etwas säuerlich – vermutlich eine Übertreibung, aber zahlreiche andere Quellen belegen, dass viele Frauen tatsächlich gern Wein tranken.

Wissenschaftler haben errechnet, dass erwachsene Männer knapp einen Liter Wein pro Tag getrunken haben. Das ist eine ganze Menge – auch wenn der Wein in aller Regel mit mindestens der gleichen Menge Wasser verdünnt wurde. Waren die Römer also, um es zugespitzt zu formulieren, ein Volk von Säufern? Sicher, es gab eine ganze Reihe von Männern, die man heute als Alkoholiker bezeichnen würde. Aber ihre Zahl war doch eher überschaubar.

Es sind nur wenige namentlich bekannt, die als Opfer von ēbriōsitās, „Alkoholismus", gelten müssen – im Unterschied zu „bloßen" ēbriētās-Opfern: Das waren diejenigen, die sich mal einen Vollrausch gönnten – nicht selten auf den **Partys** der wohlhabenden Leute. Wenn sich an das Gastmahl eine cōmissātiō, ein „Trink-abend", anschloss, hatte das nicht selten eine allgemeine Trunkenheit (ēbriētās) im Gefolge.

In vīnō vēritās. – „Im Wein liegt Wahrheit." (In dieser Form ist der Spruch erst seit dem Mittelalter bekannt.)

Abhängigkeit vom Wein – also ēbriōsitās oder, wie Seneca einmal formuliert, häufige voluntā-ria īnsānia, „absichtlich herbeigeführter Wahn-sinn" – war dagegen gesellschaftlich geächtet. Politiker, die als „Saufköppe" aufgefallen waren, wurden von Gegnern in aller Öffentlichkeit scharf angegriffen und bloßgestellt. Kaiser Tiberius (14 – 37), also „Tiberius Claudius Nero", wurde von seinen Soldaten als Biberius Caldius Mero verspottet, „Säufer puren Glühweins". Marc Anton, der Gegenspieler des späteren Augustus, ging in die Offensive: Er veröffent-lichte eine Schrift „Dē ēbriētāte suā", „Über seine Trunksucht". Sehr viel diskreter ging da-gegen der als überaus charakterstark gerühmte Cato (der Jüngere), der „letzte Republikaner", mit seiner Liebe zum Wein um. Er genoss ihn, sprach aber nicht viel darüber – und kriegte es einmal so hin, „dass es denen, die ihn betrunken ertappten, deutlich peinlicher war als ihm, dem Ertappten".

Quandō bibō vīnum, loquitur mea lingua Latīnum. – „Wenn ich Wein trinke, spricht meine Zunge Latein." (Spruch aus dem 17. Jh.)

Opfer der Droge Wein hat es in der „feinen" Gesellschaft Roms offenkundig häufiger gege-ben als bei den einfachen Leuten. Denen fehlte es schlicht an **Geld** und Zeit, um häufiger auch nur in die Nähe dessen zu kommen, was heut-zutage als „Koma-Saufen" bezeichnet wird. Allenfalls beim Saturnalien-**Fest** tranken alle so viel Wein, dass derjenige auffiel, der nüch-tern blieb …

Die Wirtin Sentia Amaranis ließ sich auf ihrem Grabstein in einem Relief dabei abbilden, wie sie Wein aus einem Fass abfüllt. „D M S" steht für **Dīs Mānibus sacrum** („den Totengeistern geweiht"). Aus Spanien.

Ein wirkungsvoller Schutz gegen eine Vielzahl von Wein-„Junkies" ergab sich zudem dadurch, dass die Römer in diesem Sinne schädliche Destillationsverfahren nicht beherrschten. Sie kannten keine „harten" Alkoholika, keine hoch-prozentigen Schnäpse und Liköre, sondern höchstens Weine mit einem Alkoholgehalt von 16 oder 17 Prozent. Das war vīnum merum, „unvermischter Wein", und den tranken aus ihrer Sicht (neben ihren eigenen Alkoholikern) nur „Barbaren": Die Germanen sollen ihn in so rauen Mengen getrunken haben, dass römische Polit-Strategen überlegten, ob man ihrer Trunk-sucht nicht durch Gratislieferungen von Wein Vorschub leisten solle. So könne man, war das Kalkül, die wilden Gesellen „nicht weniger leicht durch dieses Laster besiegen als mit Waffen-gewalt". Ein Drogen-Imperialismus, der aber bloßes Gedankenspiel geblieben ist.

Ehe Im Jahr 131 v. Chr. hielt der Zensor Quintus Metellus vor einem großen Oberschichtpublikum eine bemerkenswerte Rede. Er bestreite gar nicht, dass es in einer Ehe häufig Ärger und Unannehmlichkeiten gebe und dass manch einer die Ehe als drückende Last empfinde. Aber trotzdem müssten die Römer sich dieser Herausforderung stellen: „Ohne zahlreiche Eheschließungen kann der Staat nicht wohlbehalten fortbestehen!" Denn der Staat brauche – ebenso wie jede **Familie** – zum Fortbestehen Kinder. Und die Ehe war aus römischer Sicht *die* entscheidende Einrichtung, um (legitime) Kinder hervorzubringen. Der lateinische Begriff für „Ehe" zeigt es deutlich: In mātrimōnium steckt māter, „die Mutter"; die eigentliche Bedeutung ist also „Mutterschaft".

Ein gutes Jahrhundert später griff Augustus (Kaiser 27 v. Chr. – 14 n. Chr.) die Forderung des Metellus erneut auf. Eine gewisse Ehemüdigkeit und viele Scheidungen vor allem in den Kreisen der **Senatoren** und **Ritter** wollte er mit ziemlich einschneidenden Ehegesetzen bekämpfen. Wer sich als Mann zwischen 25 und 60 Jahren und als Frau zwischen 20 und 50 Jahren der Ehepflicht entzog, musste nun mit erheblichen finanziellen Einbußen rechnen. Der Erfolg dieser Initiative zur Eheförderung war allerdings begrenzt.

Ehen zwischen engen Verwandten waren wie heute verboten. Das Mindestalter – 14 Jahre für den Ehemann und (wahrscheinlich) zwölf Jahre für die Ehefrau – lag deutlich niedriger als heute. Ansonsten aber waren die Bedingungen für eine gültige Ehe trotz des staatlichen Interesses strenger als heute, das cōnūbium („Eherecht") war stark eingeschränkt: Beide Partner mussten römische **Bürger** sein, das heißt, mit Ausländerinnen und Ausländern durfte keine Ehe geschlossen werden. Freie und Sklavinnen und **Sklaven** durften ebenso wenig eine Ehe eingehen wie Unfreie untereinander. Auch Legionären im aktiven Dienst war eine Heirat untersagt, damit ihre Einsatzmöglichkeiten nicht durch eine Familie beschränkt waren.

Allerdings bürgerten sich in all diesen Fällen eheähnliche Verbindungen ein. Man sprach vom contubernium, einer „Zeltgenossenschaft"; modern formuliert: einer Lebensgemeinschaft, aus der natürlich auch Kinder hervorgingen. Das Zusammenleben von Sklaven war an die Erlaubnis des Herrn gebunden. Die erhielten unfreie Paare meist ohne Probleme, weil in eigene Familien eingebundene Unfreie leichter zu „handhaben" waren.

Gegenüber den Verhältnissen in modernen westlichen Staaten gab es in der Antike einen gravierenden Unterschied: Die Liebesheirat war die Ausnahme. Die Eheschließung wurde in aller Regel von den Vätern arrangiert; die Zustimmung der Eheleute war juristisch notwen-

Ein Ehepaar auf einem römischen Grabstein aus Österreich. Einst war er bemalt – Reste von Farbe kann man noch erkennen. Wer genau hinsieht, entdeckt zudem schöne Details, zum Beispiel an der Kleidung der Frau.

dig, in der Praxis aber hatten sie kaum eine Chance, sich der Vereinbarung ihrer Familien zu entziehen.

Frauen benötigten nach römischer Auffassung eine Art Vormund, in dessen „Hand" (manus) sie waren. Mit der Ehe wechselte die Frau grundsätzlich die „Hand" – von der des Vaters in die des Ehemanns. Sie durfte sich aber auch entscheiden, in der manus des Vaters zu bleiben. Das taten immer mehr Frauen; in der Kaiserzeit war die Ehe sine manū, „ohne Hand" (des Ehegatten), viel häufiger als die cum manū, „mit der Hand". Der Grund für diesen kleinen emanzipatorischen Fortschritt ist klar: Der Vater lebte in seinem eigenen Haushalt, und das versprach aus der Sicht der nun verheirateten Tochter weniger Aufsicht und größere Unabhängigkeit.

Für das Eheleben sah das römische „Ideal" eine Aufgabenteilung vor: Der Mann ging einer **Arbeit** nach und hatte die Außenkontakte; die Frau war „Hüterin des Hauses", teilte, wo vorhanden, die Sklavinnen und Sklaven ein und kümmerte sich um den Haushalt und die Erziehung der Kinder. Vor allem bei den unteren Schichten gab es deutliche Abweichungen von dieser Norm: Frauenarbeit war dort keine Seltenheit. Und Frauen der Oberschicht ließen sich zunehmend in der Öffentlichkeit blicken. Viele besuchten die öffentlichen Spiele, gingen mit ihren Männern auf **Partys** und unternahmen Einkaufsbummel.

„Ist der etwa frei, der sich von seiner Ehefrau Befehle geben lässt? Dem sie Vorschriften macht, dem sie befiehlt und verbietet, was ihr gerade passt?" (Cicero)

Viele Ehen wurden mit einer Scheidung beendet; zumindest in der Oberschicht war die Scheidungsquote hoch. Ein kompliziertes juristisches Verfahren kannte das alte Rom dafür nicht. Die Eheleute konnten sich einfach trennen – entweder einvernehmlich oder durch einseitige Willenserklärung mit der Formel tuās rēs tibi habētō, „habe deine Sachen für dich!". Die Frau kehrte daraufhin in die manus ihres Vaters (oder eines männlichen Verwandten) zurück, aber sie war nicht ganz allein: Hatte sie

sich nicht des Ehebruchs schuldig gemacht, dann durfte sie ihre Mitgift (dōs) mitnehmen. Wenn es denn eine gegeben hatte – bei den einfachen Leuten war das kaum der Fall.

Einkaufen Im Deutschen ist die „Taverne" ein schlichtes Lokal; Urlaubern begegnet sie vor allem in Griechenland und Italien als „Strandtaverne". Das lateinische Ursprungswort taberna bezeichnete ebenfalls die „**Gaststätte**", aber auch allgemein das „Ladenlokal" und damit das „Geschäft". Wenn man ein Adjektiv auf -ria hinzusetzte, wurde klar, was man dort jeweils kaufen konnte: Die taberna librāria war ein Buchladen (liber, „**Buch**"), die taberna vīnāria ein „Wein-Shop" (vīnum, „Wein"), die taberna unguentāria eine „Parfümerie" (unguentum, „Salbe", „Parfüm"), die taberna argentāria eine „Wechselstube" (argentum, „Silber", „Geld") und die taberna ferrāria eine „Eisenwarenhandlung" (ferrum, „Eisen").

Wer etwas einkaufen wollte, suchte meist eine entsprechende taberna auf. Tabernae lagen im Erdgeschoss zahlreicher Häuser, nicht nur großer Wohnblöcke (īnsulae), sondern häufig auch von Privathäusern, und das oft in langer Reihe. Sie prägten die Straßen der Innenstädte; in Roms Hafenstadt Ostia hatten zwei Drittel der īnsulae solche Geschäftslokale, im ausgegrabenen Teil der vom Vesuv verschütteten Stadt Pompeji sind rund 800 tabernae identifiziert worden. Die Geschäfte waren mit 25 bis 40 Quadratmetern nicht sehr groß. Häufig lag im hinteren Teil die Werkstatt eines Handwerkers, und im vorderen Teil wurden seine eigenen Produkte verkauft. Solche „Produzentenhändler" waren eher die Regel als die Ausnahme.

Die Hauptstadt Rom lockte mit ihrer Kaufkraft zahllose Geschäftsgründer an; die Zahl der tabernae dürfte bei mehreren Zehntausend gelegen haben. Das weist auf eine starke Spezialisierung hin. Es gab keine Supermärkte, die zahlreiche Produkte des täglichen Bedarfs verkauften, keine Warenhäuser und erst recht keine Shoppingmalls, sondern nur den Einzelhandel in des Wortes eigentlicher Bedeutung.

Kunden beim Einkauf an einem Marktstand mit Geflügel und Obst. Zwei Affen dienen als Maskottchen. Relief von einem römischen Grabstein aus Ostia.

Kunden mussten von Geschäft zu Geschäft gehen, wenn sie unterschiedliche Waren kaufen wollten. Manchmal lagen in einer Straße mehrere Geschäfte mit ähnlicher Ware, z. B. mehrere Schuster, Metzger oder Textilboutiquen. Das machte den Qualitäts- und Preisvergleich einfacher, aber solche Konzentrationen waren – anders als etwa im Mittelalter – nicht typisch für römische Städte.

Dagegen gab es zumindest im Ansatz ein paar „Edelmeilen" für höherwertige und Luxusgüter; in Rom etwa im oberen Teil der Sacra Via und im Vicus Tuscus, beides nahe am **Forum** Romanum. Dort boten Juweliere, Goldschmiede, Perlenverkäufer, Parfüm- und Weihrauchhändler ihre hochpreisigen Waren an, ebenso in den Saepta, einem von **Säulenhallen** umrahmten „Einkaufshof" auf dem Marsfeld. Dort wurden edle Gläser und exquisite Möbel, teurer **Schmuck** und gesuchte Antiken verkauft sowie **Sklaven** im „Luxussegment".

Die tabernae hatten keine Schaufenster in der heute üblichen Größe, aber ihre Tür stand meist weit offen, und die Waren wurden möglichst nah am Eingang auf Tischen präsentiert. Auch Säulen und Türpfosten wurden z. B. von Buchhändlern als Werbeflächen genutzt. Metzger hängten große Fleischstücke oder geschlachtete **Tiere** als Ganzes an Haken auf. Manch ein Ladenbesitzer (tabernārius) nutzte auch den Bürgersteig, um Kundinnen und Kunden seine Angebote im wahrsten Sinne des Wortes näherzubringen. Das war illegal, weil es das Gedränge auf den Bürgersteigen und Straßen noch verstärkte, aber wirkungsvoll. Andere Händler nutzten Werbeschilder mit Logos (fünf Haxen z. B. für eine Fleischerei), Malereien an der Hauswand und ausgefallene Werbegags mit Tier-Maskottchen. Ein sprechender Rabe oder auf der Theke hockende Affen waren natürlich Eyecatcher. Dafür gibt es sogar ein lateinisches Wort: Ocliferia nennt Seneca „Dinge, die die Augen treffen" (oculus, „Auge"; ferīre, „schlagen").

Die Läden waren den ganzen Tag über geöffnet, hier und da wohl mit einer kurzen Mittagspause. Der von **Arbeit** freie Sonntag setzte sich unter christlichem Einfluss erst im 4. Jh. allmählich durch; **Feste** führten nicht zwangsläufig zur Schließung von Geschäften. Bei Einbruch der Dunkelheit wurden sie mit stabilen Holzläden verschlossen. Als Verkaufspersonal arbeiteten häufig auch Frauen – das Oberschichtideal der nicht im Erwerbsleben tätigen Frau „galt" hier nicht. Der Einzelhandel war ein „klassisches" Berufsfeld von **Freigelassenen**;

sie führten häufig den Laden als Geschäftsführer im Auftrag eines Eigentümers aus der Oberschicht. Die vornehmen Leute verachteten zwar die „Krämer", verdienten aber gern an der Vermietung der Ladenlokale und am Warenverkauf. Preisschilder sah man selten. Das Verhandeln über den Preis war üblich – besonders bei leicht verderblichen Lebensmitteln zeigten sich die Händler flexibel. Weil es kaum geeignete Kühlungsmöglichkeiten gab, kauften die Menschen Lebensmittel eher in kleineren Mengen zum schnellen Verbrauch ein. Für große Wocheneinkäufe fehlte den meisten ohnehin das **Geld**: Sie lebten förmlich von der Hand in den Mund.

Vor allem Lebensmittel wurden auch auf Märkten verkauft, die zum Teil keine festen Verkaufsstände hatten. Zumal in kleineren Orten verkauften Bauern der Umgebung dort ihre Produkte; Markttermine waren, wie ein **Graffito** aus Pompeji zeigt, in einzelnen Regionen aufeinander abgestimmt. So konnten Händler Kunden in mehreren „Zentren" erreichen. In größeren Städten gab es dagegen feste Märkte mit täglichen Angeboten. Rom hatte ein paar spezialisierte Märkte, wie das Forum Holitorium (holus, „Gemüse"), das Forum Piscarium (piscis, „Fisch") und das Forum Vinarium (vīnum, „Wein") sowie in der Kaiserzeit einige Märkte außerhalb des Zentrums, sogenannte macella.

E

Geschäftsstraße in Pompeji. Links ein Brunnen, an den Hauswänden Werbe-Inschriften für die Kommunalwahlen. Die **tabernae** sind weit geöffnet, Treppen führen ins Obergeschoss. Zeichnung von Peter Connolly.

Wer es mit dem Einkauf eilig hatte, konnte vieles bei Straßenhändlern erwerben. Die bevölkerten – die meisten ohne, einige mit schnell aufgebautem Bretterstand – die Straßen in großer Zahl; vor allem dort, wo viele Leute vorbeikamen, das heißt an **Tempeln**, **Theatern** und Circussen, oder dort, wo viele Menschen etwa an Großbauten arbeiteten. Sie boten vor allem Snacks wie Würstchen, Erbsenbrei, Gebäck und Fisch sowie **Getränke** to go an, aber auch Haltbareres wie **Schuhe**, Spielzeug, Matten, **Kleidung**, Perücken, Programmhefte für **Gladiatoren**-Kämpfe und Second-Hand-Waren. Auch Obst und Gemüse gehörten zu ihrem Sortiment, das sie als stimmgewaltige Verkäufer an den Mann oder an die Frau zu bringen bemüht waren. Derbe Kraftausdrücke, kernige Sprüche und „fiese Schimpfwörter einer marktschreierischen Sprache" gehörten zum Verkaufsrepertoire dieser ambulātōrēs (ambulāre, „umhergehen") bzw. circulātōrēs (Leute, die circī, „Kreise", um sich herum bilden). Die Inschrift auf dem Grab eines „ambulanten Händlers" erinnert an seinen Beruf: māla, mulierēs, mulierēs meae!, „Äpfel, ihr Damen, meine Damen!". Viele Straßenhändler waren wohl keine selbstständigen Handelsvertreter, sondern Angestellte und Sklaven von Kaufleuten und Garküchenbetreibern. Und es waren in der Regel Männer – die sich mit ihrer Statur im Straßengewühl durchsetzen konnten.

Einkäufe in dieser hektischen Umgebung waren nicht jedermanns Sache. Wohlhabende **Familien** ließen Lebensmittel und andere Waren des täglichen Bedarfs von ihren Sklaven besorgen. Eine Alternative dazu war, was wertvollere Waren anging, das Homeshopping: Händler kamen gern in die Wohnung zahlungskräftiger Kundinnen und Kunden und präsentierten dort eine Auswahl schöner Dinge. Snobs mit riesigem Vermögen ließen schon einmal ganze Scharen von Verkäufern in ihrem Haus aufmarschieren und kauften großzügig ein:

„Hier, nimm dir eine Million, du auch, du dreimal so viel!", legt ein Satiren-Dichter einem protzigen „Geldsack" in den Mund.

Römer der Oberschicht schätzten es nicht, dass ihre Ehefrauen das Haus verließen. Manche Frauen zogen die Konsequenz daraus, indem sie den Einkauf in ihre Wohnung verlegten. Erwies sich die Hausherrin als emāx, „kaufsüchtig", dann war das für jeden Anbieter des *home service* ein glänzendes Geschäft.

Satiriker bedienten gern die Klischeevorstellung von der berechnenden, kaufwütigen Frau. Aber sie schonten auch Männer und deren „Macken" nicht. Die Rede ist von Möchtegern-Käufern, die eine gewissermaßen verschärfte Form des *window shopping* betrieben, indem sie sich in den Geschäften alles Mögliche zeigen und vorführen ließen. Diese Typen verspottet der Dichter Martial in zwei Gedichten. Da verbrachte einer ganze Tage in der Luxuswelt des Saepta-Viertels. Er nahm teures Geschirr in die Hand, edle Bronzen und edelsteinbesetzte Schmuckstücke, er prüfte schöne Möbel und begutachtete „zarte, junge Sklaven". Kurzum, er kaufte alles ein, „was das goldene Rom an Schätzen zu bieten hatte". Allerdings nur mit den Augen. Kurz vor Geschäftsschluss schloss er dann wenigstens *einen* Kauf ab: „Zwei Becher für einen As" – begleitet von einem tiefen Seufzer: „Könnte ich doch die ganzen Saepta aufkaufen und mit nach Hause nehmen!"

Essen

→ **Gaststätte; Mahlzeiten; Vegetarier**

Familie Die deutsche „Familie", die englische *family* und die französische *famille* – das sind nur ein paar Beispiele für den Triumphzug der lateinischen familia in den modernen Sprachen. Was „Familie" aber bedeutet, da gibt es schon deutliche Unterschiede. Das ist auch im Deutschen so: Unter „Familie" verstehen wir meist die Kleinfamilie mit Eltern und Kindern, aber auch die erweiterte Familie mit zahlreichen Verwandten, die zu Geburtstagen und zu Weihnachten eingeladen werden. Die Römer definierten die familia als Hausgemeinschaft. Sie umfasste alle, die miteinander unter einem Dach lebten. Und dazu zählten auch Sklavinnen und **Sklaven**, die zum Haushalt gehörten. Sie alle unterstanden der Gewalt des Hausvaters – seine Ehefrau allerdings nur, wenn sie cum manū verheiratet war. Bei dieser Form der **Ehe** begab sie sich sozusagen in die „Hand", das heißt unter die Gewalt ihres Mannes. In der Kaiserzeit zogen viele Frauen die Ehe sine manū vor. Damit blieben sie unter der „Hand" ihres Vaters.

Die anderen Mitglieder des Haushalts standen unter der patria potestās. Diese „väterliche Gewalt" war theoretisch eine umfassende Macht, die sogar den Verkauf und die Tötung von Kindern einschloss. Tatsächlich hören wir von solchen grausamen Einzelschicksalen nur ganz selten – nicht nur, weil die Liebe zu seinen Kindern den Vater davor zurückschrecken ließ, sondern weil solche Brutalität auch gegen die guten Sitten verstieß und die Nachbarn aufpassten. Später wurde die väterliche „Gewalt über Leben und Tod" auch gesetzlich eingeschränkt. An der körperlichen Züchtigung von Kindern (und Sklavinnen und Sklaven) konnte allerdings niemand den pater familiās (das ist gegenüber der regelmäßigen Form familiae eine alte Genitivbildung) hindern.

Wie heute bestanden auch bei den römischen Familien große Unterschiede in der Erziehung der Kinder und im „Klima" zwischen den Familienangehörigen. Es gab den Haustyrannen, aber es gab auch den milden, verständnisvollen Vater und auch, wenn man manchen Komödien Glauben schenken will, den etwas trotteligen pater familiās, der sich von seinem fast erwachsenen Sohn und einem listigen Sklaven an der Nase herumführen ließ. Wenn die Römer im **Theater** über solche Szenen **lachen** konnten, ist klar, dass der überaus strenge, geradezu unbeugsame Familienvater weder als Ideal galt noch im Alltag allzu häufig anzutreffen war.

Wie man in der Familie miteinander umging (oder zumindest umgehen sollte), zeigen wichtige römische Wertbegriffe. Die Kinder hatten sich der auctōritās, der „geachteten Stellung", dem „Ansehen", der Eltern, besonders des Vaters zu fügen. Pietās dagegen, „Pflichtgefühl", war nicht nur eine „Einbahnstraße", in der Kinder ihren Eltern Gehorsam schuldeten und sie im Alter unterstützten, sondern Eltern sorgten auch für ihre Kinder und kümmerten sich liebevoll um sie. Auch fidēs, „Treue", „Vertrauen", gehörte zu den familiären Werten, ebenso concordia, „Eintracht", „das Bemühen, sich zu vertragen". Idealvorstellungen werden selten erreicht. Da waren römische Familien keine Ausnahme, sodass Anspruch und Wirklichkeit oft genug auseinanderklafften. Gerade bei den Ärmeren war gegenseitige Rücksichtnahme angesichts der sehr beengten Wohnverhältnisse besonders wichtig. Diese Wohnsituation brach-

Ein kleines Mädchen liest in einer Papyrusrolle und scheint über das Homeschooling nicht sehr glücklich zu sein. Auch die Mutter hält eine Papyrusrolle in der Hand. Wandmalerei aus Pompeji, 1. Jh. v. Chr.

te sicher viel Stress und auch Gewalt mit sich. In der Kindeserziehung jedenfalls ist die Rede von verba et verbera, „(mahnenden) Worten und Prügeln".

„Pflichten haben wir in erster Linie gegenüber unserem Vaterland und unseren Eltern, in zweiter Linie gegenüber unseren Kindern und der ganzen in einem Haus lebenden Familie. Denn sie schaut allein auf uns und kann sonst keine Zuflucht haben. An dritter Stelle kommen die Verwandten, mit denen wir uns gut verstehen." (Cicero)

Eine „normale" Kernfamilie hatte selten mehr als ein bis drei Kinder. Die Kindersterblichkeit war sehr hoch. Daher erlebten Kinder häufig den Tod von Geschwistern – und nicht selten auch bereits den eines Elternteils. Die „personelle Stabilität" römischer Familien war deshalb geringer als heutzutage. In der Oberschicht wurde das Problem durch zahlreiche Scheidungen verstärkt; Patchwork-Familien waren gera-

de dort keine Seltenheit. Aufgrund der geringen Lebenserwartung von allgemein 30 bis 35 Jahren hatten Kinder nur geringe Chancen, ihre Großeltern kennenzulernen. Auswertungen von Grabinschriften ergeben, dass nur 50 Prozent der Neugeborenen noch eine Großmutter und 15 Prozent noch einen Großvater hatten. Nur bei durchschnittlich einem Prozent der 20-Jährigen lebte *ein* Großelternteil (von vieren) noch. Die Statistik lässt erkennen, dass Großeltern nur sehr eingeschränkt in die Betreuung ihrer Enkelkinder einbezogen werden konnten.

Das Familienleben war stark von der gesellschaftlichen Stellung geprägt. Als Norm galt, dass die Mutter für den Haushalt und die Kindeserziehung zuständig war. Der Vater ging einem Beruf nach und hielt sich häufig außer Haus auf. In der Oberschicht nahm die Familie die Haupt-**Mahlzeit** (cēna) oft ohne den pater familiās ein, weil der auswärts zu einem Gastmahl eingeladen war. Veranstaltete man im eigenen Haus eine **Party**, so durften heran-

Marcus Cornelius Statius ließ im Relief seines Sarkophags (Steinsarg) Szenen aus seiner Kindheit darstellen: Links ist er noch ein Baby und wird gestillt, rechts hält ihn sein Vater auf dem Arm. 3. Jh.

wachsende Jungen für einige Zeit dabei sein, um ihre spätere Rolle als Gastgeber zu erlernen. Überhaupt war die Familie, zumindest in praktischen Dingen, ein wichtiger Ort des Lernens, durch Erfahrung und Nachahmung. Nur eine Minderheit der Kinder besuchte die (Grund-) **Schule**, weil die meisten Eltern nicht das **Geld** hatten, um einen Lehrer zu bezahlen. Zumal auf dem Land mussten die Kinder auch schon früh bei der **Arbeit** helfen. Auch viele Frauen hatten einen Job, was dem üblicherweise (von der Elite) vermittelten Familienbild nicht entsprach.

Wie sah es mit den Sklaven im Verbund der „traditionellen" familia aus? Zunächst muss man klarstellen, dass nur eine Minderheit römischer familiae einen oder mehrere Sklaven zur Verfügung hatte. Der Normalfall war eine Familie *ohne* Sklaven. Je wohlhabender ein Haushalt war, umso mehr Unfreie besaß er. Die Sklaven waren für viele Dinge des Alltags zuständig, die den Komfort der Familie steigerten: Sie kauften ein, putzten das Haus, bereiteten die **Mahlzeiten** zu, kümmerten sich um die Wäsche usw. Diese Bediensteten gehörten zur familia urbāna, der Sklavenschaft in einem *städtischen* Haushalt. Nach einigen Jahren Dienst hatten sie gute Chancen, **freigelassen** zu werden. Auch das trug zur „Lebendigkeit" einer römischen Familie (der Oberschicht) bei: Bezugspersonen und vertraute Gesichter wechselten.

Auf dem Land war die familia rūstica meist anders definiert. Das waren die Sklaven, die zu einem Gutshof gehörten. Ihr „Familienvater" war meist der vīlicus, der „Verwalter" des Gutes, der selbst häufig aus dem Sklavenstand aufgestiegen war. In einer familia rūstica war die gegenseitige Vertrautheit zwischen Herren und Sklaven sehr viel geringer als in einer familiären Gemeinschaft in der Stadt. Das Verhältnis war unpersönlicher und die Zahl der Freilassungen entsprechend niedrig. Insofern hat familia hier eher die Bedeutung „Mannschaft", „Truppe".

So war es auch in anderen Zusammenhängen. Eine familia gladiātōria war schlicht eine Gruppe von **Gladiatoren**, die einem lanista gehörten. Das war der Chef einer Gladiatorenschule. Und eine familia histriōnum war ein „Schauspieler-Ensemble", das beruflich zusam-

mengehörte, aber keine familiären Bindungen hatte. Ebenso wenig war das bei einer familia pūblica der Fall. Das waren die „Staatssklaven" einer Gemeinde, gewissermaßen der unfreie öffentliche Dienst. Er wurde nur durch den gemeinsamen Eigentümer – die Gemeinde oder die Stadt – zusammengehalten.

Wer für das lateinische Wort gēns „Familie" als Übersetzung gelernt hat, wird sich fragen, worin der Unterschied zur familia besteht. Er lässt sich klar definieren: Familia ist eine Unterabteilung der gēns. Die gēns ist eine „Sippe", ein „Clan", ein „Familienverband" mit einem gemeinsamen Stammvater. Diese Großfamilie zerfiel im Laufe der Zeit in viele familiae, und die waren einander nicht immer grün – was sich den einfachen Leuten aber eher als Luxusproblem der berühmten Geschlechter darstellte.

Feiertag → **Arbeit; Fest**

Ferien → **Fest; Reisen; Schule**

Fest Der nächste runde Geburtstag Roms fällt in das Jahr 2047. Dann wird die Ewige Stadt, legt man das legendäre Gründungsjahr 753 v. Chr. zugrunde, 2.800 Jahre alt. Aber auf welchen Tag fällt der Geburtstag? Auch das wusste man in der Antike: Der 21. April galt als Gründungstag Roms. Damals soll Romulus mit dem Pflug die Urfurche gezogen haben, die das pōmērium markierte, die heilige Stadtgrenze. Ob man am 21. April 2047 ein ähnliches Fest feiern wird, wie es im alten Rom üblich war? Dann müssten die Menschen als „betrunkene Schar" übermütig durch ein Strohfeuer springen. Das ist ziemlich unwahrscheinlich – das Strohfeuer jedenfalls. Bei der „betrunkenen Schar" kann man da nicht ganz so sicher sein. Denn kräftiger Alkoholgenuss gehört ja für viele zum „zünftigen" Feiern – genauso wie vor 2.000 Jahren. Und das war keineswegs auf die Parilien beschränkt.

Eigentlich war das Parilienfest, wie das Stadtjubiläum heißt, eine religiöse Veranstaltung, mit der man die Fruchtbarkeitsgöttin Pales gnädig stimmen wollte – ein Landfest, in dessen Verlauf man um die Ställe ging, sie kultisch reinigte und der Gottheit u. a. ein Lamm opferte. Dabei taten sich besonders die Hirten hervor, denn sie würden in wenigen Tagen mit ihren Herden auf die entfernten Sommerweiden aufbrechen und konnten die Gunst der Göttin dabei gut gebrauchen. Wenn das Parilienfest auch in der Stadt begangen wurde, so hatte das zwei Gründe. Zum einen leitete man seinen Namen fälschlich von párere, „hervorbringen", „gebären", ab. Das war die eine Brücke zum „Geburtstag" Roms. Die zweite knüpfte an die Sage an, dass der Stadtgründer Romulus und seine Gefährten Hirten gewesen sein sollen. Dass das mächtige Rom einst von schlichten Hirten gegründet worden war, haben die Römer nie als peinlich empfunden. Und deshalb passte ein ausgesprochenes Hirtenfest gut zum Geburtstag eines früher durch und durch bäuerlichen Roms.

Eine Reihe ursprünglicher Landfeste wurde wie die Parilien nicht nur in den Dörfern, sondern auch in der Stadt gefeiert, so das „Blütenfest", das sich eine Woche später anschloss: Die Floralia waren ein typisches Frühlingsfest; man feierte die neue Vegetation mit ihren unzähligen Blüten (flōrēre, „blühen") und bat die Fruchtbarkeitsgöttin Flora um ihren Segen. Es herrschte ausgelassene Volksfeststimmung. In Rom entwickelte sich eine ziemlich „unrömische" Floralia-Vorstellung zum Publikumsmagneten: Unter dem Gejohle der Zuschauer mussten **Prostituierte** eine Striptease-Show im **Theater** hinlegen – bis sie nackt auf der Bühne standen; lascīvia māior, eine „ziemlich starke Ausgelassenheit", stellte ein Augenzeuge fest.

Vier Wochen später stand ein Landfest im **Kalender**: die Ambarvalia, der Flurumgang (amb-arva, „um die Felder herum") mit Opfer**Tieren**, der die Äcker vor bösen Einflüssen schützen sollte.

Zum Ende der Weinlese im Oktober wurde das Meditrinalia-Fest begangen – wohl eine Art Erntedank, bei dem der frische Rebensaft allenfalls als Most verfügbar war. Aber es gab ja noch genügend Wein aus der Vorjahresproduktion in den Fässern (der wurde jeweils am 23. April zum Trinken „freigegeben", bei einem Fest, das entsprechend Vinalia hieß und das vor allem in den ländlichen Gebieten gefeiert wurde).

Am berühmtesten im römischen Festkalender sind die Saturnalien. Sie wurden anfangs am 17. Dezember gefeiert, später aber auf eine Woche ausgedehnt, und zwar überall, wo Römer lebten. Natürlich startete das Fest mit **Opfern**. Im Mittelpunkt stand der Namensgeber Saturn, ein alter Gott des Landbaus, wie der Name verrät: Er ist sprachlich mit serere (serō, sēvī, satum) verwandt. Das Verb bedeutet „säen". Aber mit Saturn verband sich viel mehr als die Winteraussaat. Er galt als erster Herrscher der Welt, bevor Jupiter ihn ablöste. Die Herrschaft des Saturn wurde in der Mythologie mit dem Goldenen Zeitalter (aurea aetās) gleichgesetzt – einer Art Paradies, in dem die Natur für alle Menschen sorgte, ohne dass sie arbeiten mussten. Es gab damals der Sage nach nur anständige, zufriedene Menschen, und es gab kein Unten und kein Oben. Und deshalb auch keine Sklaverei. Zur Erinnerung an diese klassenlose Gesellschaft durften die **Sklaven** an den Saturnalien ungestraft alles sagen, was ihnen nicht passte. In manchen Haushalten bedienten die Herren sogar ihre Sklaven – ein vorübergehendes Ventil, bei dem die unterdrückten Unfreien lang aufgestauten Frust loswerden konnten, allerdings nur für kurze Zeit. Denn, so warnt ein Sprichwort:

Nōn semper Sāturnālia erunt. – „Nicht immer werden Saturnalien sein."

Diese licentia, „Ausgelassenheit", „Zügellosigkeit", sprang auch auf die Freien über. An den Saturnalien ließ man sich so richtig gehen. Es wurde getrunken, gelacht und getanzt. Sogar das sonst verbotene Glücksspiel um **Geld** war erlaubt. Man besuchte und beschenkte einander. Es waren madidī diēs, „feuchte Tage", an denen derjenige auffiel, der keinen Rausch hatte. Manches an den Saturnalien erinnert an unsere Faschingstage. Wissenschaftler drücken das vornehmer aus. Sie sprechen von einem „karnevalesken Phänomen". Klar, dass an diesem Fest auch schulfrei war – und dass die Saturnalien zu Ende gingen, „wenn der Knabe traurig vom brüllenden Lehrer zurückgerufen wurde".

Immerhin stand nur wenige Tage später ein weiteres Fest an, das ebenfalls mit Spaß und ausgiebigem Feiern verbunden war: die Compitalia. Der Name leitet sich von compitum ab, „Wegkreuzung". An solchen Kreuzungen standen sowohl auf dem Land als auch in der Stadt Altäre und Kapellen der Laren. Sie sollten als Haus-, Dorf- und Kiez-Gottheiten ihre Umgebung schützen. An den Compitalia wurden ihre Statuen mit Blumenkränzen geschmückt. Anschließend feierte man ein ausgelassenes Dorf- bzw. Nachbarschaftsfest. Dabei wurde bei gutem Wetter auf den Straßen gekocht. Auf den Landgütern erhielten die Sklaven eine Extraportion Wein. Sie hatten arbeitsfrei – eine seltene Ausnahme. Cicero verschob sogar einmal einen Besuch auf seinem Landgut, um während der Compitalia „den Sklaven nicht auf die Nerven zu gehen". Solche Töne hörte man sonst nur an den Saturnalien.

Anfangs ein ländliches Fest, entwickelten sich die Lupercalia in Rom zu einer ziemlich spektakulären „Gaudi". Schauplatz war zunächst das Lupercal, eine heilige Grotte am Palatin-Hügel. Dort, so erzählte man, habe die Wölfin (lupa) einst Romulus und Remus gesäugt. Am 15. Februar opferten **Priester** hier einige Ziegen und einen Hund. Die Ziegenfelle wurden in Streifen geschnitten, und die Priester, Luperci genannt, stürmten, nur mit einem Lendenschurz bekleidet, los. In zwei Gruppen liefen sie über das **Forum** Romanum und um den Palatin herum. Wer ihnen zu nahe kam, bekam einen Schlag mit den Riemen aus Ziegenfell ab.

F

Party-Szene mit Gästen auf Liegesofas und Bediensklaven. Rechts vorn stützt sich ein Mann auf einen Sklaven und übergibt sich. Wandmalerei aus Pompeji.

Möglicherweise symbolisierte dieses Ritual Fruchtbarkeit. Spätestens im 1. Jh. v. Chr. waren die Lupercalia zu einer Volksbelustigung geworden, zu der viele neugierige Zaungäste strömten.

Einen Monat später, am 17. März, begingen die Römer die Liberalia – ein Fest zu Ehren des Weingottes Liber. Alte Frauen schlüpften in die Rolle von Liber-„Priesterinnen" und boten den Passanten überall in der Stadt speziellen Kuchen (lĭbum) aus Öl und Honig an. In vielen **Familien** wurden die Liberalia genutzt, um die 14- bis 16-jährigen Knaben erstmals als **Bürger** auf das Forum zu führen. Dazu legten diese ihre purpurgesäumte Knabentoga ab und trugen von da ab die „reine" Männertoga (toga virīlis).

In den Kalendern standen noch viele Dutzend weitere Feste. Sie alle waren bestimmten Gottheiten geweiht. Für die Monate Januar bis Juni hat Ovid sie alle in einem berühmten langen Gedicht mit dem Titel „Fāstī" („Festkalender") zusammengestellt, einschließlich ihrer Gründungssagen und ihrer – oft merkwürdigen – Rituale, deren ursprüngliche Bedeutung man zu seiner Zeit häufig auch nicht mehr kannte. Auch alle Tage, an denen öffentliche Spiele wie **Wagenrennen**, Theateraufführungen und zum Teil auch **Gladiatoren**-Kämpfe stattfanden, waren Festtage – insgesamt knapp 100 im 1. Jh. v. Chr. und mehr als 150 im 4. Jh. n. Chr. Sämtliche lūdī pūblicī waren religiösen Ursprungs.

Da stellt sich leicht die Frage: Waren die Römer „Feierbiester"? Sind sie überhaupt noch zum Arbeiten gekommen? Dieser Eindruck wird mitunter vermittelt. Aber er ist grundlegend falsch. Warum? Weil die römischen Feste keine staatlich festgelegten, verbindlichen Feiertage waren, an denen die **Arbeit** gesetzlich ruhte. Sie waren vielmehr Angebote. Und wer sie wahrnahm, um eine bestimmte Gottheit zu ehren, verzichtete an diesem Tag auf seinen Erwerbslohn. Denn es gab keinerlei Lohnfortzahlung für Feiertage, für Ferien und auch nicht für Krankheitstage. Wer als Arbeitnehmer ein Fest mitfeiern wollte, nahm gewissermaßen unbezahlten Urlaub. Und das konnten sich die allermeisten Leute nur ein paarmal im Jahr leisten.

Hinzu kommt ein weiteres modernes Missverständnis: Das arbeitsfreie Wochenende ist eine Errungenschaft des 20. Jh.s. In Rom kannte man *überhaupt kein* Wochenende und nicht einmal einen freien Sonntag, bevor im 4. Jh. der christliche „Tag des Herrn" eingeführt wurde. Das heißt, man arbeitete im Prinzip sieben Tage in der Woche. Und dann begann die nächste Siebentagewoche.

Im entbehrungsreichen Arbeitsleben der meisten Römer war ein Fest deshalb ein willkommener Höhepunkt im Jahresrhythmus, eine kurze Zeit des Innehaltens und des Lebensgenusses, die schnell wieder vorüberging. Das Fest war eine Ausnahmesituation, in der die normalen Regeln oft außer Kraft gesetzt wurden. Man durfte beim Feiern aus sich herausgehen – weshalb Wein, Tanz, Gesang und Ausgelassenheit viele Feste prägten. Zugleich machte man sich damit fit für eine unter Umständen lange Zeitspanne harter Arbeit, die kaum Pausen kannte. Das Gleiche traf auf die lūdī, „Spiele", zu: Ja, da boten Theater, Circus und Arena willkommene Abwechslungen vom Alltag. Aber einen Tag später setzte der mühevolle Alltag wieder ein, und es konnte auch angesichts der begrenzten Sitzplatzkapazitäten bei den Massenveranstaltungen sehr, sehr lange dauern, bevor da wieder der Lichtschein eines arbeitsfreien Festtages am Horizont auftauchte.

Insofern ist es fast schon eine Ironie der Geschichte, dass wir im Deutschen zwei Lehnwörter aus dem Lateinischen für arbeitsfreie Zeit übernommen haben. Das „Fest" ist abgeleitet von diēs fēstus, „festlicher Tag", „Feiertag". Und die „Ferien" gehen zurück auf lateinisch fēriae, „Fest- oder Feiertage". Was Schulferien angeht, ist es hochumstritten, ob es die im römischen Unterrichtswesen überhaupt gegeben hat.

Feuerwehr

„Feuer!", brüllt einer, ein anderer schreit „Wasser, schnell!" In die unteren Stockwerke kommt hektische Bewegung; die Bewohner greifen zu ihren wichtigsten Habseligkeiten, bringen sie ins Freie und sich selbst außer Gefahr. Schon raucht es in der dritten Etage, aber die, die ganz oben unterm Dach

F

wohnen, sind noch ahnungslos. Die Flammen fressen sich schnell von unten nach oben durch. Wer in den oberen Stockwerken nichts gehört hat oder zu spät reagiert, dem droht das Feuer den Fluchtweg abzuschneiden: „Der Letzte verbrennt." Damit endet das Horror-Szenario, das der Dichter Juvenal einen empörten Römer entwerfen lässt. Dessen Fazit ist eindeutig: „Leben sollte man dort, wo es keine Feuersbrünste gibt!" Also nichts wie weg aus Rom!

Übertrieben ist hier allenfalls die radikale Konsequenz, die das schockierte Opfer des Brandes zieht. Ansonsten wird ganz realistisch ein Geschehen beschrieben, wie es sich tagtäglich mehrere Dutzend Mal abspielte. Man schätzt die Zahl der Brände im kaiserzeitlichen Rom auf 100 pro Tag! Davon rund 20 schwerwiegende Unglücke. Und römische Autoren lassen keinen Zweifel daran, dass incendia, „Brände", zu den üblichen Katastrophen zählten, mit denen man in Rom jederzeit rechnen musste. Häuser in Rom sind im Prinzip eine lohnende Kapitalanlage, meint ein Investor – „wenn sie nur nicht so häufig ein Opfer der Flammen würden"! Wobei man wissen muss, dass es damals keine Feuerversicherung gab.

Umso erstaunlicher ist es, dass sich die Römer bei der Brandbekämpfung jahrhundertelang auf private Hilfe verlassen mussten. Dabei verfolgten manche Hilfsdienste noch eine fast kriminelle Geschäftsidee: Sie fingen mit dem Löschen erst an, wenn der Eigentümer das brennende Haus für einen Spottpreis an sie verkauft hatte. Üblicherweise aber halfen Nachbarn und Mitglieder von Berufsverbänden (collēgia) als schnelle Eingreiftruppe. Sie lässt

F

Eine Frau steht in der Küche am Herd. Neben dem Herd ein Toilettensitz, im Vordergrund eine Handmühle. Zeichnung von Peter Connolly.

sich mit der heutigen Freiwilligen Feuerwehr vergleichen. So war es auch in vielen anderen Städten des Römischen Reiches geregelt: Brandbekämpfung war im Prinzip Privatsache.

In Rom änderte sich das im Jahr 22 v. Chr. grundlegend. Damals baute Kaiser Augustus die erste reguläre, staatlich bezahlte Feuerwehr auf – zunächst eine 600 Mann starke **Sklaven**-Truppe, die aber ein paar Jahrzehnte später auf 7.000 Mann aufgestockt wurde. Diese Feuerwehrleute hießen vigilēs, „Wächter" (noch heute heißen die Feuerwehrleute in Italien *vigili del fuoco*, „Feuerwächter") und waren **Freigelassene**. Sie waren ähnlich wie beim Militär in sieben Kohorten zu je 1.000 Mann organisiert. Jede Kohorte war für jeweils zwei der 14 Regionen Roms zuständig; ihre Wachen und Schlafräume lagen in „ihren" Vierteln. Dadurch kannten sie sich dort bestens aus und wussten um besondere Gefahrenherde, kannten die Verkehrssituation und die Löschwasserreservoirs.

Die vigilēs waren auch im *vorbeugenden* Brandschutz tätig: Sie kontrollierten, ob Löschmaterial und Löschgeräte in den Wohnblöcken vorhanden waren, berieten ihre „Kunden" und patrouillierten nachts aufmerksam durch ihre Viertel. Entdeckten sie einen Brand oder eine andere Gefahrenquelle, so schritten sie unverzüglich ein – und sprengten ab und zu auch mal eine allzu laute **Party**, wenn sie die Trompeten-Musik als Alarm fehldeuteten ... Und weil Brände meist durch Nachlässigkeit der Hausbewohner entstanden, ließ der Chef der Truppe die, die zu sorglos mit Feuer umgegangen waren, mit Stöcken schlagen oder erteilte ihnen eine strenge Ermahnung – so erfahren wir es aus einem Gesetzestext zur Feuerwehr.

Die vigilēs nahmen zudem **Polizei**-Aufgaben wahr. Verbrecher, die sie auf frischer Tat ertappten, durften von ihrem Chef abgeurteilt werden. Das galt natürlich in besonderer Weise, wenn sie einen Brandstifter schnappten – auch im alten Rom gab es solche Kriminelle, die gelegentlich sogar im Auftrag der Hauseigentümer Feuer legten: eine „heiße Sanierung", wie das heute verharmlosend heißt, um Platz für einen Neubau zu schaffen.

Die römische Feuerwehr benutzte schon Feuerspritzen und hydraulische Löschpumpen. Meist aber kam die traditionelle Menschenkette mit Wassereimern zum Einsatz. Feuerpatschen, essiggetränkte Matten zum Ersticken des Feuers sowie Leitern, Äxte und Brecheisen gehörten zur Standardausrüstung.

Trotz ihrer guten Ausbildung und ihres professionellen Vorgehens konnte die Feuerwehr nicht verhindern, dass häufig schlimme Brände tobten, die viele Menschenleben kosteten und zahllose Gebäude zerstörten. Die größte Gefahr ging von all dem offenen Feuer aus, das man zum Kochen, zum Heizen (Kohlebecken!) und zur Beleuchtung nutzte. Auch Blitzeinschläge waren im dicht bebauten Rom eine große Gefahr. Die vielen „Hochhäuser" mit fünf bis sieben Stockwerken (īnsulae) stellten für die römischen Feuerwehrmänner eine große Herausforderung dar, mangels vieler technischer Hilfsmittel, die heute gang und gäbe sind.

Eine besondere Brandkatastrophe ereignete sich im Jahr 64 n. Chr. Damals entstand in einem Lagerhaus am Circus Maximus ein Brand, der sich in Windeseile ausbreitete und mehrere Tage lang wütete. Viele Menschen kamen in den Flammen um, drei der 14 Stadtbezirke wurden völlig zerstört, und in sieben weiteren blieben nur ein paar Häuser stehen; unzählige Menschen wurden obdachlos: Der „Neronische Brand" hatte auch Roms Feuerwehr geradezu überrollt.

Links: ein zweiflammiges Öllämpchen aus Ton – durch das Loch in der Mitte füllte man den Brennstoff ein.
Rechts: ein Ofen aus Ton – eine Raumheizung.

Forum „Wohin sie alles brachten, was sie verkaufen wollten, das nannten sie forum." So erklärt der römische Gelehrte Varro die Wortgeschichte von forum: Er leitet sie von ferre, „tragen", „bringen", ab. Sprachlich trifft das nicht zu, in der Sache aber schon. Das Forum war der Mittelpunkt einer römischen Stadt, meist dort gelegen, wo die beiden Hauptstraßen sich trafen. Wegen dieser zentralen, gut erreichbaren Lage entwickelte es sich zu dem Ort schlechthin, wo Geschäfte entstanden und Waren den Besitzer wechselten. „Ware" heißt auf Lateinisch merx, und das deutsche Wort „Markt" stammt vom lateinischen mercātus ab, dem „Wochenmarkt".

Der mercātus blieb im alten Rom stets ein „Markt", wie wir ihn verstehen. Das Forum übernahm dagegen weitere Aufgaben neben Handel und Gewerbe. Man errichtete dort Gebäude für die Verwaltung und die **Recht**-Sprechung einer Stadt, **Tempel** und Altäre sowie Ehrendenkmäler. In Rom fanden auf dem Forum Volksversammlungen statt, und der Senat tagte dort in seinem Amtslokal, der Curia. In republikanischer Zeit war das Forum damit ein hochpolitischer Ort. Dort wurden wichtige Weichen für die Geschichte Roms gestellt. Die obersten Priesterinnen und **Priester** hatten dort ebenfalls ihren Sitz; der pontifex maximus ebenso wie die **Vestalinnen**. Die freie Fläche diente lange Zeit auch der Ausrichtung öffentlicher Spiele. Für die Zuschauer von **Gladiatoren**-Kämpfen und anderen spectācula errichtete man Holztribünen, die man nach Ende der Veranstaltung wieder abbaute.

Für die Zeit um 200 v. Chr. zeichnet der Komödiendichter Plautus ein wenig schmeichelhaftes Bild der Forumsbesucher: Da seien Wichtigtuer und Angeber, „reiche Säcke" und Lügner, Neidhammel und Verleumder, **Geld**-Verleiher und verkrachte Existenzen unterwegs. Natürlich ist die einseitige Negativauswahl an Forums-„Typen" der komischen Wirkung zuliebe zugespitzt. Aber die Liste des Plautus vermittelt doch noch eine ganz andere Vorstellung als das ehrwürdige Image, das etwa 200 Jahre später Kaiser Augustus dem Forum „verpasste": Er führte dort für römische **Bürger** einen Toga-Zwang ein.

Die Handelsaktivitäten verlagerten sich allmählich weg vom Forum. Dort blieben auf der oberen Sacra Via vorwiegend Geschäfte des Luxusbedarfs: Juweliere, Perlenverkäufer, Goldschmiede und Blumenboutiquen. Für andere Waren wurden Spezialmärkte immer wichtiger: Gemüse- und Fischmarkt, Wein- und Bäckermarkt sowie verschiedene, meist etwas weiter vom Zentrum entfernte Märkte mit der Bezeichnung macellum.

Später entstand eine auf Rom beschränkte Sonderform des Forums: die „Kaiserfora". Sie waren äußerst repräsentative Anlagen, die architektonisch als Ganzes geplant wurden. Sie dienten wesentlich der Selbstdarstellung ihrer Namensgeber, die mitten in der City gelegene große Bauplätze für schwindelerregende Summen erwerben mussten.

„Mit seinem Beuteanteil (aus dem Gallischen Krieg) begann Cäsar den Bau eines eigenen Forums. Die Grundstückskosten allein beliefen sich auf über 100 Millionen Sesterze." (Sueton)

Auf das Forum Iulium, wie Cäsars Forum offiziell hieß, folgten das Forum Augustum und als letztes rund 100 Jahre später das noch heute imposante Forum Traianum mit der 30 Meter hohen Trajanssäule in der Mitte. Alle Kaiserfoen gruppierten sich um einen zentralen Tempel. Andere Gebäude dienten der Rechtsprechung und Verwaltung. Im Unterschied zu den „klassischen" Marktplätzen, die über eine Reihe von Straßen erreichbar waren, war der Zugang zu den von hohen Mauern umgebenen Kaiserfoen eingeschränkt. So wie die politische „Offenheit" der Republik durch die neue monarchische Staatsform mit dem **Kaiser** an der Spitze abgelöst worden war, wurde auch die Offenheit des neuen Forumtyps architektonisch reduziert.

Mit Cäsars neuem Forum-Projekt, dem ersten der Kaiserfora, verband sich auch ein Namensproblem: Wie konnte man die beiden nah beieinander liegenden fora unterscheiden? Das „eigentliche" Forum wurde nun manchmal als Forum Magnum bezeichnet, „Großes Forum" – und seit augusteischer Zeit auch als

F

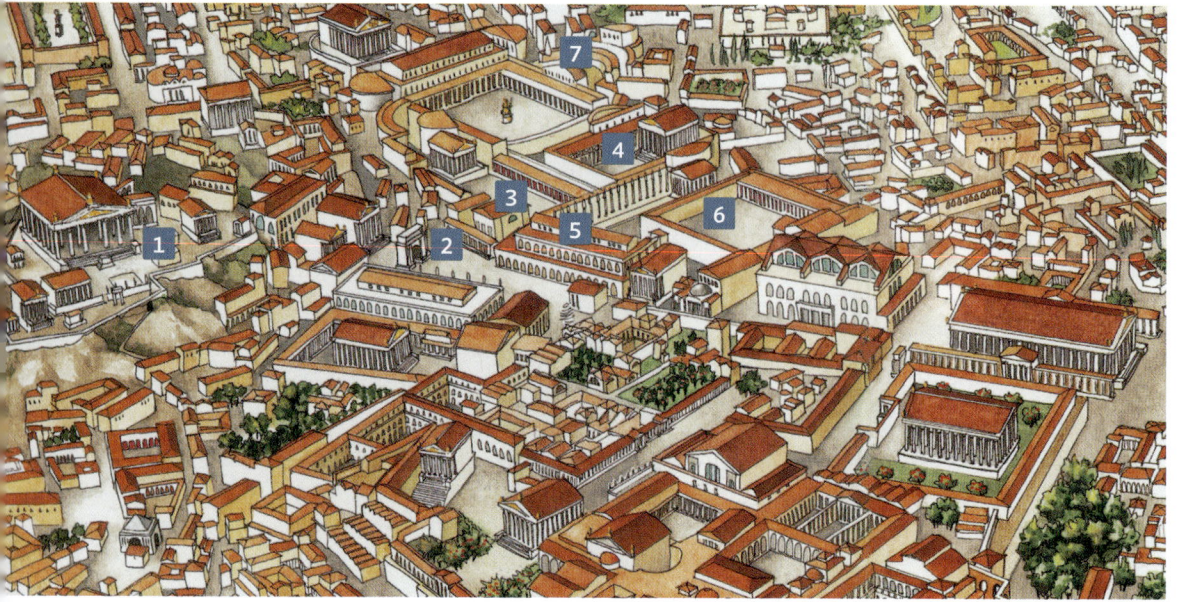

Forum Romanum und Kaiserforen
im Zentrum Roms.

1 Kapitol
2 Forum Romanum
3 Forum Iulium
4 Forum Augusti
5 Forum Nervae
6 Forum Vespasiani
7 Forum Traiani

Forum Romanum, wie wir es heute nennen. So richtig hat sich dieser Begriff im Altertum aber nicht durchgesetzt. Die Römer waren Traditionalisten, und die meisten blieben schlicht bei „Forum". Dessen Berühmtheit und Sonderstellung benötigten, fanden sie, kein erklärendes Adjektiv.

Frauen

→ Arbeit; Bürger; Ehe; Familie; Freigelassene; Hochzeit; Kleidung; Körperpflege; Mode; Party; Sklaven; Vestalinnen

Freigelassene

So ändern sich die Zeiten: Wenn römische Juristen von „drei Sorten von Menschen" sprachen, dann meinten sie nicht männlich, weiblich und divers, sondern sie bezogen sich auf den juristischen, den „personalrechtlichen" Status: „Freigeborene(r)" (ingenuus/ingenua), „**Sklave**/Sklavin" (servus/ serva) sowie das tertium genus des lībertus bzw. der līberta, „des/der Freigelassenen". Lībertī (in der Kollektivbezeichnung lībertīnī) – das waren Menschen, „die aufgehört hatten, Sklaven zu sein", so die eigentliche Bedeutung.

Warum war es nötig, sie als dritte Kategorie von Menschen zu definieren? Für Römer war die Antwort darauf ganz einfach: Weil sie eben nicht als Freie geboren worden waren, sondern als ehemalige Sklaven einen neuen Rechtsstatus erlangt hatten. Und der war, auch wenn sie „frei" waren, durch ihre Vergangenheit als „Unfreie" belastet. Sie erhielten zwar, wenn sie von einem römischen **Bürger** freigelassen worden waren, das römische Bürgerrecht (cīvitās Rōmāna). Aber es war ein eingeschränktes: Sie konnten sich nicht in höhere Ämter wählen lassen. Erst die nächste Generation, ihre Söhne, waren „frei geborene" Römer und hatten – bis auf die Einheirat in den Senatorenstand – alle **Rechte** eines cīvis Rōmānus, eines „römischen Bürgers". Hinzu kam, dass Freigelassene ihrem Freilasser

Dankes-Dienste schuldeten. Die Freilassung (manūmissiō) galt, auch wenn die fünfprozentige Steuer auf den Wert des Sklaven von ihm selbst bezahlt worden war, als beneficium grande, „gewaltige Wohltat". Und diese „Wohltat" verpflichtete die ehemaligen Sklaven zu obsequium, „Folgsamkeit", und reverentia, „Ehrerbietung", gegenüber ihrem früheren Herrn, jetzt ihrem patrōnus. Wie andere **Klienten** auch durften sie keine Prozesse gegen ihn führen. In wirtschaftlichen Notlagen mussten sie ihm beistehen (das galt allerdings auch umgekehrt), sie hatten ggf. die Pflicht, sich um seine Kinder zu kümmern, ihn bei Krankheit zu pflegen, ihn auf **Reisen** zu begleiten oder seine Geschäfte zu führen. Die Einzelheiten regelte der Freilassungsvertrag oder ein Versprechen, das der künftige lībertus unter Eid gab.

Außerdem schuldeten Freigelassene ihren ehemaligen Herren operae, „Tagesleistungen" in Form von Arbeiten, die ebenfalls als Bedingung für die Freilassung festgelegt worden waren. Allerdings durften diese Dienstleistungen die Würde (dīgnitās) der Freigelassenen nicht verletzen. Tätigkeiten als **Prostituierte** oder **Gladiator** z. B. waren als operae unzulässig. Manche Patrone übten großen Druck auf ihre früheren Sklaven aus. Im Laufe der Kaiserzeit wurde dem Missbrauch ihrer „Rechte" als Freilasser allerdings per Gesetz ein Riegel vorgeschoben. So musste sichergestellt sein, dass „ein Freigelassener genug Zeit hatte, sich mit Lebensmitteln zu versorgen und sich um seine Körperhygiene zu kümmern". Als unproblematisch sah der Gesetzgeber aber Konkurrenzverbote an, auf die sich beide Seiten geeinigt hatten: dass z. B. ein Freigelassener, der den **Arzt**-Beruf bei seinem Patron erlernt hatte, nicht in dessen Patientenrevier „wilderte".

Auch wenn es verboten war, Freigelassene auszubeuten, kam dies nicht selten vor; sonst wären die entsprechenden gesetzlichen Bestimmungen nicht so häufig „nachgeschärft" worden. Was aber passierte, wenn der Freigelassene seinen Pflichten nicht nachkam? Er wurde massiv auf sein vertragswidriges Verhalten hingewiesen. Seine Dienstleistungen waren vor Gericht einklagbar, und er konnte bei sehr schwerem Fehlverhalten als ingrātus lībertus, „undankbarer Freigelassener", in den Sklavenstand rückversetzt werden. Das bedurfte aber einer intensiven Einzelfallprüfung und wird nur selten vorgekommen sein. Den gesamten Stand der Freigelassenen pauschal mit solchen Vergeltungsmaßnahmen zu bedrohen lehnte der Senat in einer Debatte im Jahr 56 mit großer Mehrheit ab. Ein wesentliches Argument war, dass „eine sehr große Zahl von **Rittern** und auch von **Senatoren** ihren Ursprung von dort habe", das heißt von Freigelassenen abstammte.

Häufig war die Beziehung zwischen Freilasser und Freigelassenen weitgehend konfliktfrei, nicht selten einvernehmlich, ja sogar herzlich. Das ergab sich auch aus der Entscheidung, einen Sklaven in die Freiheit zu entlassen. Dazu gab es keinerlei Verpflichtung; der Herr allein entschied darüber. In Stadthaushalten waren Freilassungen in der Kaiserzeit fast der Normalfall, wenn sich Sklaven nichts hatten zuschulden kommen lassen. In stärker anonymen Großbetrieben auf dem Land gab es weniger persönliche Beziehungen. Die Chance auf Freilassung war dort geringer. Im Ganzen aber war die Bereitschaft der Herren, Sklaven häufig noch vor dem 30. Lebensjahr den pilleus – die typische Mütze des Freigelassenen – zu gönnen, weitverbreitet. In der Zeit des Augustus (Kaiser 27 v. Chr. – 14 n. Chr.) griff der Gesetzgeber sogar ein, um die Zahl der Freilassungen zu *begrenzen*. Je nach Anzahl durfte die Hälfte (bei drei bis zehn Sklaven im Haushalt) bis zu einem Fünftel (bei 100 bis 500 Sklaven) freigelassen werden.

Viele Ex-Sklaven gingen weiter ihrer **Arbeit** im Betrieb ihres ehemaligen Herrn nach, manche in anspruchsvolleren Positionen als Geschäftsführer eines Ladens oder Verwalter eines Gutshofes. Einige stiegen auch am Kaiserhof zu hohen Stellungen auf, die man heute als Staatssekretäre oder sogar Minister bezeichnen würde – mitsamt dem entsprechenden politischen Einfluss und Vermögen. Allerdings kamen solche Karrieren bei den traditionellen Eliten der Ritter und Senatoren nicht besonders gut an. Andere lībertī machten sich im Handel, Handwerk oder als Freiberufler selbstständig und

F

verdienten auch dort gutes **Geld**. Wer es als Freigelassener zum Multimillionär brachte, dokumentierte das auf gut römische Art auch gern auf seinem Grabstein – einschließlich konkreter Zahlen zu seinem Rekordvermögen und zu seiner Sponsorentätigkeit:

„Publius Decimius Eros Merula, Freigelassener des Publius, praktischer Arzt, Chirurg, Augenarzt. Für seine Freilassung bezahlte er 50.000 Sesterze. Für die Mitgliedschaft im Kultkollegium für den verstorbenen Kaiser gab er für die Gemeindekasse 2.000 Sesterze, für Standbilder im Herkules-Tempel 30.000, für die Straßenpflasterung 37.000 Sesterze an die Stadtkasse. An Vermögen hinterließ er 800.000 Sesterze." (So steht es auf einem Grabstein aus Assisi.)

Nur wenige Freigelassene brachten es aber zu Vermögen, Einfluss und Ansehen – etwa auch als gefeierte Wagenlenker. Es gab durchaus einen Mittelstand von lībertī, die in gesicherten finanziellen Verhältnissen lebten. Die meisten aber waren arme Schlucker. Sie mussten Tag für Tag hart für ihren Lebensunterhalt schuften, als Arbeiter, Handwerker, Tagelöhner, Verkäuferinnen, Ammen, Erntehelferinnen und -helfer oder auch als karg bezahlte Lehrer, Schreiber, Schauspielerinnen und Schauspieler sowie Ärzte. Lībertī und lībertae waren außerordentlich wichtig für das Wirtschaftsleben der römischen Städte, aber mehr als funktionierende Rädchen im ökonomischen Getriebe denn als Manager, die das große Rad drehten.

Und was diese „dritte Sorte Mensch" anging, trugen sie alle ein Päckchen mit sich herum, das den Einzelnen und die Einzelne sicher unterschiedlich stark bedrückte. Das war das Bewusstsein, zuvor unfrei gewesen zu sein, die macula servitūtis, „der Makel der Sklaverei". Zumindest die Angehörigen der Oberschicht traten Freigelassenen oft mit Herablassung und Missachtung entgegen; nicht wenige ließen sie spüren, dass sie „nur" lībertī seien. Dem Dichter Horaz machte man oft genug deutlich, dass er Sohn eines Freigelassenen sei: „Alle" hätten ihn „benagt", „herabgesetzt" – heute würde man vielleicht sagen: „gemobbt"oder „gedisst".

Der Wolle-Kaufmann Titus Aelius Evangelus ließ sich auf seinem Grabstein bei der Arbeit darstellen. Das Grab war auch für seine Freigelassenen (siehe die letzte Zeile) bestimmt. Aus Ostia, 2. Jh.

Ob die frei geborenen „kleinen Leute" sich gegenüber Freigelassenen ähnlich hämisch oder hochmütig verhalten haben, wissen wir nicht. Es spricht aber wenig dafür.

Es mag durchaus sein, dass viele Freigelassene eher nach unten geschaut haben, dass sie froh waren, den Ausstieg aus der Sklaverei geschafft zu haben und dass damit das Glas ihres Lebenserfolges für sie sozusagen halb voll war. Diejenigen aber, die viel erreicht hatten, schauten nach oben. Sie litten unter dem Stigma ihrer einstigen Unfreiheit. Deshalb orientierten sie sich an der Oberschicht und bemühten sich, deren Lebensstil nachzuahmen und sich aristokratisch zu geben. Wie das zu manchen Peinlichkeiten und Lächerlichkeiten führte, hat der Autor Petron in seiner fiktiven Biografie des Trimalchio überaus anschaulich geschildert. Auch wenn dieser neureiche Freigelassene in dem Roman eine unerträglich große Klappe hat und sich selbst ohne Pause beweihräuchert und feiert, wirkt er doch manchmal wie eine tragische Figur. Denn insgeheim weiß er wohl doch, dass ihm sein ganzer Reichtum und seine ganze Protzerei nichts nutzen: Die wirklich feine Gesellschaft hält ihn auf Abstand.

Es ist ein ziemlich fragiles Selbstbewusstsein, das auch andere Freigelassene, die Trimalchio in dem Roman zum Essen einlädt, an den Tag legen: „Vierzig Jahre lang bin ich Sklave gewesen, trotzdem hat niemand gewusst, ob ich Sklave war oder frei", berichtet einer von ihnen und ereifert sich im Gespräch mit einem „arroganten" Gesprächspartner aus „besseren" Kreisen:

„Ich hatte Leute im Haushalt, die mir hier und da ein Bein stellten – trotzdem, dem Herrn sei's gedankt, hab ich mich freigeschwommen."

Freizeit → **Arbeit; Baden; Brot und Spiele; Kinderspiel; Sport**

Friseur → **Körperpflege; Mode**

Frühstück → **Mahlzeiten**

Garten → **Park; Säulenhalle; Wohnen**

Gastmahl → **Drogen; Getränke; Fest; Gaststätte; Mahlzeiten; Party; Vegetarier**

Gaststätte Kurz vor Ende des Jahres 2020 warteten zahlreiche Zeitungen und Zeitschriften mit einem archäologischen „Knüller" auf. Sie übernahmen eine Presseerklärung des Archäologischen Parks von Pompeji, in der eine neu ausgegrabene Snackbar vorgestellt wurde. Ein Sensationsfund? So wurde es präsentiert, aber bis auf ein paar hübsche Tierbilder, die die Theke schmücken, gab es nichts wirklich Überraschendes. Nicht einmal von dem problematischen Begriff thermōpolium („Warmverkauf") für eine römische Garküche hatte man sich verabschiedet. Der ist nur ein paarmal in der lateinischen Literatur belegt und war schon seit dem 1. Jh. v. Chr. ungebräuchlich. Wer jemals durch die Ruinen Pompejis geschlendert ist, kennt auch die Theken der Snackbars bestens. Sie sind an vielen Straßenecken erhalten. Insgesamt zählen die Archäologen bis heute an die 180 „thermopōlia" im ausgegrabenen Teil der Vesuv-Stadt. Und auch die auf ein Bild der „neuen" Imbissstube gekritzelte Inschrift bietet wenig Neues. Derbe Beleidigungen wie Nīciās, cinaede cacātor! („Nikias, du schwuler Kacker!") sind sozusagen **Graffiti**-Massenware.

Das Erfolgsgeheimnis dieser Imbissstuben waren preiswerte, auch warme Gerichte und Snacks to go. In die Verkaufstresen waren Tontöpfe eingelassen, aus denen die Bedienungen Erbsenbrei und heiße Würstchen, Käse, Fisch, Gemüseaufläufe und Fischgerichte nahmen.

Die Inhalte dieser Theken-dōlia („Krüge") sind intensiv untersucht worden. Man stieß auf die Reste von Linsen, Bohnen, Zwiebeln,

Eine neu gefundene Gaststätte in Pompeji: Die Hohlräume in den Tresen enthielten Speisen und Getränke. Die Ausgräber fanden darin sogar noch Reste davon.

Walnüssen, Kichererbsen und Schellfisch, außerdem auf Spuren verschiedener Getreidearten, Oliven, Feigen, Kirschen, Eier, Trauben sowie Fleisch von Schweinen, Ziegen, Schafen, Enten und Haselmäusen. Natürlich wurden auch Brot, Wasser und Wein verkauft. Wer es nicht so eilig hatte, fand in manchen Imbissen auch Platz in der Gaststube. Für alle dagegen, die ganz wenig Zeit oder keine Lust hatten, sich anzustellen, waren Snackverkäufer auf den Straßen unterwegs.

Fast Food war in den römischen Städten offenbar ein „Renner". Ein wesentlicher Grund dafür war, dass viele Menschen in kleinen Wohnungen ohne Küche lebten. Die Wirte hielten ein breites Angebot bereit: Vieles für den schmalen Geldbeutel, aber es gab auch Speisen für zahlungskräftigere Kunden. Kein Wunder, denn zum „Shoppen" waren ja auch wohlhabende Kundinnen und Kunden unterwegs.

Die „Gastro-Szene" beschränkte sich nicht auf Schnellimbisse. Es gab auch tabernae vīnāriae, „Weinschenken", caupōnae, „Gaststätten", und popīnae, „Wirtshäuser", die Gasträume hatten und ihren Besuchern einen längeren Aufenthalt ermöglichten, zum Trinken, zum Essen und gemütlichen Zusammensitzen, zu **Musik**, Tanz und Würfelspiel; in einigen popīnae konnte man auch übernachten. Die Begriffe für die Lokale flossen ineinander. Mit Einbruch der Dunkelheit „verwandelten" sich einige dann in „Nachtbars" mit „sündigen" Angeboten. Allerdings standen *sämtliche* Gaststätten unter dem pauschalen Verdacht der **Prostitution** – ganz gleich, ob die Kellnerinnen tatsächlich auch für „käufliche Liebe" zur Verfügung standen, bzw. im Fall von Sklavinnen vom Wirt (cōpō) oder der Wirtin (cōpa) zur Verfügung gestellt wurden, oder nicht.

Weil sie als locī inhonestī, „ehrlose Orte", galten, waren Kneipen und Lokale für Angehörige der Oberschicht eigentlich tabu. Was aber nicht heißt, dass nicht auch vornehme Herren ab und zu dort in das „plebejische" Leben abtauchten. Dumm war es nur, wenn sie sich dabei erwischen ließen und von politischen Gegnern als popīnō, „Kneipengänger", oder Schlimmeres an den Pranger gestellt werden konnten. So wirft Cicero seinem „Lieblingsfeind" Piso in einer Rede vor dem versammelten Senat genüsslich vor, wie er „aus einer finstersten Kaschemme ans Tageslicht gezogen werden" musste und „sturzbetrunken aus seinem stinkenden Maul fiesesten Kneipendunst ausgehaucht" habe.

Meist waren die Gaststätten Treffpunkte der „kleinen Leute", der Lohnarbeiter und Handwerker, Matrosen und **Freigelassenen**. Auch Unfreie verbrachten dort ihre Freizeit, sofern es der Herr erlaubte. Da sehnte sich schon mal ein aufs Land versetzter und dort zum Gutsverwalter aufgestiegener **Sklave** „heftig nach der Kellerkneipe und dem Bratenduft der Gaststätte" zurück, „nach den Flötenmädchen und dem schweren Bauerntanz". Manche taberna hatte den Ruf einer „Spielhölle". Allerdings war Glücksspiel gegen **Geld** verboten und damit für den Wirt eine riskante Sache. Nahmen ihm vom Wein erhitzte, wütende Spieler das Mobiliar auseinander, brauchte er gar nicht erst auf Schadenersatz zu klagen. Als „Glücksspielunternehmer" ging er leer aus.

„(Die Wirtin) Hedone gibt bekannt: Hier trinkt man für einen As. Gibst du zwei As, dann wirst du besseren Wein trinken, gibst du vier, dann wirst du edlen Falerner-Wein trinken."
(So steht es auf einem „Preisschild" an einem Gasthaus in Pompeji.)

Gasthäuser waren sowohl Begegnungsstätten als auch Rückzugsorte für einfache Menschen, die in ihren kleinen Wohnungen keine Gäste empfangen und **Partys** ausrichten konnten. Viele von ihnen waren, um ein bisschen Miteinander in fröhlicher Runde zu genießen, auf die tabernae angewiesen. Und sie ließen sich den Spaß an dieser Freizeitaktivität an „ehrlosem Ort" auch nicht verderben. Mit dem von ihnen geschaffenen Problem mussten die vornehmen Leute schon selbst fertigwerden: Eine gehobene Gaststättenkultur, eine Spitzengastronomie gar konnte sich in der Atmosphäre des Naserümpfens nicht entwickeln. Wer edel speisen und sich von Köchen verwöhnen lassen wollte, war auf die eigenen vier Wände angewiesen. Oder auf die von Bekannten und Freunden. Tatsächlich lud man sich in der „feinen" Gesellschaft fast pausenlos gegenseitig zu Gastmählern (convīvia) ein. Kulinarisch boten die convīvia sicher Anspruchsvolleres und Exquisiteres als die Gaststätten. In Sachen Moral aber ging es bei diesen **Mahlzeiten** auch nicht immer „sauberer" zu.

G

Gaststätten waren *der* Treffpunkt der einfachen Leute: ob zum Essen, Würfelspielen, Trinken oder Feiern. Zeichnung von Peter Connolly.

Gefängnis

Dunkelheit und Dreck, Fesseln und Folter, Hunger und Überbelegung, Verwahrlosung und Verzweiflung: Mit diesen Stichworten sind die Lebensbedingungen der Häftlinge in den meisten Gefängnissen des Römischen Reiches beschrieben. Carcerēs, „Kerker", waren in christlicher Ausdrucksweise nicht der Vorhof der Hölle, sie *waren* die Hölle. Viele Gefangene waren an Händen und Füßen gefesselt, manche auch an viele andere geketttet. Daher war auch vincula, „Fesseln", ein üblicher Begriff für „Gefängnis". Die eingekerkerten Menschen – ganz überwiegend Männer – waren der Willkür ihrer Wächter schutzlos preisgegeben. Das waren häufig **Sklaven** im öffentlichen Dienst (servī pūblicī) oder Soldaten. Wenn Verwandte sie bestachen, hatten die Häftlinge Aussichten auf größere Essensrationen, selten aber auf hygienische Verbesserungen. Bäder durften sie nicht besuchen. Lumpen und lange, ungepflegte Haare prägten ihr Erscheinungsbild. Nach längerer Haftdauer erkannte man manche Häftlinge nicht mehr wieder. Nicht wenige starben in der Haft.

Die aus heutiger Sicht völlig unmenschlichen Haftbedingungen erklären sich mindestens zum Teil mit der angestrebten kurzen Verweildauer der Häftlinge. Denn römische Gefängnisse waren im Allgemeinen keine Haftanstalten, in denen verurteilte Verbrecher eine Zeitlang oder lebenslänglich „einsitzen" mussten. Sie dienten vielmehr als Untersuchungsgefängnisse und zur Exekutionshaft. Im ersten Fall wollte man stark Verdächtige festhalten, damit sie sich ihrem Prozess nicht entzogen. In leichteren Fällen und vor allem bei hochrangigen Personen kam statt der cūstōdia pūblica, der „öffentlichen Inhaftierung", auch eine cūstōdia prīvāta infrage, bei der der Angeklagte in ein Privathaus verlegt oder Soldaten zur Bewachung übergeben wurde. Die Exekutionshaft überbrückte den Zeitraum zwischen Verurteilung und Hinrichtung bzw. Überstellung zur Zwangsarbeit etwa in einem Bergwerk. Allerdings zog sich die eine wie die andere vorübergehende Haft nicht selten hin, und manchmal verhängten Statthalter auch einen Gefängnisaufenthalt als Haftstrafe. Vom Gesetz vorgesehen waren diese poenae, „Strafen", aber nicht. Und die furchtbaren Zustände in den Gefängnissen zeigen ja auch, dass der Resozialisierungsgedanke keine Rolle spielte.

Gefängnisse – man könnte auch sagen: bewachte Verliese – gab es überall im Reich, im Rom der Kaiserzeit sogar mehrere. Die meisten lagen mitten in einer Stadt. Damit verband sich die Absicht der Abschreckung: Wer sich auf Straftaten einließ, sollte wissen, was ihn möglicherweise erwartete. Das berühmteste bzw. berüchtigste Gefängnis in der Hauptstadt war der carcer Māmertīnus am Fuß des Kapitols. Nach einer dort entspringenden „Quelle" (tullius) wurde es auch Tullianum genannt. In diesem Staatsgefängnis warteten zahlreiche prominente Feinde Roms auf ihre Hinrichtung, u. a. der Numiderkönig Jugurtha und der gallische Freiheitsheld Vercingetorix. Auch die Catilinarier, die Cicero als Konsul des Jahres 63 v. Chr. wegen Hochverrats einkerkern ließ, fanden hier den Tod:

„Ein Verlies, zwölf Fuß unter der Erde, das durch Schmutz, Finsternis und Gestank einen ganz entsetzlichen Eindruck machte", berichtet der Geschichtsschreiber Sallust.

Man kann diese Atmosphäre noch nachempfinden, wenn man in unseren Tagen in den zugänglichen Teil des einstigen Gefängnisses hinabsteigt. Allerdings muss man dafür bezahlen. Ohne eine angeblich „freiwillige Spende" kommt man nicht hinein – obwohl (oder weil?) der Mamertinische Kerker heute von vielen Christen als locus sacer verehrt wird, als „heiliger Ort". Wie das? Weil der Legende nach auch die Apostel Petrus und Paulus hier gefangen gehalten worden sind. Einziger Schönheitsfehler der „Story": Bezeugt ist das in keiner einzigen Quelle.

Geld

Wer Vieh besitzt, ist wohlhabend und kann sich im Austausch dafür andere Waren kaufen. In Industriestaaten wie der Bundesrepublik Deutschland würden wir über eine solche Aussage etwas lächeln, in landwirtschaftlich geprägten Staaten wie dem der

Römer, wo rund 85 Prozent der **Bevölkerung** auf dem Land lebte, war das fast eine Selbstverständlichkeit. Und die spiegelt sich im lateinischen Begriff für „Geld": In pecūnia steckt nämlich pecus, „(Klein-)Vieh".

Der sprachliche Befund macht klar, dass Reichtum in Zeiten des Tauschhandels im Wesentlichen in Vieh bestand. Seit ca. 1000 v. Chr. wurde diese Naturalwirtschaft allmählich durch andere Werte abgelöst. Das war zunächst Rohkupfer; der Wert ergab sich aus dem Gewicht: Die Kupferbarren wurden entsprechend auf eine Waage gelegt. Das war das aes rude, die „unbearbeitete Bronze". Es hatte aber schon Prägebilder, und zwar in Gestalt von Vieh. Die Weiterentwicklung um 300 v. Chr. war das aes grave, „die „schwere Bronze" in Form gegossener Bronzemünzen.

Die ältesten erhaltenen römischen Geldstücke stammen aus der Zeit um 280 v. Chr. Das aes sīgnātum, „mit Gestalten verzierte Bronze", hielt die Erinnerung an die alte „Vieh-Währung" aufrecht: Es war ein Stier abgebildet. Im Laufe der Zeit entfernte sich die pecūnia von ihren Ursprüngen als Vieh-Währung. Die römischen Münzen trugen nun alle möglichen Abbildungen, z. B. den Kopf des jeweiligen Münzmeisters, später den des **Kaisers**, und sie enthielten vor allem in der Kaiserzeit politische Slogans wie concordia, „Eintracht", fēlīcitās temporum, „Glück der Zeiten", oder clēmentia, „Milde", und iūstitia, „Gerechtigkeit".

Die Geldwirtschaft setzte sich im ganzen Reich durch; Kauf und Verkauf gegen Naturalien waren auch auf dem Land die Ausnahme. Als Römer zahlte man „cash". Spätestens unter der Regierung des Augustus (Kaiser 27 v. Chr. – 14 n. Chr.) war das Imperium Romanum ein einheitlicher Währungsraum, in dem die hauptsächlich in Rom geprägten Münzen überall anerkannt waren. Im Osten des Reiches, vor allem in Ägypten, blieben eigenständige Prägungen gültig.

Anders als bei modernem Münzgeld blieb der Edelmetallgehalt des Geldes die Basis für seinen Wert. So war der Silberdenar ursprünglich definiert durch ein Gewicht von knapp vier Gramm Silber. Im Laufe der Zeit verdiente der Staat allerdings daran, dass er den Edelmetallgehalt zugunsten einer weniger wertvollen Metallmischung verringerte. Gegen Mitte des 3. Jh.s enthielt der Denar nur noch ein Gramm Silber. Wer Geld sparte, gab wegen dieser Münzverschlechterung möglichst die jungen Münzen aus und hob die älteren, wertvolleren auf. Allerdings waren nur zehn bis 20 Prozent der Bevölkerung überhaupt in der Lage zu sparen. Die meisten Menschen konnten keine Rücklagen bilden, weil sie gewissermaßen von der Hand in den Mund lebten. Die Reichen dagegen hatten in ihrem Haus eine Geldtruhe (arca), in der sie ihre Bargeldbestände aufbewahrten. Diese Truhe war so typisch, dass man einen „Kapitalisten" spöttisch als arca bezeichnen konnte.

Dieses Aufbewahrungsproblem hatte der „kleine Mann" nicht. Er trug einen ledernen Geldbeutel am Gürtel – mit diesem marsūpium wurde Merkur, der Gott der Kaufleute, gern dargestellt – oder mit einem Riemen um den Hals (crumīna). Im üblichen Straßengedränge musste er gut darauf aufpassen: Taschendiebe und Beutelschneider lauerten auf ihre Opfer.

G

Münzen als Propagandamittel. Oben: die Göttin Concordia („Eintracht") auf der Vorderseite und Siegeszeichen mit Waffen auf der Rückseite. 62 v. Chr. Unten: Kaiser Vespasian auf der Vorderseite, **IUDAEA CAPTA** („Judäa [ist] besiegt", 70 n. Chr.) auf der Rückseite.

Eine andere Gefahr ging von Falschgeld aus. Das betraf vor allem höherwertige Silber- und Goldmünzen, bei denen bei der Metallmischung getrickst wurde. Professionelle Geldwechsler (nummulāriī) verstanden sich darauf, Fälschungen mit nur dünner Silberschicht oder Bleikern zu entlarven. Sie boten ihr Know-how für eine geringe Servicegebühr an – und wurden von vorsichtigen Sparern tatsächlich befragt: In den Münzverstecken, die Archäologen gefunden haben, hat sich jedenfalls kaum Falschgeld gefunden.

„Es wächst die Liebe zu den Münzen, je mehr der Geldhaufen selbst angewachsen ist." (Juvenal)

„Wo sich das Geld vermehrt, folgt die Sorge nach." (Horaz)

„Erworbenes Geld ist für jeden Einzelnen entweder Herr oder Sklave." (Horaz)

Die wichtigste Münze war der Sesterz. Er hatte den Wert von vier As (assēs) bzw. 16 quadrantēs (Viertel-As), der kleinsten Münzeinheit. Alle diese Münzen waren aus Bronze. Der Denar dagegen war aus Silber. Er hatte den Wert von vier Sesterzen (oder 16 assēs). Der Aureus, nicht nur dem Namen nach ein „Goldstück", war 25 Denare bzw. 100 Sesterze wert; der normale Römer dürfte ihn selten zu Gesicht bekommen, geschweige denn selbst besessen haben.

Sesterze, Asse, Denare – sie haben keine Spuren im deutschen Wortschatz hinterlassen. Ganz anders der Sammelbegriff „Münze". Das ist ein Lehnwort aus dem Lateinischen. Der lateinische Ursprungsbegriff monēta leitet sich von Iuno Moneta, der „Mahnerin Juno", ab (monēre, „mahnen"). Deren **Tempel** stand auf dem Kapitol, und in ihm wurde lange Zeit das römische Geld geprägt. Der Name des Heiligtums ging bald auf die Werkstätte über. Und die „Münze" als Prägeanstalt vererbte ihren Namen an das weiter, was sie herstellte. Auch die umgangssprachlichen „Moneten" haben also mit der göttlichen Mahnerin Juno einen unerwartet noblen Ursprung. Sie ist auch für das englische *money* und das französische *monnaie* „verantwortlich": die Wörter für „Geld".

Merkur, Gott des Handels und der Kaufleute, passend mit Geldbeutel in der Hand. Auch der Flügelhelm ist typisch für ihn. Die Bronzestatuette ist nur etwa 18 cm groß; die Augen wurden in anderen Materialien eingelegt.

Geschäft → Arbeit; Einkaufen; Forum

Geschlechterrollen
→ Arbeit; Ehe; Prostitution

Gesetz → Recht und Gesetz

Gespenst Ein Spukhaus in Athen: Nachts hört man Eisen klirren und Ketten rasseln. Und es erscheint ein alter Mann, abgemagert, mit spruppigem Haar, ungepflegtem Bart, vor Schmutz starrender **Kleidung**, an Händen und Füßen gefesselt. Die Bewohner des Hauses verbringen angsterfüllte, furchtbare Nächte. Schließlich nehmen sie Reißaus. Sie versuchen, das Haus zu verkaufen, aber niemand traut sich, es zu erwerben. Doch dann geht man der Ursache für den Spuk auf den Grund und findet unter dem Boden Gebeine, die in Ketten verstrickt sind. Der verweste Leichnam wird in einem ordentlichen Begräbnis beigesetzt – und der Spuk ist vorbei.

Viele Römer glaubten an Gespenster (phantasmata oder lārvae), und dementsprechend viele Gespenstergeschichten gibt es. Man stellte sich lārvae ganz mager vor und glaubte, dass sie zu nächtlicher Stunde hervorkämen: Manche flogen angeblich durch die Lüfte, andere spukten an Kreuzungen und in Gebäuden herum. Diese Gespenster *wollten* die Menschen erschrecken, um auf sich aufmerksam zu machen, denn sie wollten ordentlich bestattet werden.

Regelmäßig im Mai sollte ein Ritual all diese „Plagegeister" versöhnen und verdrängen. Die Gespenster wurden als „nächtliche Lemuren" bezeichnet, ihr „**Fest**" hieß Lemuria. Dabei trat der Familienvater um Mitternacht in Aktion. Ohne **Schuhe** zu tragen, wusch er sich die Hände in Quellwasser, nahm schwarze Bohnen in die Hand und warf sie mit abgewandtem Gesicht hinter sich. Nicht weniger als neunmal sprach er dabei: „Mit diesen Bohnen kaufe ich mich und die Meinen frei" und forderte die Geister der Verstorbenen auf: „Seelen der Väter, geht nach draußen!" Wie viele Römer solche Gespenstervertreibungen tatsächlich regelmäßig vornahmen, wissen wir aber nicht.

Getränke

Dem am Kreuz leidenden Jesus reichten die Wachsoldaten einen Schwamm mit Essig. Das wird heute gern als Geste des Spotts oder der Grausamkeit interpretiert. Wahrscheinlicher aber ist, dass es ein Akt des Mitleids war: Essigwasser war ein vor allem in Soldatenkreisen beliebter Durstlöscher. Die Römer nannten diese Mischung pōsca (ursprünglich wohl in der allgemeinen Bedeutung „Getränk", von pōtāre, „trinken"). Das Mischgetränk aus Wasser und Essig war preiswert und deshalb bei den ärmeren Leuten in Stadt und Land weitverbreitet. Es wurde von Straßenhändlern verkauft – und war bei harter körperlicher **Arbeit** etwa für Lastenträger und Bauarbeiter eine erfrischende nichtalkoholische Alternative zum Wein.

„Die einen sind betrunken, die anderen trinken kräftig pōsca", bringt der Komödiendichter Plautus den Gegensatz auf den Punkt.

Das „Getränk Nr. 1" im alten Rom hingegen war ohne Geschmack: Wasser (aqua). Es wurde aus Brunnen, Bächen, Flüssen und Seen geschöpft und in vielen Städten der Kaiserzeit der **Bevölkerung** kostenlos zur Verfügung gestellt, eingeleitet über Aquädukte als Quellwasser von guter bis sehr guter Qualität. Man kannte zwar nicht die mikrobiologischen Grundlagen für eine eventuelle gesundheitsschädliche Verschmutzung, kochte das aus Gewässern genommene Wasser aber manchmal ab. Um Wein zu kühlen, ließen manche Leute ihn krugweise in Brunnenwasser tauchen. Manche lūxuriōsī, „Luxusjünger", ließen sich Schneekeller bauen und dort zusammengepressten Schnee lagern, um sozusagen immer Eiswasser im Haus zu haben. Einige Lieferdienste waren darauf spezialisiert, Schnee auch in den wärmeren Monaten aus dem Gebirge zu holen, allerdings „kostet dich das Wasser dann mehr als der Wein", kommentierte ein Zeitgenosse diesen Riesenaufwand.

Auf dem Land wurde viel Schafs- und Ziegenmilch getrunken; Kuhmilch weniger, da die Herde kleiner und die „Leistung" der Kühe ziemlich gering war. Wegen der begrenzten Haltbarkeit war Milch (lāc) in den Städten fast ein Luxusgetränk. Und der durch das Auspressen von Früchten erzeugte Fruchtsaft wurde, wenn überhaupt, nur auf dem Land getrunken.

Ganz im Gegensatz zum Wein (vīnum)! Ihn gab es in Stadt und Land in allen möglichen Qualitäten, vom einfachen Landwein bis zum Spitzenwein aus Kampanien, dem Falerner. Weine wurden über den gesamten Mittelmeerraum hinweg verschifft. In den nördlichen **Provinzen** fand der Weintransport oft zu Lande mit Fuhrwerken statt. In Italien, vor allem in Rom, konnte man Weine aus dem ganzen

Weintrauben müssen gepresst oder gestampft werden, ehe durch Gärung Alkohol entsteht. Fußbodenmosaik aus Spanien, 2. Jh.

Oberschicht deutlich über und Frauen unter dem Schnitt lagen. In aller Regel wurde der Wein verdünnt getrunken: Ein Teil Wasser auf einen Teil Wein war das Minimum; häufig war der Wasseranteil sogar höher.

Auch Würzweine, die mit Lorbeer, Pfeffer und anderen Gewürzen angereichert waren, Rosen- und Veilchenweine, bei denen Blütenblätter den Geschmack dominierten, Fruchtweine und mit Harz versetzte Weine – dem heutigen griechischen Retsina ähnlich – erfreuten sich großer Beliebtheit. Als Aperitif zum Essen schätzten viele das mulsum. Das war ein mit Honig versetzter Wein, der als besonders bekömmlich galt. Wie viel Honig in den Wein gerührt wurde, hing vom persönlichen Hausrezept ab; zehn bis 20 Prozent scheinen üblich gewesen zu sein.

Liebliche Weine trafen den Geschmack der Römer eher als trockene. Daher wurde junger Most auch gern durch Aufkochen eingedickt und als Konservierungsmittel verwendet. Dieses schwach alkoholische Getränk hieß dēfrutum oder sapa. Gewissermaßen das Gegenteil stellt die lōra dar. Dabei handelte es sich um einen Tresterwein, der aus bereits ausgepressten Trauben gewonnen wurde – ein minderwertiger Wein hauptsächlich für Arbeiter auf dem Land.

Überzeugte Biertrinker waren die allermeisten Römer nicht. Das aus Gerste oder Weizen gebraute Bier (cervīsia) setzte sich in den zentralen Gebieten des Imperiums nicht durch. Es war deutlich billiger als einfacher Wein und allenfalls ein Getränk armer Leute. Der Alkoholgehalt war geringer als heute. Die meisten Fans hatte das Bier in den nördlichen Provinzen – in Gallien und Germanien –, zum Teil auch in Spanien; und in Britannien, wie der Hilferuf im Schreiben eines Offiziers an den Kommandanten des Kastells Vindolanda am Hadrianswall zeigt:

„Meine Kameraden haben kein Bier! Bitte gib Befehl, dass welches geliefert wird!"

Getreide → Brot und Spiele; Mahlzeiten; Transportmittel

Imperium erwerben. Wein war ein äußerst wichtiger Wirtschaftsfaktor – in der Landwirtschaft des Römischen Reiches wie im Transportwesen und im Vertrieb –, ein Grundnahrungs- und Genussmittel und eine Alltags-**Droge**, die selbst den unfreien Landarbeitern auf den Gutshöfen relativ großzügig zugeteilt wurde und in den **Gaststätten** der Städte auch für die „kleinen Leute" erschwinglich war. Manche Weine waren preiswerter als Milch. Der Durchschnittsverbrauch männlicher Erwachsener lag bei knapp einem Liter pro Tag, wobei Angehörige der

Gladiatoren

Suspīrium puellārum Thraex Celadus, „der Thraker Celadus, ein Mädchenschwarm"; **Crēscēns rētiārius, pūpārum nocturnārum mātūtīnārum aliārum medicus,** „der Netzkämpfer Crescens, Arzt der nächtlichen, morgendlichen und anderer Püppchen".

Solche Kritzeleien sind an der Außenwand der Gladiatorenkaserne in Pompeji nichts Ungewöhnliches. Die „Schwertkämpfer" (im Wort „Gladiatoren" steckt gladius, „Schwert") kamen bei vielen Römerinnen sehr gut an. Sie verkörperten eine Männlichkeit und ein Draufgängertum, das manche Frauenherzen höherschlagen ließ. Und das sogar in den „besten" Kreisen. Der Satiriker Juvenal erzählt die (erfundene) Geschichte der Senatorengattin Eppia: Sie verliebte sich unsterblich in den Gladiator Sergiolus, verließ seinetwegen Mann und Kinder und ein luxuriöses Leben. Und warum? War er ein so schöner Mann? Von wegen: zerhauener Arm, Kitschaugen und ein riesiger Höcker auf der Nase! „Aber er war Gladiator!" Das machte seine Attraktivität aus – jedenfalls für Eppia, die dann als „Gladiatorenliebchen" (lūdia) verspottet wurde.

Ein noch tieferer gesellschaftlicher Absturz war nicht vorstellbar. Denn Gladiatoren galten als īnfāmēs, „ehrlos", und ein jemandem an den Kopf geworfenes gladiātor! war eine üble Beschimpfung. Als Berufsstand waren sie verachtet, unterste Schublade gewissermaßen. Aber dem einzelnen Gladiator jubelten Tausende zu, Dichter schrieben Hymnen auf erfolgreiche Helden der Arena, und eine große Fangemeinde führte Buch über die Erfolge ihres jeweiligen Idols. In Pompeji hat sich eine Reihe von **Graffiti** mit entsprechenden Abbildungen und Kampfstatistiken erhalten. Das Kunstgewerbe produzierte Vasen und Lämpchen, Parfümbehälter und Statuetten (kleine Statuen) mit Gladiatoren-Motiven, und reiche Hausbesitzer ließen die Fußböden ihrer Villen mit Arenamosaiken verzieren.

Das alles zeigt, wie beliebt diese „Todesspiele" und ihre „Spieler" waren – in allen Schichten des Volkes und überall im Römischen Reich. Unzählige Alltags- und Partygespräche drehten sich um das, was man an Kämpfen in der Arena gesehen hatte oder bei den nächsten „Spielen" erwartete. Programmhefte gaben Auskunft über die Paarungen, und die Kämpfe wurden rechtzeitig vorher in großen Wandinschriften angekündigt:

„Die Gladiatorentruppe des Ädilen Aulus Suettius Certus wird am 31. Mai in Pompeji kämpfen. Es wird auch eine **Tierhetze** und **Sonnensegel** geben."

Der Ausrichter steigerte seine Beliebtheit bei den Mitbürgern, wenn sich dramatische Kämpfe mit gut ausgebildeten Gladiatoren entwickelten. Umgekehrt konnte die Kritik beim Small Talk auf **Partys** verheerend sein:

„Was hat der uns schon Gutes getan? Er hat Gladiatoren aufgeboten, die keine zwei Cent wert waren, so altersschwach schon, dass sie umgefallen wären, wenn du sie nur angepustet hättest." (Petron)

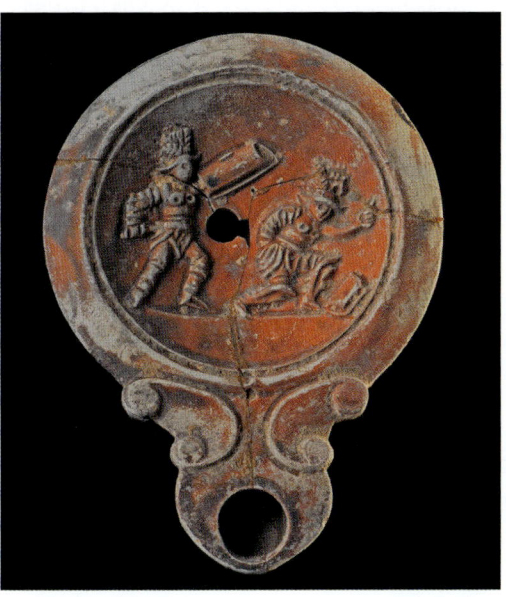

Öllämpchen mit der Darstellung eines Gladiatorenkampfes. Solche Motive belegen, wie beliebt die „Spiele" bei den Römern waren; aus Nordafrika.

G

Aus heutiger Sicht eine menschenverachtende Sprache, die allerdings zu dem ganzen menschenverachtenden „Spiel" passt!

Die Römer bezeichneten die blutigen Zweikämpfe tatsächlich als lūdī gladiātōriī, „Gladiatorensspiele" – und Kinder spielten diese Spiele nach. Wie kam man dazu, Menschen auf Menschen zu hetzen und den Nervenkitzel dieses Duells als Schau-Spiel auf öffentlichen Bühnen zu präsentieren? Die ersten Gladiatoren waren Kriegsgefangene. Wer sich im Krieg ergab und versklavt wurde, musste sich nach römischer Auffassung damit abfinden, dass sein Körper dem Sieger gehörte und der mit ihm verfahren durfte, wie er wollte. Zu seinem „Recht" gehörte es, den Gefangenen zu töten oder ihn um sein Leben kämpfen zu lassen. Das verband sich mit einer anderen Vorstellung: die Totengeister hochgestellter Persönlichkeiten mit den Lebenden zu versöhnen. Hatte man ihnen in grauer Vorzeit mit einem Menschenopfer Ehren erwiesen, so bot der Kampf am offenen Grab den beiden dazu Verurteilten die Chance, mit dem Leben davonzukommen.

In Rom fanden die ersten solchen „Spiele" im Jahr 264 v. Chr. statt. Zur Leichenfeier eines bekannten Adligen ließen seine Söhne drei Gladiatorenpaare auftreten. Das Ganze war ein „Geschenk" an den Toten, lateinisch mūnus. Dieser in den Totenkult weisende Begriff blieb erhalten, auch als sich die Gladiatorenkämpfe schon zu einer reinen Unterhaltungsshow entwickelt hatten: Sie hießen mūnera (gladiātōria).

Es dauerte immerhin fast ein halbes Jahrhundert, bevor die nächsten mūnera in Rom stattfanden: 216 v. Chr., erneut anlässlich einer Trauerfeier. Diesmal boten die Veranstalter schon 22 Paare auf. Danach wurden die Abstände zwischen den Shows kürzer und die Zahl der eingesetzten Gladiatoren immer größer. Politiker hatten die „Spiele" als Werbung in eigener Sache entdeckt. Wer viel **Geld** in diese populären Darbietungen investierte, durfte sich bessere Wahlchancen ausrechnen. Als Cäsar im Jahr 65 v. Chr gleich 320 Gladiatorenpaare kämpfen lassen wollte, schritt aber der Senat ein: Wettbewerbsverzerrung! Der ehrgeizige Cäsar musste die Zahl reduzieren, konnte mit seiner Großzügigkeit aber trotzdem eine Menge Beliebtheitspunkte beim Volk sammeln.

Die **Kaiser** konnten aus dem mittlerweile etablierten „System" nicht ausbrechen. Sie sicherten sich die Gunst der Römerinnen und Römer durch einen Überbietungswettbewerb, bei dem immer mehr Gladiatoren zum Einsatz kamen. Den fragwürdigen Höhepunkt stellte Trajans Triumph über die Daker im Jahr 107 dar: In einer 123 Tage langen **Fest**-Periode sollen 10.000 Gladiatoren aufgeboten worden sein. Schauplatz war das Amphitheatrum Flavium, besser bekannt als Kolosseum (der Spitzname geht auf eine Kolossalstatue Neros ganz in der Nähe zurück). Es war im Jahr 80 nach zehnjähriger Bauzeit mit rund 45.000 Sitzplätzen fertiggestellt worden. Vorher hatten mūnera in provisorischen Holztheatern oder auf freien Flächen, u. a. dem **Forum** Romanum, stattgefunden.

Andere Städte in Italien, u. a. Pompeji und Capua, hatten schon einige Jahrzehnte früher eine steinerne Arena bekommen. In den Landstädten und in den **Provinzen** wurden die mūnera von Amtsbewerbern und wohlhabenden Sponsoren finanziert – ein „bürgerschaftliches Engagement", das ihre Mitbürger erwarteten und das den Führungsanspruch der örtlichen Oberschicht untermauerte. Vom Totenkult hatten sich die mūnera weitgehend gelöst. Sie gehörten wie **Wagenrennen**, **Theater**-Spiel und Darbietungen von Berufsathleten zur Massenunterhaltung. Für viele waren Gladiatorenkämpfe das „berühmteste und beliebteste Schauspiel überhaupt".

Die Akteure dieses Schauspiels waren nach wie vor Kriegsgefangene, aber auch verurteilte Verbrecher und von ihren Herren an den Betreiber einer Gladiatorenschule verkaufte **Sklaven**. Seit der Mitte des 2. Jh.s machten neue gesetzliche Vorschriften einen solchen Verkauf allerdings von einem schweren Vergehen des Sklaven abhängig. Aber es stand ein überraschender Ersatz bereit: Freiwillige, die ihre bürgerliche Freiheit aufgaben und sich per Eid (auctōrāmentum) verpflichteten, „sich brennen, fesseln und mit dem Schwert töten zu lassen".

Was trieb Leute dazu, sich in ein so gefährliches, ja vielfach tödliches Abenteuer zu stürzen? Es war zum einen die Aussicht auf Geld, das ihnen nach ein paar Jahren Gladiatorendienst ein sorgloses Leben ermöglichte (wenn sie denn überlebten); zum anderen der Ruhm und die Anfeuerung aus vielen Tausend Kehlen. Man schätzt, dass ab dem 2. Jh. rund ein Drittel der Gladiatoren Freiwillige waren.

„Glauco aus Mutina, er kämpfte siebenmal und starb beim achten Kampf. Er lebte 23 Jahre und fünf Tage. Aurelia und seine Fans haben dem verdienstvollen Gatten dieses Grab errichtet. Vertraut nicht auf die Schicksalsgöttin! So wurde ich betrogen. Leb wohl!" (So steht es auf einem Grabstein aus der norditalienischen Stadt Verona.)

Alle Gladiatoren, die freiwilligen wie die gezwungenen, lebten abgeschottet von der Öffentlichkeit und bewacht in einer Kaserne. Sie wurde als lūdus gladiātōrius bezeichnet – auch wenn das Ganze nichts mit einem „Spiel" zu tun hatte. In Rom kann man noch heute die Überreste des Ludus Magnus mitsamt einer Übungsarena sehen. Sie liegt östlich neben dem Kolosseum und war mit ihm durch einen unterirdischen Gang verbunden. Die Gladiatorenschulen waren in der Regel private Unternehmen unter der Leitung eines lanista. So hieß der Besitzer einer Gladiatorentruppe. Er hatte keinen guten Ruf, aber er verdiente mit der Vermietung seiner Kämpfer an mūnerāriī, Veranstalter von mūnera, viel Geld. Kam ein Gladiator beim Kampf ums Leben, so musste der mūnerārius als Spielgeber „Schadenersatz" bezahlen.

Der lanista ließ seine Gladiatoren hart, aber sehr gut ausbilden. Aus Sicherheitsgründen trainierten sie intensiv mit Holzwaffen. Neben dem geradezu militärischen Drill wurden sie auch psychologisch auf ihre Einsätze vorbereitet: Todesverachtung sollte an die Stelle von Angst treten. Das Ergebnis waren austrainierte „Kampfmaschinen", die alles dafür gaben, eine gute Show abzuliefern. Die medizinische Versorgung war meist erstklassig. Galen, ein berühmter **Arzt** der Antike, war eine Zeitlang Gladiatorenarzt in seiner Heimat Pergamon. Auf seine Erfolge beim „Zusammenflicken" verletzter Gladiatoren weist er in seinen Schriften stolz hin. Die Ernährung war ausgesprochen kalorienlastig. Ein wenig appetitliches Gemisch aus Getreide und Bohnen sorgte nicht nur für Muskelaufbau, sondern wohl auch für eher rundliche Gestalten. Hordeāriī, „Gerstenfresser", hießen sie im Volksmund. „Six-Pack-Typen" dürften unter Gladiatoren eine Minderheit gewesen sein.

Die Trainer wiesen jeden Gladiator einer bestimmten Waffengattung zu. Von diesen armātūrae gab es rund 20. Die beliebtesten – und deshalb am häufigsten eingesetzten – waren der rētiārius („Netzkämpfer" mit Dreizack, Netz und Dolch), der secūtor als sein Gegner („Verfolger" mit großem Schild, Kurzschwert und Helm) sowie der thraex („Thraker" mit Beinschiene, kleinem Schild und Krummschwert) und sein Standardgegner, der murmillō (mit ähnlicher Bewaffnung wie der secūtor, aber mit breitkrempigem Helm). Die Ausrüstung der meisten Gladiatoren war an die 18 Kilogramm schwer. Alle Gladiatoren kämpften zu Fuß, auch die equitēs, „Reiter", mit wenigen Ausnahmen,

Bronzehelm mit breiter Krempe: Einen solchen trug der Gladiator vom Typ **murmillō**. Außerdem war er mit einem Kurzschwert und Schild bewaffnet. 2. Jh.

und die essedāriī, „Streitwagenfahrer". Ihren Künstlernamen durften sich die Gladiatoren vermutlich selbst aussuchen, jedenfalls die freiwilligen. Die Namen spiegelten entweder einen kämpferischen Anspruch wider – Pugnax, „der Kämpfer", Ferox, „der Wilde", Victor, „der Sieger" – oder einen ästhetisch-erotischen: Eros, „Liebesgott", Kallimorphus, der „Schöngestaltete", Euprepes, der „Gutaussehende". Weibliche Gladiatoren traten selten auf; es sind nur zwei namentlich bekannt (Achillea und Amazona). Im Jahr 200 wurde der Auftritt von Frauen in der Arena verboten.

Massenkämpfe waren die Ausnahme; in aller Regel bekamen die Zuschauer Zweikämpfe zu sehen. Das entsprach dem, was das Publikum erwartete: Draufgängerische Kerle, die sich mutig und auf hohem technischem Niveau ein spannendes Duell lieferten. Die Chancen waren stets in etwa gleich. Die Leute wollten den ausgewogenen, echten, harten Fight sehen, kein Niedermetzeln wehrloser Gegner, keine „feige" Flucht, keine „Blitzsiege". Ein Schiedsrichter

sorgte dafür, dass die Regeln eingehalten wurden. Er konnte den Kampf auch für ein Atemholen oder die Reparatur eines Rüstungsteils unterbrechen. Grundsätzlich aber gab es weder „Runden" noch eine zeitliche Begrenzung. Es wurde so lange gekämpft, bis einer der beiden wehrlos am Boden lag oder aufgab.

Wie reagierte das Publikum darauf? Ganz anders, als manche modernen Darstellungen es erwarten lassen! Gewiss, die Leute gingen leidenschaftlich mit, feuerten ihren Favoriten an und schrien laut auf, wenn einer der Fechter einen Treffer gelandet hatte. Mag sein, dass das Amphitheater zeitweise geradezu tobte. Aber dieses Toben war nicht das Lechzen einer blutgierigen Meute nach wüsten Metzeleien, sondern ein Mitfiebern und Schreien, bei dem sich die aufgestaute Spannung entlud. Mitleid war sicher kein verbreitetes Gefühl im Zuschauerraum, aber die allermeisten Leute waren überhaupt nicht erpicht auf hohe Opferzahlen oder gar auf Leichenberge am Ende eines Arenatages. Einen gewissen Suchtfaktor an Voyeuris-

Der **rētiārius** Kalendio hat sein Netz über seinen Gegner, den **secūtor** Astyanax, geworfen; ganz rechts der Schiedsrichter. Fußbodenmosaik aus Rom, 3. Jh.

mus hat es bei einem Teil der Zuschauer sicher gegeben – ähnlich wie sich manche Menschen auch heute von Unfällen, Katastrophen und „spektakulär" schlimmen Ereignissen anziehen lassen –, aber so etwas wie ein „Blutrausch" oder ein exzessiver Sadismus lässt sich nicht feststellen. Damit soll das Gladiatorenwesen nicht verharmlost werden: Es war aus heutiger Sicht ein schlimmer Schandfleck der römischen Zivilisation.

Das Schicksal des Unterlegenen lag im Prinzip in den Händen des Spielgebers – in Rom also des **Kaisers**. Der aber reichte die Entscheidung in aller Regel an das Publikum weiter. Und das plädierte – wahrscheinlich mittels nach oben gerichtetem Daumen (aber sicher belegt ist diese Geste nicht) – für eine missiō. Das war der Fachbegriff für die „Entlassung", die „Begnadigung" des Verlierers. Eine missiō galt überhaupt nicht als Schande für einen Gladiator, und zahllose Kämpfe sind so ausgegangen. Dass das Publikum den Daumen nach unten streckte, sodass der Sieger dem Unterlegenen den „Gnadenstoß" versetzen musste, war eine seltene Ausnahme.

Tatsächlich war die Zahl der in den Kämpfen ums Leben gekommenen Gladiatoren bedeutend geringer, als man es sich heute gern vorstellt. In Ridley Scotts Film „Gladiator" kommen fast 60 Prozent der eingesetzten Gladiatoren ums Leben. In Wirklichkeit lag die Quote für das 1. Jh. n. Chr. bei rund zehn Prozent. Bei durchschnittlich drei bis fünf Auftritten jährlich war das Risiko, durch einen Berufsunfall zu **sterben**, hoch, aber der Einzelne war nicht chancenlos, wenn man eine drei- bis fünfjährige aktive Zeit zugrunde legt. Und erfahrene Fechter hatten wohl größere Siegesaussichten als ihre jüngeren Kollegen. Kämpfe sine missiōne, „ohne Begnadigung", wurden übrigens schon in der Zeit des Augustus (Kaiser 27 v. Chr. – 14 n. Chr.) verboten.

Keine Frage, das „Spiel" auf Leben und Tod war aus heutiger Sicht alles andere als ein Spiel. Es war auch kein Sport; denn der setzt bei den Akteuren Freiwilligkeit voraus. Und ob man heutzutage bei Römerfesten Gladiatorenshows als „Höhepunkte" veranstalten sollte, darüber kann man sehr unterschiedlicher Meinung sein. Der Verfasser dieser Zeilen sieht darin eher eine Verharmlosung und eine fragwürdige Motivation, um für die Beschäftigung mit den Römern und für Latein zu werben.

Wie steht es um die angebliche Begrüßung des Kaisers durch die zur Show angetretenen Gladiatoren: avē, imperātor (nicht: Caesar), moritūrī tē salūtant! „Sei gegrüßt, Kaiser, die dem Tod Geweihten grüßen dich!"? In der Quelle bezieht sich der eingängige Spruch auf eine künstliche Seeschlacht des Jahres 44. Damals traten die Kämpfer mit dieser Parole vor den Kaiser. Für andere Anlässe ist er nicht bezeugt, das heißt auch für keinen einzigen regulären Gladiatorenkampf. Und es macht die Sache auch nicht besser, dass Kaiser Claudius (41 – 54) damals auf diese Begrüßung nicht besonders geschickt geantwortet hat. Er sagte nämlich aut nōn, „oder auch nicht (dem Tod geweiht)". Das war als Ermunterung zu einem tapferen Kampf gedacht, bei dem die Überlebenden vielleicht freigelassen würden. Die Schiffsbesatzungen aber – allesamt dazu gezwungene Kämpfer – verstanden die Antwort des Kaisers falsch (oder wollten sie falsch verstehen). Sie glaubten, das sei eine Begnadigung – und traten prompt in den Streik.

So etwas ist bei „richtigen" Gladiatorenkämpfen nie vorgekommen.

Glaube → Bevölkerung; Mysterienkult; Tempel

Glücksspiel → Gaststätte

Götter → Bevölkerung; Fest; Mysterienkult; Priester; Tempel; Vestalinnen

Grab → Sterben

Graffiti

Graffiti in lateinischer Sprache – gibt's das? Aber sicher! Es gibt auch Nachrichten darüber, dass an vielbesuchten Ausflugsorten der Römer „die Wände vollgeschrieben" waren. Das Problem ist nur: Der Putz, in den die Graffiti mit dem üblichen metallenen Schreibgriffel (stilus) geritzt wurden (das italienische *graffiare* heißt „kratzen"), fiel bei verfallenden Häusern als Erstes ab. Aber in den Städten, die beim Ausbruch des Vesuvs verschüttet und später wieder ausgegraben wurden – Pompeji und Herculaneum –, sind viele Hauswände erhalten. Die meterdicke Ascheschicht hatte sie „stabilisiert". Und so sind mehrere Tausend Graffiti überliefert.

Ungefähr ein Drittel davon nennen bloß einen Namen: Anwesenheitsnotizen vom Typ „Crescens (war hier)". In vielen anderen wird jemand gegrüßt („Aephebus grüßt seinen Vater Successus"). Interessanter sind Kritzeleien, die sich um Liebe und Sexualität drehen („Liebende führen ein honigsüßes Leben"), darunter manch „versautes Zeugs". Weiterhin „im Angebot": Wirtshauserlebnisse („Hallo, wir sind [voll wie die] Schläuche") und Erinnerungen an die Schulzeit in Form von Gedichtzeilen oder „Übungsalphabeten" („abcde...") sowie kräftige Beleidigungen („Macer, dein Hirn ist locker!"; „dem Marcus soll's schlecht ergehen!"). Zahlreiche Graffiti bestehen aus Zeichnungen oder werden durch figürliche Darstellungen ergänzt. Einzigartig sind die rund 25 Graffiti mit der Zeichnung von **Gladiatoren**-Kämpfen mitsamt der Kampfstatistik der dargestellten Arenakämpfer. Da haben Fans offenbar viel Zeit ge-

habt, um ihre Helden sozusagen an der Wand zu feiern. Mussten sie keine Angst haben, beim „Beschmieren" von Hauswänden erwischt zu werden? Die Hausbesitzer konnten da recht großzügig sein. Denn anders als das, was wir heute unter Graffiti verstehen, sind römische Graffiti ganz unscheinbar. Man muss schon genau hinschauen, um sie überhaupt zu entdecken.

So unübersehbar wie heutige Graffiti sind eher die Wandinschriften, die die Wissenschaftler Dipinti (italienisch: „Malereien") nennen. Auch von denen haben sich in Pompeji viele erhalten – rund 3.000. Das waren Wahlaufrufe, mit denen Kandidaten für die Spitzenämter in Pompeji unterstützt wurden („Die Winzer bitten darum, Casellius zum Ädil zu wählen") oder Bekanntmachungen etwa zu bevorstehenden Gladiatorenshows („Die Gladiatorentruppe des Aulus Suettius Certus wird am 31. Mai in Pompeji kämpfen"). Für solche mit großen Buchstaben an die Wand gemalten Mitteilungen hat man sicher die Erlaubnis der Hauseigentümer eingeholt.

Admīror, pariēs, tē nōn cecidisse ruīnīs, quī tot scrīptōrum taedia sustineās. –
„Ich wundere mich, Wand, dass du noch nicht zusammengestürzt bist, die du doch das blöde Zeug so vieler Schreiber aushalten musst."

Umzeichnung eines Graffitos aus Pompeji mit einer Kampfstatistik. Beispiele: Hilarus, 14 Kämpfe, zwölf Siege, hat gewonnen („v" steht für **vīcit**), Creunus, sieben Kämpfe, fünf Siege, ist begnadigt worden („m" steht für **missus**). Rechts und links: Musiker.

Handel
→ **Arbeit; Einkaufen; Forum; Geld; Reisen; Ritter; Sklaven; Transportmittel**

Handwerk
→ **Arbeit; Arzt; Freigelassene; Kleidung**

Haus
→ **Feuerwehr; Wohnen**

Haushalt
→ **Arbeit; Familie; Sklaven**

Haustier

Hunde waren als Haustiere im alten Rom allgegenwärtig. Die berühmte Warnung cavē canem!, „hüte dich vor dem Hund!", findet sich in Pompeji mehrmals. Und manche Besitzer verewigten in dem Text oder auch in einem Bild auf ihrem Grabstein das innige Verhältnis zu ihrem „Liebling":

„Wie süß, wie friedlich lag Myia stets in meinem Schoß!"

Wer wohlhabend war, hielt sich mehrere Hunde als Haus- und Wachtiere. Und Kinder aus finanziell gutgestellten **Familien** hatten neben anderen Haustieren manchmal mehrere große und kleine Hunde als Spielkameraden. Sie verfügten geradezu über einen **Tier**-Park, einen Hauszoo, zu dem auch Ponys, Papageien und andere Vögel gehörten. In den beengten Wohnungen der einfachen Leute wird man es sich gut überlegt haben, ob man sich ein Haustier leisten konnte. Wenn überhaupt, dann entschied man sich für ein Hündchen oder einen Vogel.

Tauben waren als Haustiere beliebt, ebenso die Nachtigall und der Dompfaff (passer), aber auch sprechende Vögel wie die „geschwätzige Elster", Raben und Papageien, deren Sprachbegabung allgemein bewundert wurde. Manch

einer verbrachte viele Stunden damit, seinem Papagei ein griechisches chaire oder lateinisches avē, „sei gegrüßt!", beizubringen, vielleicht noch gefolgt vom Namen des regierenden **Kaisers**. Im Übrigen sei es beim Papagei wie beim Menschen, stellt der Naturforscher Plinius der Ältere fest: „Wein macht ihn munter".

Die Katze (fēlis) spielte als Haustier keine besondere Rolle. Sie wurde zwar als Mäusejägerin geschätzt, nicht aber als „Schmusepartner" – im Unterschied zu Hasen, die gelegentlich nicht nur in Gehegen, sondern auch in Wohnungen gehalten wurden. Schlangen und Füchse als Haustiere waren seltene Exoten, anders als Affen. Man fand sie gut als „Clowns", die den Menschen sehr ähnlich waren. Manche Geschäftsinhaber setzten ihre zahmen Affen als Maskottchen zum „Kundenfang" ein.

Jugendliche aus reichen Familien hatten Spaß an eigenen Ponys, ihre Väter manchmal eher an Fischen. Piscīnāriī, „Fischliebhaber", nennt Cicero abfällig seine Standesgenossen, die sich weniger für Politik als für ihre Fischzucht interessierten:

„Es kann doch nicht wahr sein, dass sich führende Männer im siebten Himmel wähnen, wenn ihnen die Goldfische in ihren Teichen aus der Hand fressen!"

„Warnung vor dem Hunde" auf Lateinisch: **CAVE CANEM.** Beliebt waren solche Fußbodenmosaike direkt am Eingang eines Hauses, wie hier in Pompeji.

Und doch war es so, wobei die Goldfische schnell von den Muränen abgelöst wurden. Manche Liebhaberei drohte da zur Verrücktheit zu werden: Wenn etwa eine Antonia ihre Lieblingsmuräne mit Ohrringen schmückte oder ein Crassus seiner Muräne zusätzlich mit Edelsteinen besetzte Halsbänder anlegte und beim Tod seines „fischigen" Lieblings in Trauerkleidung herumlief.

Heizen → Baden; Feuerwehr; Umweltschutz; Wohnen

→ Baden; Feuerwehr; Umweltschutz; Wohnen

Hilfstruppen → Militärdienst

→ Militärdienst

Hochzeit

Heutzutage wollen viele Heiratswillige ihre Hochzeit unbedingt im „Wonnemonat" Mai feiern. Ganz anders im alten Rom: Da galt der Mai, weil er in engem Zusammenhang mit dem Totenkult stand, als absolutes No-Go für eine Hochzeit. „Wer trotzdem heiratet, lebt nicht lang", warnt der Dichter Ovid; „nur böse Frauen heiraten im Mai", fügt er als Sprichwort hinzu – „böse", weil sie angeblich auf den frühen Tod ihres Ehemannes spekulierten.

Paare und ihre Eltern, die sich zu traditionellen Hochzeitsfeiern entschlossen, hielten sich an solche Vorgaben bei der Festlegung des Termins und auch an die anderen Hochzeitsbräuche. Sie stammten vor allem aus der Oberschicht, die die Hochzeit als gesellschaftliches Event gestalten wollte. Die Feier wurde als spectāculum inszeniert, bei dessen öffentlichem Teil Zuschauer ausgesprochen willkommen waren. Bei den einfachen Leuten fand die Eheschließung in viel bescheidenerem Rahmen statt, häufig ohne Feier. Es genügte, dass das Paar einvernehmlich zusammenzog. Dazu reichte der Handschlag zwischen Braut und Bräutigam. Weder musste die **Ehe** bei einer staatlichen Stelle angemeldet werden, noch war sie ein religiöser Akt mit bestimmten kultischen Vorschriften. Die meisten Paare werden aber zumindest ein Hochzeitsopfer dargebracht haben.

„Die Eheschließung ist eine Verbindung von Mann und Frau und eine Gemeinschaft, die sich auf das gesamte Leben bezieht, die gemeinsame Teilhabe an göttlichem und menschlichem **Recht**. Eine Ehe kann nur zustande kommen, wenn alle Beteiligten zustimmen, das heißt diejenigen, die sie eingehen, und diejenigen, in deren Gewalt sie stehen." (So steht es in einer römischen Gesetzessammlung.)

Mit „diejenigen, in deren Gewalt sie (die Eheleute) stehen" sind die beiden Väter gemeint. Sie trafen in aller Regel eine Verabredung über einen „Heiratspakt". Ein vorangehendes Verlöbnis (spōnsālia) war üblich, aber nicht zwingend. Normalerweise fand die Hochzeitsfeier weitgehend im Haus der Braufeltern statt. Am Vorabend legte die Braut ihre Mädchen-**Kleidung** ab und weihte ihr Spielzeug einer Gottheit – ein Hinweis auf ihr jugendliches Alter (die meisten waren erst zwischen 15 und 20 Jahre alt und damit rund zehn Jahre jünger als der Bräutigam). Ihr Haar wurde in sechs Zöpfe geteilt; ihren Kopf bedeckte ein roter Schleier (flammeum). Dieses Verhüllen des Kopfes nannte man nūbere. Daraus entwickelten sich die Bedeutung „heiraten" (vonseiten der Frau) und das Substantiv nūptiae für die „Hochzeit".

Am Morgen strömten Verwandte, Bekannte und **Klienten** in das Haus der Braufeltern. Die Zeremonie begann mit einem **Opfer**, bei dem die Eingeweide des **Tieres** (meist eines Schafes) auf die Zustimmung der Götter hin geprüft wurden. Daraufhin wurde der Ehevertrag (tabulae nūptiālēs) vor Zeugen verlesen. Er umfasste die Zustimmung der Brautleute zur Ehe und finanzielle Regelungen, besonders hinsichtlich der Mitgift und ihrer Rückzahlung im Fall einer Scheidung. Höhepunkt der Feier war die dextrārum iūnctiō: Die Brautführerin (prōnuba) verband die rechten Hände der Eheleute miteinander. Dieser Akt illustriert das, was man sich von einer guten Ehe vor allem versprach: die concordia des Paares, ein „harmonisches Zusammenleben". Auf Sarkophagen (Steinsärgen) wurde diese „Verbindung der rechten Hände" häufig im Rückblick auf eine „gelunge-

Der zweite Teil des Hochzeitsrituals war das Geleit der Braut in das Haus ihres Ehemanns (dēductiō in domum marītī). Es wurde als pompa, „Festzug", mit Fackeln gestaltet. Die Braut wurde aus den Armen ihrer Mutter „geraubt" und von drei Knaben begleitet. Die Hochzeitsgesellschaft und interessierte Zaungäste schlossen sich an. Die immer wieder ertönenden talassiō-Rufe lassen sich nicht sicher deuten, wohl aber das Ausstreuen von Nüssen durch den Bräutigam. Damit beschwor man die Fruchtbarkeit, ebenso wie die Menge mit ihren Spottversen, die sie den Brautleuten zurief.

Der letzte Akt der Hochzeitsfeierlichkeiten spielte sich am und im Haus des Bräutigams ab. Begleiter trugen die Braut über die Schwelle – ein Stolpern hätte als böses **Vorzeichen** gegolten. Im Inneren empfing der Ehemann die neue Hausherrin mit Wasser und Feuer, den beiden wichtigsten Bestandteilen des Haushaltes. Im Atrium war das Hochzeitsbett bereitgestellt. Dorthin geleitete die Brautführerin die Braut. Diese wandte sich in Gebeten an die Götter ihres neuen Zuhauses und bat sie um eine glückliche Ehe. Damit endeten die Feierlichkeiten; die Hochzeitsgesellschaft löste sich auf.

Bleiben aus moderner Sicht noch drei „brennende" Fragen zu beantworten. Gab es einen Hochzeitskuss? Ja, zur Besiegelung der Ehe im Zusammenhang mit der dextrārum iūnctiō. Gab es Hochzeitsgeschenke? Ja, es gab sie, vor allem wohl für die Braut. Und sie durfte sie behalten, auch wenn die Ehe scheiterte. Und wurden Eheringe getauscht? Nein. Allerdings war es nicht unüblich, dass der Mann seiner künftigen Frau zur Verlobung einen Ring schenkte (ānulus spōnsālis). Angesichts der zahlreichen Scheidungen kam es unter Juristen zu einem regelrechten „Gutachterkrieg" über die Frage, wem der Verlobungsring im Fall der Ehescheidung zugesprochen werden sollte.

Humor → **Lachen**

Hygiene → **Baden; Körperpflege; Seuche; Toilette**

Ein Ehepaar auf einem Sarkophag (Steinsarg). Die Verbindung der rechten Hände (**dextrārum iūnctiō**) steht symbolisch für die Eintracht zwischen beiden. In der Mitte steht der Hochzeitsgenius Hymenaeus.

ne" Ehe dargestellt. Wenn sich die Braut in die manus („Hand", „Gewalt") ihres Mannes begab, bekräftigte sie das mit dem Versprechen ubi tū Gāius, ibi egō Gāia („Wo du, Gajus, bist, bin auch ich, Gaja"). Möglicherweise sprach sie diese traditionelle Formel auch, wenn sie in der manus ihres Vaters blieb.

Mit einem lauten fēlīciter! („viel Glück!") brachten die Gäste ihre guten Wünsche zum Ausdruck; dann folgte das Hochzeitsmahl (cēna nūptiālis) – ein üppiger Schmaus, der sich über Stunden bis zum Einbruch der Dunkelheit hinzog. Stücke des mit Lorbeer und Most gebackenen Hochzeitskuchens wurden den „gut gesättigten Gästen mit auf den Heimweg gegeben".

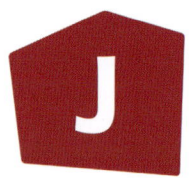

Jugendliche

„Die heutige Jugend ist bei Weitem braver als die damalige."

Das ist eine erstaunliche Feststellung, denn meist glaubte man in der Antike, dass im moralischen Sinn alles schlechter werde. Und die Jugend war da die Verdächtige Nr. eins. Noch erstaunlicher ist, dass der Satz von dem Philosophen Seneca stammt. Der beklagte sonst häufig den Niedergang von Sitte und Anstand. Hier aber ist er sich sicher:

„Die Vernachlässigung der guten Sitten ist keine Frage der Zeiten, sondern der Menschen."

Und da gab es im 1. Jh. v. Chr. – diese Zeit meint er mit „damalig" im eingangs zitierten Satz – nach Senecas Meinung so einige „schlimme Finger". Ein Problem bleibt: Was versteht Seneca unter „Jugend"? Der lateinische Begriff iuventūs ist nicht genau definiert. Manche Römer rechneten die Kindheit, pueritia, bis zum 15. Lebensjahr und ließen die Jugend erst mit 30 enden. Aus heutiger Sicht ist das zu weit gefasst; wir befassen uns hier mit der Jugend, wie wir sie heute verstehen, also mit dem Teenie-Alter, und nehmen auch die Kindheit mit in den Blick.

Im alten Rom wuchs man in ziemlich instabilen **Familien** auf. Für die meisten war es eine prägende Erfahrung, dass Geschwister geboren wurden und schnell wieder starben, dass auch ein Elternteil oder beide Eltern ihr Heranwachsen nicht erlebten oder dass sie bei Scheidungen meist mit dem Vater gingen und Stiefgeschwister sowie eine Stiefmutter bekamen, die ihnen nicht immer wohlgesinnt war – jedenfalls ist das ein häufiges Motiv in der **Literatur**. Sie mussten sich also ebenso schnell wie häufig auf neue familiäre Situationen einstellen. Erschreckende Zahlen: Rund 25 bis 30 Prozent der Kinder überlebten das erste Lebensjahr nicht (heute in westlichen Staaten: ein Prozent), und etwa die Hälfte starb vor dem zehnten Lebensjahr. Etwa 40 Prozent der Kinder verloren ihren Vater durch Tod, bevor sie 15 waren. Zehnjährige konnten damit rechnen, noch durchschnittlich 25 bis 30 Jahre zu leben.

Alle diese Zahlen sind nur grobe Größenordnungen. Aber sie verdeutlichen, dass Kinder und Jugendliche sich ständig neu orientieren und mit vielen Schicksalsschlägen umgehen mussten. Kinder in wohlhabenden Haushalten hatten neben den Eltern noch weitere enge Bezugspersonen: die Amme (nūtrīx) und den paedagōgus, der sie in der Öffentlichkeit begleitete, sowie oft auch einen Hauslehrer. Meist waren diese „Dienstleister" unfrei. Sie übten großen Einfluss auf die Erziehung aus; die Bindung an diese vertrauten Personen dauerte oft bis ins Erwachsenenalter an, wenn sie nicht durch deren vorzeitigen Tod schon früher ein Ende fand.

Der Vater hatte, rechtlich gesehen, das alleinige Bestimmungsrecht über seine Kinder. Tatsächlich kümmerten sich aber die Mütter stärker um die Erziehung vor allem der Kleineren. Einen Einschnitt stellte der Beginn des **Schul**-Unterrichts mit sechs oder sieben Jahren dar – allerdings nur für eine Minderheit, deren Eltern den rein privaten Unterricht bezahlen konnten. Ein weiteres wichtiges Datum war für die Jungen das Anlegen der toga virīlis, der „Männertoga". Die Eltern entschieden, wann der Sohn – zwischen 14 und 16 Jahren – reif für diesen Schritt war. Für junge Männer der

Bronzestatue eines römischen Jugendlichen von der Insel Rhodos. Ob der hier Dargestellte wohl zum Studium in dieses kulturelle Zentrum der Antike ging? Aus der Zeit des Augustus (Kaiser 27 v. Chr. – 14 n. Chr.).

ein rotes Tuch sein – die jungen Männer vergnügten sich trotzdem, trieben **Sport**, ritten und jagten und besuchten die Thermen zum **Baden** oder die öffentlichen Spiele. Was im Circus, in der Arena und im **Theater** los war, dominierte viele Alltagsgespräche. Umzüge, Triumphzüge und wahrhaft spektakuläre Begräbnisse waren weitere „Events", die – auch – in den Freizeitbereich fielen. Die Römer liebten Shows (spectācula) aller Art, und die Jugendlichen bildeten da keine Ausnahme.

Und natürlich waren auch die Kontakte zum anderen Geschlecht ein wichtiges Thema. Sie spielten sich für die jungen Männer überwiegend im Rotlichtmilieu ab. Sie sollten ja die Finger von ehrbaren Frauen und Mädchen lassen, diktierte ihnen die Sexualmoral – und verwies sie folgerichtig an **Prostituierte**. Bordellbesuche galten nicht als Schande – sofern man es damit nicht übertrieb.

„Ich habe dich dafür gelobt, dass du hier ins Bordell gegangen bist", ließ Cato (der Ältere) einen Jüngling wissen, der ihm als Dauerkunde auffiel, „aber nicht dafür, dass du hier wohnst!"

Allerdings kostete dieses „Highlife" in Spelunken, Bordellen und Glücksspielhöllen auch eine Menge **Geld** – und das führte hier und da zu heftigen Konflikten mit Vätern. Manche warfen ihren leichtlebigen Söhnen vor, das Familienvermögen für ihr Lotterleben zu verschleudern. Solche Generationenkonflikte waren ein Lieblingsthema in den Komödien von Plautus und Terenz. Das waren zwar freie Übersetzungen griechischer Vorlagen, aber trotzdem waren sie auf die römischen Verhältnisse zugeschnitten. Kein Geringerer als Cicero bezeichnete die Komödie als imitātiō vītae, „Spiegel des wahren Lebens". Und er führte sie in seinen Reden manchmal sogar als Beweisinstanz an.

Die Römer waren sich einig: Sie sahen Jugendliche im Wesentlichen als unfertige Erwachsene mit einer entwicklungsbedingten īnfirmitās, „Schwäche", einem „Mangel an charakterlicher Festigkeit" – einschließlich der damit verbundenen Verletzlichkeit und „Verführbarkeit". Eltern und Erzieher mussten ihnen den

Oberschicht verband sich damit der Start ins öffentliche Leben. Ein erfahrener Politiker nahm den Einzelnen sozusagen als Praktikanten an die Hand. Man sprach vom tīrōcinium forī, dem „Rekrutendienst des **Forums**". Außerdem gehörte die rhetorische Ausbildung zu dieser Lebensphase, ein Studium, das meist in der Heimatstadt absolviert wurde.

Das hört sich alles nach dem Ernst des Lebens an. Aber es gab – weitgehend nur für männliche Jugendliche – auch ein „Freizeitleben" mit größerem Spaßfaktor. Mochte „Spaß" für manchen traditionsbewussten Vater notwendigen Halt geben. Wie aber sollte dieser Halt aussehen? Da trafen sehr unterschiedliche Erziehungskonzepte aufeinander: Auf der einen Seite die Vertreter einer harten Linie, die schimpften, tobten, schlugen und das Taschengeld kürzten, auf der anderen Seite die Liberalen, Verständnisvollen, die nicht mit harten Strafen auf (tatsächliche oder vermeintliche) Exzesse reagierten. Es lässt sich nicht entscheiden, welche Seite zahlenmäßig größer war. Wohl aber ist ganz deutlich, dass ein unerbittliches Pochen auf die patria potestās, die „väterliche Gewalt", bis hin zu einem väterlichen Terrorregiment die Ausnahme war.

> „Bedenke, dass auch du mal jung warst, und gebrauche deine väterliche Gewalt so, dass du stets daran denkst: Du bist ein Mensch und Vater eines Menschen." (Plinius der Jüngere)

Söhne bekamen im Allgemeinen ihre Freiräume, mochten sie auch nicht selten ziemlich eng gesteckt sein. Generationenkonflikte gab es, wie gesagt, auch im alten Rom, aber eine wirklich rebellische Jugend als breite Bewegung ist nicht zu erkennen. Daran ändert auch die „elegische Generation" nichts, die der Bürgerkriege des 1. Jh.s v. Chr. überdrüssig war und alte römische Tugenden neu definierte: Die Dichter Catull, Properz und Tibull und ihre Gesinnungsfreunde entschieden sich für den „Kriegsdienst der Liebe" (mīlitia amōris).

Die üblichen Urteile über und Vorurteile gegenüber jungen Leuten hören wir auch aus Rom: Unbeschwert seien sie und sprunghaft, taub gegenüber Ermahnungen und „bockig", hitzig und zügellos, leichtsinnig und leidenschaftlich. Das alles mochte Catulls senēs sevēriōrēs, „den allzu strengen alten Männern", nicht gefallen. Und sie mochten sich in manchen Zeiten bestätigt sehen, wenn jugendliche Hooligans ganz Rom unsicher machten – mit dem jungen Kaiser Nero als Anführer – oder Studentenspäße aus dem Ruder liefen. Letztlich aber war die überwiegende Mehrheit der Jugendlichen ziemlich angepasst und zeigte sich offen für die gesellschaftlichen Werte, die Familie und Öffentlichkeit ihnen vermittelten. Für Seneca war die Jugend die schönste Zeit, „weil wir als junge Menschen

lernen und den noch formbaren Geist zum Besseren hin entwickeln können". Das treffe aber auch auf den Körper zu – während das Alter eine „unheilbare Krankheit" sei.

Eine eigene Jugendkultur hat sich in der römischen Zivilisation nicht etablieren können – auch nicht in den in einigen Städten anzutreffenden Jugendclubs (iuvenēs), in denen sich Jugendliche beiderlei Geschlechts im Alter von 14 bis 21 trafen. Die Mitgliedschaft war meist relativ kurz. Man aß zusammen und scheint Kampfsport (die Jungs untereinander) betrieben zu haben – mehr ist über diese Clubs aber nicht bekannt.

Was die Mädchen betrifft, gibt das Quellenmaterial leider nicht so viel her. Sie wurden auf ihre spätere Rolle als Mutter und Hausfrau vorbereitet, hielten sich gewöhnlich im Haus auf und ließen sich seltener in der Öffentlichkeit sehen. Der Zugang zu den öffentlichen Spielen war ihnen aber nicht verwehrt. Ebenso konnten sie bei den anderen großen spectācula und Umzügen als Zuschauerinnen dabei sein – vorausgesetzt, die Eltern ließen es zu. Aktiven Sport durften Mädchen und junge Frauen allerdings öffentlich nicht betreiben, und von den sexuellen Abenteuern gleichaltriger junger Männer wurden sie weit, weit entfernt gehalten. Sie sollten möglichst als Jungfrau in die **Ehe** gehen. Eine Heirat war juristisch ab zwölf Jahren möglich. Allerdings lag das durchschnittliche Heiratsalter tatsächlich um ein paar Jahre höher (das der Männer um ein paar weitere Jahre). Ihre Schulbildung beschränkte sich, wenn überhaupt, auf den Grundschulstoff. Nur sehr wenige junge Frauen (virginēs) hatten Zugang zu höherer Bildung, und so gut wie keine erhielt eine rhetorische Ausbildung.

Über die Jugendlichen aus den unteren sozialen Schichten wissen wir fast nichts – außer dass ihre Jugend nach heutigen Maßstäben früh vorbei war. Denn sie mussten schon in jungen Jahren mitarbeiten, um ihren Lebensunterhalt zu sichern – viele sogar schon als Kinder, und alle bis auf wenige Ausnahmen als Jugendliche. Die Ausbildung bei einem Lehrherrn begann im Alter zwischen zwölf und 14; im Showbusiness wurden „Talente" als Schauspielerinnen und Schauspieler, Tänzerinnen und Tänzer sowie Akrobaten schon sehr viel früher „entdeckt". Der jüngste „Kunstturner", von dem wir wissen, starb noch vor seinem vierten Geburtstag.

Erst recht auf dem Land wurden Kinder und Jugendliche früh zur **Arbeit** herangezogen. In einem Handbuch über die Landwirtschaft werden sie nur einmal erwähnt: Die meisten armen Kleinbauern, heißt es da, bewirtschaften ihre Felder cum suā prōgeniē, „zusammen mit ihren Nachkommen". Von einer unbeschwerten, fröhlichen Jugendzeit kann da keine Rede sein.

Kitharaspielerin mit einer Jugendlichen, vielleicht ihrer Schülerin. Wandmalerei aus der Villa des Publius Fannius Synistor in Boscoreale, 1. Jh. v. Chr.

Kaiser Sprachlich geht der „Kaiser" auf Cäsar zurück. Das passt auch geschichtlich gut. Denn Cäsar stand am Beginn der römischen Kaiserzeit – weshalb z. B. auch Sueton seine berühmten „Kaiserbiografien" mit Cäsar beginnen lässt. Nachdem er sich im Bürgerkrieg gegen Pompejus durchgesetzt hatte, war Cäsar dank seiner Truppen unbestrittener Machthaber in Rom. Er machte das auch klar, indem er sich zum **Diktator** auf Lebenszeit ernannte – ein klarer Bruch mit den „Spielregeln" der Republik. Und er ließ auch den Senat, bis dahin das eigentliche Entscheidungsorgan des Staates, spüren, wer im Staat das Sagen hatte. Als der Senat ihn einmal mit ehrenvollen Beschlüssen überhäufte, blieb Cäsar einfach sitzen – eine Demütigung, die ihm den Hass vieler stolzer **Senatoren** eintrug. Außerdem tuschelte man, Cäsar wolle sich zum rēx, „**König**", ausrufen lassen (seit 509 v. Chr. der letzte König gestürzt worden war, war das ein Tabu). Das alles führte zu dem Attentat an den Iden des März 44 v. Chr. Als Verteidiger der Republik glaubten die Verschwörer, den Alleinherrscher, ja Tyrannen beseitigen zu dürfen – oder sogar: zu müssen.

Octavian, der spätere Augustus, war Cäsars Adoptivsohn. Auch er musste sich in einem blutigen Bürgerkrieg durchsetzen, bevor er alleiniger Machthaber in Rom wurde. Aber danach ging er taktisch klüger vor, indem er, auf seine Truppen gestützt, den Senat einband und auf die Würde der Senatoren Rücksicht nahm. Im Jahr 27 v. Chr. gab er die Macht demonstrativ an den Senat zurück. Damit war die alte republikanische Verfassung *offiziell* wiederhergestellt. Aber das war nur eine Fassade. Sie wurde noch jahrzehntelang aufrechterhalten. Augustus bezeichnete sich als prīnceps, als „ersten Mann" im Staat. Er ließ sich Amtsgewalten übertragen, bestand aber darauf, dass

Angehörige des Kaiserhauses, Berater des Augustus (wie Agrippa – der Zweite von links), hohe Beamte und Priester in einer Prozession: Relief von der **Āra Pācis Augustae**, dem „Altar des augusteischen Friedens".

das alles im Rechtsrahmen der rēs pūblica lībera sei, der freien, das heißt nicht-monarchischen Staatsverfassung.

„Ich überragte zwar alle an Einfluss und Ansehen (auctōritās), an Amtsgewalt (potestās) aber besaß ich nicht mehr als meine jeweiligen Amtskollegen."
(Das sagte Augustus selbst.)

So ganz stimmte das nicht. Denn es war schon ungewöhnlich, dass er sich *dauerhaft* auf die beiden Grundpfeiler seiner Macht stützen konnte. Das war zum einen ein erweitertes Kommando (imperium prōcōnsulāre māius), durch das er größere Macht über die **Provinzen** und das dort stationierte Militär hatte als die „anderen" Provinzstatthalter. Und in Rom war es die „tribunizische Gewalt" (tribūnīcia potestās): Als **Volkstribun** konnte er gegen missliebige Entscheidungen aller **Beamten** sein Veto („ich verbiete") einlegen. Außerdem war er als Person unantastbar. Diese sacrōsānctitās („Unverletzlichkeit") war sozusagen eine unsichtbare Leibwache. Hinzu kamen noch die

Stellung als Oberpriester (pontifex maximus) und weitere Kompetenzen. Dazu gehörten die „Prüfung" und „Empfehlung" von Amtsbewerbern – was letztlich nichts anderes war als deren Ernennung durch den Kaiser.

Die tatsächliche Machtbasis des Kaisers aber war das Heer. Das war jedem klar, nur wurde es nicht so deutlich gesagt. Im Gegenteil. Die Herrschaft über die Provinzen wurde aufgeteilt. Der Senat bekam einige von ihnen als seinen Einflussbereich zugesprochen. Kaiserliche Provinzen aber waren vor allem die Gebiete, in denen viele Legionen standen. Im Laufe der Zeit dehnte sich die kaiserliche **Recht**-Sprechung, die eigentlich nur seine Provinzen betraf, auch auf die Senatsprovinzen aus. Damit wurde der Kaiser der oberste Gerichtsherr im gesamten Reich.

Augustus legte die Grundlagen für die neue Staatsform. Mit dem Begriff prīncipātus, „Prinzipat", wurde ihr Wesen als Monarchie absichtlich verschleiert. Wer aber genau hinschaute, konnte die eigentliche Basis schon an den Titeln des Kaisers erkennen. Sie lauteten – auch bei den späteren Kaisern: Imperator Caesar

Augustus. „Cäsar", der eigentliche Begründer der Alleinherrschaft, wurde so zum Familiennamen (nōmen gentīle). „Augustus", „der Erhabene" und damit über allen anderen Stehende, wurde zum cōgnōmen („Beiname"). Der Vorname (das praenōmen) aber, „Imperator", bedeutete „Heerführer", „derjenige, der imperat" („befiehlt"), der es zu sagen hat.

Die Kaiser waren bestrebt, ihren Nachfolger selbst zu bestimmen, am liebsten aus dem Kreis ihrer **Familie**. Die erste Dynastie („Herrschergeschlecht"), die von Augustus begründete julisch-claudische, endete mit Nero (Kaiser 54 – 68). Danach folgten die Flavier und mit Unterbrechungen weitere Herrscherhäuser. Dem Senat oblag es zwar, jeden neuen Kaiser offiziell zu ernennen. Aber gegen den Willen der Armee ging in der Regel nichts.

Die Ausgestaltung des Kaisertums durch eine Bündelung zahlreicher Vollmachten und Sonderrechte dauerte länger als ein Jahrhundert. Aber das „Erfolgsrezept" stammte von Augustus.

„So ging alle Gewalt des Volkes und des Senats auf Augustus über", schrieb der Geschichtsschreiber Cassius Dio im 2. Jh., „und genau genommen wäre ‚Monarchie' der richtige Begriff dafür. Aber die Römer verabscheuten den Begriff ‚Monarchie' so sehr, dass sie ihre Herrscher weder ‚Diktatoren' noch ‚Könige' oder so ähnlich nannten. Die Kaiser wollten wenigstens den Schein aufrechterhalten, dass sie ihre Macht aufgrund von Gesetzen ausübten. Deshalb haben sie die Ämter übernommen, die in republikanischer Zeit vom Volk vergeben wurden."

Cassius Dio hat das Entscheidende erkannt. Er war übrigens Senator *und* Anhänger des römischen Kaisertums.

Kalender

Sehr merkwürdig, wenn man mal genau hinschaut: Der Dezember ist bekanntlich der zwölfte Monat des Jahres, aber decem heißt doch „zehn" – das weiß man auch ohne Lateinkenntnisse vom Dezimalsystem, das mit Zehnern arbeitet. Die gleiche Seltsamkeit beim November, Oktober und September (novem, „neun"; octō, „acht"; septem, „sieben"). 12 = 10? 11 = 9? Was ist da los?

Die Antwort gibt das Jahr 153 v. Chr. Damals haben die Römer ihren Jahresbeginn verlegt, vom 1. März auf den 1. Januar. Die Bezeichnungen für die Monate aber haben sie beibehalten, und wir verwenden sie bis heute. Die ersten fünf Monate sind nach Gottheiten benannt, der Juli erinnert an Julius Cäsar, der August an Kaiser Augustus, die übrigen sind die erwähnten „schrägen" Zählungen. Auch die Zahl der jeweiligen Monatstage geht auf Rom zurück. Genauer gesagt, auf den Julianischen Kalender, den Cäsar im Jahr 46 v. Chr. eingeführt hat. Dieser hat mit einer relativ kleinen Korrektur aus dem Jahr 1582 (Gregorianische Reform) bis heute Bestand.

Auch der Begriff „Kalender" hat einen römischen Ursprung. Als calendārium bezeichnete man eine Liste, in die **Geld**-Verleiher ihre Schuldner samt den ihnen geliehenen Beträgen und fälligen Zinsen eintrugen. Wahrscheinlich ist der Begriff von den Kalenden abgeleitet. So nannten die Römer den ersten Tag im Monat, und an dem waren die Zinszahlungen fällig. Das calendārium war also ursprünglich ein Schuldenverzeichnis. Auf Latein heißt der Kalender dagegen fāstī. Zu ergänzen ist diēs: die „Tage, an denen **Recht** gesprochen werden darf". Der Gegenbegriff ist (diēs) nefāstī. Daneben gibt es noch ein paar andere Tages-„Typen" mit bestimmten Bedingungen für das öffentliche Leben. Die Zusammenstellung aller Tage mit ihrer jeweiligen Eigenschaft unter dem Begriff fāstī war demnach eine inhaltliche Kurzfassung.

Seine zeitliche Struktur erhielt der römische Monat nicht durch Wochen, sondern durch drei Fixtage. Der erste waren die Kalenden. Sie lagen stets auf dem ersten Tag im Monat. Der zweite waren die Nonen. Sie lagen neun Tage (novem diēs) vor den Iden als drittem Fixpunkt, nämlich auf dem 5. Tag bzw. dem 7. in den Monaten März, Mai, Juli und Oktober. Die Iden folgten am 13. bzw. 15. in den vier genannten Monaten. Daraus ergab sich die Datierung. Bei den Fixpunkten standen die Begriffe im Ablativ; z. B.: Kalendīs Aprīlibus = 1. April. Mit prīdiē + Akkusativ wurde der dem Fixtag vorangehende

Tag datiert: prīdiē Īdūs Aprīlēs = 12. April. Die anderen Tage wurden als der soundsovielte vor dem nächsten Fixpunkt gerechnet, wobei der Tag selbst und der Fixtag mitgezählt wurden. Der 24. Dezember war damit der „neunte Tag vor den Kalenden des Januar, a(nte) d(iem) nōnum Kal(endās) Iān(uāriās) (was hier in Klammern steht, hat man normalerweise nicht mitgeschrieben, um Platz zu sparen).

Die Woche hatte als Zeiteinheit nur eine geringe Bedeutung. Ursprünglich fand alle neun Tage Markt statt; nūndinae, aus novem diēs entstanden, „neun Tage", war der Begriff für diesen Markt und für die Zeitspanne zwischen zwei Märkten. In den älteren Kalendern wurden die Tage der „Nundinalwoche" einfach von A bis H durchgezählt, nach H fing man wieder mit A an, und das über die Monatsgrenzen hinweg.

Im 1. Jh. n. Chr. setzte sich allmählich die „Planetenwoche" durch: 168 Stunden einer Woche wurden gleichmäßig auf sieben Tage verteilt, und die erhielten ihre Bezeichnungen von Gestirnen, die man als Gottheiten verehrte. Die meisten unserer heutigen Wochentage gehen auf diese Bezeichnungen zurück – nur mit dem Unterschied, dass die römische gegen die entsprechende germanische Gottheit ausgetauscht wurde. Aus dem diēs Lūnae wurde der Mond-Tag, „Montag", aus dem diēs Iovis („Jupiter-Tag") der Donnerstag als Ehre für den höchsten germanischen Gott Donar. Der diēs Veneris wurde zum Tag der Liebesgöttin Freya, „Freitag". Der Mittwoch fällt dabei aus dem Rahmen, im Französischen und Italienischen ist er aber nach wie vor der diēs Mercuriī, „Tag des Merkur": mercredi und mercoledì. Die christliche Umbenennung des „heidnischen" diēs Sōlis im 4. Jh. in diēs dominica, „Herrentag", also „Tag des Herrn", machten die romanischen Sprachen mit (französisch dimanche, italienisch domenica, spanisch domingo). Die germanischen Sprachen dagegen blieben dem Sonnengott Sol treu: „Sonntag" und englisch sunday.

Im Alltag der Römer spielten die Wochentagsbezeichnungen kaum eine Rolle. Für sie markierten **Feste** wichtige Unterbrechungen im Strom der Zeit. Nicht aber das heute so hoch geschätzte, möglichst von **Arbeit** freie Wochenende. Das kannten die Römer nämlich nicht – weshalb es im klassischen Latein gar nicht möglich ist, jemandem ein „schönes Wochenende" zu wünschen.

Karriere → Ämterlaufbahn; Arbeit

Kinder → Arbeit; Familie; Jugendliche; Kleidung; Schule

Kinderspiel

„Häuschen aus Sand bauen, Mäuse an ein Wägelchen spannen, Gerade oder Ungerade spielen, auf einem langen Bambusstab reiten" – das waren dem Dichter Horaz zufolge typische Kinderspiele. Hinzu kommt manches, was sich in vielen Antikemuseen findet: kleine Modelle von Wagen und Schiffen, Tier- und Menschenfigürchen, einfache und kunstvolle Puppen mit beweglichen Gliedern, Puppenstuben-Ausstattungen mit Stühlchen, Bänkchen, winzigen Tischservicen und anderen Gegenständen der Wohneinrichtung im Taschenformat, aus Ton oder Metall gearbeitet, selten aus edlerem Material. Das Prunkstück unter den Puppen ist die im Norden Roms gefundene Elfenbeinpuppe der Crepereia Tryphaena. Ihre Besitzerin starb mit etwa 18 Jahren, und die wunderschöne, 23 Zentimeter große, mit zwei Goldringen geschmückte bewegliche pūpa wurde ihr mitsamt kleinen Kämmen und einem Spiegelchen in den Sarkophag (Steinsarg) gelegt.

Auch „laute" Spielzeuge wie Glocken und Rasseln waren bei – kleineren – Kindern beliebt. Die Älteren spielten Ratespiele: Man nahm eine bestimmte Zahl von Steinchen, Muscheln, Mandeln oder Nüssen in die Hand und ließ die Spielkameraden raten, ob die Zahl pār oder impār war, gerade oder ungerade. Ähnlich schlicht war das Münzspiel Kopf oder Zahl, auf Lateinisch hieß es capita aut nāvia, „Köpfe oder Schiffe" (nach dem auf älteren Münzen abgebildeten Schiffsbug).

Nüsse waren auch für andere Spiele äußerst beliebt. Man versuchte, sie in die enge Öffnung einer Amphore zu werfen (Orca-Spiel), Burgen aus Nüssen mit einem gezielten Wurf zum Einsturz zu bringen, sie wie Murmeln in Löcher zu bugsieren oder mit ihnen wie beim Boule- oder Boccia-Spiel ein auf den Boden gezeichnetes Dreieck zu treffen (Delta-Spiel). Kinder wurden häufig beim Spiel mit Nüssen dargestellt. Nucēs relinquere, „die Nüsse hinter sich lassen", galt folgerichtig als bildlicher Ausdruck für den Übergang ins Erwachsenenalter. Und wenn der Lehrer lautstark wieder zum Unterricht rief, war es für den Knaben Zeit, „traurig die Nüsse zu verlassen".

Die Römer waren ausgesprochene Würfelspiel-Fans, und diese Leidenschaft fing schon in frühem Alter an. Kinder spielten meist nicht um **Geld**, Erwachsene dagegen schon, obwohl es bis auf die Zeit des Saturnalien-**Festes** (Ende Dezember) gesetzlich verboten war. Anstelle von Würfeln verwendete man häufig auch Astragalen. Das waren Knöchelchen der Fußwurzeln von Schafen oder Ziegen. Den verschiedenen Flächen der – auch aus Ton oder Bronze hergestellten – Knöchelchen waren bestimmte Zählwerte zugeordnet. Gespielt wurde mit ihnen wie beim Würfeln. Für Brettspiele benötigte man farblich verschiedene Spielsteine aus Stein, Glas oder sogar Edelstein. Sie sind – ebenso wie häufig in Stein oder Marmor eingravierte Felder für verschiedene Brettspiele, darunter „Mühle" – in großer Zahl erhalten. Das bekannteste war das lūdus latrunculōrum ge-

K

nannte Brettspiel. Die latrunculī waren „kleine Soldaten", deren Positionen auf 64 Feldern vor- und zurückbewegt wurden.

Körperlich fordernder waren Ballspiele (oder -**Sport**) und typische Kinderspiele wie das „Reiten" auf Stöcken, Huckepack, Tauziehen, Laufen auf Stelzen, Treiben von Reifen, Schaukeln und Wippen, Fangen und Blinde Kuh oder das „Fitschen" von Steinen über Wasserflächen.

Kinder spielten auch **Gladiator** oder Berufsathlet (Boxer oder Ringer), Schauspieler und vermutlich auch Rennfahrer. Da auch Gerichte so öffentlich tagten, dass jeder mal hineinschauen konnte, begeisterten sich manche Heranwachsende auch für diese spannenden „Vorführungen" – denn als solche wurden viele Prozesse inszeniert. Einer von ihnen war der spätere Kaiser Septimius Severus (Kaiser 193 – 211):

„Er saß als Richter da und formulierte Urteile; Rutenbündel und Beile wurden ihm vorangetragen, und seine Spielkameraden standen in Reih und Glied um ihn herum."

Erwachsene spielen war das eine. Ein anderes war es, *mit* Erwachsenen zu spielen. Genauer gesagt: Sein Spiel mit ihnen zu treiben. Manche

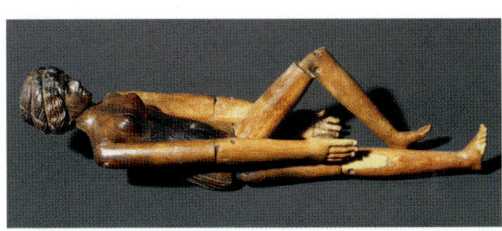

Elfenbeinpuppe mit beweglichen Gliedern, 23 cm lang. Sie wurde der Crepereia Tryphaena mit ins Grab gegeben, als sie im 2. Jh. im Alter von etwa 18 Jahren in Rom gestorben war.

Jugendliche klebten ein Geldstück auf den Boden, versteckten sich in der Nähe und hatten ihre Freude daran, wenn Passanten verzweifelt versuchten, die „Beute" aufzuheben.

Kleidung

Stell dir vor, die Römer sind ein Togaträger-Volk – und kein Mensch trägt Toga! Auf diese (natürlich ironisch überspitzte) Formel könnte man die tiefe Kluft bringen, die zwischen Anspruch und Wirklichkeit klaffte. Ja, die Römer waren stolz auf ihr „Nationalgewand" und ließen sich gern von Dichtern gleichzeitig als gēns togāta („in Togen gewandtes Volk") und als Herrschervolk feiern. Und ja, sie achteten fein darauf, dass nur Inhaber des römischen Bürgerrechts eine Toga trugen – ein gegenüber Fremden und Verbannten strikt verteidigtes Privileg. Aber wenn es dann wirklich daran ging sie zu tragen, verstaubten die Togen bei vielen doch eher in der Kleidertruhe.

„In einem großen Teil Italiens", so der Satiriker Juvenal, „legt keiner eine Toga an – außer als Toter."

Augustus (Kaiser 27 v. Chr. – 14 n. Chr.) bemühte sich, die „Tragemoral" zu heben, indem er für römische **Bürger** die Toga auf dem **Forum** Romanum und in seiner Umgebung vorschrieb. Gut ein Jahrhundert später unternahm Kaiser Hadrian einen weiteren Vorstoß: Wenigstens **Senatoren** und **Ritter** sollten in der Öffentlichkeit Toga tragen, außer auf dem Weg zu einer **Party**. Da reichte auch die synthesis, eine informelle Mischung aus Tunika und Mantel. Bei den öffentlichen Spielen herrschte Toga-Pflicht, ebenso bei staatlichen **Opfern** sowie vor Gericht, und auch **Klienten** hatten sich bei der morgendlichen Begrüßung ihres Patrons in Schale zu werfen. Denn nur so wirkte das Empfangszeremoniell feierlich und repräsentativ und entsprach der Würde des Hausherrn. Tunikaträger (heute würde man vielleicht sagen: T-Shirt-Träger) machten da deutlich weniger Eindruck.

Ursprünglich war die Toga sogar *das* Gewand schlechthin gewesen, und man trug sie ohne Tunika darunter. Der Name zeigt es: In

Toga steckt tegere, „bedecken" (weshalb das „o" in Toga wie das „e" in tegere kurz zu sprechen ist). Es handelt sich also um eine Körper-„Bedeckung".

Wie aber erklärt sich die weitverbreitete Zurückhaltung, die Toga anzulegen? Die Toga war ein fast kreisförmig geschnittenes Stoff-Ungetüm, das kunstvoll um den Leib drapiert wurde. Der Stoff hing weitgehend auf der linken Schulter, bedeckte den linken Arm und warf zahlreiche „kunstvolle" Falten vor dem Körper. Die Römer nannten das den sinus, „Gewandbausch". Der wurde durch eine allmähliche Veränderung der **Mode** immer üppiger, sodass man zunächst eine oder zwei, später drei oder vier Hilfskräfte beim Anlegen der Toga gut gebrauchen konnte. Bis die Toga richtig saß, brauchte man 20 bis 30 Minuten – ein Aufwand, der erheblich zur Toga-„Müdigkeit" beitrug. Zudem blieb nur der rechte Arm frei. Das schränkte die Bewegungsfreiheit des Togaträgers erheblich ein. Mit anderen Worten:

Toga eines Senators mit breitem Purpursaum: Man legte den Stoff über die linke Schulter, führte ihn über den Rücken und unter dem rechten Arm hindurch und dann wieder über die linke Schulter. Im Hintergrund: der Schnitt.

Das Kleidungsstück war äußerst repräsentativ; es flößte Respekt, ja Ehrfurcht ein; *aber* es war extrem unpraktisch und lästig. Manche Gerichtsredner machten aus der Not eine Tugend: Sie gestikulierten so leidenschaftlich, dass die Toga verrutschte und die Falten durcheinanderkamen – ein Ausdruck ihres Engagements und ihrer Emotionalität, womit sie die Geschworenen beeindrucken wollten.

Die normale Männertoga (toga virīlis) war von heller Farbe; sie hieß deshalb auch toga pūra, „reine Toga". Hohe **Beamte** und **Priester** waren an der toga praetexta zu erkennen. Diese auffallende Toga mit angenähtem Purpursaum wurde auch von Knaben getragen, bis sie im Alter von etwa 14 oder 16 Jahren die toga virīlis in einem Festakt an- und damit die Kindheit ablegten. Amtsbewerber trugen eine schneeweiße Toga; nach dieser toga candida sprechen wir noch heute von „Kandidaten". Schließlich gab es noch die toga pulla. Das war ein dunkles Kleidungsstück, das man als Trauergewand anlegte – oder wenn man aller Welt zeigen wollte, dass einem Unrecht widerfahren sei: Auch dann trug der vornehme Römer demonstrativ „dreckige" Kleidung und ließ sich Haare und Bart wachsen. Dieses symbolische Trauern hieß bezeichnenderweise squālor, „schmutziges Aussehen".

Das übliche Gewand, geradezu das Basis-Kleidungsstück, das jeder Mann und jede Frau tagtäglich trug, war die Tunika: ein wollenes Hemd von einfachem, rechteckigem Zuschnitt, das Öffnungen für Kopf und Arme hatte. Es fiel glatt von den Schultern bis zu den Knien. Die Tunika war zunächst ärmellos; später kam auch die tunica manicāta mit langen Ärmeln in Mode. Mit einem Gürtel oder Band konnte man sie über die Taille raffen. Senatoren und Ritter trugen weiße Tuniken. Ihr Status wurde durch zwei Purpurstreifen gekennzeichnet, die vorn und hinten vom Hals bis zum Saum verliefen. Ritter hatten einen schmalen, Senatoren einen breiten Streifen (angustus bzw. lātus clāvus). Frauen der Oberschicht trugen die Tunika knöchellang, die anderen Frauen in der Regel knielang, und zwar in unterschiedlichen Farben. Für die **Arbeit** bevorzugte man eine

dunkle Farbe, auf der Flecken nicht sofort auffielen. Einfache Leute wurden häufig als tunicātī, „Tunikaträger", bezeichnet oder auch als turba pullāta, als „Menge, die dunkle Tuniken trägt". Tatsächlich sollte man sich klarmachen, dass die meisten **Sklaven**, Handwerker, Lastenträger und anderen körperlich arbeitenden Menschen solche unscheinbaren Alltagstuniken anhatten: Sie prägten das Straßenbild. Unter der „äußeren" Tunika wurde häufig eine tunica interior getragen, die man fast als Unterhemd bezeichnen kann. Und im Winter? Da sprach nichts gegen eine dritte oder sogar vierte Tunika.

Was war mit den Beinen? Aus heutiger Sicht eine sehr berechtigte Frage, zumal Strümpfe im alten Rom unbekannt waren. Wer schnell fror oder gesundheitliche Probleme hatte, griff zu „Wickeln" (fasciae): Schienbeine wurden mit tībiālia umwickelt (tībia, „Schienbein"), Oberschenkel mit feminālia (femur, „Oberschenkel") – ästhetisch nicht das Optimum, aber ein wärmender Notbehelf.

„Kapuzen und Wickel, um die Beine zu bekleiden, sowie Halsbinden und Ohrenschützer lassen nur Krankheit als Entschuldigung gelten." (So der Redelehrer Quintilian zum Dresscode bei Gericht.)

Wie schützte man sich ohne Toga gegen Kälte und Regenwetter? Da tat die paenula gute Dienste, ponchoartiger Mantel ohne Ärmel, den man sich auch über den Kopf ziehen konnte. Viele paenulae hatten eine integrierte Kapuze oder eine Vorrichtung, um eine anzufügen. In antiken Texten wird dieses wollene, manchmal aber auch aus Leder gefertigte Cape oft als Regenschutz sowie als Mantel auf **Reisen** erwähnt. Anfangs von Leuten aus der Oberschicht verachtet, entwickelte sich die paenula seit dem 4. Jh. zu einem Toga-Ersatz selbst für Senatoren.

Ein ähnlicher Mantel war die lacerna. Sie wurde aber nicht über den Kopf gezogen, sondern mit einer Fibel (einer Art Brosche) auf der rechten Schulter zusammengehalten. Bei den öffentlichen Spielen sah man sie häufig, allerdings über der Toga getragen. Wenn der

Kaiser oder eine andere hochgestellte Persönlichkeit eintrat, stand man auf und legte die lacerna ab. Weiße Mäntel waren die Regel. Wer aber auf sich aufmerksam machen wollte, kam mit einer roten oder sogar einer in Purpursaft getränkten lacerna in den Circus oder in die Arena.

Ein eleganterer Mantel war das pallium. Es war ein rechteckig geschnittener, bequemer Umhang, der aus dem griechischen himation hervorgegangen war. Er wurde zunächst von Griechenfreunden und Intellektuellen getragen, gewann aber seit dem 2. Jh. v. Chr., weil er leicht in Form zu bringen war, an Beliebtheit. Das pallium wurde über eine der beiden Schultern gelegt, dann quer über den Rücken, unter dem anderen Arm durchgezogen und wieder über die „ursprüngliche" Schulter gelegt. Das weibliche Gegenstück dazu war die palla. Sie ließ sich auch über den Kopf ziehen und eignete sich damit für vornehme Damen, die sich in der Öffentlichkeit möglichst mit einer Kopfbedeckung sehen lassen sollten. Die palla wurde (wie das pallium und die Toga) diagonal um den Körper drapiert. Ursprünglich war sie aus Wolle gefertigt, im Sommer auch aus leichtem Leinen oder aus Seide. Es gab sie in allen Farben.

Frauen trugen darunter entweder die Tunika oder die stola. Sie war das „Ehrenkleid" römischer mātrōnae, das heißt verheirateter Frauen aus „besseren" Kreisen – ein weites, in zahlreichen Farben erhältliches Gewand, das von zwei Trägern auf den Schultern gehalten wurde. Es reichte bis an die Knöchel. Das „Markenzeichen" der stola war die bewusst unerotische Verhüllung des Körpers:

„Von der Matrone kannst du nichts sehen außer ihrem Gesicht", beklagt sich der Dichter Horaz, „da sie ja mit ihrer weit herabhängenden Kleidung alles bedeckt."

Im Rahmen seiner Sittengesetzgebung bemühte sich Augustus, die stola als Symbol für weibliche Tugend besonders zu fördern. Ob die zahlreichen stola-tragenden Frauenstatuen aus seiner Zeit die tatsächliche Modewelt widerspiegeln, ist – auch weil dieses Gewand unbe-

quem zu tragen war – recht fraglich. Jedenfalls kam die stola spätestens im 2. Jh. außer Mode. Neben diesen Basics gab es in einzelnen **Provinzen** natürlich regionale Trachten.

Auf Kopfbedeckungen verzichteten die Römer meist. Bei starker Sonneneinstrahlung trugen sie bei den Schauspielen und auf **Reisen** den flachen petasus, einen Sonnenhut. Vor Regen schützte der cucullus, eine Kapuze, die an den Umhang geheftet wurde. Der pilleus, eine Filzkappe, war eher eine symbolische Kopfbedeckung: Er wurde von gerade **freigelassenen** Sklaven getragen.

Und was ist mit der Kleidung *unter* der Tunika? Da gab es nicht viel. Wie viele Frauen ein Busenband (strophium; fascia) trugen, ist unklar. Mehrmals um den Oberkörper gewunden, konnte dieser BH Brüste betonen oder kleiner erscheinen lassen, lesen wir in der **Literatur** – und auch, dass er als erotisch attraktiv galt. Anders sieht es bei der übrigen Unterwäsche aus. Feldarbeiter, die sonst nichts anhatten, trugen häufig einen Lendenschurz (subligar;

Die wollene **palla** wurde von vornehmen Frauen über der Tunika getragen und ähnlich angelegt wie die Toga beim Mann. Doch sie war weniger voluminös. Im Hintergrund: der Schnitt.

Sportlerinnen im Bikini? Wahrscheinlich handelt es sich hier um „Showgirls", denn ansonsten ist der Zweiteiler in der römischen Mode nicht belegt. Fußbodenmosaik aus einer Villa auf Sizilien, 4. Jh.

subligāculum), ebenso Schauspieler, **Gladiatoren** und wohl auch Soldaten. „Normale" Menschen aber (beiderlei Geschlechts) gingen in der Regel „unten ohne": Sie trugen unter der Tunika – nichts. Wie auch das aus der Tunika hervorgegangene deutsche Lehnwort „Tünche" erahnen lässt: Die Tünche kommt auf die Wand, damit sie nicht nackt ist – so wie die Tunika auf den Körper kam, um die Nacktheit zu überdecken.

Klient Rechtsanwältinnen und Rechtsanwälte wie auch Steuerberaterinnen und Steuerberater haben keine gewöhnlichen „Kunden", sondern „Klienten". Das klingt vornehmer – auch weil es sprachlich aufs „vornehme" Latein zurückgeht. Der cliēns war im alten Rom ursprünglich ein Mann, der sich freiwillig unter den Schutz eines einflussreichen, meist adligen patrōnus stellte. Die Begriffe sind sprechend: Der cliēns (cluēns) ist der „Gehorchende", in patrōnus steckt pater, der „Vater".

Im römischen **Rechts**-System war der „kleine Mann" benachteiligt. Wenn er vor Gericht stand oder Ärger mit einem mächtigeren Nachbarn hatte, wandte er sich an seinen „Schutzherrn". Der setzte sich für ihn ein, ließ seine Beziehungen spielen und half ihm, umgangssprachlich formuliert, aus der Patsche. Dafür nahm er kein **Geld**, wohl aber erwartete er eine andere Gegenleistung: die Unterstützung des cliēns bei der Bewerbung um politische Ämter und dessen Anwesenheit bei der morgendlichen Begrüßungszeremonie in seinem Haus (salūtātiō) oder beim Gang aufs **Forum**. Die Klienten mussten bei diesen Auftritten die umständliche, aber vornehme Toga tragen.

Zwischen cliēns und patrōnus bestand ein besonderes – moralisches, nicht juristisches – Vertrauensverhältnis. Sie schuldeten sich gegenseitig fidēs, „Treue". Das schloss z. B. aus, dass sie sich vor Gericht als Gegner gegenüberstanden. Der Stärkere in der Beziehung war natürlich der patrōnus; er erwartete von seinem Klienten besonderen Respekt, sollte es aber auch ihm gegenüber nicht an Achtung fehlen lassen.

In der Republik war es für ehrgeizige Adlige wichtig, ihr Ansehen in der Öffentlichkeit und damit ihre Wahlchancen durch eine große Schar von Klienten zu steigern. In der Kaiserzeit entfiel dieses politische Konkurrieren, weil der **Kaiser** alle wichtigen Positionen vergab. Er empfand sich selbst als patrōnus „seiner" Römer und sah die **Bürger** als seine „Klienten" an.

Trotzdem bestand die traditionelle clientēla fort. Sie verlagerte sich aber auf den gesellschaftlichen Bereich. Reiche Männer stärkten ihre Bedeutung und ihr Ego, indem sie zahlreiche „niedere Freunde" um sich scharten. Da sie die clientēs als politische Gefolgsleute nicht mehr benötigten, fingen viele Patrone an, sich als Herren aufzuspielen. Manche ließen sich sogar als dominī anreden und behandelten ihre Klienten von oben herab. Und die ließen es sich gefallen und schmeichelten ihrem patrōnus häufig genug auf peinliche Weise. Warum? Damit sie eine möglichst einträgliche sportula erhielten. Darunter verstand man eine Art Klientenlohn in Form eines kleinen Geldbetrages, einer Sachleistung wie Essen und **Kleidung** und einer gelegentlichen Einladung zum Essen. Wenn der Hausherr ihnen dann billigere Weine als sich selbst servieren ließ und Riesenapplaus für seine vorgetragenen eigenen Dichtungen erwartete, konnte von einem Vertrauensverhältnis wirklich nicht mehr die Rede sein ...

Klima → **Umweltschutz**

Kochen
→ **Gaststätte; Mahlzeiten; Vegetarier**

König
Nie wieder würden sie zulassen, dass jemand in Rom als König (rēx) herrsche! Diesen wild entschlossenen Schwur legten die Römer im Jahr 509 v. Chr. ab. Auf diese Weise werde man nun die lībertās, „Freiheit", schützen und die neue Staatsform der lībera rēs pūblica, des „freien Staates", verteidigen. Tatsächlich galt rēgnum affectāre oder appetere, „eine Königsherrschaft anstreben", in Rom von nun an als todeswürdiges Verbrechen.

Wie kam es zu diesem Hass auf den Titel rēx? Die römische Tradition erklärt ihn mit dem tyrannischen Verhalten des letzten Königs Tarquinius Superbus und einem scheußlichen Verbrechen, das dessen Sohn verübte: Er vergewaltigte Lucretia, die Frau eines Freundes, die als besonders sittsam galt. Lucretia vertraute sich nach der Untat ihren Verwandten an und nahm sich danach das Leben. Das wirkte als Initialzündung: Unter Führung des Brutus, eines Neffen des amtierenden Königs, wurden der „Tyrann" und seine Sippe verjagt. Das Königtum war damit am Ende; die Konsuln übernahmen die Macht – aber eben nur auf Zeit (für ein Jahr) und als Doppelspitze, bei der einer den anderen „ausbremsen" konnte.

Die dramatischen Ereignisse rund um die Vertreibung des letzten Königs sind allerdings eine Legende – da ist sich die Geschichtsforschung einig. Tatsächlich war es so, dass sich der Adel einem Alleinherrscher (Monarchen) nicht länger fügen wollte. Er stürzte den König und übernahm selbst die Herrschaft im Staat. Und bevor einer von ihnen erneut auf die Idee kam, eine neue Monarchie aufzurichten, zerstörten die Adligen das Image des Königs in der **Bevölkerung** mit schauderhaften Fake News. Mit ihrer Desinformationskampagne hatten sie Erfolg: Rēx wurde zum Schimpf- und Unwort. Selbst der höchste Gott Jupiter war davon betroffen: Man vermied es, ihn als rēx der Götter zu bezeichnen. Juno dagegen, seine Frau, durfte ihren Titel rēgīna, „Königin", behalten.

Dass rēx mit tyrannus gleichgesetzt wurde, ging der Legende nach einzig und allein auf das Konto des letzten Königs. Er erhielt folgerichtig den Beinamen Superbus, der „Hochmütige", das heißt: der, der die Freiheit des Volkes zugunsten seines machtpolitischen Egotrips unterdrückte. Seine sechs Vorgänger galten im Wesentlichen als gute Herrscher, die wichtige Grundlagen für die Zukunft Roms geschaffen hatten. Das traf natürlich in besonderer Weise auf den legendären Gründerkönig Romulus zu. Er sei sogar als Quirinus unter die Götter aufgenommen worden, berichten römische Geschichtsschreiber und begründen u. a. damit den Herrschaftsanspruch Roms über die ganze damals bekannte Welt. Auch der zweite König, Numa Pompilius, war „ein Guter". Er wurde als Begründer von Kulten und Priesterschaften gerühmt und deshalb als Garant für den „guten Draht" der Römerinnen und Römer zu ihren Göttern verehrt. Der dritte König, Tullus Hosti-

lius, soll sich als besonders kriegerisch ausgezeichnet haben – in einem Volk, das sich als Söhne des Kriegsgottes Mars begriff, durchaus ein großes Lob. Auch die weiteren Könige sollen den Aufbau Roms in der einen oder anderen Weise tatkräftig geprägt haben.

Doch keinen von ihnen hat es tatsächlich gegeben. Das sieht man schon an der „heiligen" Siebenzahl (die wir auch bei den sieben Hügeln Roms finden) und den unglaublich langen Regierungszeiten: Sieben Herrscher in der Königszeit zwischen 753 und 509 v. Chr. – das ergibt einen Durchschnitt von fast 35 Herrschaftsjahren! Und das bei einer durchschnittlichen Lebenserwartung von damals 30 bis 35 Jahren.

Die Wahrheit ist: Wir wissen nicht viel über die römische Königszeit – außer dass es sie

Die Selbsttötung der vergewaltigten Lucretia soll zum Sturz des Königtums in Rom geführt haben. Die Legende hat zahlreiche Künstler inspiriert: So zum Beispiel den spanischen Maler Eduardo Rosales im 19. Jh.

K

gegeben hat (zwei frühe Inschriften vom **Forum** Romanum erwähnen einen rēx) und dass der König ein unumschränkter Herrscher mit drei entscheidenden Kompetenzen gewesen ist: Er war oberster Feldherr, oberster **Priester** und oberster Richter. Und er hatte ein Beratergremium, das sich aus den führenden Großgrundbesitzern zusammensetzte: den Senat. Das römische Königtum war nicht erblich; der König wurde vielmehr von den Adligen gewählt. Sein Amtssitz war die Regia („Königsburg") auf dem Forum Romanum.

Im 6. Jh. v. Chr. herrschten etruskische Stadtstaaten über Rom (die Etrusker waren ein Volk, das nördlich von Rom siedelte, in der heutigen Toskana); sie stellten auch die letzten Könige. Die Vertreibung des Königs war allerdings anders, als die römischen Geschichtsschreiber es darstellen, kein „Aufstand" der Römer gegen die Fremdherrschaft, sondern ein Vorgang, der sich damals auch in anderen etruskischen Städten abspielte: Der Adel entmachtete den König. Das war möglicherweise ein längerer Prozess und kein revolutionärer Befreiungsschlag, wie es die Legende will. Selbst das überlieferte Datum 509 v. Chr. als Ende der Königszeit ist alles andere als sicher. Heute hält man es für möglich, dass das Königtum in Rom erst ein paar Jahrzehnte später abgeschafft wurde.

Was blieb von den römischen Königen, abgesehen von ihrem widersprüchlichen Image? Zum einen ihre Machtfülle, die auf die Konsuln als neue Oberbeamte überging. Allerdings wurde sie durch die Prinzipien der Annuität (sie waren nur auf ein Jahr, annus, gewählt) und der Kollegialität (es gab jeweils zwei gleichberechtigte Kollegen) erheblich beschränkt. Im Bereich der besonderen „Gottesnähe" war der rēx sacrōrum der Erbe des Königs. Dieser „König der **Opfer**" war ein ranghoher Priester, der für bestimmte religiöse Rituale zuständig war. Er wurde auf Lebenszeit gewählt, durfte kein politisches Amt ausüben und musste sich dauerhaft in Rom aufhalten. Und er unterstand dem pontifex maximus, dem „Oberpriester". So war er für die römische Mentalität erträglich: ein ziemlich „gestutzter" König, der nicht einmal sein eigener Chef war.

Körperpflege

In alten Zeiten wuschen sich die Landbewohner jeden Tag Arme und Beine ab, und vornehme Gutsbesitzer wie Scipio Africanus, der Bezwinger Hannibals im späten 3. Jh. v. Chr., machten da keine Ausnahme. Ein Vollbad nahmen sie nur alle neun Tage, will der Philosoph Seneca wissen (er lebte im 1. Jh. n. Chr.). Die Leute hätten halt „nach **Arbeit** und Mann gerochen". Ganz so viel hatte sich daran auch zu Senecas Lebzeiten nicht geändert, jedenfalls wenn man den Blick auf die einfachen Leute richtet. Für **Sklaven** auf großen Landgütern solle man schon Arbeiterbäder bauen, empfiehlt ein landwirtschaftlicher Ratgeber den Großgrundbesitzern. Darin baden sollten die Sklaven aber nur an Feiertagen, schränkt er gleichzeitig ein; „denn eine häufigere Benutzung solcher Bäder schadet der Körperkraft". Die Quellen geben uns, von Nachrichten über die Oberschicht und ihre zum Teil luxuriösen Bäder auch in ihren Landvillen abgesehen, keine weiteren Informationen über die Hygienestandards auf dem Land. Sie dürften eher schlicht gewesen sein.

Aber war es bei den Städtern besser um die Körperpflege bestellt? Ein bisschen schon; denn in der Kaiserzeit gab es zahlreiche kleinere Badestuben (balnea meritōria), in denen man sich waschen konnte. Auch nahm die Zahl der großen Thermenpaläste zu. **Baden** entwickelte sich zu einer beliebten Freizeitbeschäftigung, aber die Besucherkapazität in den Thermen war begrenzt. Und die Badestuben verlangten Eintrittsgelder, wenn auch bescheidene. Bei allen Lobliedern auf die faszinierende Badekultur der Römer ist nicht davon auszugehen, dass die meisten Menschen jeden Tag oder auch nur regelmäßig alle paar Tage ein Vollbad nehmen konnten. In die allermeisten Wohnungen musste Wasser mühsam von Laufbrunnen hergeschleppt werden. Es stand also nur in begrenztem Umfang zur Verfügung.

Eine gründliche tägliche Reinigung war auf Angehörige der Mittel- und der Oberschicht beschränkt: Das mittägliche Bad gehörte fest zum Tagesablauf der wohlhabenden Leute. Für die meisten Römerinnen und Römer war es höchstens ein unerfüllbarer Traum. Bei nicht wenigen Menschen, die körperlich schwer arbeiteten und schwitzten, war „der grimmige Ziegenbock unter den Achseln" sicher nie weit weg – was angesichts der Bedingungen nicht als Vorwurf zu verstehen ist.

Intensive Körperpflege brauchte Zeit und **Geld** – für die Beschaffung von Wasser, für Reinigungs-, Pflege- und Färbemittel, für Kosmetika, Salben und Parfüms, und am besten auch noch für professionelles Personal wie ōrnātrīcēs, „Friseurinnen" und „Kosmetikerinnen", sowie ūnctōrēs, „Einsalber", und andere „Schönheitshelferinnen und -helfer". Römerinnen und Römer, die über diese Ressourcen – oder einen Teil davon – verfügten, legten großen Wert auf den cultus. Darunter verstanden sie eine Körperpflege, die nicht nur der Hygiene diente, sondern auch der Schönheit – gegenüber ursprünglicher rūsticitās, „Bäuerlichkeit", ein zivilisatorischer Fortschritt. Eigentlich müsse er römischen Frauen die Basics der Körper- und Schönheitspflege nicht beibringen – sie seien ja keine Barbarinnen –, betont der Dichter Ovid. Vorsichtshalber führt er aber die „Selbstverständlichkeiten" doch an:

Eine vornehme Römerin mit reichem Schmuck (Armreife, Ohrringe) bei der Körperpflege: Sie sitzt auf einem Lehnstuhl, und eine Sklavin hält ihr einen Spiegel entgegen. Fußbodenmosaik aus Nordafrika, 4. Jh.

Bloß kein Schweißgeruch, keine „borstigen" Beine, keine braunen Zähne, Make-up mit Bleiweiß als Grundierung, darüber Rouge, außerdem Lidstrich und -schatten sowie Gesichtsmasken. Das alles aber, bitte, bitte, im Verborgenen: „Nur eine verheimlichte Schminkkunst bewirkt schönes Aussehen"!

Das betraf auch das Auszupfen grauer Haare, das Färben der Haare oder den Griff zur Perücke. Dabei waren blonde Haare sehr beliebt; Importe aus Germanien ermöglichten römischen Damen ein „exotisches" Aussehen. Ovid hat sogar einen Ratgeber zu „weiblicher Gesichtspflege" verfasst, der allerdings nur zum Teil erhalten ist. Solche Ratgeber gab es in großer Zahl. Sie stießen offensichtlich auf reges Interesse – auch bei nicht wenigen Männern. Allzu intensive Körperpflege sei aber „unmännlich", meinten Kritiker, und weise auf einen Homosexuellen hin. Auch in Bezug auf Frauen hörte man Stimmen, die vor zu viel

Kosmetik warnten und stärker auf natürliche Schönheit setzten, aber das war eine Minderheitenposition.

Zum gehobenen weiblichen cultus gehörte meist die Depilation (dē, „weg", pilus, „Haar": „Enthaarung"). Ein solches „Glattzupfen" war schmerzhaft – ganz gleich, ob es mittels einer Pinzette, des Absengens über einer Öllampe oder chemischer Enthaarungscremes erfolgte. Auch die Intimrasur hatte zahlreiche Anhängerinnen, aber weniger Anhänger. In den Thermen lauerten professionelle ālipilī, „Achselhaarausrupfer", auf „willige" Badegäste. Sie gingen mit lauter Stimme auf Kundenfang „und schwiegen erst, wenn sie **Opfer** zwangen, laut loszuschreien", so erfahren wir von Seneca.

Das lateinische Ursprungswort von „Seife", sāpō, war ein Färbeschaum für Haare. Statt Seife verwendeten die Römer vor allem Natron und Pottasche. Diese Substanzen griffen die

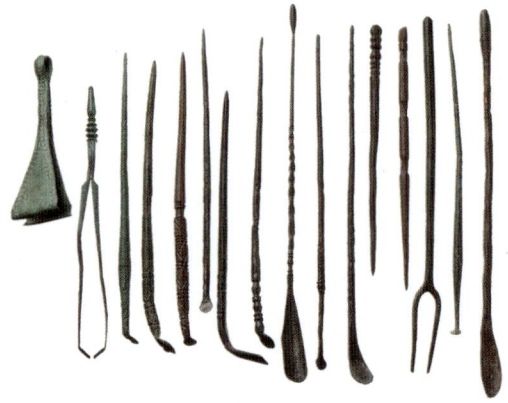

Hilfsmittel für die Schönheitspflege und medizinische Instrumente: u. a. Pinzetten, Haarnadeln, Spatel, Ohrlöffelchen und andere Löffel. Das kürzeste Instrument ist 6,3 cm lang, das längste 14,5 cm.

Haut ziemlich stark an – und erforderten eine Nachbehandlung mit Öl (oleum) und ölhaltigen Salben (unguenta). Diese Salben gab es in allen möglichen Geruchs- und Preisvarianten. Die billigeren Sorten hatten Duftnoten von Rosen, Lilien, Safran, Myrte und Jasmin, für die teureren wurden exotische Wohlgerüche verarbeitet, insbesondere Narde aus Arabien und Indien. Salben in flüssiger Form waren Parfüms. Sie erfreuten sich bei Frauen wie Männern großer Beliebtheit. Damen der „besten" Gesellschaft griffen zu sündhaft teuren Parfüms, die weniger schwer dufteten als die der **Prostituierten**. Wenig ansprechenden Körpergeruch mit einer ordentlichen Parfüm-„Dusche" zu überdecken war verführerisch, fiel aber mitunter unangenehm auf. Wer zu viel Wohlgeruch verströmte, wurde mangelnder Hygiene verdächtigt – und von Satirikern wie Martial gern durch den Kakao gezogen:

Nōn bene olet, quī bene semper olet. – „Nicht riecht gut, wer stets und ständig gut riecht."

Mundgeruch gab Spöttern ebenfalls Anlass zu ätzender Kritik. Abhilfe boten Pastillen aus wohlriechenden Kräutern, die u. a. von renommierten Parfümerien verkauft wurden. Aber diese römischen ‚Fisherman's friends' oder ‚Air-

waves' ersetzten nicht eine ordentliche Mundhygiene. Das Mindeste war dabei das morgendliche Ausspülen des Mundes mit Wasser. Wer etwas auf sich hielt, benutzte darüber hinaus ein dentifricium, eine Zahnpasta. Dafür gab es eine ganze Reihe Rezepte. Die meisten waren Ascheprodukte z. B. aus Esels- oder Hundezehen, anderen Tierknochen oder Austernschalen; außerdem wurden Hirschhornpulver und Bimsstein verwendet.

Als Zahnputzmittel der Keltiberer (sie lebten im heutigen Spanien), auf das auch manche Römerinnen und Römer schworen, nennt der Dichter Catull Eigenurin. Das entsprach allerdings nicht jedermanns Geschmack. Anders als der Zahnstocher (dentiscalpium), den man aus Mastixholz, Metall oder Federkielen herstellte.

Kosmetik → **Körperpflege**

Krankheit → **Arzt; Seuche**

Krieg → **Militärdienst**

Kriminalität Docilianus war wütend. Irgendjemand hatte ihm seinen Kapuzenmantel geklaut, während er sich in den heißen Quellen von Aquae Sulis (heute Bath in Südengland) ein Bad gönnte. Aber er war bereit, für sein Eigentum zu kämpfen, und zwar mithilfe der örtlichen Schutzgöttin Minerva. In dem Text, den er in ein Stück Blei geritzt hat, fleht er sie an, den Täter nicht ungestraft davonkommen zu lassen:

Die Göttin solle ihn „in den Tod treiben, ihm keinen Schlaf gönnen, weder ihm noch seinen Kindern und Nachkommen". Es sei denn, der reuige Sünder brächte den gestohlenen Mantel zurück!

Die Fluchtafel mit dieser Verwünschung grub Docilianus in den Boden ein. Das war nichts Ungewöhnliches für Diebstahl-Opfer, die sich von Sicherheitsorganen wenig versprachen und

K

stattdessen auf die Hilfe von Gottheiten und Dämonen setzten. Rund 100 solcher Fluchtäfelchen von erbosten Kriminalitätsopfern sind im gesamten Römischen Reich entdeckt worden – nur ein Bruchteil derer, die es einst gegeben hat. Die Mehrheit will ihre **Kleidung** wiederhaben, andere ihren Geldbeutel, ihr Vieh oder ihren **Schmuck**.

Solche Eigentumsdelikte waren keine Seltenheit. Gegen Einbrecher, die ihr Unwesen in den Städten trieben, wurden Wachhunde eingesetzt oder **Sklaven** am Eingang zu wohlhabenden Häusern postiert. Denn dort lagerte meist, da es kaum bargeldlosen Zahlungsverkehr gab, eine Menge **Geld** in einer hölzernen, mit Eisen beschlagenen Geldtruhe (arca). Aus Angst vor Dieben verschloss man seine Wohnung gut; in vielen Museen sind heute römische Schlüssel und Vorhängeschlösser ausgestellt. Die Versuchung, sich fremdes Eigentum widerrechtlich anzueignen, war angesichts der weitverbreiteten Armut ziemlich groß, ohne dass die Diebstahlquote vermutlich höher lag als heutzutage. Wirklich verlässliche Quellen gibt es dazu nicht.

Auf dem Land war der Viehdiebstahl ein ständiges Ärgernis. Manch einer nahm fremdes Vieh „aus Versehen" in seine eigene Herde auf, daneben gab es aber auch Banden, die ihren Lebensunterhalt als abigeī, „Wegtreiber", verdienten und ihre „Ware" an Hehler (receptātōrēs) verkauften. Oft waren es nur ein paar Schafe, die so den Besitzer wechselten, manchmal aber auch ganze Rinderherden und wertvolle Pferde. Da es keine reguläre **Polizei** gab, war die Aufdeckungsquote bescheiden. Überführten Wiederholungstätern drohte allerdings die Todesstrafe.

Besonders gefürchtet waren latrōnēs, „Räuber". Je einsamer ein Gebiet war, umso größer war die Gefahr von Raubüberfällen. Das betraf entlegene Gehöfte ebenso wie kleine Dörfer und Reisende. Wegelagerei war auch im als besonders friedlich gefeierten 1. und 2. Jh. n. Chr. ein ernstes Problem; interfectus ā latrōnibus, „von Räubern ermordet", oder ähnlich formuliert heißt es in etwa 50 Inschriften auf Grabsteinen von Opfern solcher Straßenräuber.

Häufig begnügten sich die Kriminellen aber auch mit der Erpressung von Lösegeld.

Allerdings konnte man auch Menschenhändlern in die Hände fallen und auf Sklavenmärkten „landen". Dieser spezielle Handel war zwar illegal, aber viele der Opfer hatten es schwer, ihre freie Geburt nachzuweisen. Besonders gefürchtete Menschenjäger waren Piraten; manche Küstenstriche Kleinasiens (also der heutigen Türkei) waren berüchtigte Seeräuber-Stützpunkte. Viele, die in bitterste Not gerieten, schlossen sich solchen organisierten Großbanden an, flüchteten sich sozusagen in die Kriminalität. Die Todesstrafe, die all den Banditen zu Lande und zu Wasser drohte, entfaltete offenbar nur eine begrenzte Abschreckungswirkung. Der beste Schutz gegen Wegelagerer auf der **Reise** waren der Zusammenschluss mit anderen oder ein eigener Begleittross aus wehrhaften Sklaven.

„Von Metilius Crispus habe ich weder einen Brief noch die Nachricht von seinem Tod erhalten. Ob er von seinen eigenen Leuten oder zusammen mit ihnen umgebracht worden ist, ist ungewiss. Jedenfalls ist er selbst nie wieder aufgetaucht, und auch keiner seiner Sklaven." (So Plinius der Jüngere über seinen auf der Via Flaminia spurlos verschwundenen Bekannten.)

Auch in den Städten gab es Mord und Totschlag. Die Schwerkriminalität scheint aber kein gravierendes Problem gewesen zu sein. Die meisten Morde waren wohl Beziehungstaten, in der Regel von jungen Männern begangen. Natürlich war die Dunkelziffer hoch, zumal bei Giftmorden, die sich schwer nachweisen ließen.

Ob Rom, die mit Abstand größte Stadt des Reiches, ein unsicheres Pflaster war – zumal nachts ohne Straßenbeleuchtung –, ist umstritten. Über Angriffe auf das Leben von Passanten liegen, von kurzen Zeiten politischer Unruhen abgesehen, nur wenige Berichte vor. Wohl aber gab es eine Hooligan-Szene, die mal aktiver und mal ruhiger war: Junge Männer, viele aus der Oberschicht, pöbelten die Leute auf den Straßen an, schubsten sie herum, nahmen ihnen die Wertsachen weg und verprügelten sie.

K

Mit ordentlich viel Alkohol im Blut brachen sie in Läden ein, zerschlugen das Mobiliar und plünderten Geschäfte aus. Manchmal waren bei diesen Attacken auch Tote zu beklagen. Bei den öffentlichen Spielen gab es ebenfalls blutige Krawalle. Am aggressivsten waren die Fans von Star-Schauspielern. Sie zettelten, heutigen Fußball-Ultras vergleichbar, Schlägereien an und brachten oft genug Unfrieden in die ganze Stadt, sodass Sicherheitskräfte eingreifen mussten.

Auch wenn manche „Aktion" gefährlich entgleiste und mit Toten und Verletzten endete, fühlten sich die **Bürger** von dieser Form der Kriminalität doch nicht ständig drangsaliert oder gar terrorisiert. Es sei denn, die aggressiven Jugendbanden konnten sich über einige Zeit hinweg auf einen sehr mächtigen Verbündeten verlassen. Das war – ausnahmsweise – in den Jahren 55 und 56 n. Chr. der Fall. Damals mischte bei dem kriminellen Treiben kein Geringerer als der junge Kaiser Nero kräftig mit. Und mancher Beobachter hatte den Eindruck, „dass es nachts wie in einer eroberten Stadt zuging".

L

Lachen   Latein und Lachen – das ist ja wohl ein Witz! Ist es nicht. Eher ist das hartnäckige Vorurteil, die Römer seien wohl zum Lachen in den Keller gegangen, zum Weinen. Wir wissen sogar, wie es klang, wenn sie lachten: nämlich hahahae oder haha. Das ist erstaunlich nah am Deutschen, das dem Lateinischen im Übrigen viele „humorvolle" Begriffe verdankt: Humor kommt von hūmor, „Feuchtigkeit", also von den Körpersäften, die das Lachen beflügeln; Gaudi von gaudium, „die Freude"; Jux / Joke von iocus, „der Scherz"; Spaß von expassus, „zerstreut", „vergnügt"; und skurril von scurra, dem „Spaßmacher".

Lachen war den Römern wichtig – nicht nur im Alltag, bei der **Arbeit**, auf **Partys** (zum Teil mit witzigen Profi-Entertainern), in der Kneipe, beim Spielen und Spazierengehen, sondern auch im **Theater**. Die Komödien von Plautus und Terenz werden noch heute gespielt, und auf den Bühnen der römischen Kaiserzeit war der Mimus (neben dem Pantomimus) die beliebteste Unterhaltung. Die mīmī waren derbe, klamaukartige Lustspiele mit stark sexistischer Schlagseite, die auch die Göttinnen und Götter durch den Kakao zogen.

Selbst vor Gericht verging den Römern das Lachen nicht. Im Gegenteil. Anwälte, die sich auf feinen, schlagfertigen Humor verstanden, brachten die Jury leichter auf ihre Seite. Die Ratgeber für gutes Reden sind voll davon, dass man das rīdiculum, den „Lachfaktor", nicht zu kurz kommen lassen dürfe. Auch persönliche Angriffe, die Prozessgegner verulkten und sogar körperliche oder moralische „Defekte" zum Spottgegenstand machten, waren üblich. Der Redner musste nur aufpassen, seriös zu bleiben und sich nicht zum Clown zu machen. Geschworene und Zuhörer jedenfalls wollten in römischen Gerichtssälen unterhalten werden – und lachen, um nicht vor Langeweile einzuschlafen.

Noch ungewöhnlicher aus heutiger Sicht waren Angriffe auf die Lachmuskeln der Zuschauer in anderen Situationen: Bei allen feierlichen Umzügen traten neben ernsten Darstellern auch Akteure auf, die Lachnummern vorführten; so bei der pompa circēnsis („Circusprozession"), beim Triumphzug, bei dem die Soldaten mit kräftigem Spott über ihren Feldherrn – den Triumphator! – „ablästerten", und sogar bei würdevollen Trauerzügen für berühmte Adlige und **Kaiser**. Da wurde das pietätvolle Trauergedenken auch mit heiteren Episoden aus dem Leben der Verstorbenen unterlegt. Vespasian (Kaiser 69–79) war für seine Sparsamkeit bekannt gewesen. Darauf spielte der Schauspieler an, der die Maske des Herrschers in dessen Leichenzug (pompa fūnebris) trug:

„Was? Mein Begräbnis kostet zehn Millionen? Besser wäre es, ihr gebt mir 100.000 und werft mich einfach in den Tiber!"

Man sieht: Gravitās, „Ernst und Würde", und levitās, „humorvolle Lockerheit", waren für die Römer nicht unbedingt Gegensätze.

Auch bedeutende Vertreter der römischen **Literatur** haben sich dem Humor verschrieben. Martial brachte mit seinen bissigen, treffsicheren Pointen das Spott-Epigramm zu höchster Blüte, und Petron schrieb einen Schelmenroman, dessen satirisch dargestellte Hauptperson, der neureiche Trimalchio, seine Leser noch heute lächeln und lachen lässt. Überhaupt die Satire: Das war die einzige Literaturgattung, die die Römer nicht von den Griechen übernahmen, sondern selbst entwickelten. Satura tōta nostra est, rühmt Quintilian dieses literarische Eigengewächs, „die Satire gehört zur Gänze uns (Römern)". Und der Satirendichter Horaz bringt das Erfolgsgeheimnis der Satire auf den Punkt: rīdentem dīcere vērum, „lachend die Wahrheit sagen".

Wer es zupackender, volkstümlicher und derber mochte, fand in Witzsammlungen genügend „Lachmaterial". Solche Witzbücher waren in großer Zahl im Umlauf; „Profi-Narren", die reiche Leute und ihre Gäste unterhielten, schlugen dort nach, um „Nachschub" für ihre Auftritte und Späße zu finden. Ein in griechischer Sprache überliefertes Werk des Philogelos („Lachfreund") gibt einen Einblick. Es enthält 265 Einzel-„Jokes", die sich vor allem über trottelige, lebensferne Gelehrte (scholastikoí) und über Dumpfbacken aus „berüchtigten" Städten lustig machen – sozusagen die törichten und tollpatschigen „Ostfriesen" des Altertums.

Wieso er sich denn vor seinem Arzt verstecke, fragte einer einen befreundeten **scholastikós**. „Es ist jetzt lange her, dass ich das letzte Mal krank war", gab der zur Antwort, „deshalb schäme ich mich vor ihm."

Einen Lebensbereich gab es, in dem der Humor nicht gerade zu Hause war, wenn unsere Quellen uns richtig informieren. Das war die **Schule**. Schülerinnen und Schüler hatten meist wenig zu lachen; die Lehrer allerdings auch nicht. Ganz im Unterschied zum „richtigen" Leben. Da bringt es eine Inschrift im Fußboden einer

Theaterbesuch mit „Lachgarantie": Das boten zum Beispiel die Stücke des Autors Terenz. Eine Szene aus seiner „Andria" ist in diesem Relief wahrscheinlich dargestellt. Aus Pompeji, 1. Jh.

Villa auf den Punkt: vēnārī, lavārī, lūdere, rīdēre – occest (= hoc est) vīvere; „jagen, baden, spielen und lachen – das heißt leben". Ein Bekenntnis zum Lachen in lateinischer Sprache – im *Wohnzimmer* eines Römers, nicht im Keller!

L

Laden → Arbeit; Einkaufen; Forum

Landwirtschaft → Arbeit; Tiere

Lebenserwartung → Familie; Rom in Zahlen

Lebenshaltungskosten → Einkaufen; Geld; Wohnen

Legionär → Militärdienst

Lehrer → Arbeit; Freigelassene; Jugendliche; Schule; Sklaven

Lesen und Schreiben

„Wachs auf geglätteten Täfelchen" soll das Gelände erkunden, rät der Dichter Ovid den Verliebten, ehe sie vollends in die Offensive gehen. Er meint damit: einen Liebesbrief an die Angebetete. Die Sache hatte nur einen Haken: Der Absender musste schreiben, und die Adressatin musste lesen können. Diese Kulturtechniken aber waren auf eine Minderheit beschränkt.

Wie stark oder schwach diese Minderheit war, darüber sind sich die Wissenschaftler nicht einig – trotz einer intensiven Erforschung dessen, was sie Literalität nennen (Beherrschung des Alphabets; littera: „Buchstabe", litterae: „Alphabet", „Schriften"). Manche Forscher gehen davon aus, dass nur zehn Prozent der **Bevölkerung** lesen und schreiben konnten. Andere rechnen mit etwa 30 Prozent, also rund einem Drittel. Sicher ist: Mehr als die Hälfte der Menschen waren Analphabeten, konnten also nicht lesen und schreiben – auf dem Land mehr als in der Stadt und unter Frauen mehr als unter Männern. In der Oberschicht aber beherrschten die meisten diese Kulturtechniken, auch viele Frauen. Jedenfalls: Dafür, dass es keine Schulpflicht gab und Schulunterricht von den Eltern bezahlt werden musste, war die allgemeine Literalität relativ hoch – viel höher als etwa im Mittelalter.

Die Fähigkeit zu lesen gliedert sich allerdings in unterschiedliche Stufen. Die höchste ist es, Bücher oder Gesetzestexte flüssig lesen zu können. Das Lesen einer Inschrift auf einem Grabstein, einem **Tempel** oder einer Münze schafften manche mit Mühe, indem sie einen Buchstaben nach dem anderen entzifferten und langsam zu Wörtern zusammensetzten. Und Lastenträger brauchten nicht lesen zu können, um die Angabe der jeweiligen Ware und des Fassungsvermögens einer Amphore zu verstehen. Sie kannten das Schriftbild von vīnum, „Wein", oleum, „Öl", oder garum, „Fischsoße", eben als Bild – oder als eine Art geschriebenes Piktogramm. Im Alltag stießen die Römerinnen und Römer auf zahllose Gegenstände mit meist kurzen Beschriftungen: Geschirr, Ziegel, Verpackungen, **Schmuck**-Stücke oder **Graffiti**. Aber das heißt ja nicht, dass alle, die das sahen und benutzten, diese Schrift auch lesen konnten. Ein Bauarbeiter deckte ein Dach, auch wenn er nicht verstand, welche Legion in welchem Jahr die Ziegel gebrannt hatte (diese Angaben wurden nämlich häufig in den Ziegelton gestempelt).

Für Gegenstände wurde meist eine Kursivschrift benutzt, die deutlich schwerer zu lesen war als die „schönen" klaren Buchstaben, die man von Steininschriften kennt. Auch lateinische Graffiti sind kursiv und oft so „individuell" geschrieben, dass man unwillkürlich an eine „Sauklaue" denkt. Die Römer waren da etwas vornehmer: Sie sprachen von einer „Hühnerklaue". Manch einer verzweifelte daran. Ganz stolz rühmt sich ein ehemaliger **Sklave**, dass er immerhin lapidāriae litterae lesen könne,

---

„LEGXXIIPRPF" steht für **Legiō XXII Prīmigenia Pia Fidelis** („pflichtbewusst und treu"): Angehörige dieser Legion haben den Hohlziegel für ein beheizbares Gebäude hergestellt – heiße Luft strömte durch den Hohlraum und erwärmte so den Ton.

Wo sich zur Römerzeit der Goldbergwerksort Alburnus Maior (im heutigen Rumänien) befand, wurden 25 **tabulae cērātae** gefunden. Im Holz hat sich die typische Kursivschrift erhalten, teils mit wichtigen juristischen Texten.

„Steinbuchstaben". Im Klartext hieß das: Aber schickt mir bloß keine Wachstäfelchen mit Kursivschrift! Diese tabulae cērātae wurden für alltägliche Mitteilungen benutzt und wären heute ein Renner unter dem Gesichtspunkt der Nachhaltigkeit und Schonung von Ressourcen. Denn die Wachsfläche konnte mit dem breiteren Ende des metallenen Schreibgriffels (stilus; graphium) wieder glattgestrichen und von Neuem verwendet werden. Beim Liebesbrief musste man allerdings höllisch aufpassen, dass wirklich alles getilgt war und nicht noch Wortfetzen aus dem vorangegangenen Schreiben an eine andere Geliebte zu lesen waren ...

Für Analphabeten standen Dienstleister (scrībae; notāriī: „Schreiber") zur Verfügung, die gegen Honorar Schreibarbeiten übernahmen und Dokumente vortrugen. Manche wohlhabenden Römerinnen und Römer hielten sich besonders geschulte Sklaven, die ihnen vorlasen – wenige, weil sie selbst des Lesens nicht mächtig waren, die meisten, damit sie beim Zuhören noch etwas anderes erledigen konnten.

Am Schluss ein kleiner, vielleicht gar nicht so kleiner Trost für alle Lateinschülerinnen und -schüler. Fehler, die ihnen heute beim Schreiben lateinischer Wörter und vor allem in der Grammatik unterlaufen, sind alle schon mal vorgekommen und in den vielen Zehntausend Inschriften aus der Römerzeit bestens dokumentiert. Wirklich alle. Denn *schreiben können* bedeutet ja noch längst nicht *richtig* schreiben können.

Liebe → Ehe; Hochzeit; Prostitution

Limes Hadrian (Kaiser 117 - 138) ging als „Reisekaiser" in die römische Geschichte ein, denn er unternahm ausgedehnte **Reisen** in fast alle Regionen des Imperiums. Diese mobile Art des Herrschens – und zugleich die Aufwertung der **Provinzen** durch kaiserliche Besuche – gehörten zu seinem Regierungsprogramm. Im Jahr 121 brach er zu einer „Tour" nach Norden auf. Er besuchte Gallien, Germanien und Britannien und inspizierte dabei auch die Grenzanlagen. Da schienen ihm Verbesserungen nötig – sein Biograf berichtet:

„In dieser Zeit und häufig auch bei anderen Gelegenheiten trennte er die Barbaren in sehr vielen Gegenden, wo sie nicht durch Flüsse, sondern durch künstliche Sperren zurückgehalten wurden, durch lange Holzstangen, die in den Boden gerammt und miteinander verbunden wurden, in Form einer mauerartigen Einzäunung ab."

Diese spitz zulaufenden, etwa einen Meter tief in die Erde versenkten Pfähle nennt man heute Palisaden (von lateinisch pālus, „der Pfahl"). Für „künstliche Sperre" steht im lateinischen Text der Begriff līmes. Er bezeichnete ursprünglich einen „Grenzweg" zwischen zwei Grundstücken, in der Sprache des Militärs auch eine „Schneise", die in feindliches Gebiet geschlagen wurde, um den Vormarsch der eigenen Truppen zu erleichtern. Später wurde līmes zum Begriff für die „Landgrenze" des Römischen Reiches. Genauer gesagt: Rīpa, „Ufer", stand für eine natürliche (Fluss-)Grenze, līmes für die „menschengemachte" Linie, die das Römische Reich vom „Barbaren"-Gebiet trennte. Das nichtrömische Territorium nannten die Römer seit dem 3. Jh. barbaricum.

In England verbindet sich mit Hadrian noch heute der Hadrianswall, eine knapp 120 Kilometer lange, mehrere Meter hohe Steinmauer quer über den Norden der britischen Insel – eine Demarkationslinie, „die die Barbaren und die Römer voneinander trennen sollte", so noch einmal Hadrians Biograf. Auch im germanischen Raum wurden die bereits bestehenden Grenzanlagen – eine offene Kette von Kastellen und Wachtürmen – verstärkt und mit einer durchgehenden Palisadenfront, im Donauraum auch mithilfe von Mauern ausgebaut. Als das Holz vieler Palisaden nach etwa 30 Jahren faul wurde, legten die Römer einen zwei Meter tiefen Graben mit einem etwa gleich hohen Wall an – ob anstelle der Palisaden oder zusätzlich, ist strittig.

So entstand der (nach den entsprechenden römischen Provinzen benannte) obergermanisch-rätische Limes – mit einer Länge von

L

550 Kilometern das größte archäologische Denkmal in Deutschland, das tiefe, vielfach noch gut sichtbare Spuren in der Landschaft hinterlassen hat. Gesichert wurde er zusätzlich durch 900 Wachtürme und 120 große und kleine Lager. Für diese Lager hat sich die Bezeichnung „Kastelle" eingebürgert. Sie hatten eine Besatzung, die zwischen 100 und 1.000 Mann stark war und von den Hilfstruppen (auxilia) gestellt wurde. Um viele Kastelle herum bildeten sich Siedlungen (vīcī), die von Händlern, Handwerkern, Dienstleistern und **Familien**-Angehörigen der Soldaten bewohnt wurden.

Die Wachtürme standen in einem Abstand von 300 bis 600 Metern. Sie waren zunächst aus Holz, später aus massivem Stein gebaut und drei Stockwerke hoch. Die Besatzung bestand aus drei bis sechs Soldaten. Die Verständigung zwischen den Wachposten funktionierte durch akustische und optische Signale (Trompeten, Rauchzeichen, Feuer, Flaggen).

L

Vom Limes und seinen Wachtürmen haben sich viele Spuren erhalten. Doch damit man sich das einstige Aussehen gut vorstellen kann, hat man Palisaden und Wachtürme rekonstruiert, wie hier in Lorch in Baden-Württemberg.

Aber was genau war der Limes? Eine undurchdringliche militärische Sperrzone? Das ist eine viel zu einseitige Sicht. Gewiss, er diente zur Sicherung der römischen Provinzen gegen Überfälle und Raubzüge, und er war ein wichtiger Teil der Vorfeld-Aufklärung: Was ging da im „Barbaricum" vor sich? Braute sich Gefahr zusammen? Die Limeswachen hielten Augen und Ohren offen. Die Sperranlagen dienten auch der Abschreckung. Wer sie ohne Genehmigung überwinden wollte, dem signalisierten Palisaden, Graben und Wall, dass er mit militärischem Widerstand rechnen musste.

Aber der Limes war nicht nur eine Drohung. Seine für jedermann verständliche Botschaft war: Hier enden bzw. beginnen das römische Hoheitsgebiet, die römische Zivilisation und der römische **Rechts**- und Wirtschaftsraum – eine Art überdimensionales, martialisches Ortsausgangs- bzw. Ortseingangsschild. Das war zugleich ein Angebot zur nachbarschaftlichen Kooperation. Wer nichts Böses im Schilde führte, konnte hier mit den Römern Kontakt aufnehmen, um Handel zu treiben, um sich – mit Erlaubnis – in der römischen Provinz niederzulassen und um Roms verlockende zivilisatorische Errungenschaften in Anspruch zu nehmen, und wenn es nur der begehrte Wein war.

Der Limes war keinesfalls eine hermetisch abgeschlossene Grenze, kein „Eiserner Vorhang". Es gab zahlreiche Übergänge und Straßenverbindungen zwischen den Provinzen und dem benachbarten „Barbaren"-Land, über die ein intensiver Waren- und Personenverkehr abgewickelt wurde.

Worum ging es den Römern? Sie wollten wissen, wer die Grenze in der einen und anderen Richtung überquerte, und das Geschehen im Kontaktbereich zwischen den kulturell sehr unterschiedlich geprägten Territorien kontrollieren. Auf diese Weise konnten sie auch ihre Staatskasse aufbessern: Auf Im- und Exportwaren fiel ein Zoll (portōrium) von bis zu 25 Prozent an. Am Limes standen sich mithin nicht nur mögliche Feinde gegenüber, sondern auch Partner, die manche gemeinsamen Interessen hatten – eine gut bewachte Kontaktzone, die der Friedenssicherung auf beiden

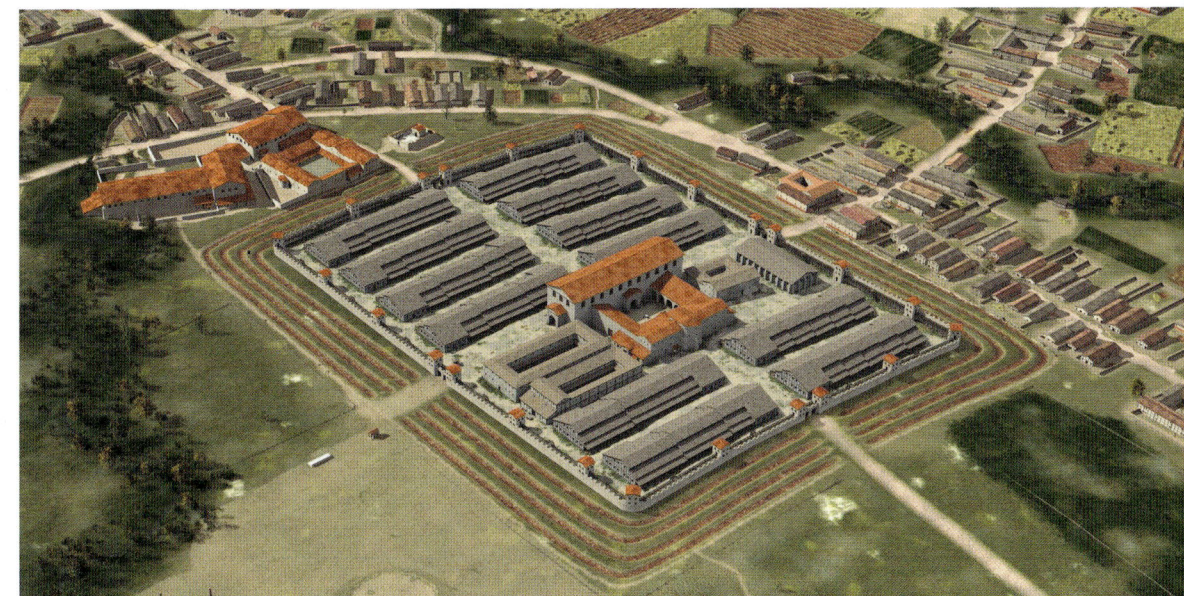

Im Notfall kam aus einem solchen Kastell Verstärkung. So stellen sich Archäologen das Reiterkastell im baden-württembergischen Aalen vor, wo die größte Garnison am Rätischen Limes stationiert war.

Seiten einer gewissermaßen porösen Grenze diente. Rund 150 Jahre lang bewährte sich dieses System, bevor es dem Druck der Völkerwanderungszeit nachgeben musste und ihm schließlich erlag.

Līmitēs mit Truppenkontingenten und Befestigungen gab es, wenn auch meist nicht so systematisch ausgebaut, auch in anderen Regionen des Römischen Reiches: an der unteren Donau (im heutigen Rumänien und Bulgarien), im Osten am Euphrat, im arabischen und im nordafrikanischen Raum. Unser „heimischer" obergermanisch-rätischer Limes hat sich mittlerweile zu einem vielbesuchten Touristenziel entwickelt. Es gibt eine „Limes-Straße" für „Auto- und Fahrrad-Wanderer", und 2005 wurde der Limes in das UNESCO-Welterbe aufgenommen. Eine Vielzahl von archäologischen Fundstätten, rekonstruierten Kastellen und Wachtürmen sowie einige interessante Limes-Museen laden zum Besuch ein – eine Grenzerfahrung der spannenden Art.

Literatur Das war schon ein ziemlich einmaliger Vorgang in der Weltgeschichte: dass sich der militärische Sieger (Rom) den Besiegten (den Griechen) kulturell gewissermaßen unterwarf und zugab, dass er in Sachen Literatur und Kunst, Wissenschaften und Medizin Nachhilfebedarf hatte – oder, modern formuliert, ein Entwicklungsland war. Der Dichter Horaz hat dieses Schüler-Lehrer-Verhältnis auf eine berühmte Formel gebracht:

Graecia captā ferum victōrem cēpit et artēs intulit agrestī Latiō. –
„Das besiegte Griechenland schnappte sich den wilden Sieger und brachte seine Künste ins ländliche Latium."

Als Horaz das im späten 1. Jh. v. Chr. schrieb, hatten die Römer den Rückstand schon ziemlich gut aufgeholt – nicht zuletzt mithilfe der griechischen „Modelle". Die ersten Literaten, die sich ganz stark an griechischen Vorbildern orientierten, waren im 3. und 2. Jh. v. Chr. die

Komödiendichter Plautus und Terenz. „Plautus hat dieses Stück ins Barbarische übersetzt", sagt der Dichter augenzwinkernd von sich selbst und seiner „barbarischen" Heimat. Plautus-Komödien sind die ältesten vollständig erhaltenen Werke der lateinischen Literatur.

Neben Bühnenstücken – auch Tragödien – machten sich römische Autoren schon recht früh, seit dem 2. Jh. v. Chr., an das Verfassen von Geschichtswerken. Dahinter stand nicht selten der Wunsch bedeutender **Familien**, die Taten ihrer Ahnen nicht in Vergessenheit geraten zu lassen und sozusagen familiäres Ehrenkapital anzulegen. Die Geschichtsschreibung blieb bis zur Spätantike ein Schwerpunkt römischer Literatur. Zwei Formen dominierten dabei. In „Annalen" wurde ein längerer Zeitraum Jahr für Jahr – annus für annus – beschrieben; in „Historien" wurde dagegen Zeitgeschichte behandelt. Das berühmteste Annalen-Werk stammt von Titus Livius; es umfasste die Geschichte Roms von der Gründung im Jahr 753 v. Chr. bis ins frühe 1. Jh. n. Chr. – ein Mammutwerk von 142 Büchern (= **Buch**-Rollen!); nur Teile davon sind erhalten.

Im weiteren Sinn gehören auch Cäsars commentāriī über den Gallischen Krieg zur Geschichtsschreibung. Cäsar schrieb ja, um objektiv zu wirken, in der 3. Person. Er rechtfertigte darin seine Kriegführung und begründete fast jeden seiner Schritte. Im alten Rom war das Werk kein Bestseller, aber aus heutiger Sicht vermittelt es einen unschätzbaren Einblick in die Selbstdarstellung eines der bedeutendsten Akteure in der Geschichte Roms, der seine Leser stilistisch ebenso brillant wie manipulativ an die Hand nimmt und lenkt. Und zugleich gibt es einen Einblick in Roms Selbstverständnis als Supermacht – es ist ein Tagebuch des Imperialismus, wenn man es zugespitzt formulieren will.

Sallusts Monografie über die „Verschwörung des Catilina", Tacitus' mutige „Annalen" über das 1. Jh. n. Chr. – er bekennt sich als Gegner des Kaisertums – sowie Suetons „Kaiserbiografien" sind weitere Highlights der historischen Literatur, auch wenn Letzterer manchmal eine Schlüsselloch-Perspektive einnahm und sich auf unterhaltsamen Hofklatsch konzentrierte.

Die öffentliche Rede wurde bei den Griechen großgeschrieben – und dann auch in Rom. Manche prominente Redner veröffentlichten ihre besten Reden. So auch der berühmte Cicero. Zahlreiche ōrātiōnēs aus seiner Feder sind erhalten und desgleichen wichtige theoretische Abhandlungen über die Redekunst. Cicero machte sich auch in einer weiteren Hinsicht verdient: Er brachte den Römern die griechische Philosophie in einer Reihe von leicht verständlichen Werken näher. Viele Fachbegriffe der Philosophie übersetzte er erstmals ins Lateinische. Cicero verstand sich vorrangig als Politiker und Anwalt. Die Schriftstellerei war eher sein Hobby. Das ist angesichts der hervorragenden stilistischen und inhaltlichen Qualitäten etwas flapsig formuliert. Cicero selbst sprach lieber vom ōtium litterātum, einer „gelehrten Muße / Freizeit". Sein und Cäsars Latein stehen für die „Goldene Latinität"; sie galt lange Zeit als vorbildlich und ist heute noch für Texte in Latein-Schulbüchern verbindlich.

„Freizeit" hieß für die meisten Literaten nicht, dass sie ihre Werke nur im stillen Kämmerlein schrieben. Vielmehr war es üblich, dass sie die Reaktion darauf testeten. Dafür stellten sie Auszüge bei Lesungen vor. Das literarische Leben in Rom war sehr rege. Dichter präsentierten Neues öffentlich oder in privaten Kreisen, z. B. bei Einladungen durch ihre Sponsoren. Wer nicht der Oberschicht angehörte und Einkünfte aus Großgrundbesitz hatte, brauchte – und fand – meist großzügige Unterstützer. Nach Maecenas, dem Förderer von Dichtern zur Zeit des Augustus (Kaiser 27 v. Chr. – 14 n. Chr.), nennt man diese Sponsoren auch Mäzene. Da es kein Copyright gab und ein Autor somit für eine Vervielfältigung und den Verkauf seiner Schriften kein Honorar erhielt, konnte man von der Schriftstellerei nicht leben. Und die kreative **Arbeit** ging langsam voran. Das Geheimnis großer Literatur war das Zusammenspiel von ingenium und ars, „künstlerischer Inspiration" und „schriftstellerischem Handwerk". Form und Inhalt mussten aufeinander abgestimmt sein. Ein „geniales" Drauflosschreiben ohne die Beachtung von Versmaßen, Aufbauprinzipien und rhetorischen

Figuren genügte einem kritischen Lesepublikum nicht.

"Dichter wollen nützen oder erfreuen – oder beides zugleich zum Ausdruck bringen: angenehm zu Lesendes und für das Leben Nützliches." (Horaz)

Auf Diskussionen in der literarischen Szene Roms weist auch eine Bemerkung des Liebesdichters Properz hin: "Da entsteht gerade etwas Größeres als die ‚Ilias' (des Dichters Homer)", ahnt er. Und behält jedenfalls für den lateinischen Sprachraum recht. Die Rede ist von der "Aenēis" Vergils. Sie erzählt die Vorgeschichte der Gründung Roms: wie der aus dem brennenden Troja geflüchtete Äneas mit seiner Mannschaft auf Irrwegen nach Italien gelangt. Dort soll nach dem Willen der Götter ein neues, noch bedeutenderes Troja entstehen: Rom, dessen Mission es sein wird, über die Welt zu herrschen, "dem Frieden eine Ordnung zu geben, die Unterworfenen zu schonen und die Hochmütigen niederzuwerfen". Vorbild für Vergils "Aenēis" waren Homers "Ilias" und "Odyssee". Das Werk erwarb sich sehr schnell den Ruhm als *das* römische Nationalepos.

Das Epos – die erzählende Dichtung im Hexameter-Versmaß – galt als literarische Meisterklasse. Kein Wunder, dass sich ihm auch andere ehrgeizige Dichter zuwandten, die in diesem kurzen Überblick nicht erwähnt werden können. Ein Epos der besonderen Art schuf Ovid mit seinen "Metamorphosen": Es ist geradezu ein poetisches Handbuch des antiken **Mythos**.

Ovid ist auch Vertreter einer literarischen Gattung, die viele Menschen heute so gar nicht mit den Römern in Verbindung bringen: der Liebeselegie. Die Elegie ist eigentlich eine "Klage", aber in der römischen Liebesdichtung eines Properz, Tibull und Ovid mischen sich Freude und Leid der Liebe. Ihr Vorläufer war Catull. Auch er schrieb Liebesgedichte mit sehr persönlichem Hintergrund. Das war für Rom fast revolutionär: dass Dichter sich zumindest in der Form des lyrischen Ichs öffentlich zu ihren Gefühlen bekannten. Auch Ovids bekannte "Ars amātōria" gehört in dieses literarische

Die antiken Papyrusrollen sind längst zerfallen, aber die Texte wurden rechtzeitig auf Pergament übertragen. Seite aus einer Ausgabe von Vergils "Aenēis" aus dem 15. Jh. Oben das Trojanische Pferd, unten **pius Aenēās** mit Vater und Sohn.

Umfeld: Die "Liebeskunst" ist kein persönliches Bekenntnis, sondern ein Flirt- und Beziehungsratgeber, in dem die Liebe auch als ein Spiel zwischen den Geschlechtern erscheint. Das Lesepublikum nahm Ovids kleines Werk begeistert auf. Zu der strengen Sittengesetzgebung des Augustus passte das nicht recht. Die Quittung erhielt Ovid einige Jahre später: Der Kaiser verbannte ihn ans Schwarze Meer.

Von dort schickte Ovid literarische "Trauergedichte" und "Briefe vom Schwarzen Meer" nach Rom – Exildichtung in Briefform. Der Brief als "Verpackung" wurde auch von anderen

Autoren gern genutzt. Plinius der Jüngere veröffentlichte seine Korrespondenz – heute eine hochinteressante kulturgeschichtliche Fundgrube –, und der stoische Philosoph Seneca wählte die Epistel-Form für philosophische Essays, die dank ihrer feuilletonistischen Leichtigkeit bis heute zahllose Leser ansprechen. Seneca ist ausgesprochen „in"; auch seine philosophischen „Dialoge" erfreuen sich immer noch großer Beliebtheit, besonders seine Abhandlung „Dē vītā beātā", „Über das glückliche Leben".

Die „Fabeln" des Phädrus, der „Eselroman" des Apuleius und zahlreiche Fachbücher zu allen möglichen Themen – von der Landwirtschaft, Astrologie und Medizin bis zur Kochkunst – zählen ebenfalls zum erhaltenen Bestand der lateinischen Literatur, einem sehr kleinen Teil der ursprünglichen literarischen Produktion in lateinischer Sprache.

Eine Literaturgattung aber fehlt noch in dieser Übersicht (die alles andere als vollständig ist!). Das ist die Satire. Dieses literarische Feld beanspruchten die Römer für sich, da sahen sie sich nicht in der Nachfolge griechischer Lehrmeister. **Lachen** war den Römern wichtig. Aber auch der Ärger und Spott über manches Beklagenswerte in ihrer Gesellschaft bewegten viele. Da war die Satire, die Missstände auf humorvolle Weise aufs Korn nahm, die passende literarische Antwort. Horaz machte sich in milder Form über Dummheiten seiner Zeitgenossen lustig, Juvenal schlug in seinen „Satiren" ziemlich unbarmherzig drauf, Martial profilierte sich als Meister des Spott-Epigramms, der (fiktive) Zeitgenossen ebenso bissig wie in künstlerisch vollendeter Form durch den Kakao zog. Petron schließlich schuf im Rahmen seiner „Satyrica" mit seinem „Gastmahl des Trimalchio" die klassisch-amüsante Studie eines gesellschaftlichen Aufsteigers, der der Oberschicht nacheiferte, dabei aber kein peinliches Fettnäpfchen ausließ.

Ist mit diesen wenigen Seiten alles über die römische Literatur gesagt? Bei Weitem nicht! Sie ist auch in ihrem fragmentarischen Überlieferungszustand wesentlich reichhaltiger und abwechslungsreicher, sodass dieser Artikel nur eine Art Kostprobe sein kann.

L

Luftverschmutzung

→ Umweltschutz

Luxus

→ Baden; Einkaufen; Reisen; Wohnen

M

Männer

→ Bürger; Ehe; Familie; Hochzeit; Kleidung; Körperpflege; Mode

Magie

Liebeskummer war auch den Römern nicht fremd. Was tun, wenn die Angebetete einem trotz leidenschaftlicher Annäherungsversuche, schmachtender Liebesbriefe und verführerischer Geschenke die kalte Schulter zeigt oder von Dritten daran gehindert wird, einen zu erhören? Manche nahmen in ihrer Verzweiflung Zuflucht zur Zauberei. Der Dichter Ovid warnte vor angeblichen Liebestränken: „Sie schaden dem Geist und treiben ihn zum Wahnsinn." Die männlichen und weiblichen Magie-Profis (magī; magae) waren da allerdings ganz anderer Ansicht: Sie stellten ihren Kunden Zaubermittel in Aussicht, die ihre Wünsche in Erfüllung gehen lassen würden; in Liebesdingen wie in anderen Angelegenheiten. Die Mixturen für diese Zaubertränke waren natürlich streng geheim. Sie enthielten Kräuter, Hölzer, Eier und allerlei (wenig appetitliche) Säfte von Menschen und **Tieren**. Ein ganz grausiges Gebräu schildert der Dichter Horaz: Die Hexe Canidia bereitet ihren „Liebesbecher" aus dem Mark und der Leber eines von ihr ermordeten Knaben zu.

Wie realistisch dieses Gerücht war, ist fraglich. Es scheint allerdings so, dass solche kriminellen Praktiken nicht nur der dichterischen Fantasie entsprungen sind. Denn die übliche lateinische Bezeichnung für „Hexe" ist venēfica. Und das ist eben auch die „Giftmischerin" (venēnum, „Gift"). Es gehörte zum magischen Geschäft, sich ein möglichst verruchtes Image zuzulegen und den Kunden Grenzüberschreitungen zumindest vorzugaukeln. Auch Zaubersalben zählten zum festen Repertoire der Magier. Das ganze „Theater" wurde mit allerlei Zaubergeräten – Zauberstab und Zauberrad z. B. –, mysteriösen Handlungen sowie magischen Formeln und Sprüchen in Szene gesetzt. So war beispielsweise „Abrakadabra" eine spätestens seit dem 2. Jh. geläufige Zauberformel.

Auch Schriftsteller machten sich die geheimnisvolle Welt der Magie zunutze, um ihre Leser in Spannung zu halten. Zauberriten werden in antiken Romanen häufig beschrieben. So geht es im Roman „Metamorphosen" des Apuleius (2. Jh.) wesentlich um die Verwandlung der Hauptfigur Lucius in einen Esel (und um seine Rückverwandlung). In der Mythologie ragen zwei Meisterinnen der Zauberkunst heraus: Zum einen Circe, die die Gefährten des Odysseus in Schweine verwandelt (und das Odysseus zuliebe rückgängig machen muss). Das Deutsche verdankt ihr das Verb „bezirzen". Zum anderen die „Urzauberin" Medea, die mit ihren Zauberkünsten eine blutige Spur in der griechisch-römischen Sagenwelt hinterlassen hat.

Schadenzauber war in Rom gesetzlich verboten, das heißt eine magische Handlung, die einem anderen Schaden zufügte. Schon im „Grundgesetz" der Römer, dem „Zwölftafelgesetz" von 451/450 v. Chr., wurde demjenigen Strafe angedroht, „der Feldfrüchte weggezaubert hat" oder der einen anderen „mit einem bösen Zauberspruch verhext hat". In einem weiteren Gesetz aus dem Jahr 81 v. Chr. wurde der Schadenzauber unter die Gewaltverbrechen aufgenommen, auf die die Todesstrafe stand. Allerdings war es sehr schwer, den Nachweis zu führen. Denn die meisten magischen Handlungen fanden bei Nacht und in kleinem Kreis statt; Geheimnistuerei war ein grundlegendes Geschäftsprinzip der Branche.

Um einen Hühnerknochen gewickeltes Fluchtäfelchen im Auffindungszustand; aus einem römischen Heiligtum in Mainz.

Wer die Dienste professioneller Magier nicht in Anspruch nehmen wollte, konnte auch auf eigene Faust zur Zauberei greifen. Das häufigste Zaubermittel waren dabei „Verfluchungstafeln" (tabulae dēfixiōnum). Sie waren meist aus Blei und wurden in die Erde eingegraben. Beschriftet waren sie mit Bitten und Verwünschungen, die sich an die lokalen Dämonen richteten. Beim Liebeszauber bat man auf dem Täfelchen darum, dass die Geliebte den Bittsteller erhöre, dass sie aus den „Fesseln" eines anderen Mannes freikomme oder dass dem Rivalen alles Schlechte widerfahre. Am häufigsten waren allerdings Wagenlenker im Circus „Objekte" der Wünsche und Verfluchungen. Diese Täfelchen wurden meist in der Nähe eines Circus eingegraben. Das Ziel aller Zauberformeln auf den Bleitäfelchen war es, die erwähnten Personen „festzubannen", „festzuzaubern", ihnen eigene Handlungsspielräume zu nehmen. Das ist die Bedeutung des Verbs dēfigere: Die Opfer sollten „bewegungslos", „wehrlos" gegen die Bitten und Flüche gemacht werden. Im positiven Fall sollte sich eine Frau gegen das Liebeswerben eines Mannes nicht mehr wehren können, im negativen Fall sollte Nebenbuhlern der „erotische Erfolg" versagt bleiben.

„(Ihr Dämonen) Alimbeu, Columbeu und Petalimbeu, macht die Victoria, Tochter der Suavulva, verrückt vor Liebe nach mir! Und sie soll keinen Schlaf finden, bevor sie nicht zu mir kommt – mein Liebling unter den Mädchen." (Zaubertafel aus Hadrumetum, Nordafrika)

M

Nicht wenige Texte waren ähnlich aggressiv und brutal, wie wir es heute von den sozialen Medien her kennen. Der Unterschied in der Breitenwirkung aber könnte größer nicht sein: Heutzutage kann alle Welt mitlesen, was dem „Zauberer" auf der Seele brennt, im alten Rom war nur der Dämon der Adressat, der das Stückchen Erde „beherrschte", in das die Fluchtafel eingegraben wurde. Manchmal machten die Urheber der Zauberei allerdings bitteren Ernst: Sie versenkten menschengestaltige Figuren im Stil von Voodoo-Puppen aus Wachs, Ton, Blei oder Bronze im Boden und durchbohrten sie an besonderen Körperteilen mit Nadeln. Das sollte ihre „wirklichen" Opfer daran erinnern, „an niemanden zu denken außer an mich, den / die XY".

Eine Art römische Voodoo-Puppe: Jemand hat die kleine Skulptur einer knienden, gefesselten Frau mit 13 metallenen Nadeln durchbohrt. Aus Ägypten, 3. / 4. Jh.

M

Gab es eine Möglichkeit, sich gegen Schadenzauber und andere unheilvolle Einflüsse des Schicksals oder missgünstige Menschen zu wehren? Die Römer glaubten: ja. Kindern der Oberschicht, in erster Linie Jungen, wurde eine goldene Kapsel (bulla aurea) oder ein mondförmiger Anhänger (lūnula) umgehängt, der sie gegen Verhexung schützen sollte – ein Talisman oder, lateinisch gesprochen, ein āmūlētum („Amulett"). Das ist römischen Gelehrten zufolge ein Substantiv zu āmōlīrī, „wegschaffen"; ein **Amulett** sollte also Unglück „fernhalten". Allerdings wurde die bulla abgelegt, wenn der junge Mann im Alter zwischen 14 und 16 Jahren die Männertoga (toga virīlis) anlegte. Dann hatte die Magie gewissermaßen freie Bahn, um ihn zu ihrem Opfer zu machen. Was erotische Verhexung angeht, waren männliche Römer allerdings deutlich in der Minderheit. Nur wenige Frauen bedienten sich der Magie, um einen Mann ihres Herzens zu gewinnen. Eher waren es Männer, die sich auf diese Weise die Gunst anderer Männer sichern wollten.

Mahlzeiten

Was gab's im alten Rom zum Frühstück? Jedenfalls kein Rührei mit Frühstücksspeck, und auch keine wachmachenden **Getränke** wie Kaffee oder Tee, ebenso wenig Kakao. Die gelangten erst im 17. Jh. nach Europa. Von einem reichhaltigen Frühstück, wie es z. B. heute in England Tradition ist, war man also weit entfernt. In *einem* Punkt aber findet sich eine Übereinstimmung: Dem englischen Porridge entsprach die römische puls, ein Getreidebrei, der das Essen der Römer bis weit ins 2. Jh. v. Chr. deutlich stärker prägte als das Brot (pānis). Manche Griechen bezeichneten die Römer deshalb um 200 v. Chr. sogar als pultiphagī, „puls-Fresser". Die puls wurde üblicherweise aus far, geschrotetem Emmer, oder auch aus Hirse, Weizen und Dinkel hergestellt. Die zerkleinerten Getreidekörner vermischte man mit Wasser und reicherte das Ganze mit Salz, Öl, Bohnen und Kräutern, manchmal auch mit Speck an. Auch als das Brot sich im Laufe der Kaiserzeit durchgesetzt hatte, blieben viele arme Leute – und auch Soldaten – der puls als römischem Nationalgericht treu.

Außer der puls bzw. dem pānis konnten Käse, Obst und Honig zum – überschaubaren – römischen Frühstück (ientāculum) gehören. Wer frische Kräuter zur Hand hatte (manche züchteten sie auf der Fensterbank ihrer Mietwohnung), bereitete sich vielleicht wie der Kleinbauer in Vergils Gedicht „Moretum" mit einem Weichkäse eine kleine morgendliche Freude. Dazu gehörten außerdem Öl, Essig und sehr viel Knoblauch. Der Kräuterkäse (morētum) wurde zu Kügelchen geformt und mit Brot gegessen. Dazu trank man Wasser oder sehr stark verdünnten Wein. Wer es dagegen eilig hatte, konnte sich wie manche Schulkinder unterwegs beim Bäcker ein Frühstück to go besorgen – ein Fettgebäck, das an den italienischen *cornetto* bzw. das französische Croissant erinnert.

Das Mittagessen (prandium) wurde um die 6./7. Stunde (nach Sonnenaufgang) eingenommen. Es war meist ein kalter Imbiss: Reste des Vortages, Brot, Käse, Oliven und Obst; warme Speisen, Fleisch und Fisch waren dagegen wohl selten. Dazu trank man Wein oder mulsum (Honigwein). Seneca begnügte sich oft mit trockenem Brot, „nach dem man sich nicht einmal die Hände waschen muss". Schulkinder nutzten die Mittagspause, um zu Hause einen „Lunch" einzunehmen:

„Der Lehrer sagt, ich dürfte zum Mittagessen gehen", heißt es in einem Lehrbuch. Und weiter: „Ich esse weißes Brot, Oliven, Käse, trockene Feigen und Nüsse und trinke Wasser. Danach kehre ich zur Schule zurück."

Angehörige der Oberschicht gönnten sich nach dem Mittagessen gern ein Schläfchen. Für die einfache **Bevölkerung** ging die **Arbeit** weiter – wenn sie denn überhaupt für mehr als einen kurzen Imbiss unterbrochen wurde. Die Geschäfte jedenfalls blieben geöffnet; die Handwerker schlossen ihre tabernae ebenfalls nicht, und auf dem Land dauerte die Feldarbeit von morgens bis abends. Da war weder für ein reichliches Mittagessen noch für eine Siesta Zeit.

Die Hauptmahlzeit der Römer war die cēna. Sie begann am frühen Nachmittag, in der Kaiserzeit vielleicht etwas später, aber keineswegs erst am Abend. Die „klassische" cēna gliederte sich in drei Gänge: eine Vorspeise (gūstātiō) mit Salaten, Eiern und anderen Appetizern, die Hauptmahlzeit (mēnsae prīmae) mit warmen Fleisch- und Fischgerichten, Gemüse und Aufläufen, sowie den Nachtisch (mēnsae secundae) mit Obst, Nüssen und Gebäck. Ein als bescheiden bezeichnetes Mahl (cēna parvula) stellte sich der Dichter Martial so vor: Lattich, Porree und halbe Eier zum Auftakt, Grünkohl mit Würstchen, Bohnen mit Speck als Hauptgang, anschließend Trauben, Birnen und Kastanien zur süßen „Abrundung".

Das ist eine solide „bürgerliche" Hauptmahlzeit, die von den üppigen Gastmählern, **Partys**, bei denen sich die Tische unter der Last aller möglichen Speisen bogen, weit entfernt ist. Die vielen Sachbücher, die sich heute mit der römischen Küche beschäftigen und zum Teil auch auf den Originalrezepten des antiken „Apicius-Kochbuches" beruhen, lassen sich stark von den „lukullischen" Schmausereien leiten, die auch in der römischen Literatur häufig und ausführlich beschrieben werden. Das alles ist nicht „falsch", aber es kann leicht verfälschend wirken. Denn es spiegelt lediglich den Lebensstil einer sehr kleinen Bevölkerungsgruppe wider. Auf den Tischen der einfachen Leute jedenfalls fanden sich kaum Fleisch- und Fischgerichte. Nicht einmal Kleinbauern konnten sich diese Leckerbissen regelmäßig leisten. Nicht unty-

Typisch römische Glas- und Tongefäße mit ebenso typischen römischen Getränken, Speisen und Zutaten wie Brot, Linsen und Käse.

M

pisch erscheint, was das Ehepaar Philemon und Baucis den Göttern in dem „Märchen" beim Dichter Ovid auftischen – angesichts der hohen Gäste also ein Festessen: Oliven, eingemachte Kornelkirschen, Endiviensalat, Rettich, dicke Milch und Eier, ein Stück Speck, zum Nachtisch Nüsse, Datteln, Feigen, Pflaumen, Äpfel und Trauben. Und der Hauptgang? Das sollte eigentlich die einzige Gans sein, die dem Bauernpaar gehörte. Die aber flüchtete sich zu den Gästen, und die Götter „begnadigten" sie. Was bei all dem reichlich floss, war der Wein. Er war bei Arm und Reich der selbstverständliche Speisenbegleiter.

Für viele Stadtbewohner war die cēna noch um einiges kärglicher. Wenn sie keine eigene Küche besaßen, besorgten sie sich in einer der **Gaststätten** einen Imbiss. Linsensuppe und ein Stück Brot war *auch* eine cēna. Das Hauptnahrungsmittel der meisten Menschen waren und blieben Getreideprodukte. Arme Städter hatten meist nur *eine* Chance, die Highlights der römischen Küche kennenzulernen: Wenn sie als **Klienten** „dienten" und gelegentlich von ihren patrōnī zur cēna eingeladen wurden.

Im Übrigen waren körperlich hart arbeitende Menschen sicherlich nicht auf drei Mahlzeiten zu bestimmten **Uhr**-Zeiten fixiert, sondern stärkten sich mehrmals am Tag mit Snacks, die auch von Straßenhändlern verkauft wurden. Für diese Zwischenmahlzeiten gab es sogar ein kaiserliches Vorbild. Augustus (Kaiser 27 v. Chr. – 14 n. Chr.), der sich ohnehin häufig mit schlichter Kost – Brot, Sardinen, Käse und Feigen – begnügte, ließ sich von der Natur leiten:

„Er pflegte vor der Hauptmahlzeit jederzeit und überall zu essen, sobald sein Magen danach verlangte." (So sein Biograf Sueton.)

Make-up → **Körperpflege**

Medizin → **Arzt; Seuche**

Miete → **Wohnen**

Militärdienst

Wenige Monate zuvor war der lange (218-201 v. Chr.), verlustreiche Krieg gegen Hannibal zu Ende gegangen. Die Römer hatten gesiegt, aber sie waren „müde aufgrund der Länge und Schwere des Krieges". Trotzdem trat der Senat im Jahr 200 v. Chr. für einen neuen Waffengang ein, diesmal gegen den Makedonenkönig Philipp V. Der Antrag fiel jedoch in der Volksversammlung mit Pauken und Trompeten durch.

Die Römer waren es leid, und ein Volkstribun goss zusätzlich Öl ins Feuer: „Die **Senatoren** reihten Kriege an Kriege, damit das Volk niemals Frieden genießen könne", schimpfte er und knüpfte so an eine „alte Methode an, die Senatoren zu beschuldigen."

Jahrhunderte zuvor, so berichtet es derselbe Geschichtsschreiber, Livius, hätten **Volkstribunen** bereits auf sehr anschauliche Weise Widerstand gegen Kriegspläne geleistet:

„Sie fassten die Veteranen an der Hand, zählten die Dienstjahre des Einzelnen, seine Wunden und Narben auf und fragten ihn, welche Stelle seines Körpers noch heil sei, um neue Wunden zu empfangen. Wie viel Blut habe er noch, das er für den Staat hergeben könne?"

Diese emotionalen Szenen machen deutlich, worüber die Volksversammlung in Rom bei einer Kriegserklärung entschied: Es ging bei den meisten um ihr persönliches Schicksal. Dieselben, die für Krieg stimmten, mussten dann auch ihren Kopf im Krieg hinhalten. Denn viele Jahrhunderte lang war das römische Heer eine Bürgerarmee. Wer das Bürgerrecht besaß, hatte auch die Pflicht, mit Waffen für sein Land zu kämpfen. Bis zum Alter von 45 Jahren waren alle cīvēs Rōmānī wehrpflichtig. Voraussetzung für den Dienst in der Legion war allerdings ein Mindestvermögen, das dem Soldaten erlaubte, seine eigene Ausrüstung zu finanzieren. Wer als Reiter oder Schwerbewaffneter in den Krieg zog, hatte auch mehr politische Rechte. Mittellose Römer taten höchstens als Leichtbewaffnete und Hilfspersonal sowie in der Flotte

Dienst. Sie durften aber nicht als Legionäre kämpfen; entsprechend reduziert war auch ihr Stimmrecht in der Volksversammlung.

Das Rückgrat der Armee bildeten Bauern. Wurden sie zu den Waffen gerufen, mussten sie ihre Höfe für unbestimmte Zeit verlassen. Ihre Vorbehalte gegenüber allzu häufigen Einberufungen zum Kriegsdienst erklären sich auch mit diesem Problem. Erst ab dem 4. Jh. v. Chr. erhielten sie eine finanzielle Entschädigung. Sie hieß stīpendium, hervorgegangen aus stipem pendere, „einen Geldbetrag auszahlen". Der Begriff entwickelte sich später zur Bedeutung „Sold" weiter; stīpendium merēre, „Sold verdienen", wurde gleichbedeutend mit „Soldat sein", „Kriegsdienst leisten".

Im Normalfall wurden bis ins 2. Jh. v. Chr. vier Legionen mit jeweils 4.200 bis 5.000 Mann ausgehoben. Jede Legion gliederte sich in 30 manipulī und 60 Zenturien. Trotz der Bezeichnung (centum, „hundert") umfasste eine Zenturie selten mehr als 80 Mann. Dazu kamen Hilfstruppen. Die Verbündeten (sociī) stellten einen Großteil der Reiterei. Die Zahl ihrer Soldaten konnte deutlich höher sein als die der römischen Legionäre.

„Die Soldaten schworen, dass sie die Fahnen nicht zur Flucht oder aus Angst verlassen und nicht aus Reih und Glied treten würden – außer um sich eine Waffe zu holen, den Feind zu treffen oder einen Mitbürger zu retten." (Livius)

Im 3. und 2. Jh. v. Chr. eroberten römische Soldaten einen großen Teil der um das Mittelmeer gelegenen Länder. Sie machten Rom zur Weltmacht ohne Konkurrenz. Der Preis war hoch. Diese ungeheure Ausweitung des römischen Herrschaftsgebiets forderte nicht nur unzählige Menschenleben und ließ viele Kriegsversehrte zurück, sondern führte auch zur Entwurzelung vieler Bürgersoldaten. Bauern, die jahrelang weit von der Heimat entfernt Kriegsdienst leisteten, konnten sich nicht mehr um ihre Höfe kümmern. Viele verkauften ihren Besitz zu niedrigen Preisen an Großgrundbesitzer und siedelten sich dann mit ihren **Familien** in der Hauptstadt an in der Hoffnung, dort **Arbeit** zu finden.

Andererseits brauchte der Staat viele Soldaten. Denn die eroberten Gebiete mussten gesichert werden, und zudem führte Rom zahlreiche weitere Kriege. In dieser Situation entschloss sich der Heerführer Gajus Marius gegen Ende des 2. Jh.s v. Chr. zu einer folgenreichen Reform: Er nahm auch mittellose **Bürger** in die Legionen auf, die sich freiwillig meldeten – capite cēnsī, Leute, die nur „nach dem Kopf (und nicht nach ihrem Vermögen) gezählt wurden". Sie erhielten ihre Ausrüstung vom Staat gestellt. Auf diese Bürger hatte man als Soldaten zuvor nur in Notzeiten zurückgegriffen. Jetzt konnten sie sich von sich aus melden und als Legionäre Dienst tun. Das leitete den allmählichen Übergang zum Berufssoldatentum ein.

Im Unterschied zu den „Kurzeinsatz"-Soldaten früherer Zeiten hatten viele dieser Freiwilligen keinen Zivilberuf, der auf sie wartete. Sie wollten möglichst lange ein verlässliches Einkommen als Soldat haben und erwarteten von ihren Feldherren, dass sie sich für sie einsetzten und ihnen am Ende ihrer Dienstzeit ein Stück Land für den Neuanfang als Kleinbauern

M

Im Kampf verwundet? Ein Arzt und ein Soldat versorgen einen verwundeten Legionär. Relief der Trajanssäule in Rom, 113 n. Chr.

garantierten. Auf diese Weise entstand eine gegenseitige Abhängigkeit zwischen Soldaten und Feldherren. Die mächtigen Männer des 1. Jh.s v. Chr. wie Sulla, Pompejus und Cäsar nutzten ihre Heere als Instrumente, um die Politik zu dominieren. Durch diese Politisierung der Soldaten wurde die republikanische Verfas-

sung de facto außer Kraft gesetzt: Die Soldaten ihrerseits waren ihrem jeweiligen Anführer treu ergeben. Sie konnten sicher sein, dass er für sie sorgen würde – vorausgesetzt, sie verschafften ihm eine Machtstellung, die ihm diese „Großzügigkeit" erlaubte.

So glückte aus Sicht des Siegers auch der Übergang zum Kaisertum: Cäsars Adoptivsohn Octavian, der spätere Kaiser Augustus, stützte sich bei der Eroberung der Alleinherrschaft auf seine Truppen. Das blieb in den nächsten Jahrhunderten so. Das Militär sicherte dem **Kaiser** die Macht, und es hatte großen Einfluss darauf, wer nach seinem Tod als Nachfolger ernannt wurde.

In der Kaiserzeit war von dem Bürger-Soldaten der Republik nichts mehr übrig; in den rund 30 Legionen und in den Hilfstruppen (auxilia) dienten, von den höchsten Offizieren abgesehen, ausschließlich Berufssoldaten. In der frühen Kaiserzeit waren das rund 250.000 Männer, je zur Hälfte legiōnāriī und auxiliāriī mīlitēs. In der Mitte des 2. Jh.s stieg die Zahl auf 155.000 + 218.000, zu Beginn des 3. Jh.s auf 182.000 + 250.000 zuzüglich jeweils 10.000 Prätorianern. Sie bildeten die Schutztruppe des Kaisers und waren in Rom stationiert. Ihr Sold war höher und ihre Dienstzeit kürzer als bei Legionären und Hilfssoldaten.

Römischer Legionär mit der typischen Bewaffnung des 1. Jh.s: Kettenpanzer, Bronzehelm, Wurfspieß und Holzschild. Zeichnung von Peter Connolly.

In die Legionen wurden nur Männer aufgenommen, die das römische Bürgerrecht besaßen. Sie mussten mindestens 1,66 Meter groß sein, ledig, gesund und belastbar. Die Ausrüstung eines Legionärs, die er als Marschgepäck tragen musste, war rund 30 Kilogramm schwer. Ihre Bestandteile waren u. a.: Schwert/gladius (2 kg), Dolch/pūgiō (1 kg), Speer/pīlum (2 kg), Schild/scūtum (knapp 10 kg); dazu Helm/galea (2 kg), Kettenhemd/lōrīca (8 kg). Wegen dieser wohl seit Marius' Reform üblichen Belastung trugen Legionäre auch den Spitznamen mūlī Mariānī, „Maultiere des Marius". Kräftige Burschen konnten schon früh in die Armee eintreten (der jüngste bekannte war 13 Jahre alt); die Dienstzeit endete meist nach 25 Jahren.

Der Sold des normalen Legionärs lag zur Zeit des Augustus (Kaiser 27 v. Chr. – 14 n. Chr.) mit 225 Denaren im Jahr nicht viel höher als der eines Arbeiters. Aber er hatte einen unschätz-baren Vorteil: Er „floss" regelmäßig ohne das Risiko der Arbeitslosigkeit. Und er stieg im Laufe der Zeit deutlich an: Auf 300 Denare im Jahr 83, etwa 400 Denare im Jahr 193 und mindestens 600 Denare zu Beginn des 3. Jh.s. Unteroffiziere und Offiziere wurden deutlich besser besoldet. Das Einkommen in den Auxiliareinheiten, in denen peregrīnī, Nicht-Bürger, dienten, lag bei mindestens zwei Dritteln des Legionärssoldes. Hinzu kamen für alle Soldaten Sachprämien wie z. B. das „Nagelgeld" für **Schuhe**, **Geld**-Geschenke (dōnātīva) des Kaisers in unregelmäßigen Abständen, bei Kampftruppen zudem die Beteiligung an der Beute sowie großzügige Entlassungsgelder, die von 3.000 Denaren in augusteischer Zeit bis zu 8.000 Denaren im frühen 3. Jh. reichten, wenn es nicht sogar ein Stück Land gab. Wer in den auxilia diente, erhielt am Ende seiner Dienstzeit das römische Bürgerrecht.

Im Ganzen summierten sich die Militärausgaben zum größten Posten im römischen Staatshaushalt. In das aerārium mīlitāre, die „Militärkasse", aus der nur die Abfindungen für Veteranen bezahlt wurden, flossen regelmäßig die im gesamten Reich erhobene einprozentige Verkaufssteuer und die fünfprozentige Erbschaftssteuer.

Der Militärdienst mochte dort, wo die Grenzen sicher waren, manchmal langweilig sein; fordernd war er in jedem Fall. Das Leben im Lager war bestimmt vom Exerzieren und Trainieren, von der Besorgung des Nachschubs, der Verwaltung des Standortes und mancherlei Tätigkeiten im zivilen Bereich: Soldaten wurden zum Bau und zur Bewachung von Straßen abkommandiert, zum Brennen von Ziegeln, zur Bewachung von **Gefängnissen** und zur Herstellung von Waffen. Sie schlugen Holz, jagten Beute für die **Tierhetzen**, bewachten Handelstransporte, sicherten den **Post**-Verkehr – oder reinigten schlicht **Toiletten**. Deutlich weniger „gemütlich" ging es an den Fronten zu – dort, wo die Grenzen des Imperiums verteidigt, dort, wo im Kriegseinsatz neue Gebiete erobert, und dort, wo Aufstände niedergeschlagen wurden, war der Militärdienst lebensgefährlich, und viele bezahl-

ten ihn mit dem Leben. Eine der größten Katastrophen war die clādēs Vāriāna, die Niederlage der römischen Truppen unter Führung des Varus im Teutoburger Wald (Niedersachsen) im Jahr 9 n. Chr. Die Römer verloren dort drei Legionen, und die wurden nie wieder „aufgefüllt".

Soldaten lebten gewöhnlich in einem Feld- oder in einem stationären Lager, das heißt in einem vom normalen Zivilleben abgetrennten Bereich. Um die Lager (castra) herum bildeten sich aber vielfach Siedlungen. Händler, Handwerker und Bauern profitierten von der vergleichsweise hohen Kaufkraft der Soldaten und standen in lebhaftem Austausch mit ihren militärischen Nachbarn. In diesen Siedlungen lebten auch die Familien vieler Legionäre. Sie durften zwar während ihrer aktiven Dienstzeit nicht heiraten, aber einer „wilden" **Ehe** und Familiengründung stand nichts im Wege. Wie sie das im Fall einer Versetzung regelten, war allerdings ihre Privatsache; „Sozialpunkte", die es einem Einzelnen erlaubten, der Versetzung zu entgehen, erkannte der Dienstherr nicht an.

Ihre Freizeit genossen Soldaten auf ähnliche Weise wie Zivilisten: Sie gingen ins **Theater**, noch lieber ins Amphitheater, sie vergnügten sich in Kneipen und Bordellen, und sie genossen die Annehmlichkeiten von Thermen zum **Baden**. Mancher zivilisatorische Komfort wurde über die dort stationierten Soldaten in Gebiete gebracht, für die der römische Way of Life zuvor noch ziemlich fremd war. Das betraf auch die lateinische Sprache, die römische **Literatur** und Kunst, die römische Küche mit ihrem „Basisgewürz" garum (Fischsoße) und die römischen Religionen. Legionäre waren vielfach nicht nur mit Waffengewalt, sondern auch in ziviler Hinsicht „Botschafter" der Romanisierung („Römischwerdung").

M

Mittagessen → Mahlzeiten

Mode
Für heutige Influencer wäre *das* ein lohnendes Betätigungsfeld gewesen: den Römern in modischer Hinsicht gewissermaßen auf die Sprünge zu helfen. Denn obwohl „modisch"

Links: eine Art Stoffriegel vor der Brust – Toga-Mode ab dem späten 2. Jh. Mitte: diese „Turmfrisuren" waren um 90 „angesagt". Rechts: Hadrian (Kaiser 117 – 138) war Trendsetter, was den Vollbart anbelangt.

und „Mode" Begriffe aus dem Lateinischen sind (modus, „Art und Weise"), waren die Römer eher „Modemuffel" – jedenfalls veränderten Stile sich nur sehr langsam. Von jährlich wechselnden Trends, von einflussreichen Designern und „Stilikonen" keine Spur! Die wichtigste **Kleidung** der Römer blieb grundsätzlich weitgehend unverändert. Trotzdem gab es Varianten und Wandlungen, die man als längerfristige Moden bezeichnen kann.

So z. B. bei der Toga. In seinem Buch über die „Redekunst" stellt Quintilian fest, dass bei ihr doch ein gewisser „Wandel der Zeitverhältnisse" (temporum condiciō) festzustellen sei: In alter Zeit habe die Toga gar keinen Bausch gehabt, später einen ziemlich knappen. Zu seiner Zeit, dem 1. Jh. n. Chr., sei der Faltenwurf üppiger geworden. Das zeigen auch viele Statuen: Seit der Aufwertung der Toga durch Augustus (Kaiser 27 v. Chr. – 14 n. Chr.) ging die Tendenz zu einer komplizierteren Fältelung des „Stoffungetüms", das vielen als umständlich und ungemütlich galt. Ab dem späten 2. Jh. trug man die Toga sogar mit einer Art Stoffriegel vor der Brust. Das Anlegen wurde dadurch noch schwieriger. Zuvor brauchte man zwei Hilfskräfte, bei der „modernen" brettartigen toga contabulāta am besten vier.

Auch bei der Tunika gab es Veränderungen. Sie war normalerweise ärmellos. Spätestens seit dem 3. Jh. wurde aber auch die Variante mit an-genähten langen Ärmeln häufiger von Römern getragen. Das Vorbild dafür kam wohl, wie der Name „Dalmatica" zeigt, aus den nordöstlichen **Provinzen** (Dalmatia erstreckte sich an der Adria entlang von Kroatien bis Albanien). Allerdings hatte schon lange vorher Cäsar Aufsehen erregt, weil er eine Tunika mit Fransen trug, die bis zu den Händen reichten.

Auf deutlich sichererem Boden hinsichtlich der Tunikamode sind wir bei den Frauen. Griechischer Einfluss führte dazu, dass die Stoffe spätestens seit dem 1. Jh. v. Chr. bunter wurden. Damit hatten die Frauen eine viel typgerechtere Auswahl.

Einen Trick kauflustiger Frauen verrät ein **Sklave** in einer Plautus-Komödie: Auch wenn sich die Mode gar nicht ändere, erfänden die Damen einfach neue Namen, um sich novē, „modern", einzukleiden – und „diese Namen treiben ihre Männer in die Pleite". Mochte der Schnitt der Kleidungsstücke auch weitgehend gleich bleiben, so tat sich im Laufe der Zeit doch einiges bei den Stoffen. Ursprünglich dominierte die Wolle; später kamen Leinen, Baumwolle und Seide hinzu. Durchsichtige Seidengewänder (Cōa vestis) für nicht ganz so „seriöse" Frauen waren in augusteischer Zeit, erotisch gesehen, der letzte Schrei. Für Herren aber galt die teure Seidenkleidung als unmännlich und protzig – bis Caligula persönlich (Kaiser 37 – 41) sich in seidene Gewänder hüllte.

M

In dieser Hinsicht fand er aber anscheinend keine „Follower". In einem anderen Bereich dagegen setzte der Kaiserhof deutliche Trends: in der Haar- und Bartmode. Nicht nur Höflinge, sondern auch viele Angehörige der Oberschicht nahmen sich am **Kaiser** bzw. an dessen Frau ein Beispiel und ahmten deren Frisuren nach. Die antiken „Posts" waren dabei Münzbilder. Sie sorgten in diesem Bereich für relativ kurze Moden. Höhepunkte in Sachen „Fülle" war dabei zum einen die Hochfrisur, die in der zweiten Hälfte des 1. Jh.s in Mode war – ein Lockenturm in mehreren „Stockwerken", auch mithilfe von Perückenteilen –, zum anderen, bei den Männern, der Vollbart, für den Hadrian (Kaiser 117 – 138) der Trendsetter war.

Einen besonderen Mode-Coup landete Marcus Aurelius Antoninus (Kaiser 211 – 217). Er ist besser bekannt unter seinem Spitznamen Caracalla. Den bekam er verpasst, weil er häufig einen bis zu den Knöcheln reichenden keltischen Kapuzenmantel „namens" caracalla trug. Tatsächlich führte er dieses „barbarische" Cape erfolgreich in Rom ein.

Eine andere „barbarische Bedeckung" (tēgmen barbarum) machte ebenfalls allmählich im Römischen Reich Karriere. Das waren die langen Hosen (brācae). Seit dem 2. Jh. sah man sie häufiger in der Öffentlichkeit, besonders bei Soldaten. Trotzdem wurden sie ihr negatives Barbaren-Image nicht los. Noch im Jahr 397 verbot Kaiser Honorius, im Stadtgebiet von Rom Hosen zu tragen.

Möbel
→ **Einkaufen; Wohnen**

Müll
Manche Archäologen haben merkwürdige Vorlieben: Sie wühlen gern im Müll. Natürlich ist nicht von Abfällen der modernen Welt die Rede, sondern von Müll, den die Römer produziert haben. Man warf seinen Unrat damals gern in stillgelegte Brunnenschächte, **Toiletten** und ausgediente Festungsgräben. Und so fischen die Archäologen zerbrochene Krüge, verschimmelte Leder-**Schuhe** und Reste von Nüssen, Bohnen oder Oliven sowie man-

chen anderen Müll aus solchen wenig planvoll angelegten Deponien. Dieser Müll ist eine wichtige Quelle für das Alltagsleben vor 2.000 Jahren. Aufwendiger sind Untersuchungen von Flussbetten und Hafenanlagen. Auch darin wurde in der Römerzeit Unerwünschtes und Unbrauchbares versenkt. Der Tiber in Rom wurde ebenso als Müllkippe missbraucht wie der Rhein in Köln und die Themse in London: Hauptsache, das Zeug war weg – eine mittel- oder gar langfristige Lösung der Müllfrage wurde selten angestrebt, an **Umweltschutz** war dahingehend nicht zu denken.

Eine der ganz wenigen Müllhalden, die mit System angelegt wurden, findet sich im Süden der Hauptstadt. Dort liegt der Monte Testaccio, ein „Scherbenberg", dessen antiker Name nicht bekannt ist. 300 Jahre lang wurden dort Einweg-Amphoren entsorgt, in denen vor allem aus Spanien und Nordafrika Öl, Fischsoße, Wein und Getreide nach Rom gebracht worden waren. Rund 50 Millionen Amphoren türmen sich dort zu einer 35 Meter hohen Deponie auf, dem „achten", künstlichen Hügel Roms.

Wie die Hauptstadt andere Abfälle entsorgt hat – darunter auch die Hinterlassenschaften Zehntausender **Tiere** –, wissen wir nicht. Wenn es eine Müllabfuhr gegeben hat, war sie sicher nicht so pünktlich und zuverlässig, wie wir es heute gewohnt sind. Viele Leute ließen ihren Müll auf den Straßen zurück. Zumindest leichtere Abfälle wurden durch das Überlaufwasser aus den Tag und Nacht fließenden Wasserstellen in die Gullys und von da über die Cloaca Maxima, Roms unterirdisches Kanalisationssystem, in den Tiber geschwemmt. Was schwerer war, blieb auch schon mal länger liegen – einschließlich tierischer Kadaver und menschlicher Leichen.

Umweltverschmutzung durch illegale Müllentsorgung war ein Problem, auch wenn es sich dabei nicht um giftige Chemikalien handelte. Wohl aber waren darunter organische Abfälle mit gesundheitsschädlichen Keimen. Dass in Rom vieles in den Tiber „entsorgt" wurde, steht fest. Dagegen dürfte der nächtliche Müllwurf aus dem Fenster die Ausnahme gewesen sein, auch wenn der Satirendichter Juvenal vor einem wahren Hagel von „Abfallgeschossen" warnt:

M

Schau, wie hoch die Häuser sind, von denen aus eine Scherbe / dein Hirn trifft, jedes Mal wenn kaputte Gefäße aus dem Fenster fliegen.

Mit heute verglichen, war die Müllmenge allerdings deutlich reduziert. Der Warenumsatz war viel geringer, weil sich die meisten Menschen nur das zum Leben Allernötigste leisten konnten. Es fielen kaum Verpackungen an, und die Recyclingquote war höher. Eine Wegwerfmentalität – z. B. neu kaufen statt reparieren – kannte die Antike nicht. Eine Ausnahme waren die bereits erwähnten Amphoren, aufgrund ihres Gewichts. Ansonsten wurde vieles wiederverwertet: der Second-Hand- oder sogar Third-Hand-Handel blühte.

Auf dem Land fielen hauptsächlich organische Abfälle an. Sie wurden meist auf ökologisch korrekte Weise entsorgt: Pflanzen- und Küchenabfälle, tierischer Dung und menschliche Exkremente landeten auf dem Misthaufen.

Münze → Geld

M

Musik

Keine gute Idee, was sich Konsul Norbanus da zu seinem Amtsantritt am 1. Januar 19 ausgedacht hatte! Es graute gerade erst der Morgen an diesem ersten Tag des neuen Jahres, aber es hatten sich schon etliche Besucher im und am Haus des Konsuls eingefunden, um ihm die übliche morgendliche Aufwartung (salūtātiō) zu machen. Man kann sich vorstellen, wie verschlafen, durchgefroren und missmutig etliche **Klienten** waren und ziemlich matt ihren Gedanken nachhingen. Ihnen fuhr der Schreck in die Glieder, als Norbanus plötzlich seinem Hobby frönte: Er spielte Trompete – und begrüßte seine Besucher mit kräftigen Fanfarenstößen. Da die tuba auch ein wichtiger militärischer Signalgeber war, fuhren nicht wenige Anwesende zusammen.

„Es war", schildert der Geschichtsschreiber Cassius Dio, **„als hätte der Konsul ihnen ein Signal zum Kampf gegeben."**

Die Leute waren sich einig: kein guter Jahresbeginn! Norbanus war von der Reaktion vermutlich überrascht. Er war einfach nur ein tuba-Freak und hatte das neue Jahr mit seinem Lieblingsinstrument begrüßen wollen.

Es gab sicher nicht viele **Senatoren**, die diese Leidenschaft teilten. Die meisten tuba-Bläser waren Profi-Musiker. Das traf auch auf das andere große Blasinstrument zu, das bogenförmige Horn (cornū). Beide Instrumente wurden gern bei den öffentlichen Spielen, bei Prozessionen und Leichenzügen im aristokratischen Umfeld eingesetzt. Sie waren, freundlich ausgedrückt, nicht zu überhören.

Privatleute zogen die Flöte vor. Die tībia war das bevorzugte Blasinstrument, als einfache Langrohrflöte, als Doppelflöte oder als Panflöte mit unterschiedlich langen Pfeifen (sȳrinx). Viele nahmen bei Musiklehrern Unterricht, um das Flötenspiel zu erlernen, andere schauten es sich einfach bei „Könnern" ab. Flöten waren bei allen möglichen Gelegenheiten präsent: Sie begleiteten **Opfer**-Handlungen, das **Theater**-Spiel und waren als Hintergrundmusik bei **Partys** beliebt. Manche Gastgeber engagierten auch Flötenspielerinnen, die ihre Musik mit erotischen Tänzen verbanden. Bei ländlichen **Festen** traten ebenfalls Flötenspielerinnen und -spieler in Erscheinung; viele Hirten hatten die Flöte ständig als Freizeitinstrument dabei. Einer sang, ein anderer begleitete ihn mit der Flöte – so griffen Literaten wie Vergil dieses Motiv in ihrer Hirtendichtung auf.

Musik in der Antike – das verbinden die meisten Menschen mit der Lyra und der Kithara. Und das nicht zu Unrecht! Auch berühmte Gottheiten und Heroen wurden gern mit diesen Saiteninstrumenten dargestellt, den eigenen Gesang instrumental begleitend: Apollo und Minerva, Bacchus und der in Rom besonders beliebte Orpheus. Sein Talent, mit seiner Musik sogar die **Tiere** zu verzaubern, wurde nicht nur von Dichtern besungen, sondern auch von Malern und Mosaizisten oft aufgegriffen – durchaus ein Beleg dafür, wie sehr die Römer die Musik schätzten.

Orpheus fasziniert im Mythos mit seinem Kithara-spiel und Gesang die Tiere. Fußbodenmosaik aus Kleinasien (heute Türkei), 3. Jh.

Weitere Saiteninstrumente waren die sambūca (Harfe) und die pandūra (Laute). Aber sie standen im Schatten von Lyra und Kithara, deren Bezeichnungen auf ihren griechischen Ursprung deuten. Die Lyra war das einfachere Instrument. Ihren Schallkörper bildete eine Schildkrötenschale. Die Kithara dagegen hatte einen viel größeren, aus Holz gearbeiteten Schallkörper; ihr Klang war entsprechend voller, und sie galt als das vornehmere Instrument. Beide Instrumente wurden entweder mit den Händen oder mithilfe eines plēctrum (Schlag-stäbchen) und in der Regel im Stehen gespielt. Der Spieler begleitete sich selbst beim Gesang. Wir sprechen noch heute von lyrischer Dich-tung, weil viele Gedichte mit Lyra-Begleitung vorgesungen wurden. Nicht zufällig hat das künstlerische Produkt, das carmen, im Deut-schen zwei Bedeutungen: „Gedicht" und „Lied".

Der singende Kitharaspieler hieß citharoe-dus, „Kitharöde". Anders als der Gitarrespieler, der sein sprachliches Erbe angetreten hat („Gitarre" von kithára), trat er nicht im beque-men Freizeit-Outfit auf, sondern oft in lang wallendem, Vornehmheit ausstrahlendem Mantel. „In Gold und Purpur erstrahlend, er-zeugte er kunstvolle Lieder auf widerhallenden Saiten" – so wird der wohl berühmteste, aber keineswegs fähigste Kitharöde des Altertums beschrieben: Nero (Kaiser 54–68). Er trainierte hart, um als Künstler zu brillieren, engagierte die besten Lehrer – und trat dann öffentlich auf. Allerdings sorgte er vor, dass er genügend Applaus bekam: Er ließ 5.000 Claqueure („Klat-scher") zusammenstellen und duldete nicht, dass irgendjemand das Theater verließ, wäh-rend er als Kitharöde auftrat.

„Und so sollen sogar einige Frauen während seiner Vorstellungen Kinder zur Welt gebracht haben." (So Neros Biograf Sueton.)

Auch Schlaginstrumente prägten die Musik der Römer: Fuß- und Handklappern (scabella bzw. crotala), Becken (cymbala) und Tamburine (tympana). Auf den religiösen Bereich be-schränkt war das sīstrum, die eng mit dem Isis-Kult verbundene, helltönende Handklapper. Schlaginstrumente leisteten bei Umzügen gute Dienste. Im Theater wurden sie – neben ande-ren Musikinstrumenten – auch bei Pantomi-mus-Vorführungen eingesetzt. Überhaupt lebte der Pantomimus vom Zusammenspiel der kör-perlichen Ausdruckskunst und der musikali-schen Untermalung des Tanzes. Sie bestand aus Chorgesang und Orchestermusik. Der je-weiligen Handlung entsprechend wechselten sich sanfte Lyra- und Flötentöne mit lauten, dramatischen Pauken- und Kastagnettenklän-gen ab. Die vom Chor vorgetragenen cantica, „Lieder", entwickelten sich nicht selten zu Schlagern, die die Leute auch auf der Straße sangen und summten.

Die von dem griechischen Mechaniker Kte-sibios im 3. Jh. v. Chr. erfundene Wasserorgel (hydraulis) war ein Tasteninstrument mit meh-reren Pfeifenreihen. Wohlhabende Privatleute nutzten sie zur Hausmusik. Wegen ihres voll-tönenden, durchdringenden Klangs war sie aber vor allem in Circus und Amphitheater beliebt. Wohl auch wegen dieser „problematischen" Vergangenheit wurden Orgeln in christliche Kirchen der Spätantike noch nicht eingebaut.

Reine Musikvorführungen fanden häufig in Odeien (ōdēa) statt. Das waren kleinere, oft überdachte Theater, die eine gute Akustik für

M

Gladiatorenkampf (rechts; der Schiedsrichter scheint den Kampf gerade zu unterbrechen) mit lauter musikalischer Begleitung (links): Trompete, Orgel und Hörner. Fußbodenmosaik aus Nordafrika, 3. Jh.

Konzerte und Rezitationen boten. Der Name leitet sich von griechisch ōdē, „Gesang", ab. In Pompeji entstand schon im 1. Jh. v. Chr. ein Odeion („kleines Theater"), in Rom ließ Kaiser Domitian um 100 n. Chr. eine solche Konzerthalle mit 7.000 Plätzen bauen. Sie galt als eines der schönsten Bauwerke der Stadt, ist aber nicht erhalten. Sie war auch Schauplatz musikalischer Wettbewerbe. Die Größe des Zuschauerraums zeigt, dass Musikfestivals im alten Rom ziemlich beliebt waren.

Das trifft auch auf den Gesang zu. Gewiss, es gab Stimmen, die das Singen als nicht vereinbar zumindest mit aristokratischer gravitās („Würde") sahen. Und sicher galt das ehrwürdige **Forum** Romanum nicht gerade als geeigneter Ort, um ein Liedchen zu trällern – magna perversitās, regt sich Cicero auf. Aber die Menschen ließen sich von Bedenkenträgern und Miesmachern nicht vom Singen abbringen. Gesungen wurde überall: bei der **Arbeit** und beim Militär, beim Feiern und beim Babysitten, beim Flirten (mit Ständchen vor der Haustür der Angebeteten) und beim Wandern, beim Schafehüten und beim Rudern, im Bad und auf der Straße, wo Händler und sogar **Bettler** mit Gesangseinlagen auf sich aufmerksam machten, in Urlaubsparadiesen der reichen Leute ebenso wie auf Volksfesten, „wo die Menschen alles singen, was sie in den Theatern aufgeschnappt haben" (Ovid). Und was die stirnrunzelnden Gegner von Gesang und Tanz angeht, so stimmten auch die meisten von ihnen bei Trinkabenden zu vorgerückter Stunde in die „unanständigen Lieder mit ein, von denen jede Abendgesellschaft dröhnte".

Selbstverständlich sangen auch Frauen bei allen Gelegenheiten – auch wenn das den Konservativen nicht gefallen haben mag. Dass eine Sempronia aus vornehmer **Familie** „anmutiger zu singen und zu tanzen verstand, als es für eine anständige Frau nötig ist", konnte Sallust im 1. Jh. v. Chr. noch mit einigem Missmut feststellen. In der Folgezeit aber wurde es auch in der „besten" Gesellschaft fast zur Normalität, dass manche Frauen Gesangs- und Tanzunterricht nahmen. Der Dichter Ovid rät ihnen sogar dringend dazu: Musikalische Fähigkeiten steigerten die weibliche Attraktivität, findet er.

Auch in der Ausbildung der Redner sollte Musik in theoretischer und möglichst auch praktischer Form eine gewichtige Rolle spielen, so der Rhetorikprofessor Quintilian.

Aber auch für die Musik gilt: Man kann es übertreiben. In seinem Roman lässt Petron den **Freigelassenen** Trimalchio eine **Party** geben, und da vergeht kein Moment, ohne dass seine Gäste mit Musik terrorisiert werden. Die **Sklaven**, die die Teilnehmer des Gastmahls geradezu umschwirren, singen bei jedem Gästekontakt: beim Auftragen der Speisen ebenso wie beim Zerlegen des Fleisches, beim Anbieten von Brot ebenso wie bei der Fußpflege. Und wenn der Hausherr erscheint, irgendetwas Besonderes zum Besten gibt, ein neuer Gang serviert oder der vorangehende abgeräumt wird, erfolgt gnadenlos ein Tusch des Orchesters.

Wie sehr die Musik das Leben aller Römerinnen und Römer durchdrang, sieht man an einem sprachlichen Befund: Für verschiedene Künste standen ursprünglich neun Musen als Personifikationen; durchgesetzt als „Musenkunst", ars mūsica, hat sich aber nur eine – die Musik, und zwar bis heute. *The winner takes it all.* Bestimmte musikalische Freiräume oder eine eigene Musikszene für **Jugendliche** scheint es übrigens nicht gegeben zu haben. Sie mussten sich mit der traditionellen Musik arrangieren.

Mysterienkult

Mysteriös – das hört sich geheimnisvoll an. Und genau das bedeutet das griechische Ursprungswort mysterion: „Geheimnis". Die Römer haben das Wort übernommen; als mystēria bezeichneten sie Religionsgemeinschaften, die nur Eingeweihten offenstanden. Der lateinische Begriff macht das noch deutlicher: sēclūsa sacra, „abgeschlossene", (von der Allgemeinheit) „getrennte" Kulte mit eigenen Gottesdiensten, Ritualen und religiösen Überzeugungen. Gegenüber der allen Bürgern gemeinsamen Religion, die sich, salopp formuliert, mit Jupiter & Co. verband, schlossen Mysterienkulte eine Lücke, die die „offizielle" Religion offenließ: Sie versprach nichts über den Tod hinaus. Mysterienkulte dagegen vermittelten ihren Mitgliedern nicht nur die Hoffnung auf ein erfüllteres Leben im Diesseits, sondern auch auf ein Weiterleben im Jenseits.

Voraussetzung war, dass man sich in den Kult aufnehmen ließ. Das geschah durch Initiationsriten (inīre, „hineingehen"), beim Christentum z. B., das die meisten Römer als Mysterienkult ansahen, durch die Taufe. Mit der Aufnahme in die religiöse Gemeinschaft verband sich meist ein Schweigegelöbnis: Die Anhängerinnen und Anhänger sollten nichts über ihre Glaubensgemeinschaft nach außen weitergeben. Man könnte auch sagen: ihre „Geheimnisse", „Mysterien", für sich behalten.

M

Mithras tötet den Stier. Durch dieses zentrale Opfer sollte neues Leben entstehen. Die Mithras-Religion war in der Kaiserzeit ein Mysterienkult ausschließlich für Männer. Wandmalerei aus Rom, 2. Jh.

Die Attraktivität der Mysterienkulte lag darin, dass sie ihren Gläubigen eine besondere salūs, ein „Heil", eine „Erlösung", versprachen und ihnen eine aktive Teilhabe am „Gottesdienst" ermöglichten, und zwar in Form von religiösen Feiern, Prozessionen und exklusiven Privilegien als Gläubige, bei denen sie auch eine innere Beziehung zu ihrer speziellen Gottheit aufbauen konnten. Die wichtigsten Mysterienkulte verbanden sich mit der griechischen Fruchtbarkeitsgöttin Demeter (Ceres), mit dem Weingott Bacchus, den ägyptischen Gottheiten Isis und Osiris, der kleinasiatischen Kybele, der als „Großer Mutter" auch in der „offiziellen" Religion gehuldigt wurde, und dem persischen Lichtgott Mithras. Der gewann in der Kaiserzeit viele Anhänger. Aber da er sich ausschließlich an Männer wandte, konnte er sich letztlich nicht gegen das Christentum behaupten.

Solange die offizielle Religion nicht durch religiöse Gemeinschaften gefährdet wurde, die sich stärker auf den Einzelnen, seine Bedürfnisse und Ängste konzentrierten, zeigte der römische Staat ein hohes Maß an Toleranz.

Den Christen aber war es durch das 1. Gebot untersagt, „anderen" Göttern als ihrem eigenen zu huldigen. Sie lehnten es daher ab, dem **Kaiser** göttliche Ehren zu erweisen – eine „Intoleranz" dieser Glaubensgemeinschaft, die die staatlichen Organe herausforderte. Zudem hatten viele Christen einen anderen Lebensstil als ihre Mitmenschen. Sie machten weder bei staatlichen **Opfern** mit, noch durften sie die öffentlichen Spiele besuchen, die ja „heidnischen" Gottheiten gewidmet waren. Außerdem hielten sie ihre Zusammenkünfte in Privathäusern ab: eine undurchschaubare, wahrhaft mysteriöse Sekte, die zudem keinen anderen als ihren eigenen Gott zuließ.

Diese Eigenständigkeit und Distanzierung trug den Christen aber letztlich den Erfolg als offizielle Religion des Imperium Romanum ein: 390/391 erhob Kaiser Theodosius den einstigen christlichen „Mysterienkult" zur alleinigen Reichsreligion; in diesem Zuge verbot er zudem alle anderen Kulte und ließ sämtliche „heidnischen" **Tempel** schließen.

Mythos Antike Mythen begegnen uns heute noch auf Schritt und Tritt. Ein paar Beispiele gefällig? Bis heute ist er der Inbegriff von Stärke und Entschlossenheit: Herkules, der antike „Superman", der es mit Monstern und anderen Bedrohungen für die Menschen aufnimmt und stets siegt. Der Atlas, der den Schulranzen ordentlich schwer macht – er trägt sozusagen die ganze Welt in sich wie sein Namensgeber, der Titan Atlas: Der trug der Sage nach schwer an der Erdkugel, die er im Westen des Weltgebäudes schulterte. Wer sich „bezirzen" lässt, verdankt das sprachlich der Zauberin Circe. Sie bezirzte sogar den großen Odysseus. Zerealien zum Frühstück? Da kommt Ceres, die römische Göttin des Getreides, als Spenderin eines der wichtigsten menschlichen Nahrungsmittel ins Spiel. Wer „martialisch" auftritt, wirkt ähnlich aggressiv-kriegerisch wie Mars, der Gott des Krieges. Eine „narzisstische" Persön-

Der Titan Atlas trägt das Himmelsgewölbe. Römische Skulptur aus dem 2. Jh.

lichkeit – darunter verstehen Psychologen einen geradezu krankhaft selbstverliebten Menschen, dessen ganzes Denken wesentlich um ihn selbst kreist. Vorbild war der schöne Jüngling Narzissus, dessen Selbstliebe zur tödlichen Sucht wurde. Wenn jemand sich „sibyllinisch" äußert, dann bleibt unklar und rätselhaft, was er letztlich meint – so wie die Orakelsprüche der Sibyllen. Sie galten als gottinspirierte Prophetinnen, aber Eindeutigkeit war nicht ihre Stärke.

All das sind Beispiele für das Weiterleben des antiken Mythos. Das griechische Wort bedeutet „Rede", „Erzählung", „Erdichtetes", auch „Märchen". Der lateinische Begriff dafür war fabula. Es war den Griechen und Römern schon bewusst, dass diese Erzählungen im Grenzbereich zwischen Geschichte und Sage, zwischen Menschen und Göttern fiktiv waren, jedenfalls keine Tatsachenberichte. Aber sie hatten für sie eine tiefere Wahrheit. Sie dienten der Welterklärung – mit einer anderen als der naturwissenschaftlich-rationalen Sicht. Der Mythos bündelt menschliche Erfahrungen, Gefühle und Erwartungen. Er bringt uns in einer spannenden, oft dramatischen und mit viel Action aufgeladenen „Story" Typen und Verhaltensweisen nahe, die wir alle kennen. Wie die Welt und ihre vielen Erscheinungsformen entstanden und vergangen sind, wie sie sich verändert und gegenseitig beeinflusst haben – das erzählt der Mythos gewissermaßen persönlich und anschaulich.

Pflichtbewusstsein ist ein abstrakter moralischer Wert. Konkret und unmittelbar erfahrbar wird er durch das Beispiel des pius Aenēās. Der pflichtbewusste trojanische Urahn der Römer nimmt vieles auf sich, um den Willen der Götter zu erfüllen: Er soll die Grundlagen zu einem neuen Troja legen. Als solches sah sich Rom. Seine zehnjährige Irrfahrt auf dem Mittelmeer orientiert sich an einem griechischen Vorbild: Auch Odysseus benötigt zehn Jahre, um nach dem Trojanischen Krieg nach Hause zurückzukehren. Homer hat sein Schicksal in der „Odyssee" beschrieben. Mit der „Aenēis", der Erzählung von den Abenteuern des Äneas und seiner Gefährten, schuf der Dichter Vergil gleichsam eine „römische Odyssee".

Dädalus versucht mit seinem Sohn zu fliegen, um dem Minotaurus auf Kreta zu entfliehen. Doch Ikarus fliegt zu nah an die Sonne – das Wachs, das die Federn zusammenhält, schmilzt, und er stürzt ab. Gemälde von Jakob Pieter Gowy, 17. Jh.

M

Wenige Jahre später schuf sein Kollege Ovid mit den „Metamorphosen" („Verwandlungen") ein einzigartiges Werk: Er verband griechische und römische Mythen zu einem genialen carmen perpetuum, einem „ununterbrochen fortlaufenden Gedicht". Aus rund 250 Geschichten formte er ein erzählerisches Geflecht von 15.000 Versen. Dieses literarische Kunstwerk ist weit mehr als ein Lexikon der antiken Mythologie. Als solches sind die „Metamorphosen" allerdings zwei Jahrtausende lang gelesen und genutzt worden; für unzählige Dichter und Bildhauer, Maler und Romanautoren sind sie Quelle ihrer künstlerischen Inspiration gewesen. Wer die Farbigkeit, Lebendigkeit und Dramatik des antiken Mythos erfahren will, sollte sie lesen – und sich darüber freuen, dass Ovids letzter Wille, bevor er in die Verbannung gehen musste, *nicht* in Erfüllung gegangen ist: Da das Werk noch nicht ganz fertig war, wollte er, dass es verbrannt würde. Zum Glück wurde es aber gerettet – eine Story, die sich in ihrer Dramatik schon selbst wie ein antiker Mythos anhört.

N

Nahrungsmittel → Getränke; Mahlzeiten; Tiere; Transportmittel

Namen

Cornelia, die Mutter der Gracchen (zwei Brüder, die sich im 2. Jh. v. Chr. politisch für das Volk engagierten), war eine selbstbewusste, gebildete Frau. In der Antike wurde sie gerühmt, und auch heute noch gilt sie manchen Historikern geradezu als weibliche Lichtgestalt im alten Rom. Aber fehlt es da nicht ordentlich an Respekt, wenn sie immer nur mit ihrem „Vornamen" erscheint?

In Wirklichkeit ist dieser Vorname ein **Familien**-Name. Cornelia gehörte der gēns Cornēlia an, einem überaus angesehenen Adelsgeschlecht. Und in Rom war es üblich, dass weibliche Angehörige eines solchen „Clans" einfach den Familiennamen als Rufnamen trugen. Auch Cornelias Schwester war eine Cornelia. Manchmal fügte man zur Unterscheidung den Zusatz „Maior" oder „Minor" an („die Ältere" bzw. „die Jüngere"), oder es wurde nummeriert: Cornelia Secunda, Cornelia Tertia usw. („Cornelia die Zweite", „Cornelia die Dritte"). In modernen Sprachen, u. a. im Deutschen, haben sich ursprünglich römische Familiennamen zu weiblichen und männlichen Vornamen entwickelt: Julia, Antonia, Claudia bzw. Julius, Antonius und Claudius sind Beispiele dafür.

Männer dagegen trugen mindestens zwei Namen: einen Vornamen (praenōmen), den Familiennamen (nōmen gentīle) und, vor allem in der Oberschicht, häufig auch einen Beinamen (cōgnōmen). Gajus Julius Cäsar: praenōmen + nōmen gentīle + cōgnōmen. Der Beiname konnte ein (traditioneller) Zusatz zum Familiennamen sein oder ein eigenes individuelles Merkmal bzw. das eines Urahnen benennen. Marcus Tullius Cicero: praenōmen + nōmen gentīle + Kopfform des Vorfahren („Kichererbse").

Im alten Rom gab es nur rund 17 Vornamen, aber an die 2.000 cōgnōmina sind überliefert. Manche waren nicht sehr schmeichelhaft: Brutus ist der „Dummkopf", Naso der mit der großen „Nase" und Crassus der „Fettsack". Dagegen konnte ein Marcus Porcius Cato zufrieden mit seinem Beinamen sein: Er weist ihn als „clever", als „klugen Kopf" aus.

Feldherren, die einen bedeutenden Triumph errungen hatten, erhielten weitere cōgnōmina: Ein Africanus war „Sieger über Afrika", ein Germanicus ein „Bezwinger Germaniens". Häufig bürgerte sich – manchmal erst in der Neuzeit – das cōgnōmen als Hauptname ein: so bei Cäsar (ein ererbter Beiname), Augustus (ein vom Senat verliehener Beiname: der „Erhabene"), Martial (Marcus Valerius Martialis), Catull (Marcus Valerius Catullus) und Seneca (Lucius Annaeus Seneca) – die letzten drei cōgnōmina waren ererbte. Und warum dann „Livius"? Der Geschichtsschreiber Titus Livius hatte keinen Beinamen. Und warum „Pompejus"? Der trug doch sogar den stolzen Beinamen Magnus, „der Große". Und warum sprechen wir meist von Marc Anton, verwenden also beides, den Vor- und den Familiennamen? Die Antwort ist ernüchternd: Weil es sich im Laufe der Zeit so ergeben hat – ohne Logik, einfach so.

Sklaven und Sklavinnen hatten nur einen Rufnamen. Oft wurde er ihnen von ihrem neuen

Grabstein des Publius Ajedius und seiner Ehefrau Ajedia. Beide waren Freigelassene des Publius Ajetius. „P L" steht für **Publiī lībertus** bzw. **līberta**. Rom, 1. Jh.

Herrn einfach „verpasst". Sprechende Namen waren beliebt: Herkunftsbezeichnungen wie Syrus, „der Syrer", oder Lyde, „die Lydierin"; außerdem Adjektive, die positive Erwartungen ausdrückten: Celer, „der Schnelle", Felix, „der Glückliche" (der häufigste Sklavenname) oder Ordnungszahlen wie Prima, „die Erste" (Spitzenreiter bei den Sklavinnen). Die Zahl der Sklavennamen übertraf die der Freien bei Weitem: Es sind mehr als 27.000 bekannt, davon rund 18.000 griechische, 8.000 lateinische und 500 aus anderen Sprachen.

Wurden Sklaven freigelassen, dann brauchten sie als römische **Bürger** einen drei-, mindestens aber einen zweiteiligen Namen. Der Sklavenname blieb als cōgnōmen – und Rufname – erhalten; Vor- und Familiennamen übernahmen die **Freigelassenen** von ihrem früheren Herrn. Ein von Cäsar freigelassener Sklave namens Felix verwandelte sich also in einen Gajus Julius Felix. Erfolgte die Freilassung durch eine Frau, so fehlte der Vorname. Ein Sklave namens Felix von Cäsars Tochter Julia hieß deshalb nach seiner Freilassung Julius Felix. Oft wurde – z. B. in Texten auf Grabsteinen – hinzugesetzt: … Iūliae līb (lib ist die Abkürzung für lībertus), „ … Freigelassener der Julia". Da zeigt sich das Wesen des Genitivs: Er ist ein Kasus der Zugehörigkeit. Und deshalb tauchte auch bei (freien) Frauen in vielen Dokumenten gern der Name des Ehemannes als Genitivattribut auf: Cornēlia Gracchī (uxor), „Cornelia, (die Frau) des Gracchus". Alternativ konnte auch der Name des Vaters die Zugehörigkeit angeben: Cornēlia Āfricānī f (f steht für fīlia), „Cornelia, die Tochter des Africanus". Auf jeden Fall war damit auch bei einer so eigenständigen Frau wie Cornelia ihre „Definition" über einen Mann klargestellt. Das war den römischen Männern durchaus wichtig.

Nobilität

Menschen von adliger Abstammung halten sich oft für etwas Besseres. Sie bringen das auch mit großem Selbstbewusstsein sprachlich zum Ausdruck. Die Adligen im alten Griechenland nannten sich hoi áristoi, „die Besten". Im Deutschen leitet sich „edel" von „Adel" ab, und die römischen **Patrizier** rühmten sich ihrer allein nennenswerten patrēs, „Väter".

Die Ständekämpfe im 5. und 4. Jh. v. Chr. führten dazu, dass auch Plebejer die höchsten Posten innerhalb der **Ämterlaufbahn** bekleiden durften. Die wenigen plebejischen **Familien**, die nun auch Prätoren und Konsuln stellten, hatten aber ein geringes Interesse daran, diesen exklusiven Kreis zu erweitern und die Macht mit weiteren Familien zu teilen. Und so schotteten sich die **Patrizier und Plebejer**, die es „geschafft" hatten, schnell wieder nach unten ab. Sie bildeten einen neuen Adel – keinen mehr, der nur auf der Geburt beruhte, sondern einen, der höchste **Beamte** hervorgebracht hatte. Und das bedeutete: Man sah zu, dass nur Männer aus Familien zum Konsulat gelangten, die schon einmal einen Konsul gestellt hatten.

Diese Familien waren reich, vor allem aufgrund von Großgrundbesitz. Sie zeigten diesen Reichtum, hatten viele **Sklaven** und **Klienten**; die meisten pflegten einen aufwendigen Lebensstil. Sie waren bekannt und berühmt – und etwas Besonderes: noble Leute sozusagen. Das deutsche Lehnwort „nobel" stammt von lateinisch nōbilis ab, und das bedeutet eben „bekannt" und „von edler Geburt". Kein Wunder also, dass sich dieser neue Adel als nōbilēs bezeichnete. Wir sprechen heute von der „Nobilität". Man kann sie als „Amtsadel" bezeichnen, weil sie sich auf mindestens einen Ahnen berief, der hohe Ämter bekleidet hatte, darf aber seine wirtschaftliche Macht dabei nicht übersehen.

Die nōbilēs waren sehr stolz auf ihre Ahnen. Im Atrium ihrer Häuser bewahrten sie deren Wachsmasken auf: Wenn möglich, formte man bei einem Verstorbenen mit Wachs das Gesicht ab. Das Recht auf solche Abbilder (iūs imāginum) stand aber nur Familien der Nobilität zu. Bei Leichenbegängnissen gaben auch die Ahnen dem oder der gerade verstorbenen Angehörigen der Familie das letzte Geleit – in Gestalt von Schauspielern, die die Wachsmasken aufgesetzt hatten.

Ist es den nōbilēs gelungen, ihren exklusiven Zirkel vor ehrgeizigen „Eindringlingen" zu schützen? Ja, tatsächlich, und zwar in bemer-

Statue eines römischen Senators mit den Bildnissen seiner Ahnen. Rom, 1. Jh. v. Chr.

„Vor Ciceros Konsulat kochte der größte Teil der Nobilität vor Eifersucht. Sie glaubten, das Konsulat werde geradezu entweiht, wenn ein homō novus es erreichen würde, mochte er auch noch so tüchtig sein." (So kommentierte der Geschichtsschreiber Sallust.)

Die berühmtesten novī hominēs waren Marcus Porcius Cato (Konsul 195 v. Chr.) und Marcus Tullius Cicero (Konsul 63 v. Chr.). Die beiden wussten, was sie zu tun hatten: Die nōbilitās ihres Standes in besonders feuriger Weise zu rühmen und zu verteidigen. Klar, denn jetzt waren sie ja „drin".

O

Opfer Als Caligula im Jahr 37 den römischen Kaiserthron bestieg, löste das im Volk ungeheure Begeisterung aus. Zum Dank für dieses glückverheißende Ereignis sollen den Göttern in den nächsten drei Monaten nicht weniger als 160.000 **Tiere** geopfert worden sein – vermutlich eine gewaltige Übertreibung, aber eine solche Reaktion ist doch im Kern glaubhaft. Vier Jahre später musste sich die kleine Minderheit von Intellektuellen, die den Opfern als Form des Gottesdienstes grundsätzlich kritisch gegenüberstanden, bestätigt fühlen: Ein tödliches Attentat beendete das Leben dieses Herrschers, den die römischen Geschichtsschreiber zu den schlimmsten Tyrannen zählten. Die Rekordzahl an Opfern hatte nichts „gebracht". Oder, freundlicher formuliert: Sie hatten die Götter nicht erreicht.

Das Opfer galt als Medium, „Mittel", der Menschen, um mit den Göttern in Kontakt zu kommen. Man trennte sich von etwas Eigenem und machte es den Göttern zum Geschenk. Durch ihre neuen Besitzer erhielt diese Gabe

kenswerter Weise: In den 300 Jahren zwischen der Mitte des 4. und der Mitte des 1. Jh.s v. Chr. kennen wir nur etwa 15 Männer, die die Barriere durchbrochen haben. Sie werden als novī hominēs, „neue Männer", bezeichnet, wobei novus, „neu", für viele Römer keinen guten Klang hatte – „Emporkömmling" im Deutschen ja auch nicht.

eine andere Qualität: Sie wurde heilig. Nichts anderes bedeutet das lateinische Wort für „opfern"; in sacrificāre stecken sacer, „heilig", und facere, „machen". Das Substantiv sacrificium, „Opfer", ist also eigentlich eine „Heiligmachung".

Das Opfer war eine Art Verzicht, mit dem man sich gegenüber einem Gott oder einer Göttin dankbar erwies. Zugleich wollte man sich damit die Gunst der Gottheit sichern. Das begleitende Gebet brachte in altertümlichem Latein die Bitte zum Ausdruck, utī siēs volēns propitius, „dass du wohlwollend und geneigt bist". Als Bauernvolk war es für die Römer besonders wichtig, dass sie mit den Göttern, die vor allem für die Felder und das Vieh „zuständig" waren, in Frieden lebten. Diese pāx deōrum, der „Frieden mit den Göttern", war der wichtigste Zweck jedes Gebets und jedes Opfers. Die Bauern opferten deshalb die Erstlingsfrüchte (prīmitiae) jeder Ernte – Ähre, Bohne, Feige, Traube, Apfel usw. Außerdem brachten sie zu zahlreichen weiteren Gelegenheiten Opfer dar.

„Das Speiseopfer für Jupiter: Opfergaben im Geldwert von einem As und einen Krug Wein. Bringe Jupiter das Opfer nach den Regeln dar und berühre es selbst. Später, wenn das Speiseopfer vollzogen ist, säe Hirse, Knoblauch und Linsen." (Cato der Ältere)

Im häuslichen Bereich opferte man den Hausgöttern (Penaten) regelmäßig. Sie bekamen Schüsselchen mit kleinen Portionen hingestellt. Auch wurden geringe Mengen des Essens auf dem Hausaltar verbrannt, darunter Früchte, Kräuter, Honig, Salz und Opferkuchen. Das Ausgießen (lībāre) von Wein über den Altar war ein übliches Trankopfer (lībāmentum). In den meisten städtischen Haushalten waren diese Opfer nur eingeschränkt möglich. Tragbare Altäre (foculī) gehörten zur Grundausstattung von Villen und Bauernhöfen, aber nicht von beengten Mietwohnungen.

Die bisher erwähnten Opfer waren unblutig. Sie fanden vermutlich häufiger statt als blutige Opfer, bei denen Opfertiere (hostiae) am Altar getötet wurden. Diese blutigen Opfer waren natürlich spektakulärer als die unblutigen.

Daher wurden sie viel häufiger im Bild dargestellt. Von Opferszenen gibt es sehr viele römische Reliefs. Dabei wird der eigentliche Tötungsakt allerdings kaum gezeigt, sondern meist nur die Szene, in der das Opfertier zum Altar geführt wurde bzw. dort kurz vor seiner Opferung stand. Das hatte gute Gründe. Wenn dem Tier der tödliche Messerhieb versetzt wurde, das Blut weit spritzte, das Opfertier zusammenbrach, das Gedärm und Exkremente herausquollen, war das kein schöner Anblick, und der unangenehme Geruch wurde nicht immer von dem Weihrauch überlagert, der zuvor auf dem Altar verbrannt worden war.

Es hing stark vom Geldbeutel der bzw. des Einzelnen ab, was für ein Tier sie oder er den Göttern darbringen konnte. Ärmere begnügten sich mit einem Huhn oder einer Wachtel; auch das Schwein galt als vergleichsweise preiswertes Opfertier. Schafe und vor allem Rinder gingen dagegen sozusagen ins **Geld**. Vor allem in den Städten war der Verkauf von Opfertieren ein lohnendes Geschäft. Als zu Beginn des

Ein Hausaltar direkt an einer Zimmerwand. Hineingemalt ist die bewaffnete Minerva (u. a. Göttin des Krieges). Aus der Vesuv-Region, 1. Jh.

2. Jh.s das Christentum in Kleinasien (heute Türkei) zunehmend Anhänger gewann, ging der Absatz deutlich zurück. „Es findet sich nur noch sehr selten ein Käufer für Opferfleisch", beklagte sich die Branche damals mit der bei solchen Ängsten üblichen Übertreibung.

Opfertiere waren offensichtlich ein bedeutender Wirtschaftsfaktor. Und das zeigt, wie häufig blutige Opfer sowohl im privaten als auch im öffentlichen Bereich vorkamen. Private Opfer waren nicht auf den ländlichen Bereich beschränkt. Jeder hatte die Möglichkeit, auch ein größeres Tier in Absprache mit Tempelwächtern und **Priestern** vor einem **Tempel** in der Stadt – sogar vor dem kapitolinischen Jupiter-Tempel – zu opfern, etwa bei familiären Anlässen wie der Geburt eines Kindes, einer **Hochzeit** oder der Genesung eines engen Verwandten. Der Ablauf unterschied sich nicht von dem staatlicher Opfer, die regelmäßig sowie zu besonderen Gelegenheiten von hohen **Beamten** und Priestern durchgeführt wurden.

Bei offiziellen Anlässen wurden selten Schweine, häufiger Schafe und am häufigsten Rinder geopfert. Opfertiere sollten ohne äußerliche Makel sein, weibliche Gottheiten erhielten weibliche, männliche Gottheiten männliche Tiere, Gottheiten des Himmels helle, Gottheiten der Unterwelt dunkle Tiere. Sträubte sich ein Tier beim Gang zum Altar heftig dagegen, so wurde es ausgetauscht. Der Widerstand des Opfertieres galt als schlechtes **Vorzeichen**, bei dem sich der „Frieden mit der Gottheit" nicht erreichen ließ. Je wichtiger der Anlass war, umso größer war die Zahl der Opfertiere. Wer den Göttern viel zu verdanken hatte oder vieles von ihnen erwartete, musste sich spendabel zeigen – das war die römische Logik eines ausgewogenen Gebens und Nehmens auch im „Geschäft" mit den Göttern.

Das Opfertier wurde, mit Kränzen und Bändern geschmückt, zum Altar geführt, der vor oder auf der Treppe zu einem Tempel stand. Diese pompa („Festzug") war ein feierlicher Akt, der viele Menschen zu Zeugen des bevorstehenden Opfers machte. Die öffentliche Inszenierung eines Gottes-Dienstes war den Römern wichtig; man kann durchaus von einer Show sprechen. Anschließend wuschen sich die „Offiziellen" die Hände. Auch Flötenspielerinnen und -spieler waren anwesend; sie begleiteten die Zeremonie mit ihrer **Musik**. Ein Herold gebot allen Teilnehmern des Opfers mit einem **favēte linguīs** Schweigen („hütet eure Zungen!"). Daraufhin sprach der Opfernde – der Magistrat, Priester oder Familienvater – die vorgeschriebenen Gebetsformeln. Das Ablesen schützte vor Fehlern, die das Opfer unwirksam gemacht hätten. Um nicht von Umgebungslärm abgelenkt zu werden, zog sich der Sprecher dabei die Toga hinten über den Kopf. Nach dem Gebet wurden Wein und gesalzenes Dinkelmehl über den Kopf des Tieres geschüttet. Das Dinkelmehl hieß mola salsa; dadurch entwickelte sich das Verb immoläre („einmehlen") zu einem Begriff für „opfern". Ein Opferdiener betäubte das Tier mit einem Hammerschlag; anschließend stieß er ihm ein Messer in die Halsschlagader oder tötete es mit einer Axt – ein brutaler Vorgang, bei dem man hoffte, dass möglichst viel Blut auf den Altar spritzte.

Die Eingeweide (exta) wurden herausgeschnitten und auf ihre (Un-)Auffälligkeit hin untersucht. Gab es Unglück verheißende Anomalien, dann musste der Opfervorgang mit einem weiteren Tier wiederholt werden. War dagegen alles in Ordnung, dann wurden die Innereien – Leber, Lunge, Galle und Herz – auf dem Altar verbrannt. Das Fleisch (vīscera) dagegen diente den Menschen zum Verzehr – für Götter und Menschen eine klassische Win-win-Situation, auch wenn man das in der Antike nicht so spöttisch formuliert hätte.

Für die Opfertiere war es allerdings egal, wer sich an ihren Eingeweiden und ihrem Fleisch satt aß. Es galt zwar als hohe Ehre für sie, wenn sie als hostia für besonders herausragende Opfer wie die Feier eines siegreich beendeten Krieges auserwählt wurden. Aber diese Ehre und ihre Schönheit und Makellosigkeit bezahlten sie mit ihrem Leben. Ein Senator zur Zeit des Augustus (Kaiser 27 v. Chr. – 14 n. Chr.) hatte also sicher recht, als er sich in alkoholisiertem Zustand einmal zu der Aussage hinreißen ließ, alle Stiere und Kälber wünschten, Augustus möge von einem Feldzug *nicht* glücklich zurückkehren.

Optimaten

→ Populare und Optimaten

Parfüm

→ Einkaufen; Körperpflege

Park

Spazieren gehen oder joggen, einfach nur „abhängen" oder unter ordentlichem Alkoholeinfluss „feiern" – dazu laden Parks in unseren Großstädten ein. Sie sind die grünen Lungen der Stadt und erfreuen sich als Freizeit-„Hotspots" großer Beliebtheit. Wie sah es damit in den römischen Städten aus?

Es gab sie, diese Parks: die hortī. Aber sie unterschieden sich in ihrem Aussehen und ihrer Nutzung grundlegend von heutigen Stadtparks. Der wichtigste Unterschied: Sie waren in der Regel in Privatbesitz. Auch und gerade in der Hauptstadt Rom gab es vor allem am rechten Tiberufer, aber auch auf den Hügeln der Stadt und insbesondere in ihrem unmittelbaren Umfeld zahlreiche Parks. Am berühmtesten waren die hortī Sallustiānī, die hortī Lūculliānī und die hortī Maecēnātiānī. Wie die Namen sagen, gehörten sie dem (Geschichtsschreiber) Sallust, dem (Feldherrn und Feinschmecker) Lucullus und Maecenas, dem engen Vertrauten des Augustus und engagierten Kulturförderer, dessen „Mäzenatentum" bis heute sprichwörtlich ist. Sie alle wurden nach dem Tod ihres jeweiligen Gründers an Privatleute oder an den **Kaiser** vererbt.

Nur wenige Parkbesitzer wie Cäsar und Agrippa, der Schwiegersohn des Augustus, vermachten ihre Parks dem Volk. Kaiser Nero öffnete seinen Park in Rom für das allgemeine Publikum nur zu einer einzigen Gelegenheit: Als er Christen als angeblich für den katastrophalen Brand Roms im Jahr 64 n. Chr. Verantwortliche als lebendige Fackeln verbrennen ließ! Ansonsten blieben ausgedehnte hortī in der Hauptstadt ihren Eigentümern zur Nutzung und Freizeitgestaltung vorbehalten – und zum „Angeben" gegenüber Gästen: Zu einem repräsentativen Park gehörten nicht nur Blumenbeete, überschaubare Baumbestände und exakt geschnittene Liguster- und Lorbeerhecken, sondern auch Brunnen, Wasserspiele, edle Skulpturen und schattige Ruheplätze für abendliche **Partys**. Dasselbe Konzept galt auch für luxuriöse Landsitze der Oberschicht. Auch dort wurden Parks als Räume einer „gezähmten" Natur und erkennbar von Menschen kontrollierte und mit Kunstwerken angereicherte Grünanlagen gestaltet, möglichst mit vielen weiten Ausblicken (prōspectūs) auf eine schöne Landschaft oder aufs Meer.

Öffentliche Parks waren in der Stadt deutlich kleiner als heutzutage. In gewisser Weise zählten dort die Portiken dazu, **Säulenhallen**, die nicht nur mit Kunstgegenständen geschmückt waren, sondern auch bepflanzte Beete und baumbestandene Promenaden, kleine Wasserläufe und Zierteiche umfassten. Manche lehnten sich sozusagen als Pausenräume an **Theater** an, andere verbanden Marmorschmuck und kleinere Grünflächen zu einer attraktiven, aber recht überschaubaren kultivierten Freizeitlandschaft. Nicht selten scheint der Zugang von Wachpersonal kontrolliert worden zu sein, sodass junge Menschen diese Parks kaum als Freiraum oder sogar zum „Austoben" besonders geschätzt haben dürften. Immerhin boten sich römische Säulenhallen-Park-Kombinationen für Flirt-Begegnungen an.

P *„Nützlich ist es, in der schattenspendenden Säulenhalle des Pompejus spazieren zu gehen", empfiehlt der Dichter Ovid den Leserinnen seines Liebes-Ratgebers.*

Party

„Party machen" – wie heißt das auf Latein? Man kann durchaus sagen convīvium facere. Angemessener wäre aber wohl convīvium agitāre; denn agitāre bedeutet „etwas in Bewegung setzen", „heftig betreiben". Wenn es also richtig „abgehen" soll, bietet sich agitāre an. Aber haben die Römer überhaupt Partys gefeiert? *Dinner parties*, wie man sie aus dem englischen Sprachraum kennt, schon. Im Deutschen drückt man sich meist gewählter aus: Man spricht von „Gastmählern" – obwohl

kein Mensch mehr von Gastmählern spricht. Wenn Partys gesellige Feiern mit Unterhaltung, Essen und Trinken sind, dann waren römische convīvia durchaus Partys – zumal der Begriff lateinischen Ursprungs ist. Darin steckt pars, „Gruppe".

Der Begriff convīvium ist anspruchsvoller als die Wirklichkeit. Er beschreibt ja das zeitweise con-vīvere, „Zusammen-leben", einer Gruppe von Menschen. Das klingt nach einem „edlen" gemeinsamen Zusammenklang von Körper, Geist und Seele. Tatsächlich war es ein gemeinsames Essen und Trinken, bei dem man Spaß hatte und sich gut unterhielt. Aber gesellschaftliche Unterschiede waren nicht aufgehoben. Weder waren in diesen Stunden alle gleich, noch wurden sie gleich behandelt.

Convīvia waren Partys der Oberschicht und der Reichen. Die „kleinen Leute" mussten, wenn sie feiern wollten, in eine **Gaststätte** oder auf die Straßen, ab und zu auch ins Grüne ausweichen. Ihre Wohnungen waren zu klein, um Besuch von mehreren Personen aufzunehmen. Bei **Senatoren**, **Rittern** und wohlhabenden **Bürgern** gehörten ständige wechselseitige Einladungen allerdings zum normalen Tagesablauf. Etwas überspitzt ausgedrückt: Entweder man richtete selbst eine Party aus oder man besuchte eine. Natürlich waren diese Treffen eine Art Nachrichtenbörse. Man sprach über politische, militärische und wirtschaftliche Entwicklungen, über den neuesten Klatsch – z. B. die vielen **Ehe**-Scheidungen –, über die öffentlichen Spiele und ihre Stars oder auch mal über neue Sterne am literarischen Himmel oder Redner, die mit starken Leistungen in Prozessen aufgefallen waren. Und es wurde auch Politik gemacht, indem man sich in kleinen Zirkeln über „große" Männer und ihre Karrieren austauschte. Rom war eine sehr klatschsüchtige Stadt; und Partys waren ideale Orte für den Austausch von Neuigkeiten.

In solchen Runden konnten sich auch Frauen in politische Gespräche einbringen. Sie waren ja, was praktische Politik anging, geradezu kaltgestellt. Aber im Partytalk bezogen manche Frauen durchaus Stellung – und wurden auch gehört. Griechen waren erstaunt, wenn sie bei convīvia auf Damen trafen. Denn bei ihnen in Hellas waren diese Partys, sympósia genannt, reine Männerrunden, wenn man vom Unterhaltungsensemble absieht. Das war in Rom zumindest in der Kaiserzeit anders. Die Frau des Gastgebers war oft dabei, und auch manche Gäste brachten ihre Ehefrauen so selbstverständlich mit, dass sie gar nicht eigens eingeladen werden mussten. Hinzu kamen die heranwachsenden Kinder des Gastgebers, vor allem Söhne im jugendlichen Alter. Sie sollten nicht nur in die Gesellschaft eingeführt werden, sondern auch lernen, wie es beim convīvium zuging, worüber und wie man sprach und wie man sich zu benehmen hatte. Sie selbst würden ja in einigen Jahren die Ausrichter von convīvia sein.

Es gab allerdings auch reine Männerrunden. Sie waren keine Seltenheit, und es fehlten auf manchen Partys auch nicht vom Gastgeber engagierte „Unterhaltungsdamen", die musizierten, tanzten und dabei erotische Reize ausstrahlten. Auf der Gästeliste standen meist andere Angehörige der Oberschicht, daneben auch „Freunde" des Hausherrn von „niederem" Rang wie etwa Dichter, die er sponserte, außerdem eigene **Freigelassene** und **Klienten**. Man lag zu je drei Personen auf drei Speisesofas (lectī; griechisch klínai; daher „triclīnium" für den „Speisesaal", denn in einem solchen standen traditionell „drei Klinen"). Die neun „Positionen" hatten eine Hierarchie. Die Bediensklaven führten die Gäste zu ihrer jeweiligen Position. Der Gastgeber hatte bei der Platzierung den jeweiligen Rang zugrunde gelegt: Senator vor Ritter, frei geboren vor freigelassen, Alt vor Jung, Mann vor Frau. Frauen und **Jugendliche** saßen meist auf Stühlen. Auch unerwartete Gäste bzw. Begleiter, die geladene Gäste als „Schatten" (umbrae) mitbrachten, waren willkommen und nahmen auf Stühlen Platz. Manche Gastgeber teilten ihre Gäste zudem bei den Weinen und Speisen in verschiedene Klassen ein.

„Sich selbst und einigen wenigen setzte er allerhand edle Leckerbissen vor; den übrigen Gästen aber billiges Zeug und kleine Portionen. Auch den Wein hatte er in kleinen Flaschen in unterschiedliche Qualitäten eingeteilt – eine für sich und uns, die zweite für seine ‚geringeren Freunde', die dritte für seine und unsere Freigelassenen." (Plinius der Jüngere)

Rekonstruktion eines Trikliniums. Auf den drei Klinen (Liegesofas, lateinisch **lectī**) fanden jeweils drei Personen Platz. Parfüms und Salben sorgten dafür, dass die Nasen nicht zu sehr unter der Enge litten.

P

Partys waren für viele *die* Gelegenheit, ihren Reichtum, ihren guten Geschmack und ihre Bildung (oder was sie eben dafür hielten) zu demonstrieren: Convīvia entwickelten sich seit dem 2. Jh. v. Chr. in der Konkurrenz um gesellschaftliche Stellung und Anerkennung zu einem wichtigen Statussymbol. Das Protzen mit dem, was man hatte, war im alten Rom ganz üblich. Man zeigte den Gästen nur zu gern sein „vor Silber lachendes Haus", seine Sammlung griechischer Kunst, seine kostspielige Bibliothek, seinen ganzen Hausrat mit überaus kostbaren Ess-Servicen, sein luxuriöses Mobiliar und seine hübschen **Sklaven**. Das alles gehörte untrennbar zur römischen convīvium-Kultur.

Ein Gastmahl begann am Nachmittag und zog sich regelmäßig bis in die Abendstunden. Es wurden zahlreiche Gänge serviert. Als Vorgerichte gab es eine Auswahl an kalten Speisen, Salaten und Soßen – eine breite Palette von Appetizern, die zusammen oder nacheinander gereicht wurden. Bei allen Gängen waren die Speisen so klein geschnitten, dass man sie als Häppchen mit den Fingern oder einem Löffel nehmen oder sie auf eine Gabel aufspießen konnte. Mit Messer und Gabel zu essen war im Liegen ja nicht möglich, da man sich in der Regel auf den linken Arm stützte.

Als Hauptgericht wurden Fisch- und Geflügelgerichte gereicht, riesige Braten und kulinarische Besonderheiten aus der ganzen Welt. Zwar wurde der Speiseluxus von einigen Zeitgenossen heftig kritisiert, aber in dem Bestreben, den Gästen wirklich Exquisites und Exotisches zu bieten (und damit groß herauszukommen), ließen viele Gastgeber ausgesuchte Leckerbissen aus dem Imperium und angrenzenden Ländern auffahren. Je weiter ihr Ursprung entfernt war, umso größer war das „Hallo" in der Tafelrunde. Wer viel **Geld** hatte, erwarb auf dem Sklavenmarkt eigene Köche, andere mieteten Profi-Köche für ihr convīvium an.

Beim Nachtisch bemühte man sich um eine ähnliche Vielfalt und Qualität – jedenfalls, was die „Ehrengäste" und besonders ranghohe Besucher anging. Sie nachhaltig mit geradezu kulinarischen Events zu beeindrucken war ein wichtiges Anliegen. Deswegen finden sich in der römischen **Literatur** auch so viele Darstellungen des Gastmahls und Beschreibungen aller möglichen „Verrücktheiten" – Pfauenzungen, Muränenmilch, gebratene Gänsefüße als „perverse" Höhepunkte fragwürdiger Schlemmerorgien – und auch kritisch-satirische Anmerkungen zum reichlich übertriebenen „lukullischen" Aufwand. Auch wenn solche Maßlosigkeiten nicht die normale Realität widerspiegeln, war die gesamte convīvium-Welt doch ein Luxusbereich, der zu manchem Übertriebenen, Maßlosen und – auch charakterlich – Abstoßenden neigte.

„Der Sohn des Schauspielers Äsopos kaufte immer wieder Vögel, die sich durch ihren Gesang auszeichneten, zu Wahnsinnspreisen und tischte sie beim Gastmahl auf. Zudem löste er kostbarste Perlen in Essig auf und mischte sie in seine **Getränke**. Ihn trieb der Wunsch, sein riesiges, vom Vater ererbtes Vermögen wie eine beschwerliche Last möglichst schnell durchzubringen." (Valerius Maximus)

Im Zusammenhang mit der Neigung mancher Römer zu exzessivem Ess- und Trinkverhalten ist immer wieder von Brechmitteln die Rede. Um mehr in sich hineinstopfen und -schütten zu können, habe man sich mit einem Federkiel im Hals gekitzelt und sich erbrochen. Seneca bringt es stilistisch brillant auf den Punkt:

Vomunt, ut edant, edunt, ut vomant – „sie kotzen, um zu fressen, sie fressen, um zu kotzen".

Mag sein, dass einige Luxusjünger das so praktiziert haben. Verbreitet war diese Unsitte aber sicher nicht (wer hat schon Appetit, nachdem er sich übergeben hat?).

Zwischen den Gängen wurde nicht nur viel erzählt und diskutiert, wobei die Zusammensetzung der Gästeschar und der Bildungsstand des Gastgebers das Niveau der Gespräche bestimmten. Sicher gab es auch hochgelehrte Runden, bei denen sehr kompetent über Philosophie und Literatur, **Recht** und Kunst gesprochen wurde. Aber solche hochgeistigen Diskussionen waren die Ausnahme. Viel üblicher war es, sich von Entertainern unterhalten zu lassen,

Zwei Paare auf Klinen beim Bechern und Küssen. Männer wurden in der Antike gern mit dunklerer, Frauen mit heller Hautfarbe dargestellt. Wandmalerei aus Pompeji, 1. Jh.

die Sketche vortrugen, Auszüge aus literarischen Werken vorlasen und die Partygäste mit **Musik**-Darbietungen und anderen Formen der „leichten Muse" erfreuten. Manchmal traten auch Clowns, Akrobaten, Zauberer und sogar **Gladiatoren** auf. Es war nicht leicht, es dem Geschmack aller Anwesenden recht zu machen. Was den einen amüsierte, schien dem anderen zu läppisch. Geistige Höhenflüge, die den einen mit sich fortrissen, ödeten andere schrecklich an. Ohne eine gewisse Toleranz ging es nicht, auch wenn man bei der Einladung darauf achtete, eine von den Interessen und Ansprüchen nicht allzu vielfältige Gästeliste zusammenzustellen.

In *einem* Punkt waren sich die meisten Partygänger allerdings einig: Am schrecklichsten war es in der Regel, wenn der Gastgeber seine Gäste gewissermaßen in Geiselhaft nahm und ermüdend lange aus eigenen Werken vorzutragen begann.

„Er trägt schon das dritte Buch vor", stöhnt Martial über einen Gastgeber, „und noch immer kommt der zweite Gang nicht!"

Ohne grundlegende Regeln der Höflichkeit zu verletzen, konnte man sich in solch quälenden Augenblicken nicht dazu entschließen, seine „Sandalen zu fordern" – soleās pōscere war das Zeichen dafür, dass man aufbrechen wollte. Das ging ohne Peinlichkeit erst, wenn das Essen mit dem letzten Gang abgeschlossen war. Dann folgte häufig noch ein Trinkabend (cōmissātiō), der sich bis weit in die Nacht oder bis zum frühen Morgen hinziehen konnte. Er war dem Weintrinken, dem Gespräch und allen möglichen zusätzlichen Unterhaltungsangeboten gewidmet, die der Gastgeber vorbereitet hatte. In fröhlicher Zecherrunde wurde auch schon mal gemeinsam gesungen. Die cōmissātiō endete meist in einem ordentlichen Besäufnis. Frauen und Jugendliche zogen sich in der Regel zurück, bevor dieser zweite Teil der Party begann. Und auch andere Gäste wirkten nicht unhöflich, wenn sie sich zu diesem Zeitpunkt nach Hause verabschiedeten (oder zu einer anderen cōmissātiō – das musste man aber nicht so deutlich sagen).

Zum Abschied bekamen die Gäste noch apophorēta geschenkt. Das waren Geschenke zum „Wegtragen" (so die Übersetzung des griechischen Begriffs). Der Fantasie waren da keine Grenzen gesetzt, mit welchen Gaben der Hausherr die Erinnerung an seine Party sozusagen materiell wachhalten wollte. Das konnten exotische Leckerbissen sein, kostbare Gefäße, **Kleidung**, Gegenstände des Kunstgewerbes, **Tiere**, Spielzeuge, Kosmetik-Accessoires, Bücher oder sogar Sklaven. In den Gedichten Martials finden wir Hunderte möglicher Geschenkartikel, darunter auch einen Gegenstand, den man nach reichlichem Weingenuss sofort in der Nacht gut gebrauchen konnte: eine matella fictilis, einen „Pisspott aus Ton".

Für den einen oder anderen war es gar nicht so einfach, solch ein Geschenk noch unterzubringen (falls er ohne einen Sklaven da war) – wenn er nämlich in seine Serviette ein paar besondere Delikatessen eingewickelt hatte. Solche Mitbringsel für die Lieben daheim oder einen Lieblingssklaven waren nicht unüblich. Und wenn man es nicht übertrieb, auch nicht unanständig – der *doggie bag* auf Römisch sozusagen. Wertvolle Gegenstände vom Tafelsilber als Party-Souvenirs mitgehen zu lassen war dagegen *nicht* die feine Art – auch wenn der Gastgeber mit seiner convīvium-Inszenierung noch

so kräftig genervt hatte. Sicher ist sicher, sagte sich da manch ein misstrauischer Hausherr – und wies seine Bediensteten an, auf mögliche Klauversuche achtzugeben. Man konnte das ja etwas diskreter handhaben als ein gewisser Ponticus. Der stellte neben jeden Gast einen Wächter. Und „der zählte die Edelsteine der Gläser und beobachtete die scharfen Fingernägel der Gäste scharf".

Patrizier und Plebejer

59 v. Chr. erlebte Rom einen außergewöhnlichen Vorgang: Ein Mitglied der gēns Claudia, eines der berühmtesten Adelsgeschlechter, ließ sich von einem Plebejer adoptieren. Er gab damit seinen Stand als patricius auf. Der frischgebackene plēbēius änderte zugleich seinen Namen: Aus Claudius wurde Clodius. Damit wurde der Name geschrieben, wie viele ihn schon aussprachen – insbesondere einfache Leute sprachen das „au" wohl wie „o" (so wie heute französisch „Claude" als ‚klo:d' gesprochen wird und lateinisch aurum, „Gold", zu italienisch oro geworden ist). Da wollte sich jemand wohl ganz gehörig bei der Plebs, umgangssprachlich formuliert, „einschleimen".

So eine trānsitiō ad plēbem, ein „Übergang zur Plebs", kam nur ganz selten vor. Clodius tat diesen spektakulären Schritt auch, um **Volkstribun** werden zu können. Dieses „Amt" durften nur Plebejer bekleiden – eines der wenigen Überbleibsel aus den Ständekämpfen, die über Jahrhunderte zwischen Patriziern und Plebejern mit harten Bandagen ausgetragen worden waren. Wie kam es dazu?

Im frühen Rom gliederte sich der populus, das „Gesamtvolk", in zwei ōrdinēs, „Stände". Die patricii waren ein Geburtsadel, der sich auf die patrēs zurückführte, die der legendäre Stadtgründer Romulus in seinen Beraterstab – den Senat – aufgenommen haben sollte. Die Grundlage dieses Adels und seines Einflusses war Großgrundbesitz. Alle übrigen **Bürger** waren plēbēī. Das war ein wenig schmeichelhafter Begriff, den die Patrizier erfunden hatten. Er leitet sich von plēre, „füllen", ab und definierte die plēbs gewissermaßen als „Füllmenge" des

Zwei junge Männer (der hintere mit Kranz im Haar) mit einem Trinkbecher. Wandmalerei aus Pompeji, 1. Jh.

Staates. Die patriciī dagegen waren „die mit den nennenswerten patrēs, ‚Vätern‘".

Gegen Ende des 6. Jh.s v. Chr. stürzten die Patrizier den **König** und nahmen selbst die Führung des Staates in die Hand. Sie besetzten sämtliche **Beamten**- und **Priester**-Stellen und dachten nicht daran, die Plebejer an der Macht zu beteiligen. Nicht einmal Heiraten zwischen patriciī und plēbēī waren erlaubt; erst in der Mitte des 5. Jh.s v. Chr. wurde dieses Verbot aufgehoben.

Die Plebs war keine einheitliche Schicht. Sie setzte sich aus Bauern, Lohnarbeitern, Handwerkern und Kaufleuten zusammen. Einige von ihnen brachten es im Laufe der Zeit zu einem gewissen Wohlstand. Diese führenden plebejischen **Familien** wollten politisch mitbestimmen. Als die Patrizier sich weigerten, zogen die Plebejer vorübergehend aus der Stadt aus (sēcessiō plēbis) und wählten eigene „Beamte" als ihre Interessenvertreter. Das waren die **Volkstribunen**. Schließlich gaben die Patrizier nach. Im Laufe der Zeit wurden Plebejer zu allen Ämtern zugelassen, im Jahr 367/366 v. Chr. auch zum Konsulat. 80 Jahre später setzte die Plebs durch, dass die allein von ihr gefassten Beschlüsse (plēbiscīta) für das Gesamtvolk gültig waren. Damit waren die Ständekämpfe vorbei. Es bildete sich aber schnell ein neuer Adel, die **Nobilität**. Zu ihm gehörten alle Familien, die einen Oberbeamten gestellt hatten. Auch dieser neue Amtsadel schottete sich rasch ab und machte es „neuen Männern" (hominēs novī) schwer, zu ihm aufzusteigen.

Die ursprüngliche Trennlinie zwischen Patriziern und Plebejern spielte keine große Rolle mehr. Ein paar Ehrenstellen blieben patrizischen Bewerbern vorbehalten – und das Volkstribunat den Plebejern. Auch zahlenmäßig verloren die patriciī stark an Bedeutung. Von den rund 50 patrizischen Familien im 5. Jh. v. Chr. waren am Ende der Republik nur noch 14 übrig.

Mit seinem Entschluss, zur Plebs überzugehen, veränderte Clodius für seine gēns („Familienverband", „Sippe") nichts Wesentliches: Es gab andere Familienzweige, die sich nach wie vor stolz als Claudii bezeichneten.

Im Sprachgebrauch entwickelte sich plēbs zu einem Begriff für das „einfache Volk" im Gegensatz zur Oberschicht; manchmal auch in der Bedeutung „die Armen" oder abfällig als „Pöbel" (dieses Wort ist allerdings aus populus entstanden). Das Adjektiv plebeius spiegelt dieses soziale „Etikett" ebenfalls wider: pānis plēbēius ist das „billige Brot", vīnum plēbēium der „einfache Wein" und sermō plēbēius die „Sprache des Volkes". Und selbst manche Philosophen und sogar Gottheiten bezeichnete man als plēbēī. Das war dann sozusagen das intellektuelle und das göttliche „Fußvolk".

Patron → Klient

Piraten → Kriminalität

Plebejer → Patrizier und Plebejer

Politik → Ämterlaufbahn; Beamte; Populare und Optimaten; Senat

Polizei Eine Räuberbande überfällt in tiefer Nacht einen kleinen Ort im nordgriechischen Thessalien. Bei ihrer Blitzattacke rauben die Angreifer eine junge Frau. Das Opfer gehört einer der führenden **Familien** an. Die Räuber sind sich sicher, ein hohes Lösegeld erpressen zu können. Einige schnell alarmierte **Bürger** des überfallenen Ortes nehmen die Verfolgung auf, aber sie verlieren die Spur der Räuber. Nur einer nicht: Der Verlobte der geraubten Frau. Er schleicht sich ins Lager der Kriminellen, gibt sich selbst als erfolgreichen Räuber aus und gewinnt ihr Vertrauen. Bei einem üppigen Mahl schenkt er seinen vermeintlichen neuen Kameraden jede Menge mit Schlafmitteln versetzten Wein ein. Sie fallen der Reihe nach um. Er fesselt sie – und reitet mit seiner Braut in die Stadt zurück. Die Bürger empfangen ihn begeistert, und etliche folgen ihm zum Lager der Räuber. Dort angekommen, packen sie alle Wertsachen, die sie vorfinden, auf Last-**Tiere**.

P

Da hatten die Sicherheitskräfte alle Hände voll zu tun: als es im Jahr 59 im und am Amphitheater von Pompeji zu Ausschreitungen kam, die in dieser Wandmalerei dargestellt wurden. Es gab mehrere Todesopfer.

„Die Kerle aber stürzen sie, gefesselt, wie sie sind, kopfüber von den nahen Klippen herab, andere köpfen sie mit ihren Schwertern und lassen sie liegen."

So weit die Kurzfassung einer Episode aus dem „Eselsroman" des Apuleius. Bei aller dramatischen Zuspitzung spiegelt die Erzählung doch die damalige Wirklichkeit. Das lässt sich im Vergleich mit dokumentarischen Quellen sagen. Und der heutige Leser fragt sich: Wo bleibt eigentlich die Polizei? Sie taucht bei der Verfolgung der Übeltäter nicht auf, und sie greift auch nicht bei deren „Bestrafung" ein. Die ist durchaus illegal: Sturzbetrunkene und gefesselte, also wehrlose Menschen in Selbstjustiz zu töten war auch in römischer Zeit ein Verbrechen.

Die Antwort ist: Es gab keine Polizei – jedenfalls nicht in der heute selbstverständlichen Form einer jederzeit ansprechbaren, zur Gefahrenabwehr verpflichteten Schutztruppe. Heute ruft man, wenn man zum Opfer eines Übergriffs geworden ist oder zu werden droht, die Polizei – und die kommt ebenso schnell wie zuverlässig. Im alten Rom war man in dieser Situation auf die Hilfe und Solidarität seiner Mitbewohner und Nachbarn angewiesen. Die Bürger mussten sich in erster Linie selbst schützen. Reiche hielten sich **Sklaven** als Bodyguards, Politiker umgaben sich in aufgewühlten Zeiten aus Angst vor Anschlägen mit **Klienten**, und auf dem Land bildeten sich, wenn Räuberbanden ihr Unwesen trieben, Bürgerwehren.

Es gab auch staatliche Organe, die für Ordnung und Sicherheit verantwortlich waren. In den Städten waren das **Beamte**, in Rom die Ädilen, denen allerdings nur wenig Hilfspersonal zur Verfügung stand. Sie führten die Aufsicht über die Märkte, kontrollierten Bauten, Bordelle, Bäder und Imbissstuben. Auch die höheren Beamten konnten, wenn nötig, „polizeilich" eingreifen. Aber auch sie hatten nur geringe personelle Ressourcen und mussten sich im Wesentlichen auf ihre Autorität verlassen. In der Regel befolgten die Menschen ihre Anordnungen tatsächlich.

Mit dem Übergang zur Kaiserzeit nahm die Präsenz von Sicherheitsorganen erheblich zu. Augustus (Kaiser 27 v. Chr. – 14 n. Chr.) rief eine **Feuerwehr** ins Leben: diese vigilēs („Wächter") hatten bei ihren Patrouillen auch polizeiliche Befugnisse. Später kamen noch die Prätorianer hinzu, eine Leibwache des **Kaisers**, die bei Unruhen eher *gegen* das Volk eingesetzt und sicher nicht als „Freund und Helfer" der Bürger angesehen wurde. Auch die als Posten über die gesamte Hauptstadt verteilten Stadtkohorten (cohortēs urbānae, etwa 4.000 Mann) dienten eher dazu, Ruhe und Ordnung im Sinne des Kaisers aufrechtzuerhalten. Sie griffen vor allem ein, wenn es bei den öffentlichen Spielen zu Krawallen kam oder „Chaoten" dort die Regie zu übernehmen drohten. Diese militärisch organisierte Sicherheitspolizei war dem Stadtpräfekten (praefectus urbī) unterstellt. Ihn kann man als Polizeichef von Rom ansehen. Er durfte überführte Kriminelle auch selbst verurteilen.

Ähnliche Stadtkohorten gab es auch in anderen größeren Städten des Reiches, u. a. in den Hafenstädten Ostia und Puteoli, in Karthago und in Lugdunum (heute Lyon). Auch dort waren sie weniger Anlaufstellen für hilfesuchende Bürger als Sicherheitsorgane, die die Bürger überwachten.

Wie wurden das dünn besiedelte flache Land und die Straßen beschützt? Vor allem an wichtigen Straßen wurden Militärposten stationiert, die gegen Banditen kämpften, flüchtige Sklaven festnahmen und, wenn nötig, den Verkehr regelten. Diese polizeiliche Militärpräsenz wurde im Laufe der Kaiserzeit verstärkt, aber die Gefahr, in einsamen Gegenden Opfer von Räubern und Piraten zu werden, blieb wohl ziemlich hoch. Von einem systematischen Kampf gegen die **Kriminalität** war das Römische Reich auch in der vielgerühmten Zeit der Pāx Rōmāna („Römischer Frieden") weit entfernt.

Immerhin nahmen Beamte auch in den **Provinzen** Anzeigen von Geschädigten auf. Im ägyptischen Wüstensand haben sich auf Papyrus etliche Bittschriften von Bauern und Bürgern erhalten, die die Behörden über Verbrechen informierten und ein Einschreiten forderten. Ob sie damit viel Erfolg gehabt haben, erfahren wir nicht. Wohl aber, dass sie es nicht selten mit bestechlichen und brutalen Beamten zu tun hatten – wobei es gegen diese „Polizei" schon gar keine „polizeiliche" Hilfe gab.

Populare und Optimaten

Populisten nennen wir heute Politiker, die dem Volk versprechen, schwierige, komplizierte Probleme mit einfachen „Rezepten" lösen zu können: Sie berufen sich auf den „Volkswillen" und behaupten, das Ohr näher am Volk zu haben als die „abgehobenen" anderen Politiker. Die „Elite" erscheint ihnen bestechlich; sie werfen ihr vor, gewissermaßen am Volk vorbeizuregieren. Ihre eigene behauptete Volksnähe kommt in der Bezeichnung zum Ausdruck: In „Populist" steckt lateinisch populus, das „Volk".

Auf dieselbe sprachliche Wurzel geht der Begriff populārēs zurück. Das waren im Rom des späten 2. und des 1. Jh.s v. Chr. Politiker, die sich – anders als die heutigen Populisten, die eher von ihren Gegnern so genannt werden – selbst als „Volksfreunde" bezeichneten. Sie wollten „der Menge angenehm sein" und stellten sich dabei gegen den Senat als das politische Establishment (gewissermaßen die Schicht der Einflussreichen und Mächtigen). Die paucī, die

„Wenigen", wetterten sie, enthielten dem Volk manche **Rechte** und die Teilhabe am Vermögen des Staates vor. Deshalb setzten sie sich gegen die „Willkür" von **Beamten** und für soziale Programme wie Landverteilungen an Kleinbauern und ehemalige Soldaten sowie kostenlose Getreideverteilungen an stadtrömische **Bürger** ein, manchmal auch für den Erlass von Schulden. Im Kampf um Stimmen versprachen sie nicht selten mehr, als sie halten konnten. Der Geschichtsschreiber Sallust fasst das Vorgehen der Popularen so zusammen:

„Sie fingen an, durch Vorwürfe gegenüber dem Senat die Masse aufzuhetzen und sie durch Geschenke und Versprechungen noch mehr zu entflammen." Und worum ging es ihnen vor allem? Sallust spricht es deutlich aus: „Auf diese Weise wollten sie selbst berühmt und mächtig werden."

Die moderne Geschichtsschreibung schließt sich dieser Einschätzung im Wesentlichen an: Die populārēs waren ehrgeizige Politiker, die selbst zur senatorischen Elite gehörten. Manche wollten tatsächlich einer weiteren Verarmung von Bauern vorbeugen und der mittellosen Stadtbevölkerung helfen, aber das waren meist Mittel zum eigentlichen Zweck. Und der hieß: selbst Ansehen und Macht gewinnen. Überzeugte Sozialreformer waren die Popularen nicht. Sie nutzten den Weg über die Masse, um Karriere zu machen, das heißt über Brandreden in Volksversammlungen und über die Stellung als **Volkstribun**. Populāriter agere, „auf volksfreundliche Weise Politik betreiben", war hauptsächlich eine Methode. Die meisten Popularen waren Taktiker: Wenn es dem eigenen Machtstreben diente, wechselten sie auch schon mal ins gegnerische Lager.

Das gegnerische Lager – das waren die Optimaten: die Traditionalisten, die Konservativen, die Anhänger des Senats. Sie sahen in den Popularen Störenfriede oder sogar Aufrührer, die Unruhe in die Bürgerschaft brachten. Der selbstbewusste Name verrät es: Sie hielten sich für die traditionelle Elite, die am besten zu wissen glaubte, was gut war für Rom – optimī, „die Besten". Die meisten kamen ebenso wie

P

die Popularen aus den Reihen des Adels (**Nobilität**). Auch sie waren im Zweifel am eigenen politischen Aufstieg stärker interessiert als an der Durchsetzung eines Programms – nur eben, dass sie auf den Senat als „Sprungbrett" zur Macht setzten. Das führte dazu, dass auch Optimaten sich gelegentlich für „klassische" populare Anliegen wie Landverteilungen und kostenloses Getreide einsetzten – oder auch ganz die Seiten wechselten.

Mit modernen Parteien, denen es vorrangig um ein Programm geht, sind die Popularen und die Optimaten nicht zu vergleichen. Es waren eher auf Zeit angelegte Zweckbündnisse, bei denen sich die führenden Männer nüchtern ausrechneten, auf welchem Weg sie selbst (und ihre **Familie**) am meisten Einfluss und Ansehen gewinnen konnten. Das Volk – das heißt vor allem die in Rom lebenden Bürger, die die dort stattfindenden Volksversammlungen besuchen konnten – profitierte hier und da von diesen „Machtspielen" der Elite, aber als politischer Akteur wurde es selten ernst genommen. Von einer Demokratie war das antike Rom deshalb auch in der Zeit der späten Republik weit entfernt. Echte „Volksfreunde" gab es selten – so wie auch heute in den Reihen der „Populisten".

Post

Cicero war sauer. Zwar war er erfolgreich vor der „fürchterlichen Hitze von Rom" geflohen, auf sein Landgut nämlich, aber die Post funktionierte nicht richtig. An einem Tag bekam er gleich drei Briefe seines Bruders Quintus, dann noch einen uralten mit Anliegen, die schon längst in Arbeit waren, und schließlich kamen die Kuriere viele Tage gar nicht. Ganz verloren waren diese Tage allerdings nicht, denn Cicero ergänzte den noch nicht abgeschickten Brief ständig mit neuen Informationen.

Der berühmte Anwalt hätte sich allerdings auch über positive Seiten des Posteingangs freuen können. Ein am 10. August von seinem Bruder aus Britannien abgeschickter Brief kam schon am 13. September an, und noch schneller schaffte es ein Schreiben Cäsars an ihn: Am 1. September wurde es ebenfalls in Britannien losgeschickt, am 27. September war es in Rom.

Aus heutiger Sicht wirkt das tatsächlich wie Schneckenpost. Für römische Verhältnisse aber war die Brieflaufzeit von dreieinhalb Wochen zwischen Britannien und Rom ungewöhnlich kurz. Die Entfernung musste ja von Kurieren mit Pferd und / oder Wagen zurückgelegt werden. Und wenn Briefe nach Griechenland, Kleinasien oder Ägypten gingen oder von dort kamen, so geschah das auf weiten Strecken per Schiff, dessen Vorankommen stark von den Windverhältnissen abhing.

Post war in der Antike eine ziemlich unzuverlässige, jedenfalls unberechenbare Sache, bei der man immer wieder Überraschungen erlebte – nicht selten ging auch mal eine Sendung verloren. Erstaunlich ist das nicht, wenn man sich klarmacht, wie der Briefverkehr funktionierte. Was man heute unter Post versteht, gab es für Privatleute überhaupt nicht. Ein öffentliches, regelmäßiges System mit festen Niederlassungen, Tarifen, Angestellten und Service-Versprechen existierte einfach nicht. Ebenso wenig gab es Adressen im heutigen Sinne, mit Straßenname und Hausnummer.

Wer eine schriftliche Nachricht, ein Schreiben, eine Ware oder ein Geschenk versenden wollte, konnte, wenn er reich war, auf eigenes Personal zurückgreifen. Für das Stadtgebiet gab es cursōrēs, „Läufer", die z. B. Einladungen zum Essen überbrachten. Auch für längere Strecken hatten wohlhabende Römer unter ihren **Sklaven** eigene tabellāriī, „Briefträger", die gut für ihren Job trainiert waren. Die besten schafften 50 bis 60 Kilometer am Tag notfalls zu Fuß, als Reiter bis zu 80 Kilometer. Wenn ein Bote die Strecke von Tusculum (wo Cicero sein Landhaus hatte) nach Rom und wieder zurück – insgesamt 54 Kilometer – an einem Tag zurücklegte, war das sicher eine stramme, aber keine rekordverdächtige Leistung.

Wer kein eigenes Personal hatte, war auf Freunde und Bekannte angewiesen, die seine „Post" mitnahmen. In der Oberschicht war man stark miteinander vernetzt, sodass man wusste oder auf Nachfrage schnell erfuhr, wer bald wohin eine **Reise** antreten wollte. Da man aufeinander angewiesen war, dürfte kaum jemand entsprechende Bitten abgeschlagen haben.

Manch ein Reisender wird sich mit einem dicken Bündel von Briefen auf den Weg gemacht haben – und später mit der Dankbarkeit vieler Empfänger belohnt worden sein. Wahrscheinlich konnte man auch Boten mieten, aber eine feste Struktur für solche Aufträge gab es nicht.

Doch auf dem Weg konnte vieles dazwischenkommen: widrige Winde, Schiffbruch oder ein Überfall durch Piraten, dazu eine Krankheit oder Unzuverlässigkeit des Überbringers. Wie stellte man sicher, dass der Inhalt des Briefes vor neugierigen Augen geschützt blieb? Briefumschläge kannte man noch nicht. Man faltete die Papyrusblätter, verschnürte sie mit einer Kordel und versiegelte diesen Verschluss. Bei Schreiben mit ganz sensiblen Informationen achtete man noch stärker auf die Zuverlässigkeit des Überbringers.

Für den staatlichen Bereich rief Augustus (Kaiser 27 v. Chr. – 14 n. Chr.) eine Dienstpost ins Leben. Dieser cursus pūblicus verfügte über ein Netz von Stationen, an denen Reiter die Pferde wechseln und auch Wagen mit frischen Pferden ausgestattet werden konnten. Für die Verwaltung des riesigen Reiches war diese staatliche Post sehr wichtig; sie beförderte Schreiben, Waren und Menschen, die in staatlichem Auftrag unterwegs waren, ausgesprochen zuverlässig. Ohne diplōma, einen von der kaiserlichen Verwaltung ausgestellten „Reiseschein", ging allerdings nichts.

Post wurde auch auf Binnengewässern per Schiff befördert. Das Relief von der Trajanssäule zeigt den Schiffsverkehr auf der Donau. Rom, 113 n. Chr.

Gerade wegen seiner Zuverlässigkeit war der cursus pūblicus trotzdem für Privatleute attraktiv. Viele versuchten, ihn mithilfe von „Vitamin B" (B wie Beziehung) oder Bestechung zu benutzen. Wer dabei erwischt wurde, musste mit hohen Strafen rechnen. Zu bestimmten Zeiten stand sogar die Todesstrafe im Raum. Kein Wunder, dass man aus den Quellen von solchen „Ausnahmen" nichts erfährt: Aussteller und Nutzer eines „gefakten" diplōma hatten kein Interesse daran, solche „Vereinbarungen" auszuplaudern.

P

Wie lang brauchte die „Post"?

Private Sendungen aus Rom:

- Antium (56 Kilometer): 1 Tag
- Neapel / Pompeji (225 Kilometer): 4 – 6 Tage
- Ravenna (366 Kilometer): 5 – 6 Tage
- Africa: 20 Tage
- Athen: 21 – 46 Tage
- Syrien: 50 – 100 Tage

Cursus pūblicus aus Rom:

- Brundisium (534 Kilometer): 7 Tage
- Carnuntum (in Österreich): 11 Tage
- Konstantinopel: 25 Tage
- Alexandria: 45 Tage

Priester

Am 4. Juli 13 v. Chr. kehrte Augustus von erfolgreich geführten Kriegszügen zurück. Aus Dankbarkeit beschloss der Senat, einen „Altar des augusteischen Friedens" zu stiften. Das war natürlich mit dem **Kaiser** abgesprochen, und ebenso der Umzug, der den Stiftungsakt begleitete. Vier Jahre später wurde dieser Altar fertiggestellt; auf den Längsseiten dieser „Āra Pācis Augustae" haben Bildhauer den Umzug in Reliefs dargestellt. Es gibt kein anderes Kunstwerk, auf dem so viele Priester zu sehen sind.

Die einen sind daran zu erkennen, dass sie den Kopf verhüllt haben (capite vēlātī), so wie es bei jedem **Opfer** üblich war, andere, die

In der Prozession zur Stiftung der Āra Pācis (Friedensaltar des Augustus) im Jahr 13 v. Chr. gingen sämtliche hochrangigen Priester mit, sowie flāminēs (rechts; zu erkennen an der Lederkappe mit Metallspitze).

flāminēs, an der für sie charakteristischen ledernen Kappe mit metallener Spitze. Inmitten des Pulks von Priestern und hohen **Beamten** sind auch Augustus und Mitglieder der kaiserlichen **Familie** sowie wichtige Berater dargestellt. Man könnte von einem feierlichen Staatsakt sprechen. Und zu solch einem Staatsakt gehörten im alten Rom Priester unbedingt dazu. Denn die sacerdōtēs pūblicī („diejenigen öffentlich Benannten, die heilige Handlungen verrichten") waren die kultischen Funktionäre der römischen Religion, der alle römischen Bürgerinnen und **Bürger** schon von Geburt angehörten.

Religion war insofern keine Privatsache, als wichtige staatliche Handlungen alle Bürger betrafen. Und als Bürger des Staates bildeten sie vor den Göttern eine Einheit. Die Priester waren in gewisser Weise ihre Vertreter. Sie sorgten dafür, dass es bei allen staatlichen Angelegenheiten religiös gewissermaßen mit rechten Dingen zuging: dass die richtigen Gebetsformeln gesprochen, Opfer richtig durchgeführt und der Wille der Götter erforscht wurde – z. B. durch die Begutachtung der Eingeweide von Opfer-**Tieren**, die Beobachtung des Vogelfluges oder bei besonderen **Vorzeichen** den Blick in die Sibyllinischen Bücher. Das war eine Sammlung von Orakelsprüchen, die auf dem Kapitol aufbewahrt wurde. Auf Bitten des Senats schauten die zuständigen Priester in diese Orakel, legten sie aus und erteilten dem Senat Ratschläge.

Anders als christliche Priester waren römische sacerdōtēs oder pontificēs („Wegbereiter") also nicht als Seelsorger für den Einzelnen tätig, sondern sie kamen ihren Pflichten im Interesse der Gemeinschaft nach: Notare, wenn man so will, im Verhältnis der Menschen zu den Göttern, Politikberater und Spezialisten, die sich gerade auch um das kümmerten, was wir Äußerlichkeiten und Formalien nennen würden. Die aber waren in den Augen der Römer für die „Gültigkeit" religiösen Handelns ungemein wichtig. Priester waren keine Beamten, aber sie hatten eine beamtenähnliche Stellung.

Für die persönliche Religiosität vieler Menschen, vor allem für ihre Hoffnungen auf ein Weiterleben nach dem Tod, hielten „Privat-" und „**Mysterienkulte**" Angebote bereit. Auch deren Funktionäre wurden als sacerdōtēs bezeichnet.

In der Prozession der Āra Pācis nehmen die Priester der vier bedeutendsten Kollegien (collēgia amplissima) zwei Drittel der Bildfelder ein. Das wichtigste Kollegium war das 16-köpfige der pontificēs. Ihr „Chef" war der pontifex maximus („Oberpriester"). In der Kaiserzeit beanspruchte der **Kaiser** selbst diese

P

Position. Als Rom christlich wurde, übernahm der Papst den Titel; in lateinischen Texten heißt er bis heute pontifex maximus.

Den zweiten Rang nahmen die neun augurēs ein. Sie waren für die Deutung des Vogelfluges, die Interpretation von Blitzeinschlägen und andere Formen der Zukunftsdeutung (Mantik) zuständig. An dritter Stelle standen die decemvirī sacrīs faciundīs („Zehnmänner für die Verrichtung heiliger Handlungen"; später waren es mehr als zehn Männer). Sie waren die Spezialisten für die Auslegung der Sibyllinischen Bücher. Hinter ihnen rangierten die septemvirī epulōnum, ein Siebenmännerkollegium, das die öffentlichen **Mahlzeiten** (epulae) bei Götterfesten organisierte. Ein fünftes hochangesehenes Kollegium war das der **Vestalinnen**.

Der rēx sacrōrum („Opferkönig") stand außerhalb der Kollegien, galt aber neben dem pontifex maximus als höchster Vertreter der Priesterschaft. Etliche Götter hatten eigene Priester. Sie hießen flāminēs. Die vornehmsten (flāminēs māiōrēs) waren die des Jupiter, des Mars und des Quirinus (so nannte man den Stadtgründer Romulus nach seiner „Gottwerdung"). Neben den flāminēs minōrēs (den „geringeren Priestern von Einzelgottheiten") gab es eine Reihe weiterer Priesterschaften, die jeweils für bestimmte **Feste** oder kultische Handlungen zuständig waren. Die meisten Priesterkollegien hatten in anderen Städten ihre Entsprechungen. Sie standen dort im sakralen Dienst ihrer jeweiligen Stadtgemeinschaft.

„Ich war **pontifex maximus**, Mitglied in drei weiteren führenden Priesterkollegien, Mitglied bei Priesterschaften der Arvalbrüder und der Titier sowie Fetialpriester." (So Kaiser Augustus.)

Einmal ernannt, blieben alle Priester bis zu ihrem Lebensende in ihrer Position. Nur bei schweren Verbrechen drohte der Verlust der Priesterwürde. In den ersten Jahrhunderten der Republik ergänzten sich die Kollegien dadurch, dass sie selbst neue Mitglieder beriefen. Später wurden die Priester durch Ausschüsse der Volksversammlung und in der Kaiserzeit vom Senat gewählt. Tatsächlich aber bestimmte der **Kaiser**, wer Priester wurde. Insgesamt gab es weniger Priester- als **Senatoren**-Stellen. Das zeigt schon, wie ehrenvoll eine solche Berufung war. Priester waren im Volk hochangesehen. Zu ihren Vorrechten gehörten die purpurgesäumte Toga, die Freistellung vom Kriegsdienst und anderen öffentlichen Verpflichtungen, das Recht, im Senat das Wort zu ergreifen, und ein Ehrenplatz bei den öffentlichen Spielen. Die meisten Priesterämter waren sicher keine Vollzeitstelle. Im Privatleben galten für kaum einen Priester Einschränkungen; das **Ehe**-Verbot war auf Vestalinnen beschränkt.

Es war kein Geheimnis, dass sich finanzielle Großzügigkeit möglicher Kandidaten günstig auf die Aufnahme in ein Priesterkollegium auswirken konnte. Angesichts des hohen Ansehens, das sacerdōtēs in Rom, aber auch in anderen Städten genossen, war es für viele ehrgeizige Angehörige der Oberschicht erstrebenswert, vor allem in einem der führenden Kollegien eine Priesterstelle zu bekommen. Wie erstrebenswert, lässt ein spektakulärer Vorfall aus der Zeit des Tiberius (Kaiser 14 – 37) erkennen. Zwei Mitglieder der gēns Blaesia machten sich berechtigte Hoffnungen darauf, zu Priestern berufen zu werden. Als Tiberius sie jedoch überging und andere ernannte, „sahen sie das als Aufforderung zur Selbsttötung", berichtet der Historiker Tacitus. „Und sie vollzogen sie."

Priesterin → **Vestalinnen**

Prostitution Pompeji, vom Vesuv mit einer meterhohen Ascheschicht bedeckt und in der Neuzeit zu zwei Dritteln ausgegraben, ist ein Touristenmagnet ersten Ranges. Das Gebäude aber mit der unscheinbaren heutigen Nummer VII.12.18 – 20 ist der „Star" mit den höchsten Besucherzahlen: Stündlich sind es 455 Personen. Seine Attraktion beruht zum einen darauf, dass es ein klar zu identifizierendes zweistöckiges Bordell (lupānar) mit Kammern für die darin tätigen Prostituierten war. Zum Zweiten sind es die gut erhaltenen Wandmalereien über den Kammertüren. Die darauf gezeigten Sexszenen

P

Wandmalerei aus einem Bordell in Pompeji: Über den Türen zu den **cellae** der Prostituierten war eine Reihe solcher Sexszenen zu sehen. 1. Jh.

versprechen erotische Freuden, die in den kleinen Räumen (cellae) sicher nicht eingelöst wurden: Drinnen war es beengt, stickig und ungemütlich. Eine Steinliege mit Decken und Polstern war das einzige „Möbel", und die Verweildauer der „Kunden" war kurz.

In manchen modernen Darstellungen wird Pompeji als „unmoralische" Stadt mit Dutzenden von Bordellen geschildert. Das ist stark übertrieben; denn wirklich sicher ist nur dieses eine Bordell nachweisbar. Rund 20 weitere Locations kommen zusätzlich als Stätten der „käuflichen Liebe" infrage; aber strikt nachzuweisen ist das nicht. Damit liegt Pompeji kaum über der Bordelldichte in anderen römischen Städten. Dort haben sich allerdings nur wenige archäologische Spuren erhalten, aber in der Literatur ist die „Szene" bestens bezeugt. Es besteht kein Zweifel: Prostitution gehörte überall in der römischen Welt zum ganz normalen Alltag, und sie trat auch überall deutlich in Erscheinung. „Sperrbezirke" oder ausgesprochene „Rotlicht-Zonen" gab es nicht. Oft wird die Subura, ein „Kleine-Leute-Viertel" in Rom, als

„sündige Meile" dargestellt. Sicher gab es dort eine Reihe von Apartments, in denen Prostitution betrieben wurde. Aber die höhere Zahl der dortigen cellae meretrīciae („Prostituierten-Kammern") entsprach der dichten Bevölkerung der Region. Manche Frauen saßen spärlich bekleidet vor ihrer cella und boten ihre Dienste an. Die lateinischen Begriffe dafür sind prōstāre, „sich öffentlich hinstellen", und prōstituere, „(den Körper) vorn hinstellen". Aus dem zweiten Verb hat sich in vielen modernen Sprachen der Begriff der „Prostitution" entwickelt.

Daneben gab es eine Straßenprostitution, die vor allem in der Nähe von **Theatern**, Arenen, Circussen und vor Tempeln blühte. Außerdem waren nicht wenige **Gaststätten** und Hotels als Reviere von Huren verrufen. Prostituierte wurden als meretrīcēs („Verdienerinnen") oder abfällig als lupae („Wölfinnen", angeblich weil sie „reißerisch" hinter dem Geld her waren) und scorta („Felle") bezeichnet. Im „gehobenen" Bereich der „Edelprostitution" sprach man verharmlosend von amīcae, „Freundinnen", oder puellae, „Mädchen". Männliche Prostituierte nannte man meist puerī meritōriī („Mietjungen"). Prostituierte und ihre Zuhälter (lēnōnēs) galten als ehrlos und mussten deshalb auf einige Rechte verzichten. Aber Prostitution war nicht illegal. Und der Verkehr mit Prostituierten galt nicht als Ehebruch. Mit diesen Regelungen sollten die „ehrbaren" Frauen und Mädchen vor „Auswüchsen" des männlichen Sexualtriebs geschützt werden.

Die meisten Prostituieren waren **Sklavinnen** und **Freigelassene**. Sklavinnen wurden häufig zur Prostitution gezwungen; ihre Herren schickten sie mitleidlos zum „Anschaffen". Dieser schlimmen Ausbeutung setzten juristische Bestimmungen in der Kaiserzeit gewisse Grenzen. Wenn im Kaufvertrag stand, dass eine Sklavin von ihrem neuen Eigentümer nicht zur Prostitution gezwungen werden dürfe (nē prōstituātur), hatte sie bei einem Verstoß dagegen das Recht, freigelassen zu werden. Kaiser Hadrian (117–138) untersagte den Verkauf von Sklavinnen an Bordellbetreiber oder von Sklaven an Gladiatorenschulen, wenn sie sich nicht gravierend etwas hatten zuschulden kommen lassen.

P

Wie ernst diese gesetzlichen Bestimmungen genommen worden sind, ist allerdings fraglich.

Die allermeisten freigelassenen Frauen, die als Prostituierte arbeiteten, taten das aus purer Not. Diese Armutsprostitution sorgte auch für sehr niedrige Preise. Die übliche Bezahlung lag bei zwei As. Das war der Gegenwert von zwei Laiben Brot oder einem Liter Wein gebobener Qualität – ein armseliger Lohn, der auch deutlich macht, wie stark die Konkurrenz in diesem Bereich war. Prostituierte der obersten Preisklasse erzielten allerdings deutlich höhere Löhne – bis zu 23 As, verraten uns Inschriften aus Pompeji.

Seit dem Jahr 40 n. Chr. verdiente der Staat mit an der Prostitution. Er kassierte den Gegenwert von einem Beischlaf pro Tag als Steuer. Verlangte er von Prostituierten eine spezielle **Kleidung**, um sie von ehrbaren Frauen abzugrenzen? Die Quellenlage dazu ist dürftig. Nimmt man alle Nachrichten dazu zusammen, so bestand die vestis meretrīcia in einer kurzen bunten Tunika und einer darübergelegten dunklen Toga. Wenn das eine Vorschrift war, wurde sie nur von einem Teil der Prostituierten befolgt. Viel häufiger sah man sie in einer durchsichtigen Kleidung (Cōa vestis), die geeigneter war, Männer „anzumachen", oder in Tuniken, die kaum etwas verhüllten.

Über mangelnde Nachfrage brauchten sich die Prostituierten nicht zu beklagen. Die Männer standen vielfach Schlange – und das wirft nicht unbedingt ein gutes Licht auf die Sexualmoral der römischen Zivilisation, vor allem weil den „Freiern" sehr wohl bewusst war, dass die gewünschte Dienstleistung aus Zwang oder aus Not erbracht wurde. Die Warteschlangen, die sich heute vor dem Bordell in Pompeji bilden, waren auch schon vor 2.000 Jahren eine Alltäglichkeit. Eine Reihe von Kunden, die auf occupāta-Schilder vor den cellae stießen („besetzt"), vertrieben sich die Zeit, indem sie Erwartungen, „Erkenntnisse" und Erfahrungen von früheren Besuchen mittels **Graffiti** kommentierten. Nicht weniger als 150 Graffiti haben sich in dem Bordell und seinem Umkreis gefunden. So dokumentiert ein offenbar zufriedener Kunde seinen Besuch mit den Worten:

Hīc ego, cum vēnī, futuī, deinde redeī domum – „Hier habe ich, nachdem ich angekommen war, gevögelt, dann bin ich wieder nach Hause gegangen."

Die Beiläufigkeit, mit der der anonyme Schreiber sein „Abenteuer" auf die Wand gekritzelt hat, sagt einiges über die Selbstverständlichkeit der Prostitution in der römischen Welt aus.

Provinz Für die in Alesia Belagerten war die Lage fast aussichtslos – im Sommer des Jahres 52 v. Chr. hatte Cäsars Heer den Ring um die Festung der Gallier geschlossen. Sollten sie sich ergeben? Auf keinen Fall!, meldete sich ein gewisser Critognatus zu Wort:

„Schaut doch auf das benachbarte Gallien, das zur römischen Provinz gemacht worden ist! Recht und Gesetz sind dort ausgetauscht worden. Die Provinz ist römischen Beilen unterworfen und wird in ewiger Knechtschaft unterdrückt."

Das Horrorbild einer römischen Herrschaft, die ihre Provinzen geradezu versklavt, sollte die verzweifelten Gallier zu weiterem Widerstand anstacheln. So schildert es Cäsar. Seine römischen Leser dürften die Sache mit der Sklaverei etwas anders gesehen haben ...

Aber im Prinzip hatte Critognatus nicht unrecht: Römische Provinzen waren unterworfene Gebiete, und die Römer gaben jeder neuen Provinz eine Art Grundgesetz (lēx prōvinciae). Es unterschied sich von Provinz zu Provinz. Denn die neuen Herren nahmen schon auf geschichtliche, kulturelle und religiöse Traditionen und andere lokale Besonderheiten Rücksicht: Das Römischwerden einer Provinz verband sich stets mit der Aufnahme einheimischer Sitten und Lebensformen. „Romanisierung" – das war nicht nur eine „Einbahnstraße"; auch die Römer lernten dazu.

Allerdings ließen sie die Bewohner der Provinzen („Provinzialen") durchaus spüren, wer die Herren waren. Provinzen wurden wirtschaftlich ausgebeutet – ohne Getreidelieferungen aus Ägypten, Nordafrika und Sizilien

P

Die römischen Provinzen im frühen 2. Jh.

wären die Hauptstädter nicht satt geworden –, und die Provinzbevölkerung musste anders als römische **Bürger** direkte Steuern in **Geld** und Naturalien zahlen. Hinzu kam, dass sich Provinzstatthalter in republikanischer Zeit zum Teil schamlos bereicherten und manche Provinz regelrecht ausplünderten. Einer der schlimmsten war Gajus Verres, der im Jahr 70 v. Chr. Sizilien geradezu terrisierte. Im Auftrag der Sizilier strengte der Anwalt Cicero einen Schadenersatzprozess gegen Verres an. Seine Reden mit zahllosen Beispielen für skandalöse Übergriffe des bestechlichen Statthalters sind überliefert.

In der Kaiserzeit hörte diese illegale Ausplünderung der Provinzen weitgehend auf – auch weil die Statthalter sehr gut aus der Staatskasse besoldet wurden. Viele Provinzen blühten im 1. und 2. Jh. auf; der „Roman Way of Life" mit guter Infrastruktur (Straßen, Aquädukte), attraktiven Freizeitangeboten (Thermen zum **Baden**, öffentliche Spiele) und wirtschaftlichen und sozialen Aufstiegsmöglichkeiten wurde von vielen als Fortschritt empfunden. Die einheimische Oberschicht in den Provinzen konnte sich in der lokalen Selbstverwaltung bewähren und genoss manche Vorrechte. Auch

dadurch sicherten die Römer ihre Herrschaft. Im frühen 3. Jh. gab es fast 50 Provinzen. Die Zahl änderte sich immer wieder vor allem durch Verwaltungsreformen. In der Größe waren sie sehr unterschiedlich. Die größere der beiden germanischen Provinzen, die Germania superior (Obergermanien mit der Hauptstadt Mainz) war 4½-mal so groß wie ihre nördliche Schwester, die Germania inferior (Niedergermanien mit der Hauptstadt Köln). Weitere Provinzen mit heute deutschsprachiger **Bevölkerung** waren Raetia (Bayern; Hauptstadt erst Kempten, dann Augsburg) und Noricum (Österreich; Hauptstadt Virunum), die Ostschweiz gehörte teils zur Germania superior, teils zur Raetia. Die weitaus größte Provinz im gesamten Imperium war die Hispania Tarraconensis mit dem heutigen Tarragona als Hauptstadt; zu ihr gehörten große Teile Spaniens wie auch Mallorca und die anderen Baleareninseln. Von besonderer Bedeutung war Ägypten, das als letzter Nachfolgestaat des Reiches Alexanders des Großen im Jahr 30 v. Chr. römisch wurde.

Bis die *erste* römische Provinz eingerichtet wurde, hat es etwa ein halbes Jahrtausend gedauert. Das war Sizilien im Jahr 237 v. Chr. Für die Verwaltung wurde eine neue Prätorenstelle geschaffen. Der entsprechende Prätor erhielt das „Aufgabengebiet" Sizilien. Prōvincia bezeichnete damals allgemein den „Zuständigkeitsbereich" eines hohen **Beamten**. Allmählich wurde der Begriff auf das unterworfene Gebiet übertragen: Prōvincia war nun ein Untertanenland außerhalb von Italien.

Die Statthalter wechselten meist jedes Jahr; nur wenige blieben – auch als für eine Provinz zuständige Militärbefehlshaber – längere Zeit im Amt. Ihre wichtigsten zivilen Aufgaben waren die Rechtsprechung, die Durchsetzung der Steuerzahlungen und die Aufsicht über die Verwaltung. In der Kaiserzeit musste der Provinzstatthalter eng mit dem Kaiserhof zusammenarbeiten. Einen hervorragenden Einblick in die Verwaltungspraxis ermöglichen die Anfragen Plinius' des Jüngeren an Kaiser Trajan aus den Jahren 111 bis 113 und die Antwortschreiben – u. a. über die Frage, wie man mit „aufsässigen" Christen umgehen solle.

Ein wichtiges Datum für die Bevölkerung in den Provinzen war das Jahr 212. Damals gewährte Kaiser Caracalla Antoninus durch eine Verfügung (cōnstitūtiō Antōnīniāna) fast allen im Reich lebenden freien Menschen das römische Bürgerrecht. Aus „Provinzialen" wurden damals cīvēs Rōmānī – was sie allerdings auch dazu verpflichtete, die nur von römischen **Bürgern** erhobene und damals auf zehn Prozent verdoppelte Erbschaftssteuer zu bezahlen.

Im Jahr 30 v. Chr. wurde Ägypten römische Provinz. Die Münze aus dem Jahr 28 v. Chr. erinnert daran. Das Krokodil steht für „sein" Land; **AEGYPT(O) CAPTA**: „nach der Eroberung Ägyptens".

Räuber → **Kriminalität; Polizei**

Recht und Gesetz

Darf ein Lehrer einen Streit zwischen Schülern mit einer Strafe ahnden, nachdem einer der Beteiligten ihm die Sache geschildert hat? Darf er nicht. Denn es gilt: audiātur et altera pars, „auch die andere Seite soll gehört werden". Wenn das Straßenverkehrsamt einen Anhörungsbogen schickt, weil man über eine rote Ampel gefahren sei, muss man dann Stellung nehmen? Muss man nicht. Denn es gilt: accūsāre nēmō sē dēbet, „niemand muss sich selbst beschuldigen". Kann man nach einer Vorschrift bestraft werden, die erst nach der „Tat" in Kraft getreten ist? Kann man nicht. Denn es gilt: nūlla poena sine lēge, „keine Strafe ohne Gesetz". Und rückwirkend geltende Gesetze würden den Vertrauensschutz verletzen. Darf das Schweigen eines Angeklagten als Geständnis gewertet werden? Darf es nicht. Denn es gilt: is, quī tacet, nōn fatētur, „wer schweigt, gesteht nicht". Ist es erlaubt, einem Klassenkameraden das Federmäppchen wegzunehmen, weil der die geliehenen fünf Euro nicht wieder herausrückt? Ist es nicht. Denn es gilt: iniūria nōn excūsat iniūriam, „ein Unrecht entschuldigt das andere nicht".

Die „knackigen" lateinischen Rechtsregeln vermitteln bis heute juristische Grundsätze, die seit der Römerzeit Bestand haben – wie auch die berühmteste, die allgemein bekannt ist: in dubiō prō reō, „im Zweifel (muss) für den Angeklagten (geurteilt werden)". Sie zeigen schlaglichtartig, wie sehr das römische Recht die Rechtsordnungen der modernen Staaten geprägt hat. Das lässt sich auch an der Bezeichnung des entsprechenden Studiums ablesen: Man studiert Jura, „Rechte", bzw. in Österreich „Jus", „Recht".

Die Geschichte des römischen Rechts beginnt (für uns sichtbar) mit dem Jahr 451/450 v. Chr. Damals wurde das gültige Recht erstmals schriftlich fixiert, und zwar auf zwölf Tafeln, die öffentlich auf dem **Forum** Romanum aufgestellt wurden. Die lēx duodecim tabulārum („Zwölftafelgesetz") war eine große Errungenschaft, weil dadurch Rechtssicherheit entstand. Willkürliche Urteile adliger Richter wurden erschwert, weil die Rechtsgrundlagen jetzt öffentlich einzusehen waren. Von diesem römischen „Grundgesetz" sind nur wenige Auszüge erhalten.

Ein paar Beispiele aus dem Zwölftafelgesetz: „Wenn jemand bei Nacht einen Diebstahl begangen und der Eigentümer ihn dabei getötet hat, so soll er mit Recht erschlagen worden sein." „Einen Toten darf man innerhalb der Stadt weder begraben noch verbrennen." „Was das Volk letztlich befohlen hat, das soll recht und rechtskräftig sein."

Im Laufe der Jahrhunderte kamen viele Gesetze hinzu, die die Volksversammlung verabschiedete. Aber auch die zu Beginn ihrer Amtszeit von **Beamten** erlassenen ēdicta („Ankündigungen") galten als wichtige juristische Grundlagen. Noch wesentlich bedeutender waren die respōnsa von Rechtsgelehrten. Das waren Gutachten, die in der Kaiserzeit Gesetzeskraft erlangten, wenn der **Kaiser** einem bedeutenden Juristen das iūs respondendī verlieh. Damit wurden bestimmte Auslegungen von Gesetzen verbindlich – auch wenn zunächst immer nur ein ganz konkreter Fall entschieden worden war. Natürlich entstand so ein riesiger Berg von Einzelentscheidungen, der in juristische Lehrbücher Eingang fand und von anderen Juristen kommentiert wurde. Noch heute ist der juristische Kommentar ein wichtiger Motor der Rechtsentwicklung.

Römische Juristen haben sich auch schon mit Umweltrecht beschäftigt. Titius Aristo z. B. befasste sich mit einem Fall, bei dem aus einer Käseräucherei stinkender Rauch über ein fremdes Grundstück zog. Musste man das hinnehmen? Nein, sagte Aristo und zog die Parallele zu Wasser. Auch das dürfe man ja nicht einfach auf fremde Grundstücke abfließen lassen. Entweder müsse der Verursacher eine Entschädigung für die Belastung des fremden Grundstücks zahlen, entschied Aristo, oder dessen „Einnebelung" beenden. Das war die Geburtsstunde des Immissionsschutz-Rechts (immittere, „hineinschicken", „einleiten").

Im 6. Jh. setzte Kaiser Justinian eine Kommission ein, die die wichtigsten juristischen Entscheidungen von Rechtsgelehrten und **Kaisern** zusammenstellen sollte. Die Spezialisten werteten an die 2.000 Werke mit mehr als drei Millionen Zeilen aus. Von den drei Millionen ließen sie 150.000 Zeilen gelten. „Digesta" hieß die neue, im Jahr 533 herausgegebene „Jura-Bibel", „das systematisch Zusammengestellte" – durchaus noch ein sehr, sehr dickes Buch, wenn man es mit den 1.000 Jahre älteren Zwölf Tafeln vergleicht …

Vieles von den „Digesta" wurde in unser heutiges Recht übernommen. Was aber die römische Rechtsprechung angeht, so gibt es deutliche Unterschiede zu den heute üblichen Verfahren. Rom war eine Klassengesellschaft, und das zeigte sich auch im Rechtswesen. Vom Gleichheitsgrundsatz war man oft weit entfernt. Höhergestellte Personen konnten sich bessere Anwälte leisten und mit ihrem Ansehen auch so manch einen Richter beeindrucken. Für den „kleinen Mann" war es deshalb wichtig, dass auch er nach Möglichkeit einen starken Verbündeten vor Gericht zur Seite hatte. Als **Klient** konnte er sich auf die Hilfe des patrōnus verlassen. Rechtsanwälte waren in der Regel Angehörige der Oberschicht, die ihre **Arbeit** nicht für **Geld** taten. Denn das hätten sie als „sklavische" Dienstleistung angesehen und mit ihrem Stolz nicht in Einklang gebracht. Gegen eine Art freiwilliger Dankbarkeitsprämie aber war ihrer Meinung nach nichts einzuwenden. Honōrārium, „Ehrengeschenk", hieß das Zauberwort (honor, „Ehre") – es hat sich zum nicht mehr ganz so freiwilligen „Honorar" weiterentwickelt. Die Top-Juristen verdienten sehr gut; die gesetzliche Festsetzung von Höchstgrenzen für „Ehrengelder" wurde in der Praxis häufig unterlaufen.

Auch bei den Strafen kannte man große Unterschiede. Für das gleiche Verbrechen wurden einfache Menschen z. B. zur Zwangsarbeit

R

im Bergwerk verurteilt, während Angehörige der Oberschicht mit der Verbannung davonkamen. Die Todesstrafe wurde gegen vornehme Angeklagte deutlich seltener verhängt – und wenn, dann blieben ihnen wenigstens besonders entehrende Hinrichtungsarten wie die Kreuzigung und eine Verurteilung zum Kampf mit wilden **Tieren** (damnātiō ad bestiās) erspart. Insgesamt durften römische **Bürger** meist mit milderen Strafen rechnen als Nichtbürger (peregrīnī). Eine Haftstrafe kannte das römische Recht im Prinzip nicht, das heißt, in den **Gefängnissen** saßen nur Untersuchungshäftlinge und verurteilte Verbrecher, denen die Exekution bevorstand.

Wie heute unterschied man zwischen Zivil- und Strafprozessen. In den Zivilprozessen ging es um Auseinandersetzungen zwischen Privat-

leuten. Dazu gehörten nicht nur Nachbarschaftsstreitigkeiten, Erbschaftsangelegenheiten und strittige Kaufverträge, sondern auch Diebstahl, Betrug und Körperverletzung. Wer sich geschädigt sah, klagte auf Schadenersatz. In republikanischer Zeit gliederten sich Zivilprozesse in zwei Phasen. In der ersten untersuchte der Prätor als staatlicher Beamter, ob er einen Streitfall annahm und nach welchen Grundsätzen zu urteilen sei. Häufig legte er auch schon das mögliche Urteil fest. Dieser Teil hieß in iūre, „vor dem Beamten", die folgende zweite Phase apud iūdicem, „beim Richter". Dabei überwies der Prätor den Streit zusammen mit seiner „Formel" an einen Laienrichter. Der untersuchte die Beweislage und sprach das Urteil. In der Kaiserzeit wurden auch Zivilprozesse immer öfter in einem Zuge vor einem staatlichen Beamten ausgetragen und von diesem entschieden (cōgnitiō-Prozess, „richterliche Untersuchung").

Oberster Gerichtsherr war in der Kaiserzeit der **Kaiser**, und zwar in privaten wie in Strafprozessen. Manche Kaiser verwendeten einen erheblichen Teil ihrer Zeit auf die Rechtsprechung. Die meisten Verfahren aber delegierten sie an die Statthalter der **Provinzen** und andere Magistrate. Strafprozesse – also Verfahren wegen schwerer krimineller Delikte – wurden meist vor einer Geschworenen-Jury verhandelt. Vor dem Staatsanwalt brauchte allerdings niemand Angst zu haben – denn es gab keinen! Eine Anzeige musste also von privater Seite erfolgen; **Sklaven** und Frauen waren davon ausgeschlossen. Fand sich kein Ankläger, so kam selbst ein Mord nicht vor Gericht.

Der Ankläger (accūsātor) ging ein gewisses Risiko ein. Führte der von ihm angestrengte Prozess nicht zur Verurteilung, so konnte der Angeklagte seinerseits auf Verleumdung (calumnia) klagen und Schadenersatz verlangen. Kam es dagegen zur Verurteilung, so erhielt der Ankläger eine Belohnung aus dem Vermögen des Verurteilten, meist ein Viertel der verhängten Geldstrafe. Das war keine unproblematische Regelung, denn sie lud zur Geschäftemacherei mit Denunziation ein. Aber es blieb dabei: Ohne Ankläger keine Anklage, wobei

R

natürlich staatliche Beamte in ihrer Funktion als Bürger diese Rolle übernehmen konnten.

Der Ankläger konnte selbst vor Gericht auftreten oder das Mandat dazu einem professionellen Anwalt übertragen. Anwälte traten damals wie heute als Ankläger oder als Verteidiger auf. Der Angeklagte verteidigte sich selbst oder holte sich einen juristischen Beistand (advocātus, „zu Hilfe Gerufener"). Redeschlachten zwischen Ankläger und Verteidiger vor Gericht galten manchen Römern als unterhaltsames Spektakel. Die Prozesse waren öffentlich, und die Zuhörer belohnten gute Redner mit Beifall. Applaus im Gerichtssaal ist heute untersagt; im alten Rom gab es sogar windige Anwälte, die bezahlte plausōrēs, „Beifallklatscher", engagierten. Mit diesen und anderen Tricks und Show-Elementen hoffte man nicht zu Unrecht, die Geschworenen beeinflussen zu können.

Zumindest gegen diese akustische Manipulation hätte sich nicht einmal die Dame wehren können, die noch heute als Statue in vielen Gerichtsgebäuden präsent ist: die personifizierte Gerechtigkeit mit einer Waagschale in der Hand und als Symbol für Unparteilichkeit mit verbundenen Augen – Justitia, die römische Göttin der Gerechtigkeit. Von ihr leitet sich, angesichts der Bedeutung des römischen Rechts wenig überraschend, das deutsche Fremdwort für die „Rechtspflege" ab: „Justiz".

Reichtum

→ Freigelassene; Geld; Nobilität

Reisen

Bonās viās, viātor! – „Gute Wege" oder besser „gute Reise, Wanderer!"

Das ist nicht gerade ein origineller Wunsch. Interessant wird er erst durch den, der ihn ausspricht. Denn er ist einem Toten in den Mund gelegt: Er steht auf einen römischen Grabstein geschrieben. Andere solche „Stimmen aus dem Jenseits" bitten den Reisenden eher darum, einen Augenblick stehen zu bleiben und des Toten kurz zu gedenken:

Quī properās, quaesō, tardā, viātor, iter! – „Der du vorbeieilst, Wanderer, verlangsame bitte deinen Schritt!"

Eine andere Botschaft lädt den Wanderer ein, „hier im grünen Gras auszuruhen" und keine Angst zu haben, „wenn der Schatten anfängt, mit dir zu sprechen".

Ob diese Grabinschriften ihre Adressaten erreicht haben, wissen wir nicht. Wohl aber, dass sie zumindest die Chance dazu hatten. Denn zahllose Gräber reihten sich an den großen Ausfallstraßen der Städte entlang, und dort waren viele Reisende unterwegs – die meisten tatsächlich als viātōrēs, „Straßenbenutzer zu Fuß". Das waren Bauern und Händler, die nicht selten tagelang auf dem Weg zum und vom Markt waren und ein Lasttier führten, oder „Schlachtenbummler", die zu öffentlichen Spielen in einer entfernten Stadt unterwegs waren, sowie andere Reisende, die sich keine **Transportmittel** leisten konnten, darunter auch der eine oder andere **Arzt**, Philosoph, Astrologe und **Bettler**.

Da stets die Gefahr von Raubüberfällen lauerte, schlossen sich manche Einzelreisende zu einem Trupp zusammen. Nachts waren die Straßen leer; wer sein Ziel nicht erreicht hatte, übernachtete in einer preiswerten Herberge oder kampierte im Freien. Fußgänger schafften eine Tagesstrecke zwischen 20 und 30 Kilometern. Sie gingen meist nicht auf der Straße – die übrigens oft nur nahe den Städten gepflastert und sonst mit Kies oder Schotter bedeckt war –, sondern auf dem Rasenstreifen daneben.

Wohlhabende Reisende wurden von **Sklaven** begleitet; Landstrecken legten sie zu Pferde oder im Wagen zurück. Wo sie wählen konnten – z. B. bei der Strecke zwischen Rom und dem Feriengebiet am Golf von Neapel –, zogen die meisten das Schiff vor, es sei denn, sie litten unter heftiger Seekrankheit. Die meisten Herbergen waren ziemlich schäbig und boten wenig Komfort; man musste mit unangenehmen Tierchen, mit grölenden Gästen in der Schankstube und Mehrbett-Schlafsälen rechnen, die trotz manchmal blumiger Werbepoesie dem Wohnstandard der Oberschicht überhaupt nicht entsprachen.

Wer sich von einer römischen Stadt aus auf eine Reise begab, sah erst einmal kilometerlang nur Gräber. An der Via Appia, der Königin der Straßen, kann man das heute noch gut nachvollziehen.

„Septumanus bereitet dir Speise und Lager. Wer hier einmal abgestiegen ist, kehrt glücklicher wieder", pries ein Wirt in Lyon sein Gästehaus an.

„Feine" Leute sahen zu, dass sie möglichst in Privathäusern von Gastfreunden übernachteten. Sie hatten ein dichtes Netzwerk von guten Bekannten, auf das sie sich meist verlassen konnten. Aber durchaus nicht immer und überall, sodass auch vornehme Reisende manchmal mit ziemlich miesen Quartieren vorliebnehmen mussten. Der Dichter Horaz beschreibt in einer berühmten Satire eine mehrtägige Reise auf der Via Appia von Rom nach Brundisium, von wo die Schiffe nach Griechenland ablegten; dabei wechselten bei den Übernachtungen herrschaftliche Villen mit sehr schlichten Herbergen ab. Zu Anfang litt er unter einer heftigen, von schlechtem Wasser verursachten Magenverstimmung, am Ende der Reise nahm die Müdigkeit bei allen zu; „lang war der Weg und schlecht gepflastert, verschlimmert noch durch Regengüsse". Und das auf der Via Appia, die als rēgīna viārum, „Königin der Straßen", gerühmt wurde! Man kann sich lebhaft vorstellen, wie

strapaziös das Reisen auf anderen Routen war. Wer reiste, brauchte eine gute Kondition und eine große Frustrationstoleranz, weil manches Ärgerliche und viel Unvorhergesehenes dazwischenkommen konnten. Am schlimmsten waren die Banditen (latrōnēs), die Reisenden in einsamen Gegenden auflauerten. Selbst in den ersten beiden Jahrhunderten, der Zeit der „Pāx Rōmāna" (des „Römischen Friedens"), war man vor Wegelagerern nicht sicher.

Etwas besser waren die Reisebedingungen für **Beamte**, kaiserliche Boten und Offiziere, die in offizieller Mission unterwegs waren. Hochgestellte Amtsträger mit kleinem oder großem Gefolge, darunter Amtsdiener, Sklaven, Freunde und Verwandte, durften die staatliche **Post**, den cursus pūblicus, benutzen. Dessen mānsiōnēs (Raststationen) stellten nicht nur frische Pferde bereit, sondern verfügten auch über einen bescheidenen Unterkunftskomfort. Bei der Ausstellung von Erlaubnisscheinen für den cursus pūblicus wurden allerdings strenge Maßstäbe angelegt; selbst gute Beziehungen zu wichtigen Entscheidern waren keine Garantie, als Privatperson in den Kreis der privilegierten Reisenden zu gelangen. Wobei „privilegiert" nur

R

auf die erwähnten Vorteile bezogen ist; ansonsten waren lange Strecken auf einem Pferd oder in einem ständig durchgerüttelten Wagen auch nicht gerade ein Spaß. Provinzstatthalter, Generäle und Spitzenbeamte verbrachten einen Großteil ihres Lebens auf Dienstreisen, sowohl zu ihren Einsatzorten und zurück als auch vor Ort in den **Provinzen**. Um diesen Teil ihrer Tätigkeit dürfte sie kaum jemand beneidet haben.

Wenn der **Kaiser** selbst auf Reisen ging, begleitete ihn ein gewaltiger Tross aus Bediensteten, Verwandten, Freunden und Beamten. Die kaiserliche Kolonne umfasste nicht selten mehrere Hundert Wagen. Diese Reisen mussten etliche Monate zuvor sorgfältig geplant werden, damit genügend akzeptable Übernachtungsmöglichkeiten zur Verfügung standen und in kleineren Orten genügend Proviant da war. Der extravagante Nero (Kaiser 54–68) machte aus jeder längeren Reise eine Show. Nicht nur, dass seine Reisegesellschaft angeblich nie weniger als 1.000 Kutschen umfasste (was wohl mächtig übertrieben ist). Er sorgte auch dafür, dass „die Maultiere goldene Überzüge über die Hufe bekamen und die Maultiertreiber in besonders teure scharlachrote Wollmäntel gekleidet waren". Um freie Bahn zu schaffen, eilten der riesigen Reisegesellschaft etliche Reiter und Läufer voraus. Ihr **Schmuck** – Armspangen und Brustschilde – wies sie als kaiserliche Bedienstete aus und sorgte sicher dafür, dass der Gegenverkehr den Weg freimachte.

Ein wichtiges Motiv für Reisen waren Handelsgeschäfte. Zum Beruf des Großkaufmanns, der im Fernhandel tätig war, gehörte das Reisen dazu, auch und gerade Reisen mit dem Schiff. Wegen der Unberechenbarkeit des Wetters und damit auch der Dauer der Reise, des ziemlich hohen Risikos eines Schiffbruchs, der Gefahr von Piratenüberfällen und des mangelhaften Komforts an Bord – die meisten Passagiere hatten einen Schlafplatz auf dem Deck – waren Schiffsreisen für viele Römer der wahre Horror. Gerade Händlern unterstellte manch einer pure Geldgier; sonst würden sie doch solche Risiken nie und nimmer eingehen! Tatsächlich war der Fernhandel lukrativ – wenn man die Ladung heil an den Bestimmungsort brachte. Wie intensiv

Nachbau eines römischen Reisewagens mit offener Kutscherbank und geschlossenem Aufbau für die Reisenden. Solche Wagen wurden meist von vier Pferden gezogen.

mancher Kaufmann reiste, zeigt das Beispiel des Textilfabrikanten Titus Flavius Zeuxis: Er legte in seinem Leben die Schiffsreise zwischen Hierapolis in Kleinasien (heute Türkei) und Italien 36-mal in beiden Richtungen zurück.

Während einfache Leute sich zu längeren Reisen entschlossen, um in der Ferne eine **Arbeit** mit besseren Verdienstchancen zu suchen – besonders die Hauptstadt zog viele „Arbeitsmigranten" an –, machten sich Angehörige der Oberschicht zu Bildungsreisen auf den Weg. Dazu gehörten Studienaufenthalte in Athen und anderen griechischen Zentren, wo man Vorlesungen berühmter Rhetoriklehrer und Philosophen hörte. Außerdem gab es einen Bildungstourismus, bei dem vor allem die griechischen Städte mit großer Vergangenheit auf dem Programm standen: Athen, Sparta, Olympia, Korinth, Epidauros und Rhodos sowie Ephesos, Smyrna (Izmir) und Ilion (angeblich Troja) in Kleinasien (Türkei). Manche Reisende verbanden das Sightseeing auch mit einem Besuch der berühmten Festspiele in Olympia oder Delphi, wo sich alle vier Jahre mehrere Tausend Besucher zu den Wettkämpfen einfanden.

Traumland römischer Touristen war das „geheimnisvolle" Ägypten: Alexandria mit dem Grab Alexanders des Großen sowie die weltbekannten mīrācula, „Wunder": die Pyramiden und andere großartige Baudenkmäler. Geschäftstüchtige Tourismusmanager verbanden das kulturelle Besuchsprogramm mit Krokodilshows. Ansonsten aber waren diese Reisen nicht organisiert, sondern wurden individuell geplant und durchgeführt. Von Massentourismus war das alles weit entfernt; solche langen Aufenthalte in fernen Ländern konnten sich nur Menschen leisten, die viel **Geld** und Zeit hatten.

Manche Unarten heutiger Touristen finden sich auch schon in römischer Zeit, z. B. Kritzeleien auf Kulturdenkmälern. „Einzigartig, einzigartig, einzigartig!", schrieb ein begeisterter römischer Besucher im Tal der Könige auf einen Felsblock, und mancher römische **Senator** verewigte sich mit seinem Namen auf Statuen und Pharaonengräbern. Die Antike kannte aber auch schon nervtötende, aufdringliche Fremdenführer, die bei ihren Erklärungen kein Ende fanden oder ihren Kunden zu manchen Attraktionen Legenden auftischten, die man heute als Fake News bezeichnen würde …

„Wenn mich Jupiter in Olympia und Minerva in Athen doch vor den Fremdenführern beschützt hätten!" (Varro)

Die Anfänge eines Gesundheitstourismus in der Römerzeit verbinden sich mit Heilzentren wie den Asklepios-Heiligtümern in Epidauros und auf der Insel Kos. Die „Pilger" hofften, dass der Gott der Heilkunst (römisch Äskulap) ihnen im **Tempel**-Schlaf Träume schickte, durch die sie von ihrem Leiden erlöst würden. Für solche Wunderheilungen nahmen viele die Strapazen langer Schiffs- und Landreisen in Kauf. Im weiteren Sinn zählten auch Besuche in Heilbädern zu solchen Kuraufenthalten. Überall, wo warme Mineralquellen zum **Baden** einluden, entstanden Wellness-Oasen, in die man reiste, wenn die Entfernung nicht allzu groß war.

Der Star unter diesen Bädern war der nicht weit von Neapel gelegene Badeort Bajae. Dort hatte man beides: den Zugang zum Meer und zu heißen Quellen. Und die Hauptstadt war nur wenige Tagereisen – per Schiff oder auf dem Landweg – entfernt. Seit dem 1. Jh. v. Chr. entwickelte sich Bajae zu einer bei vornehmen Leuten angesagten „Location". Viele wohlhabende Römer besaßen dort oder in der Umgebung ein schickes Landhaus. Man sah zu, dass man im bajanischen Luxus ein paar Wochen Urlaub verbrachte. Diese relativ kurze Tour lohnte sich, weil sie die Mühen der Reise schnell vergessen ließ: Bajae lockte mit Strand-**Partys** und Gondelfahrten, Gartenfesten und fröhlichen Umzügen, mit **Musik**, Tanz, Wellness und heißen Flirts. Das alles machte es zu einem „Ort der tausend Genüsse", schwärmte ein Besucher – mochten auch etwas griesgrämige Moralapostel vor dieser „Heimstätte aller Laster" warnen. Mit dem, was viele heute unter einer erlebnisreichen Urlaubsreise verstehen, hatten Aufenthalte in Bajae „am goldenen Strand der Venus" die größte Ähnlichkeit.

Und was war mit dem heute stark nachgefragten Marktsegment Abenteuerreisen? Danach stand im alten Rom niemand der Sinn. Verständlicherweise, denn das Reisen an sich war so strapaziös, so unberechenbar und voller – auch unangenehmer – Überraschungen, dass man Abenteuer nicht noch suchen und buchen musste.

Religion → Bevölkerung; Fest; Mysterienkult; Priester; Tempel; Vestalinnen

Rente Viele freuen sich heute darüber, wenn sie endlich in Rente gehen und die allmonatliche finanzielle Altersversorgung ihnen eine weitere Erwerbsarbeit erspart (so ist es zumindest bei den meisten). Rente ist zwar ein Lehnwort aus dem Lateinischen – reddere steckt darin, „zurückgeben"; es ist also eine „Rendite" aus geleisteten Versicherungsbeiträgen. In der Antike aber (und bis weit in die Moderne) gab es ein solches Versorgungssystem nicht. Angehörige der Oberschicht mit Großgrundbesitz lebten zeit ihres Lebens von den Erträgen ihrer Güter oder auch vom Geldverleih, von den daraus gezogenen Zinsen.

R

Sie waren auf eine regelmäßige Erwerbsarbeit nicht angewiesen; ihre Einkünfte als „Rentiers" „flossen" auch im Alter weiter.

Für alle anderen Menschen aber, die nicht von Angehörigen versorgt wurden, hieß es: Sie mussten grundsätzlich bis zum Tod weiterarbeiten, um ihren Lebensunterhalt zu sichern. Die Zahl der nach unseren Maßstäben „Alten" war allerdings deutlich kleiner als in der heutigen westlichen Welt. Man schätzt den Anteil der Über-60-Jährigen auf fünf bis zehn Prozent der **Bevölkerung**. Insgesamt war die römische Gesellschaft eine sehr junge, vergleichbar mit manchen modernen Ländern der „Dritten Welt". Der Gedanke an „Ruhestand" lag also den allermeisten Bürgerinnen und Bürgern ganz fern – auch den alten.

Wer es sich leisten konnte, legte **Geld** zurück, „um sich im Alter in sichere Muße (Freizeit) zurückzuziehen". Der Dichter Horaz vergleicht diese Vorsorge mit der Arbeit der Ameisen – ihnen eifere manch einer nach, der „Unmengen an Gold und Silber" horte. Diese „Unmengen" machen schon deutlich, dass nur ein sehr kleiner Teil der Menschen diese Chance des Sparens hatte. Rund 85 Prozent der Bevölkerung lebten von der Hand in den Mund; diese Menschen konnten keine Altersrücklagen aufbauen.

Vom Staat hatten alte Menschen nichts oder nur wenig zu erwarten. Die einzige Ausnahme betraf mūnera. Dieser Begriff steht für verpflichtende staatsbürgerliche Leistungen wie die Übernahme von Ämtern, die Veranstaltung von Schauspielen und ähnliche „Bürden", die einigermaßen wohlhabende **Bürger** erbringen mussten. Ab dem Alter von 60 waren sie davon befreit. Und die in den **Provinzen** für nichtrömische Bürger anfallende Steuer (tribūtum capitis) entfiel mit dem 65. Lebensjahr – eine Art Altersfreibetrag. Die Einzigen, die eine gewisse Form der Altersversorgung ausbezahlt bekamen, waren die Legionäre. Nach 25- bis 30-jährigem **Militärdienst** erhielten sie eine Abfindung von mehreren Tausend Denaren bzw. ein Stück Land. Sie waren dann zwischen 40 und 50 Jahre alt. Angehörige der Hilfstruppen (auxilia) bekamen ein solches Abschiedsgeschenk nicht, wohl aber das römische Bürgerrecht.

Was geschah mit allen, die zu krank oder schwach waren, um ihren Lebensunterhalt mit eigener **Arbeit** zu finanzieren? Sie waren auf die Hilfe anderer angewiesen. Kinder waren moralisch verpflichtet, ihre Eltern und Großeltern notfalls zu alimentieren (alimenta, „Nahrungsmittel" bzw. „alles, was zum Unterhalt gehört"). Das entsprach dem wichtigen römischen Grund-

---

Porträts zweier Männer und einer Frau im „Rentenalter". Die Spuren des Alters wurden von den Bildhauern sehr realistisch dargestellt. Aber auch viele Falten brachten einem Römer bzw. einer Römerin keine Rente ein ...

wert der pietās, des „Pflichtbewusstseins". In der Kaiserzeit scheint sich das allerdings im moralischen Kompass etwas verstellt zu haben. Jedenfalls griff der Gesetzgeber ein und regelte die Unterhaltspflicht juristisch eindeutig:

„Alimenta müssen der eigenen Vermögens-lage entsprechend gewährt werden", heißt es im Gesetzestext.

Ganz reibungslos funktionierte dieses Fürsorgeprinzip aber nicht; im ägyptischen Wüstensand sind z. B. Papyrusblätter gefunden worden, auf denen Unterhaltsklagen geschrieben stehen.

Wer bessergestellt war als die große Masse, konnte sich eine weitere Vorsorgemöglichkeit aufbauen, indem er einen oder mehrere **Sklaven** freiließ. **Freigelassene** hatten die gesetzlich fixierte Pflicht, ihren patrōnus ähnlich wie dessen Kinder bei Notlagen zu unterstützen. Sie mussten sogar für dessen Eltern sorgen. Allerdings galt diese Fürsorgeverpflichtung auch umgekehrt: Eltern und Patrone hatten ihrerseits für ihre Kinder bzw. Freigelassenen zu sorgen, wenn die in Bedrängnis gerieten.

Helfen konnte allerdings nur, wer selbst etwas abgeben oder einen alten Menschen in seine Wohnung aufnehmen konnte (Altenheime gab es ebenso wenig wie Krankenhäuser). Altersarmut war deshalb sicher weit verbreitet. Sie traf vor allem Witwen. Da die Männer bei der **Ehe**-Schließung rund zehn Jahre älter waren, überlebten viele Frauen ihren Ehemann. Und so gibt es zahlreiche Stimmen in der antiken **Literatur**, die Angst und Sorge vor Krankheit und finanzieller Not im Alter zum Ausdruck bringen. Man musste sich ja nicht ganz so radikal äußern wie Plinius der Ältere: Angesichts der körperlichen und intellektuellen Einschränkungen, die hohes Alter häufig mit sich brachte, stellt er nüchtern fest: „Die Natur hat den Menschen nichts Besseres verliehen als ein kurzes Leben." Zumindest *heutige* Rentenbezieher sehen das deutlich anders.

Ring → **Schmuck**

Ritter Ob Martial, der gefeierte Dichter scharfzüngiger Spott-Epigramme, jemals auf einem Pferd gesessen hat, ist durchaus zweifelhaft; ganz sicher nicht bei einem militärischen Einsatz. Und doch war er ein eques Rōmānus, ein „römischer Ritter". „Ritter" ist im Deutschen eine Variante zu „Reiter". Das Wort diente im Mittelalter als Standesbezeichnung für einen berittenen Adligen. Das Lateinische kennt nur den eques, doch damit verbanden sich je nach Zeitalter unterschiedliche Vorstellungen.

Ursprünglich waren die equitēs die Reitertruppen des römischen Heeres. Eine Gruppe von ihnen erhielt je zwei Pferde auf Staatskosten, die andere war so begütert, dass sie sich ein eigenes Pferd leisten konnte. Die equitēs waren erkennbar eine Elite, etwas „Besseres" als die Fußsoldaten.

Das änderte sich auch nicht, als die römische Reiterei seit dem späten 3. Jh. v. Chr. immer stärker von Bundesgenossen (sociī) gestellt wurde. Die römischen equitēs als wohlhabendes Bürgertum wandten sich daraufhin einem neuen „Geschäftsmodell" zu. Sie besaßen Kapital, und das investierten sie als Bankiers in **Geld**-Verleih, in „weltweiten" Handel und in die „Steuerpacht". Diese Wirtschaftssparte war eine römische Besonderheit: Der Staat sparte Verwaltungs- und Personalkosten, indem er das Eintreiben bestimmter Steuern – etwa der Tribute einzelner **Provinzen** – an Privatleute vermietete, und zwar gegen Höchstgebot. Da **Senatoren** sich an diesen Deals per Gesetz nicht beteiligen durften, war der Weg für eine andere finanziell leistungsstarke Gruppe frei: eben die equitēs.

Um das Risiko für den Einzelnen zu verringern, bildeten sie societātēs, „Gesellschaften". Heute spräche man von Aktiengesellschaften, an denen zahlreiche Geldgeber Anteile hielten. Der Staat kassierte die Steuerpacht im Voraus; die Gesellschaften, die den Zuschlag erhalten hatten und finanziell in Vorleistung gegangen waren, versuchten natürlich, größtmöglichen Profit aus ihrem zeitlich begrenzten Engagement zu ziehen und mehr einzutreiben, als sie zuvor an den Staat bezahlt hatten. Und so wurden viele Provinzen systematisch ausgebeutet.

R

Zwar galten auch für die privaten Steuereintreiber bestimmte Regeln. Doch wurden sie kaum kontrolliert. Die – senatorischen – Provinzstatthalter schauten meist weg. Sie wollten sich nicht mit den mächtigen Steuerpächtern (pūblicānī) anlegen. Denn die Gerichtshöfe in Rom, die über mögliche Verfehlungen der Statthalter urteilten und ihnen Rückzahlungen erpresster Gelder auferlegten, waren von Geschworenen aus dem Ritterstand besetzt. „Schon du mich, dann schon ich dich!", dachten die Senatoren wohl. Die Leidtragenden waren die Provinzbewohner, denn sie wurden somit oft von zwei Seiten zugleich finanziell in die Mangel genommen: von bestechlichen Statthaltern und von gierigen Steuerpächtern, die sie auspressten, solange ihr Vertrag lief.

Daneben engagierten sich viele Ritter im Handel. Auch wenn Schiffe nicht selten untergingen, war der Überseehandel ein lohnendes Geschäft. Die equitēs waren also in mehrfacher Hinsicht Nutznießer der gewaltigen Expansion Roms. Weiteres Kapital nutzten sie, um überall im Reich Ländereien zu erwerben. Dabei mussten sie allerdings mit den Senatoren konkurrieren, anders als bei Handelsaktivitäten; denn die waren den Angehörigen des ōrdō senātōrius als unstandesgemäß untersagt – auch wenn manch ein Senator das Verbot mithilfe von Strohmännern unterlief.

Die equitēs etablierten sich so als zweiter Stand hinter den Senatoren – als ōrdō equester, der nichts mehr mit „Reiterei" zu tun hatte. Deshalb werden diese equitēs im Deutschen als „Ritter" bezeichnet. Ihr gesellschaftliches Ansehen zeigte sich auch in exklusiven Statussymbolen: Ihre Tunika hatte einen schmalen Purpurstreifen (die der Senatoren einen breiten), im **Theater** hatten equitēs Plätze in den ersten 14 Reihen, und nur sie durften einen goldenen Ring (ānulus aureus) als Abzeichen ihrer Würde tragen.

Seit der Zeit des Augustus (Kaiser 27 v. Chr. – 14 n. Chr.) benötigte man ein Vermögen von 400.000 Sesterzen, um in den ōrdō equester aufzusteigen – und nicht unbedingt ein Pferd. Damit sind wir wieder beim Dichter Martial. Wohl auch dank großzügiger Sponsoren konn-

Römische Goldringe mit Edelsteinen – mit Frauenporträt bzw. Circus. 1. Jh. v. Chr. bzw. 1. Jh. n. Chr.

te er diese Vermögensgrenze erreichen und so die Qualifikationshürde zum eques Rōmānus überspringen – mochte er sich auch weiterhin als poēta pauper, „Dichter in bescheidenen Verhältnissen", „verkaufen" bzw. diese Perspektive des (relativ) „kleinen Mannes" in seinen Gedichten einnehmen. Auch wenn er nicht zu den Superreichen zählte (Senatoren mussten ein Mindestvermögen von einer Million Sesterzen nachweisen), gehörte er als Ritter doch zur „besseren" Gesellschaft – und zu den Vermögenden.

In der Kaiserzeit konnten Ritter auch in der Verwaltung Karriere machen, vor allem in der Finanzverwaltung. Nach einigen Jahren als Offizier im Heer (keineswegs zwingend in der Reiterei) stiegen viele in den zivilen Bereich um. Wer es ganz nach oben schaffte, konnte eine Menge Geld verdienen. Die Gehälter der ritterlichen Spitzen-**Beamten** waren in vier Stufen eingeteilt: 60.000, 100.000 und 200.000 Sesterzen pro Jahr; und einige wenige Top-Leute wie der praefectus Aegyptī, Stellvertreter des **Kaisers** in der Provinz Ägypten, kamen auf 300.000. Ein paar Jahre in einer solchen Stellung sollten – neben Einkommen aus traditionellen Ritterdomänen wie Handel, Geldverleih und Großgrundbesitz – ausreichen, um ein **Familien**-Vermögen anzuhäufen, das auch ihren Nachkommen den Status als equitēs sicherte.

Denn die Zugehörigkeit zum Ritterstand konnte nicht an die Nachkommen vererbt werden. Entscheidend war, dass der Einzelne die 400.000-Sesterzen-Vermögensgrenze „schaffte". Was er mit diesem Geld machte, blieb ihm selbst überlassen. Er konnte sich beispielsweise ein Pferd anschaffen oder mehrere oder eine ganze Pferdezucht. Verpflichtend war das aber schon lange nicht mehr – seit aus dem Reiter ein Ritter geworden war.

Römisches Reich

→ Bevölkerung; Limes; Rom in Zahlen

Rom in Zahlen

Genaue Zahlen aus der Antike sind ausgesprochene Mangelware. Viele Wissenschaftler haben sich angestrengt, z. B. zur Bevölkerung genauere zahlenmäßige Aussagen zu erarbeiten. Das sind immer nur grobe Schätzungen, die Aussagekraft als Größenordnungen haben, niemals exakte Angaben – zumal andere Wissenschaftler zu abweichenden Ergebnissen kommen.

- **Größte Ausdehnung des Imperium Romanum (im 2. Jh.):**
  6.250.000 Quadratkilometer
  (= $\frac{1}{58}$ der Erdoberfläche).
  Zum Vergleich: Deutschland erstreckt sich auf fast 360.000 Quadratkilometern.

- **Einwohner des Imperium Romanum (frühes 2. Jh.):**
  60.000.000 – 80.000.000 (also weniger, als allein Deutschland zurzeit Einwohner hat: ca. 83.000.000 Menschen). Bevölkerungsverlust durch die „Antoninische Seuche" (etwa in den Jahren 165 – 180): knapp 25 Prozent.

- **Bevölkerung Italiens (1. Jh.):**
  7.000.000 – 14.000.000.
  Heute: 60.000.000.

- **Bevölkerung Griechenlands (1. Jh.):**
  ca. 2.000.000. Heute: 11.000.000.

- **Anteil der unter 15-Jährigen:** ca. $\frac{1}{3}$;
  Anteil der über 30-Jährigen: ca. $\frac{1}{3}$;
  Anteil der zwischen 15- und 30-Jährigen: ebenfalls ca. $\frac{1}{3}$.

- **Durchschnittliche Lebenserwartung:**
  30 – 35 Jahre (die Säuglingssterblichkeit nicht einberechnet).

- **Straßennetz:** 80.000 –100.000 Kilometer. Zum Vergleich: Das deutsche Straßennetz umfasst (die Straßen innerhalb von Ortschaften eingerechnet) über 800.000 Kilometer.

- **Größte Städte:**
  Rom (ca. 1.000.000 Einwohner); Alexandria in Ägypten (ca. 500.000 Einwohner); Antiochia in Syrien (ca. 200.000 – 300.000 Einwohner); Karthago in Nordafrika (ca. 300.000 Einwohner).

- **Andere Städte:** Im Imperium gab es rund 2.000 Städte mit 10.000 – 15.000 Einwohnern; Pompeji: rund 20.000 Einwohner; etwa $\frac{1}{10}$ von ihnen ist beim Vesuv-Ausbruch ums Leben gekommen.

- **Auf dem Land lebende Bevölkerung:**
  ca. 85 Prozent.

- **Senatorische Familien:**
  3.000 – 4.000 Menschen.

- **Ritter-Familien:**
  20.000 – 30.000 Menschen.

- **Sklaven-Anteil an der Bevölkerung:**
  ca. zehn Prozent im gesamten Imperium, in Rom ca. 30 Prozent. Für Ägypten sind Zahlen besser belegt: ca. 15 Prozent der Stadt- und acht Prozent der Landbevölkerung.

- **Die drei großen Epochen der römischen Geschichte:** 753 – 509 v. Chr. Königszeit (mit angeblich nur sieben Königen); 509 – 27 v. Chr. Republik; 27 v. Chr. – 476 n. Chr. Kaiserzeit (79 Herrscher bis zum letzten weströmischen Kaiser).

R

Säulenhalle

Wo konnte man in Rom hingehen, um zu flirten? Der Dichter Ovid empfiehlt seinen Lesern vor allem: Säulenhallen! Die porticus (Plural: porticūs) war ein überdachter Anbau an ein bestehendes Gebäude. Auf der offenen Seite wurde das Dach in regelmäßigen Abständen von Säulen gestützt. Es gab aber auch freistehende Säulenhallen, nicht selten im Viereck um einen Garten oder einen großen Platz herum angelegt. Luxuriöse Landsitze wurden durch Portiken architektonisch zusätzlich aufgewertet. Auch in der Stadt dienten Säulenhallen der Repräsentation.

Als Flirtstätten boten Säulenhallen sich an, weil sie gegenüber dem hektischen Trubel auf den Straßen geradezu Oasen der Ruhe und Entschleunigung waren. Man ging dort spazieren, genoss den Schatten und betrachtete die Kunstwerke, die die Portiken schmückten. In Rom waren das Statuen, Malereien und andere Kunstgegenstände, die aus Kriegsbeute stammten: Kunst fürs Volk, das auf diese Weise eine Vorstellung von der Größe, der „Majestät" (māiestās) und dem Reichtum „seines" Imperiums erhalten sollte. Wie Thermen und **Sport**-

Die sogenannte große Palästra in Pompeji, die u. a. als Sportplatz diente, war auf drei Seiten von Säulenhallen eingefasst.

Stätten zählten die Säulenhallen zum Freizeitbereich (ōtium). Eine ōtiōsa turba nennt der Dichter Martial die Menschen, die sich dort aufhielten, „eine große Menge von Müßiggängern", eben viele Leute im „Freizeitmodus".

Der Zugang führte oft über ein paar Stufen. Damit wurde der Fahrzeugverkehr ferngehalten, und man konnte in einiger Ruhe schlendern. Bei den Landvillen nannte man Säulenhallen deshalb auch ambulātiōnēs, „Spazierwege". Ein anderes, häufig statt ambulāre verwendetes Wort für die Bewegung der Menschen in den Säulenhallen ist spatiārī, „schreiten". Das deutsche „spazieren" geht darauf zurück. Und natürlich schaute man sich auch an und um: Wer war da noch unterwegs? Die meisten Frauen, die dort schlenderten, gehörten nicht der Oberschicht an, denn für sie schickten sich solche Spaziergänge in der Öffentlichkeit nicht. Das wurde in anderen sozialen Schichten nicht so eng gesehen.

Natürlich luden die schattigen Säulenhallen auch zu längeren Unterhaltungen beim Schlendern ein. Manche Leute verabredeten sich, um dort eine Zeitlang einigermaßen in Ruhe Gespräche führen zu können. Ganz ungestört war man in öffentlich zugänglichen Portiken aber nicht. Auch dort waren einige Händler auf Kundenfang und boten ihre Waren mehr oder weniger lautstark an. Auch „Schnorrer" erhofften sich hier Kontakte, um eine Einladung zur cēna zu ergattern – und hängten sich manchmal wie Kletten an ihre Opfer. Und dann gab es da noch Open-Air-Schulmeister, die ihren Unterricht in eine Säulenhalle verlegten, weil sie keinen eigenen Schulraum besaßen. Das „Donnern" des Lehrers und das monotone Nachsprechen der Schüler haben sicher nicht wenige Säulenhallengäste als ziemlich nervige Ruhestörung empfunden.

Schauspieler
→ Arbeit; Freigelassene; Theater

Scheidung
→ Ehe; Familie; Hochzeit

Schiff → Reisen; Transportmittel

Schmuck

Diskotheken, Bibliotheken, Mediatheken – die kennt man. Die griechische théke ist ein „Behälter", ein „(Aufbewahrungs-)Ort" – also für Schallplatten, Bücher und andere Medien. Aber eine „Daktyliothek"? Nie gehört! Reiche Römer wussten sehr wohl, wovon bei diesem griechischen Begriff die Rede war: Viele von ihnen besaßen eine dactyliothēca, das heißt eine Sammlung von Fingerringen (griechisch daktylios, „Fingerring"). Das waren oft wunderschöne, aus Edelsteinen geschnittene Schmuckstücke. Manch ein Gastgeber konnte der Versuchung nicht widerstehen, seine Kollektion den **Party**-Gästen beim Gang durch sein Haus zu präsentieren. In der Kaiserzeit kam es – zumindest bei Angebern – in **Mode**, nicht nur einen (Siegel-)Ring zu tragen, sondern alle Finger bis auf den mittleren mit Ringen zu „behängen". Ringe (ānulī) aus purem Gold waren allerdings den **Rittern** vorbehalten: Sie waren ein Standesabzeichen der equitēs.

„Sechs Ringe trägt Charinus an jedem Finger. Er legt sie weder des Nachts ab noch beim Baden. Ihr fragt: Wieso das? Er besitzt keine Daktyliothek!" (Martial)

Als Mann konnte man auch einen goldenen Armreif tragen, aber das galt als nicht besonders seriös. Ansonsten kamen nur noch goldene fibulae infrage – Spangen, mit denen **Kleidung** verschlossen und zusammengehalten wurde. Ganz anders sah es bei den Frauen aus. Da boten sich deutlich mehr „Flächen" für den Schmuck an:

Frauen tragen ihren Schmuck „überall an den Armen und Fingern, am Hals, an den Ohren und im Haar sowie an den Hüften und sogar an den Füßen". (Plinius der Ältere)

Das klingt ziemlich vorwurfsvoll (und war auch so gemeint), wird aber durch zahlreiche andere Quellen und durch archäologische Funde bestätigt. Die wichtigsten Schmuckstücke waren Ringe und Ohrringe (inaurēs), Armreife (armil-

Das Mädchen mit Schreibgriffel und Schreibtäfelchen trägt nicht nur goldene Ohrringe, sondern auch ein goldenes Haarnetz. Wandmalerei aus Pompeji, 1. Jh.

lae) und Halsketten (monīlia), goldene Haarnetze (vittae) und Knöchelreife (periscelidēs). Seltener waren Hüftketten und Beinreife, üblich dagegen Haarnadeln und wie bei den Männern Gewandfibeln.

Boutiquen renommierter Goldschmiede und Perlenhändler lagen im Herzen Roms an der Sacra Via. Das beliebteste Material war Gold, daneben waren Silber und Legierungen (Mischungen) aus beiden Edelmetallen populär. Vielfach waren Edelsteine (gemmae) wie grüne Smaragde, blaue Saphire, rote Granate sowie Opale und Diamanten in die Schmuckstücke eingearbeitet. Als Inbegriff höchsten Schmuckluxus aber galten Naturperlen (margarītae). Sie wurden in großen Mengen aus dem Orient importiert und als Ketten und Armbänder, vor allem aber als Ohrenschmuck getragen.

Da hingen manchmal „zwei oder drei Vermögen an jedem Ohr", stellt ein Kritiker des Perlenluxus tadelnd fest und setzt übellaunig hinzu, „dass die Ohrläppchen der Damen durchaus trainiert sind, eine ordentliche Last zu tragen". (Seneca)

S

In den Haushalten der Superreichen gab es **Sklaven**, die ausschließlich als „Perlenbeauftragte" (ad perlās) Dienst taten. Eine Lollia Paulina, einst Gattin des Caligula (Kaiser 37–41), erschien bei einer Verlobungsfeier mit einem Outfit, das vor Perlen und Smaragden nur so glänzte. 40 Millionen Sesterze trage sie am Körper, ließ sie ihre Bewunderer stolz wissen – und hatte für Zweifler sogar die Kaufbelege dabei. Solche Storys sind in großer Zahl überliefert; viele schüttelten über diese Schmuck-„Dekadenz" den Kopf. Tatsache ist, dass Schmuck auch schon im alten Rom ein beliebtes und gern zur Schau getragenes Statussymbol war.

Im Alltag der meisten Römerinnen ging es allerdings wesentlich bescheidener zu. Wer sich teuren Schmuck nicht leisten konnte, wich auf Edelstein-Imitate und Schmuckstücke aus billigem buntem Glas aus. Verlobungs- und **Ehe**-Ringe waren übrigens nur einseitig als Geschenk des Mannes an die Frau üblich, wenn auch nicht verbindlich. Eher ungewöhnlich war es, wenn sich das mit einem Bekenntnis verband wie amō tē meritō, „ich liebe dich, wie du es verdienst". So steht es auf einem goldenen Ring, den das Römisch-Germanische Museum in Köln präsentiert. Apropos Museum: Wer römischen Schmuck ansehen und bewundern will, kommt in *allen* Antike-Museen auf seine Kosten.

Schreiben

→ **Lesen und Schreiben**

Schuhe

Im Verkehrsgewühl auf Roms Straßen war es schwierig bis unmöglich, anderen Menschen auszuweichen. Näherte sich ein Soldat, dann musste man besonders auf der Hut sein. Nicht weil er sich aggressiver durchgesetzt hätte als andere Passanten, wohl aber wegen seiner caligae. Das waren die Soldatenstiefel. Wer von denen einen versehentlichen Tritt abbekam, riskierte eine üble Wunde. Denn die acht Millimeter dicken Sohlen der caligae waren mit 80 bis 90 Eisennägeln mit abgerundeten Köpfen besetzt. Ansonsten bestand der Stiefel aus einem Riemengeflecht, das die Zehen freiließ und bis über die Knöchel reichte. Hohe Offiziere trugen diese Stiefel nicht; für alle anderen Soldaten waren sie aber so typisch, dass der Kaiser Gajus (37–41) mit seinem Spitznamen Caligula („Stiefelchen") in die Geschichte einging: Er hatte einen Großteil seiner Jugend in Militärlagern verbracht.

Auch Bauern, Fuhrleute und Jäger trugen häufig caligae aus dickem Leder, die aber mit weniger oder gar keinen Nägeln beschlagen waren. Der im Stadtleben übliche Schuh war dagegen der calceus, ein über den Knöchel

Links: Heutige Römerfans marschieren mit Rekonstruktionen der „berüchtigten" Nagelschuhe. Rechts: Lederschuh eines Kindes aus dem 4. Jh.; gefunden in einem Brunnen in York, England.

S

reichender, geschlossener Schuh aus weichem Oberleder. Die einfachere, derbe Ausführung für die „kleinen Leute" nannte man pērō; dieser Schuh-Typ empfahl sich als guter Schutz gegen Schlamm und Schnee. Die calceī für Frauen waren meist feiner gearbeitet und eleganter geschnitten. Sie konnten auch weiß oder farbig sein. Wohlhabende Frauen trugen Schuhe mit Perlen und Edelsteinen oder sogar vergoldete calceī. Für **Priester**, **Senatoren** und **Patrizier** gab es je eigene Modelle, die als Standesabzeichen für sie reserviert waren, zum Teil in roter Farbe, zum Teil mit Riemen, die bis zur Mitte des Schienbeins reichten.

Der dritte Schuh-Typus war die Sandale (solea; sandalia). Sie bestand aus einer Sohle, die mit weichen Riemen am Fuß befestigt war. Das Riemenwerk war unterschiedlich gestaltet, ließ aber in jedem Fall einen Großteil des Fußes unbedeckt. Es standen unterschiedliche Modelle zur Auswahl, die zum Teil nach ihrer geografischen Herkunft aus einzelnen **Provinzen** benannt waren. Sandalen wurden im Haus getragen. Sich damit in der Öffentlichkeit sehen zu lassen galt lange als unschicklich – für Senatoren ein absolutes No-Go. Einzige Ausnahme war ein **Party**-Besuch. Der gehörte zum Freizeitbereich und erlaubte soleae auch auf dem Hin- und Rückweg. Doch änderten sich die Sitten mit der Zeit. Im 2. Jh. trugen immer mehr Menschen auch aus der Oberschicht, Männer wie Frauen, außerhalb des Hauses Sandalen. Die etwas spöttische Bezeichnung für in der Antike angesiedelte Spielfilme als „Sandalenfilme" ist historisch also nicht ganz falsch. Schließlich waren ja sogar die Militärstiefel der Legionäre eine Art besonders stabiler Sandalen.

Schule Die Schule als „Spiel" (lūdus) – das hört sich doch ziemlich einladend an. Die Wirklichkeit des Schulunterrichts im alten Rom war sehr viel nüchterner – und sehr viel eintöniger, langweiliger und deutlich weniger schülerorientiert als heute. Der Lehrer (Lehrerinnen gab es nicht) las vor, diktierte, erklärte und stellte enge Fragen; die Schüler wiederholten, buchstabierten und gaben Ein- oder Zweiwort-Antworten. Der Unterricht gründete auf praecepta, „Vorschriften", „Anweisungen"; für individuelle Schülerfragen oder für Diskussion gab es normalerweise keinen Raum. Nur wenige Lehrer bemühten sich um einen motivierenden, die Schüleraktivität steigernden Unterrichtsstil. Wenn die Schüler aber „abschalteten", regierte die ferula des Lehrers, seine Rute, die auf seinem Pult lag und immer wieder auf Störer und „Träumer" niederfuhr.

„Verhasst" sei die Rute bei den Knaben, stellt der Dichter Martial fest, „bei den Lehrern aber sehr beliebt."

Wieso dann Schule als „Spiel"? Lūdus bedeutet häufig „Training", „Vorbereitung", so etwa auch beim Militär. Die Schule war sozusagen das Vorspiel für den Ernst des Lebens. Wenn ein Schüler z. B. bei 3 x 7 auf das Ergebnis 14 kam, richtete das weiter keinen Schaden an. Machte ein Verkäufer aber die gleiche Rechnung auf, so führte das zu einem herben finanziellen Verlust.

In den Jahren der Grundschule lernten die Schüler einigermaßen ordentlich **Lesen und Schreiben** sowie die Grundrechenarten – mehr aber auch nicht. Das lag auch an den oft wenig günstigen äußeren Umständen. Ein einziger Lehrer unterrichtete zwischen 20 und 30 Schüler unterschiedlicher Stufen gleichzeitig. Viele Grundschulen hatten kein eigenes Gebäude oder einen eigenen Raum, sondern der Unterricht fand in einer **Säulenhalle** oder an einem anderen öffentlichen Platz statt – Lärm und neugierige Blicke der Passanten inklusive, und vieles, was sich rings um die Open-Air-Schule ereignete, war für die Schüler vielleicht interessanter als der Unterricht ...

Hinzu kam, dass die Lehrer keineswegs immer besonders qualifiziert waren. Jeder konnte eine Schule eröffnen und den Beruf des Lehrers ergreifen. Staatliche Prüfungen gab es ebenso wenig wie Mindestanforderungen. Wenn einer überhaupt keine Ahnung hatte, sprach sich das schnell herum, und es meldeten keine Eltern mehr Kinder bei ihm an. Er versuchte dann vielleicht noch, Schüler über günstige Preise zu „angeln". Das war für Eltern verlockend, die sich schwertaten, überhaupt das Schulgeld auf-

Privater Schulunterricht: Lehrer und Schüler sitzen schon bereit, während ein weiterer Schüler grüßend den Raum betritt. Relief aus Neumagen bei Trier, 2. Jh.

wohlhabenden **Familie** stammte, wurde von einem Pädagogen begleitet. Das war anders als heute kein Lehrer, sondern ein **Sklave**, der auf die Kinder in der Öffentlichkeit aufpasste. Schon in römischer Zeit waren Schulkinder gute Kunden beim Bäcker: Manche holten sich auf dem Schulweg das „Frühstück", zu dem sie zu Hause keine Zeit gehabt hatten.

Der Unterricht dauerte den gesamten Vormittag über; nach einer Mittagspause wurde er wahrscheinlich nicht allzu lange am Nachmittag fortgesetzt. An einigen wenigen **Fest**-Tagen wie den Saturnalien waren die Schulen geschlossen. Da die Römer kein von **Arbeit** freies Wochenende kannten, fand der Unterricht grundsätzlich an sieben Tagen in der Woche statt. „Ferien" ist zwar ein Lehnwort aus dem Lateinischen (fēriae), aber ob es „große Ferien" gab, lässt sich nicht eindeutig sagen. Die Wahrscheinlichkeit spricht eher für eine Unterrichtspause in den heißen Sommermonaten. Eines aber ist gewiss: In der römischen Schule gab es weder Noten noch Zeugnisse. Wenigstens dieses Leid blieb den römischen Schülern erspart.

Nach der Grundschule und dem Erlernen der elementa war der Unterricht für viele Kinder zu Ende. Das galt erst recht für die Mädchen. Von ihnen saßen nur noch ganz wenige beim grammaticus. Er verkörperte gewissermaßen die Sekundarstufe. Sie dauerte etwa fünf Jahre, und die Schüler waren zehn bis 15 Jahre alt. Auf dem Lehrplan stand vor allem die Autorenlektüre – lateinische und griechische Klassiker wie Vergil, der Dichter des römischen Nationalepos „Aenēis", der Komödiendichter Terenz und Ovid, der Verfasser der „Verwandlungssagen" („Metamorphosen"). Ihre Texte wurden sprachlich eingehend Wort für Wort analysiert und auswendig gelernt. Sachfächer wie Erdkunde, Geschichte und Naturwissenschaften wurden in diese Besprechungen einbezogen, wenn sie das Verständnis der Texte vertieften. Sie hatten aber kein Eigengewicht als selbstständige Unterrichtsfächer.

Grammatik galt als besonders wichtiger Bestandteil der sprachlichen Ausbildung. Deklinations- und Konjugationsübungen durften da nicht fehlen – natürlich auch nicht im Grie-

zubringen. Eine Schulpflicht gab es nicht, der Staat kümmerte sich nicht um die Ausbildung der Kinder und **Jugendlichen**. Daher gab es auch keine Lehrpläne, keine Qualitätsstandards und keine festgelegten Honorare für die Lehrer. Alles musste verhandelt werden – und viele Eltern waren schlechte Schuldner. Lehrer beklagten sich häufig über die „grottige" Zahlungsmoral der Eltern. Einer vertraute sein Leid einer Wand an – in Form eines **Graffito**-Versprechens, das ihn wenig kostete:

„Wer mir mein Honorar gibt, soll bekommen, was er von den Göttern erbittet."

Die meisten Eltern hatten kein **Geld**, um Schulunterricht überhaupt zu bezahlen. Man schätzt, dass nur zwischen zehn und 20 Prozent aller Kinder – in den Städten! – die Grundschule besucht haben. Jungen und Mädchen – und auch ein paar Sklavenkinder – hatten gemeinsam Unterricht; die Mädchen waren dabei deutlich in der Minderheit.

Der Unterricht begann sehr früh am Morgen. Die Kinder mussten häufig noch in der Dunkelheit von zu Hause los. Wer aus einer chischunterricht, in dem der wichtigste Autor Homer war, der Verfasser der „Ilias" und der „Odyssee". Er galt der gesamten Antike als *der* Dichter überhaupt.

Viele grammaticī kannten sich in der **Literatur** sehr gut aus, manche veröffentlichten sogar gelehrte Kommentare zu literarischen Werken oder Abhandlungen zu grammatischen Fragen. Gute Lehrer waren sie deshalb noch lange nicht. Nicht wenige schafften es nur mit lautem Brüllen und körperlichen Züchtigungen, sich bei den Schülern durchzusetzen – so etwa ein gewisser Orbilius, dem seine Schüler den Spitznamen plāgōsus verpassten: „der Schlagreiche". Oder, realistischer übersetzt: „der Schläger".

„Was haben wir mit dir zu schaffen, verfluchter Schulmeister, du bei Jungen und Mädchen verhasster Typ? Noch haben die kammtragenden Hähne die morgendliche Stille nicht durchbrochen, da donnerst du mit grausamem Gebrüll und Schlägen los. (...) Schick deine Schüler nach Hause! Willst du, Schwätzer, die Summe, die zu bekommst, um zu brüllen, dafür kriegen, dass du endlich schweigst?" (Martial)

Die dritte und höchste Stufe römischer Schulbildung war der Unterricht beim Rhetor, lateinisch ōrātor. Die Bezeichnungen der Lehrer machen klar, worum es ging: Die jungen Erwachsenen im Alter von 16 bis 20, bis auf ganz wenige Ausnahmen ausschließlich Männer, erlernten beim „Redner" die Redekunst. Wer im öffentlichen Leben Roms Karriere machen wollte – als Politiker, Anwalt oder hoher **Beamter** –, musste die ars dīcendī („Redekunst") beherrschen. Der Rhetor trainierte seine Schüler, wie man vor einem größeren Publikum auftrat, mit welchen emotionalen Tricks man seine Zuhörer „packte" und sich selbst überzeugend und möglichst sympathisch darstellte. Diese Unterweisung erfolgte durch die Beschäftigung mit theoretischen Schriften über den „guten Redner" und durch viele praktische Übungen. Die Schüler – oder vielleicht besser: Studenten – bekamen ein Thema vorgegeben und mussten dazu eine Übungsrede entwerfen und vorführen. In diese dēclāmātiōnēs bauten sie

die vorher gelernten praecepta, „Vorschriften", zum Aufbau, zur Argumentation und zum Redeschmuck ein, ebenso die Ratschläge zur Mimik und Gestik. Auch die Geschichte Roms stand beim Rhetor auf dem „Lehrplan". Möglichst alte Beispiele (exempla) als Argumente überzeugten ein römisches Publikum in besonderer Weise.

Daneben eröffnete auch ein halb- oder ganzjähriges Auslandsstudium den jungen Römern aus „gutem Hause" – das heißt aus der Oberschicht – hervorragende Perspektiven. Wer es sich leisten konnte, plante seinen (Hoch-)Schulabschluss deshalb in Athen oder einem anderen Kulturzentrum der griechischen Welt. Im Lebenslauf war das ein sicheres „Plus". Allerdings galt auch für das Rhetorikstudium dasselbe wie für den Schulunterricht beim grammaticus: Prüfungen und „ordentliche" Abschlussbescheinigungen gab es nicht. Denn Bildung war Privatsache, weshalb der Staat keine Qualifikationen festlegte. Und sie hing entscheidend davon ab, wie reich die Eltern waren. Von Chancengleichheit im demokratischen Sinn war die römische Schule sehr weit entfernt.

Senatoren Ob die Römer nach ihrer Niederlage wohl bereit seien, einen Friedensvertrag mit ihm abzuschließen? König Pyrrhos wollte ihre Bereitschaft dazu ausloten. Im Jahr 279 v. Chr. schickte er deshalb seinen Spitzendiplomaten Kineas nach Rom. Kineas war ein erfahrener, geschickter Verhandler. Und er verstand es blendend, Menschen für sich einzunehmen. Aber im römischen Senat biss er auf Granit. Die Senatoren lehnten sein Friedensangebot ab. Kineas musste unverrichteter Dinge abreisen. Was blieb, war der tiefe Eindruck, den seine römischen Verhandlungspartner auf ihn gemacht hatten: Der Senat, berichtete er seinem Auftraggeber Pyrrhos, sei ihm vorgekommen wie eine Versammlung von Königen.

Auch wenn der Titel **„König"** (rēx) in republikanischer Zeit in Rom verpönt war – den Senatoren hätte diese Charakteristik sicher gut gefallen. Wer Senator war, hatte es in den Kreis der angesehensten und mächtigsten Männer

S

Roms geschafft. Er gehörte zu den Top 300 Politikentscheidern der Großmacht – und das, wenn er sich keine schlimmen Verfehlungen zuschulden kommen ließ, auf Lebenszeit.

Die sprachliche Wurzel sen- deutet es an: In Roms Frühzeit waren es ältere Männer („Senioren"), die in den Senat berufen wurden – ein Beraterstab des herrschenden Königs, bestehend aus den Oberhäuptern der führenden Adels-**Familien**. Die auch später noch übliche Bezeichnung patrēs, „Väter", spiegelt das ebenfalls wider. Im Jahr 509 v. Chr. stürzten die Adligen den König und übernahmen selbst die Regie im Staat. Ihr „Werkzeug" aber war der Senat. Er verkörperte viele Jahrhunderte lang die eigentliche Regierung Roms – auch wenn das nirgendwo in dieser Eindeutigkeit juristisch festgeschrieben war. Mitglieder des Senats waren die ehemaligen **Beamten**, zunächst nur die höheren, später sämtliche vom Quästor an. Das bedeutete einerseits einen enormen Schatz an Wissen und politischer Erfahrung. Andererseits war der Senat ein politisches Organ, das wegen der lebenslänglichen Zugehörigkeit seiner Mitglieder auf Dauer angelegt war – ganz anders als bei den Beamten, die immer nur für ein Jahr gewählt wurden. Auch die Konsuln taten deshalb gut daran, eng mit dem Senat zusammenzuarbeiten.

„Den Senat haben unsere Vorfahren zum Wächter, Schützer und Verteidiger des Staates bestimmt. Sie wollten, dass die Beamten den Willen dieses Standes respektierten und gewissermaßen Diener dieses äußerst würdevollen Beschlussorgans seien."
(Cicero)

Für alle wichtigen Entscheidungen wurden Senatsbeschlüsse (senātūs cōnsulta) eingeholt. Offiziell galten sie als Empfehlung für die Volksversammlung, aber in aller Regel richtete sich das Volk nach den „Vorschlägen" des Senats. Der erhielt jedes Jahr sozusagen frisches Blut, wenn die gerade abgetretenen Beamten in ihn eintraten. Das römische Volk hatte indirekt auf die Zusammensetzung des Senats Einfluss, denn es wählte ja die Beamten. Auch wenn der Senat die Grundzüge der Politik Roms beherrschte, heißt das: Die römischen **Bürger** waren durch die jährlichen Beamtenwahlen daran beteiligt, wie sich die Mehrheitsverhältnisse in diesem Gremium gestalteten. Die Zensoren, die alle fünf Jahre die Zugehörigkeit zum Senat überprüften, konnten auch verdiente Bürger zu Senatoren berufen, die zuvor kein Amt bekleidet hatten. Das waren allerdings Ausnahmen.

Gewöhnlich tagte der Senat in der Curia auf dem **Forum** Romanum. Ab und zu verlegte er seine Sitzungen in einen **Tempel**. Der Senat hatte keine Rednertribüne. Wer – nach strenger Reihenfolge – das Wort erhielt, stand auf und sprach von seinem Platz aus. Er beschloss seine Ausführungen mit einem Antrag, der mit cēnseō begann („ich beantrage"). Berühmt wurde der Zusatzantrag Catos (234 – 149 v. Chr.), der jede Stellungnahme im Senat beendete mit:

Cēterum cēnseō Carthāginem esse dēlendam. – „Im Übrigen bin ich der Meinung, dass Karthago zerstört werden muss."

Meist ergriffen nur führende Senatoren das Wort, die übrigen taten ihre Meinung kund, indem sie bei der Schlussabstimmung auf die eine oder andere Seite traten.

Im 1. Jh. v. Chr. wurde die Zahl der Senatoren auf 600, als Cäsar wenige Jahrzehnte später **Diktator** war, kurzzeitig sogar auf 900 erhöht. In der Kaiserzeit war die Grenze wieder bei 600. Damals verlor der Senat den größten Teil seiner Macht. Er wurde zwar nach seiner Meinung gefragt, doch letztlich traf der **Kaiser** alle wesentlichen Entscheidungen. Was den Senatoren blieb, waren hohes Ansehen und die gesellschaftliche Stellung als erster Stand mit einigen Vorrechten. Als Zeichen ihrer Würde trugen die Senatoren eine Tunika mit einem breiten Purpurstreifen (lātus clāvus) sowie rote **Schuhe**. Im **Theater** und Amphitheater waren die ersten Reihen für Angehörige des ōrdō senātōrius („Senatorenstand") reserviert.

Auf die Zusammensetzung des Senats nahm der Kaiser starken Einfluss. Nur wer über eine Million Sesterze Vermögen besaß, konnte in die senatorische Elite aufsteigen. Stammte der weit überwiegende Teil der Senatoren über viele Jahrhunderte aus Rom und Italien, so kamen seit dem 2. Jh. n. Chr. zunehmend Senatoren auch aus den **Provinzen**, z. B. aus Nordafrika und Kleinasien. An die alte Stellung erinnerte in der Kaiserzeit nur noch ein „Vorrecht" des Senats: Er ernannte jeden neuen Kaiser. Das war allerdings mehr Ehre als tatsächliche Macht. Denn die Entscheidung über seinen Nachfolger hatte entweder schon der alte Kaiser getroffen – oder das Militär machte deutlich, wen es unterstützte.

Die Glanzzeit des römischen Senats war ohne Zweifel die Epoche der Republik. Damals wurden die entscheidenden Grundlagen für den Aufstieg Roms zum bedeutendsten Weltreich der Antike gelegt, und der Senat war der politische Motor dieser Entwicklung gewesen. Diese Bedeutung spiegelt sich noch heute im Weiterleben zahlreicher „Senate". In einer Reihe heutiger Staaten – etwa in den Vereinigten Staaten von Amerika – heißt das Parlament bzw. eine Kammer davon „Senat". Und in drei deutschen Stadtstaaten ist der „Senat" sogar die Regierung: Deren Mitglieder heißen in Berlin, Hamburg und Bremen nicht Minister, sondern Senatoren. Als „Könige" sollten sie sich allerdings weder fühlen noch aufführen – unsere Staatsform ist schließlich die Demokratie. In *dem* Punkt haben wir das römische Erbe nicht angetreten.

Seuche Im Jahr 182 ereignete sich im heutigen Bad Endorf, Landkreis Rosenheim (damals in der römischen Provinz Noricum), eine Familientragödie: Ein gewisser Victorinus verlor binnen Kurzem seinen Vater Julius Victor, 55 Jahre alt, seine Mutter Bassa, 45 Jahre alt, seine Ehefrau Novella, 18 Jahre alt, und sein wohl erst wenige Wochen altes Töchterchen Victorina. Sie alle starben, so lässt er uns in der Grabinschrift wissen, per luem, „durch eine Seuche". Die damals im gesamten Imperium wütende Pandemie raffte unzählige Menschen dahin. Sie brach im Jahr 165 im Zweistromland (heute Irak) aus, wurde von Soldaten nach Rom eingeschleppt, wo sie seit 166 grassierte, und verbreitete sich von da weiter. Diese „Antoninische Pest" ist nach dem Familiennamen des damaligen Kaisers Marc Aurel (Antoninus) benannt. Ihre Symptome waren Fieber, Rachenentzündung, Durchfall und ein Hautausschlag,

Rechts im Bild: die Curia, das Amtslokal des Senats, auf dem Forum Romanum. Das Gebäude ist so gut erhalten, weil es im Mittelalter als Kirche genutzt wurde. Links: der Triumphbogen des Septimius Severus.

S

der heutige Mediziner an Pocken denken lässt. In Rom sollen mehrfach an einem einzigen Tag an die 2.000 Menschen daran gestorben sein.

In ihrer über ein Jahrtausend langen Geschichte wurde die Hauptstadt des Römischen Reiches von zahlreichen Seuchen heimgesucht, auch schon in der Zeit der Republik. So sprang im Jahr 429 v. Chr. eine schlimme Seuche vom Vieh auf Menschen über.

„Nicht nur deren Körper wurde von der Massenerkrankung erfasst", schreibt der Geschichtsschreiber Livius, „sondern auch ihre Psyche."

Dieses Geschehen wiederholte sich alle paar Jahrzehnte immer wieder; allerdings blieben die Ausbrüche auf kürzere Zeiten beschränkt und erscheinen daher in den Geschichtsbüchern, wenn überhaupt, nur am Rande.

Anders im Herbst des Jahres 65 n. Chr. Damals „füllten sich die Häuser mit Toten, die Straßen mit Leichenzügen". Wenn die Opferzahl von 30.000 stimmt, verlor damals in wenigen Wochen etwa jeder 30. Römer sein Leben.

Die Seuchengefahr blieb nicht auf Rom beschränkt, aber die Krankheitserreger hatten es in Städten – und vor allem in der dicht besiedelten Hauptstadt – leichter, auf viele Menschen überzuspringen. Hinzu kam eine relativ hohe Mobilität: Im Hafen von Rom landeten unzählige Schiffe aus aller Welt, und auch die Zahl der Immigranten war beachtlich. Diese Risikofaktoren waren schon in der Antike bekannt. Aber es gab kein öffentliches Gesundheitswesen, das Maßnahmen gegen die Ausbreitung einer Seuche hätte koordinieren können. **Ärzte** gaben zwar auch allgemeine Ratschläge, aber vorwiegend kümmerten sie sich um ihre eigenen Patientinnen und Patienten – eine „Vereinzelung" von Heilbemühungen, die dem Wesen einer Epidemie nicht gerecht wurde. Zudem waren die Übertragungswege von Erregern nur unzureichend bekannt, sodass keine Hygieneregeln aufgestellt wurden.

Ist das Römische Reich am Ende sogar an einer Seuche zugrunde gegangen? Sicher gab es nicht nur eine einzige Ursache für den Zusammenbruch, aber die nach dem Kaiser Justinian benannte Pest trug wohl zur Schwächung des Reiches erheblich bei. Sie brach im Jahr 541 aus und erfasste mit hohen Todesraten den gesamten Mittelmeerraum. Und sie terrorisierte die Menschen über viele Generationen hinweg – länger als jede andere Seuche des Altertums –, mit immer neuen Ausbrüchen und Folgeepidemien: bis in die Mitte des 8. Jh.s.

Sex → Ehe; Jugendliche; Prostitution

Sicherheit
→ Feuerwehr; Kriminalität; Polizei

Sklaven *Die* Nachricht würde es heute auf Seite 1 der Zeitungen schaffen: „Stadtpräfekt von eigenem Sklaven ermordet!" Der Stadtpräfekt war der Vertreter des **Kaisers** für die **Recht**-Sprechung und die allgemeine Ordnung in der Hauptstadt Rom. Im Jahr 61 hieß er Pedanius Secundus, und eben er fiel dem Attentat eines seiner Sklaven zum Opfer. Der Schuldige war schnell überführt. Grund für seine Tat war ein persönliches Motiv: Entweder ging es um eine Dreiecks-Liebesbeziehung, oder er war enttäuscht, dass sein Herr ihn trotz einer festen Zusage nicht freigelassen hatte.

Aber damit nicht genug. Einige Tage später hätte die Spitzenmeldung in den heutigen Medien wohl von „offenem Aufruhr und anhaltenden Protesten in Rom" gesprochen. Die Menschen liefen zusammen und gaben ihrer Empörung lautstark Ausdruck. Grund für den Aufruhr war ein für damalige Verhältnisse ganz ungewöhnlicher Mitleidseffekt: Die Leute fanden es total ungerecht, dass sämtliche 400 Sklaven, die zum Haushalt des Ermordeten gehörten, von der Todesstrafe bedroht waren. So sah es ein Senatsbeschluss aus dem Jahr 10 vor: Alle Unfreien, die sub eōdem tēctō mit dem Mordopfer gelebt hatten, „unter demselben Dach", sollten als Mitwisser oder Mittäter hingerichtet werden. Denn es sei nicht anzunehmen, dass niemand in den Plan eingeweiht gewesen sei oder irgendetwas bemerkt habe.

Der Sklave scheint sich ängstlich wegzuducken: Diese Statuette eines knienden afrikanischen Sklaven sollte nicht zu der Annahme verführen, die Mehrheit der römischen Sklaven sei von schwarzer Hautfarbe gewesen.

Und diese unterlassene Hilfeleistung gegenüber dem eigenen Herrn sei ein schweres Verbrechen.

Durch die angedrohte Mithaftung sollten Tippgeber – oder aus anderer Sicht: Verräter – natürlich ermuntert werden, ihr Wissen rechtzeitig preiszugeben. Eine starke Solidarität innerhalb der Sklavenschaft gab es ohnehin nicht – jede(r) kämpfte im Alltag für sich und die eigenen Interessen. Deshalb war die Bedrohung möglicher „Spitzel" ziemlich aussichtsreich. Ausgenommen von der Kollektivhaftung einer familia waren nur taube, blinde und altersschwache Unfreie.

Auf den „Druck der Straße" hin diskutierte damals der Senat, ob man auch angesichts der riesigen Zahl von 400 „Schuldigen" eine Ausnahme machen könne. Die hochemotionale Rede eines Hardliners gab den Ausschlag: Die Mehrheit beschloss, den alten Senatsbeschluss anzuwenden. Und so büßten 400 Sklavinnen

und Sklaven die Tat eines Einzelnen mit dem Tod am Kreuz. Weder mit Pflastersteinen noch mit Brandfackeln konnten die Demonstranten verhindern, dass das grausame Exempel statuiert wurde.

Dass sich so viele Menschen gegen eine als ungerecht empfundene Strafaktion einsetzten, war ganz ungewöhnlich. Ebenso ungewöhnlich war die Unerbittlichkeit, mit der Senat und Kaiser darauf antworteten. Da kamen bei den Mächtigen wohl Ängste hoch, die sonst meist überdeckt wurden: dass eine große Gruppe von rechtlosen Menschen, wenn man nicht aufpasste, sich mit Gewalt gegen ihre ständige Unterdrückung zur Wehr setzen könnte. Selbst ein human denkender, fürsorglicher Sklavenbesitzer wie Plinius der Jüngere bekam es in einem anderen Fall mit der Angst zu tun: „Da sieht man mal, wie vielen Gefahren wir Sklavenbesitzer ausgesetzt sind. Niemand darf sich in Sicherheit wiegen, weil er ein nachsichtiger und milder Herr ist." Der erstaunliche Hintergrund: Da ist ein Herr von seinen Unfreien ermordet worden, den Plinius selbst als „hochmütig und grausam" beschreibt.

Nach allem, was wir wissen, waren solche Ängste unbegründet. Zwar stellten Sklavinnen und Sklaven ungefähr ein Viertel der **Bevölkerung** Roms, aber die Zahl der Angriffe auf ihre Herren war nicht groß. Dafür sorgte zum einen eine Mischung aus Bestrafung und Belohnung. „Aufsässige" Unfreie konnten verprügelt, in Ketten gelegt oder zu schlimmen Arbeitsbedingungen „verurteilt" werden, z. B. zur Mühlenarbeit. Damit wird in den Komödien des Plautus ständig gedroht, wenige Drohungen aber werden in die Tat umgesetzt. Andererseits wurden Sklavinnen und Sklaven für Wohlverhalten belohnt. Sie stiegen in der Rangordnung der Unfreien auf und wurden Vorgesetzte anderer Unfreier. Führungsposten in einem Haushalt, in einem Betrieb oder auf einem Landgut wurden häufig von „treuen" Sklaven besetzt. Das führte auch zu Rivalitäten unter den Unfreien, und die erschwerten es, dass sich ein Gemeinschaftsgefühl entwickelte.

Als weitere Sicherung war ein Asylrecht in das System der Unfreiheit eingebaut. Die Gesamtheit der Sklavenbesitzer konnte kein Interesse daran haben, dass einzelne Sklavenhalter ihr „Herrenrecht" (dominica potestās) übermäßig streng ausübten und Unfreie durch grausame Behandlung gegen die Verhältnisse aufbrachten oder gar zu Aufständen provozierten. Wer glaubt, nichts mehr zu verlieren zu haben, kommt schon mal auf radikale Ideen. Deshalb konnten Unfreie, die es bei ihrem Herrn oder ihrer Herrin nicht mehr aushielten, bei einem **Tempel** oder zu einer Kaiserstatue Zuflucht suchen (ad statuam cōnfugere). Ein **Beamter** untersuchte die Angelegenheit. Stellte er aufseiten des Herrn bzw. der Herrin schwere Missstände fest, so wurde die Sklavin oder der Sklave an einen neuen Eigentümer verkauft. Den Erlös erhielten die alten Besitzer. Erschien die Zuflucht unbegründet, dann mussten die „Flüchtlinge" zurückkehren und mit einer Bestrafung rechnen. Das war ein erhebliches Risiko. Die Asyl-Möglichkeit wurde deshalb vermutlich relativ selten in Anspruch genommen.

Außer dieser Zuflucht hatten Unfreie keine rechtlich akzeptierte Chance, sich der Gewalt ihrer Besitzer zu entziehen. Sie waren rechtlos und wurden wie Sachen verschenkt, vermietet, verkauft und vererbt. Und sie wurden mit ihrer Arbeitskraft ganz nach dem Ermessen der Eigentümer ausgebeutet. Allerdings mussten sie angemessen ernährt, gekleidet und untergebracht sein. In religiöser Hinsicht waren sie als Menschen anerkannt. In der Kaiserzeit wurden manche „Herrenrechte" eingeschränkt. Die Tötung eines Sklaven oder einer Sklavin galt im Prinzip als Mord, der Verkauf an eine **Gladiatoren**-Schule und die Zwangsprostitution waren nicht ohne Weiteres erlaubt, und ein Sklave bzw. eine Sklavin musste gemäß den eigenen beruflichen Fähigkeiten eingesetzt werden: Einen **Arzt** zur Strafe zum Feldarbeiter oder einen Wagenlenker zum Toilettenreiniger zu degradieren war danach nicht erlaubt. Wie die Betroffenen ihr „Recht" geltend machten, stand allerdings auf einem anderen Blatt.

Vor allem für Sklavinnen und Sklaven in der Stadt gab es bei all ihren bedrückenden Lebensumständen einen Hoffnungsschimmer: Viele durften mit 30 Jahren erwarten, freigelassen zu werden. Die meisten mussten mithilfe ihres persönlichen Sparvermögens, des pecūlium, ihre Freilassung – gewissermaßen ihren Marktwert – selbst bezahlen, aber es war realistisch, dass sie ihr Leben noch ein paar Jahre als **Freigelassene** genießen durften. Die Freilassungspraxis der Römer war so liberal, dass sie per Gesetz in ihrer Großzügigkeit gebremst wurden. Danach durfte nur ein bestimmter Prozentsatz einer Sklaven-familia in die Freiheit entlassen werden. Sklaven im öffentlichen Dienst, servī pūblicī, sowie Unfreie am Kaiserhof (familia Caesaris) konnten jedenfalls ziemlich sicher sein, ihr Leben in Freiheit zu beschließen. Wo die Verhältnisse unpersönlicher waren – in großen Betrieben und auf Landgütern mit vielen unfreien Arbeitskräften –, waren die Chancen allerdings deutlich geringer.

Vom (möglichen) Ende eines Sklavenschicksals zu seinem Anfang. Wie wurde man überhaupt zum Sklaven bzw. zur Sklavin? Die ursprüngliche Quelle der Sklaverei war die Kriegsgefangenschaft. Wer bei der Eroberung einer Stadt oder eines Landes den Feinden in die Hände fiel, war deren Gnade oder Ungnade ausgeliefert. Oft genug setzte sich die Ungnade durch. Sowohl die Tötung (vorwiegend männlicher) besiegter Feinde als auch Massenversklavungen waren in zahlreichen Kriegen vor allem im 3. und 2. Jh. v. Chr. üblich. Theoretisch hätten sich die Opfer diesem Schicksal durch Selbsttötung entziehen können. Sie wussten ja, was sie erwartete: Nach antikem „Kriegsrecht" konnte der Eroberer über ihren Leib bestimmen. Wenn er ihn sich nur zum „Gebrauch" nahm und darauf verzichtete, ihn zu vernichten, war das eine Form der Begnadigung. So rechtfertigte man die Versklavung besiegter Feinde im Altertum – und begründete das auch noch sprachlich: Servus, „Sklave", leite sich von servāre, „retten", ab. Ein „versklavter" Mensch sei in Wirklichkeit ein „geretteter". Wissenschaftlich haltbar ist diese etymologische („wortgeschichtliche") Deutung nicht.

Wohl aber traf die Feststellung römischer Juristen zu, dass die Versklavung von Menschen dem iūs gentium entspreche, dem „Völkerrecht". Denn überall in der „Welt" gebe es Sklaverei, nicht nur bei den Griechen und in Rom. Der Mensch als Ware – das sei erfahrungsgemäß eine allgemein akzeptierte Realität und daher auch juristisch vertretbar. Einige griechische Philosophen wie Aristoteles (4. Jh. v. Chr.) glaubten zwar, dass es auch von der Natur zur Sklaverei geschaffene Menschen gebe. Aber darauf beriefen sich römische Rechtsgelehrte nicht. Im Gegenteil:

„Was das Naturrecht angeht, so sind alle Menschen gleich", so ein führender Jurist klipp und klar in der Mitte des 2. Jh.s. Daraus ergebe sich für die Besitzer auch eine Verpflichtung. „Römischen Bürgern ist es heutzutage nicht gestattet, ohne Maß und ohne Grund gegen ihre Sklaven zu wüten."

Es gab außerdem eine dunkle Erinnerung an längst vergangene Zeiten, in denen es noch keine Sklaverei gegeben hatte. Diese früheste Zeit der Menschheitsgeschichte galt als das Goldene Zeitalter (aurea aetās). Es stand dem **Mythos** nach unter der Herrschaft des Gottes Saturn, der später von Jupiter gestürzt wurde. In dieser Vorstellung vom paradiesischen Urzustand gab es keinen Krieg – und folglich auch keine Sklaverei, keine Habgier und kein Privateigentum: Die Natur stellte dem Menschen alles zum Leben Notwendige „automatisch" zur Verfügung. Zur Erinnerung an diese „goldene" Zeit feierten die Römer im Dezember ein **Fest** zu Ehren des Saturn: die „Saturnalien". Bei diesem Fest war (fast) alles erlaubt: Freiheit und Gleichheit gehörten zu seinen Grundzügen. Und in liberalen Haushalten tauschten Herren und Sklaven die Rollen – für einen Tag.

Die zweite Quelle der Sklaverei heißt in der Wissenschaft „Selbstreproduktion" von Sklaven. Damit ist gemeint, dass Sklavinnen dem Haushalt Kinder gebaren. Sie gehörten nach

Rechts in der Wandmalerei: eine Sklavin mit Tablett. Es wurde vermutet, sie sei schwanger: Im Haus geborene Sklaven nannte man **vernae**, und sie galten als „pflegeleicht", weil sie nie die Freiheit kennengelernt hatten.

Aneinandergekettete Sklaven auf dem Weg zum Sklavenmarkt oder verurteilte Verbrecher? Ganz sicher lässt sich die Darstellung auf diesem Relief aus dem frühen 3. Jh. nicht bestimmen.

römischem Recht dem Besitzer ihrer Mutter. Die im Haus geborenen Sklavinnen und Sklaven (vernae) galten als „pflegeleicht", weil sie nie die Freiheit kennengelernt hatten.

Für eine kurze Zeit im 5. und 4. Jh. v. Chr. konnten überschuldete Menschen in die Sklaverei geraten, wenn sie einen Kredit „auf den Leib" genommen hatten und ihn nicht zurückzahlen konnten. Diese Schuldknechtschaft konnte sich aber leicht zu einem sozialen Sprengstoff entwickeln, wenn der **Bürger** und Nachbar X auf einmal zum Sklaven X wurde. Daher verbot der Gesetzgeber das **Geld**-Leihen mit der einzigen Sicherheit „Körper" im späten 4. Jh. v. Chr.

Eine weitere Quelle war die Kaufsklaverei. Sie ging oft mit kriminellen Methoden einher: Piraten überfielen Schiffe, Räuber kidnappten Reisende und verkauften sie illegal auf Sklavenmärkten weiter – oft wurden sie dabei von bestechlichen Beamten gedeckt. Wer ausgeraubt, geprügelt, völlig eingeschüchtert und allein in der Ferne auf einem Sklavenmarkt landete, hatte kaum eine Chance, seinen Stand als freier Bürger zu beweisen. Gelang ihm das – möglicherweise auch erst viele Jahre nach dem Verkauf –, so hatte er einen Rechtsanspruch darauf, unverzüglich freigelassen zu werden. Illegale Menschenjagden wurden auch außerhalb des Imperiums von skrupellosen Verbrecherbanden veranstaltet. Sie schleusten ihre „barbarischen" Opfer dann ebenfalls über Sklavenmärkte ins Römische Reich ein.

Schließlich konnten auch ausgesetzte Kinder zu Sklaven werden: Wer ein solches Kind aufzog, hatte das „Herrenrecht" und durfte es versklaven – gewissermaßen als Belohnung für die Mühe und Kosten, die er mit der Rettung des Kindes auf sich nahm. Besonders in wirtschaftlich schlechten Zeiten setzten verzweifelte **Familien** ihre Kinder aus. Wie häufig das vorkam, wissen wir nicht; wohl aber, dass es Mädchen öfter traf als Jungen.

Der Handel mit Sklaven war eine Normalität; einen Sklavenmarkt gab es in jeder Stadt und in vielen Dörfern. Mangōnēs – so nannte man die Sklavenhändler – hatten keinen guten Ruf, auch weil sie als betrügerisch galten. Nicht selten waren sie Freigelassene, also selbst ehemalige Sklaven. Der Staat verdiente am Sklavenhandel mit. Zwei Prozent Steuer waren auf den Kaufpreis fällig. Mit diesen Einnahmen wurde u. a. die **Feuerwehr** in Rom finanziert.

Für die Unfreien muss der Sklavenmarkt eine furchtbare, entwürdigende Erfahrung gewesen sein. Sie standen nackt auf Gerüsten, trugen Schilder, auf denen ihre Vorzüge und Fähigkeiten standen, aber auch ihre „Mängel" (Krankheiten? Neigung zur Flucht?), und mussten sich von Wildfremden angaffen und befühlen lassen und sich Kommentare möglicher Käufer anhören, nicht selten mit Beleidigungen oder Anspielungen auf ihre sexuellen

„Werte". Hinzu kam die Unsicherheit: Wer würde sie kaufen, was für einen Herrn oder eine Herrin würden sie ertragen müssen? Gutaussehende Mädchen und Frauen mussten befürchten, in ein Bordell gesteckt zu werden, kräftige Jungen, in einem Steinbruch oder Bergwerk zu landen. Wenn die Sklavenhändler tricksten und dem Käufer Lügenmärchen über die besonders qualifizierte Ausbildung eines Kaufsklaven auftischten – wenn sie etwa einen als „exzellenten" Lehrer bezeichneten, der doch kaum das ABC beherrschte –, konnte der getäuschte Kunde darauf bestehen, den Vertrag rückgängig zu machen: ein Gezerre und Geschacher, das für das menschliche Kauf-„Objekt" zutiefst demütigend war.

Zu den aus heutiger Sicht besonders abstoßenden „Spezialitäten" von Sklavenmärkten gehörte die Abteilung missgestalteter und geistig zurückgebliebener Unfreier: Manche reichen Leute machten sich einen Spaß daraus, sich kleinwüchsige Hausnarren und verkrüppelte Lieblingssklaven zu halten, und zahlten dafür hohe Preise.

Wenn sie vom Sklavenmarkt mitgenommen wurden, begann für die Unfreien ein neues Leben. Die Bandbreite der Berufe, in denen sie untergebracht wurden, war ebenso groß wie die ihrer Behandlung. Sklave war nicht gleich Sklave – das ist eine Grundregel, die bei der römischen Sklaverei stets zu beachten ist. Wie schon angedeutet, schafften es einige Sklaven zu Geschäftsführerposten und sogar zu hohen Ämtern in der kaiserlichen Bürokratie. Diese Spitzenleute bestimmten ihren Arbeitsalltag weitgehend selbst. Manche erhielten sogar ein reguläres Gehalt und hatten eine eigene Wohnung und auch eine eigene Familie. Eine „richtige" Heirat war allen Unfreien untersagt, aber mit Billigung ihres Besitzers durften sie in einem contubernium („Zeltgemeinschaft") zusammenleben und Kinder zeugen. Im Konfliktfall war das natürlich eine Erpressungsmöglichkeit, um einen widerspenstigen Sklaven wieder „auf Kurs" zu bringen. Es reichte ein Machtwort vom Herrn oder von der Herrin – und die „Sklavenfamilie" war aufgelöst.

Die Lebensbedingungen waren sehr unterschiedlich. Alle Sklaven waren fremdem Willen unterworfen und hatten im Unterschied zu normalen Arbeitnehmern nicht die Möglichkeit zu kündigen. Wie sie behandelt wurden, war stark vom beruflichen Einsatz abhängig. Je näher Sklaven und Herren sich standen – etwa in kleineren Haushalten und Betrieben –, umso entspannter war das Verhältnis, wobei es natürlich stets Ausnahmen gab. Manchmal entwickelten sich geradezu freundschaftliche Verhältnisse, z. B. zwischen Ammen, Pädagogen sowie persönlichen Dienern / Dienerinnen und den von ihnen „betreuten" Freien. In bestimmten Berufen übten Sklaven eine gewisse Macht aus, etwa als **Arzt** und Lehrer. Da gaben sie freien Menschen Anweisungen – und verteilten in der **Schule** sogar Ohrfeigen und Schläge.

Auch Unfreie im öffentlichen Dienst konnten in ihrer Funktion als Hilfspersonal von Beamten römischen Bürgern klarmachen, wo es

Eine Römerin bei der Kosmetik mit vier (vermutlich) unfreien Helferinnen. Bei engen persönlichen Kontakten entwickelte sich manchmal ein Vertrauensverhältnis zwischen Herr bzw. Herrin und Unfreien.

"Ich bin weggelaufen; nimm mich fest. Wenn du mich zu meinem Herrn Zoninus zurückgebracht hast, kriegst du eine Goldmünze." Der Flucht verdächtige Sklaven mussten eine solche Sklavenmarke tragen.

"langging". Sie zogen Steuern ein, führten die Marktaufsicht, bewachten **Gefängnisse** und halfen **Priestern** bei ihren kultischen Aufgaben.

Die meisten römischen Familien besaßen *keinen* Sklaven. Das kann man angesichts falscher heutiger Vorstellungen nicht deutlich genug betonen. Bei den Superreichen dagegen taten Dutzende, manchmal Hunderte von Unfreien im Haushalt Dienst. Da gab es Sklavinnen und Sklaven sozusagen für jeden Handgriff: Luxus zu zelebrieren und zu demonstrieren war in diesen Kreisen eine Art Nationalsport.

Viele Sklaven erhielten eine solide berufliche Ausbildung als Handwerker und im Handel. Man traf dort überall auf Unfreie; die gemeinsame **Arbeit** von Freien und Unfreien war in allen Bereichen der Wirtschaft eine Selbstverständlichkeit und verlief weitgehend konfliktfrei. In der **Kleidung** gab es keine Diskriminierung; es gab auch keine Zugangsbeschränkungen etwa zu öffentlichen Spielen oder Vergnügungsorten. Sklaven konnten auch in Berufs-**Vereine** aufgenommen werden. Die meisten Ärzte behandel

ten ihre Patientinnen und Patienten ohne Ansehen der Person, manche ihre freien allerdings etwas "sanfter und milder".

Einige wenige Sklaven, die der Flucht verdächtig waren oder schon einmal geflohen waren (servī fugitīvī), trugen allerdings collāria, die erschreckend an Hundehalsbänder erinnern, zum Teil mit Marken, auf denen Texte wie der folgende standen:

Tenē mē, quia fūgī oder ... nē fugiam; revocā mē ad ... – "Halte mich fest, weil ich geflohen bin" bzw. "... damit ich nicht fliehe; bring mich zurück zu ..."

Bis heute sind 38 solcher Halsbänder aus Eisen gefunden worden, 29 davon in Rom. Brandmarkungen mit Kennzeichen auf dem Gesicht oder am Körper waren eine weitere Möglichkeit, Sklavinnen und Sklaven zu kennzeichnen. Aber auch dieses scheußliche Verfahren war auf eine kleine Minderheit beschränkt. Vor Gericht erfuhren Unfreie eine überaus schmerzhafte Diskriminierung: Ihre Aussagen durften nur als Beweismittel verwendet werden, wenn sie unter Folter zustande gekommen waren. Gegen den eigenen Herrn durften Sklaven nicht unter Folter vernommen werden.

Deutliche Unterschiede in den Lebensverhältnissen von Sklavinnen und Sklaven gab es im Bereich der Unterhaltung. Aus römischer Sicht gehörte die **Prostitution** dazu. Bei den in diesem Gewerbe beschäftigten Sklavinnen – oder auch bei den als sexuell "verfügbar" geltenden Kellnerinnen und Musikantinnen – zeigte die Sklaverei ihre besonders hässliche Fratze, wie überhaupt bei der sexuellen Ausbeutung von Unfreien, auf die ihre Herren jederzeit ein "Zugriffsrecht" hatten. Im Showbusiness dagegen – **Theater**, **Wagenrennen** und Gladiatorenkämpfe – konnten es Sklaven zu Starruhm mit einer großen Fangemeinde bringen, wenn auch vielfach unter Lebensgefahr und in härtestem Wettbewerb. Da gab es eine auffällige Doppelmoral: Als Berufsgruppe wurden alle diese Entertainer verachtet. Sie galten als īnfāmēs, "ehrlos". Die Einzelnen aber, die Erfolg hatten, waren umschwärmte Celebritys. Manche erhielten sogar öffentliche Denk-

S

mäler – was rechtlich gesehen überhaupt nicht statthaft war.

Ein schlimmes Los hatten Unfreie, die in großen familiae rūsticae auf dem Land arbeiteten. Auf manchen Gutshöfen wurden sie sogar nachts in Arbeitsgefängnisse gesperrt. Noch schlimmer erging es den Sklaven in Bergwerken. Mochten sich die Arbeitsverhältnisse in der Kaiserzeit zumindest in manchen Regionen verbessert haben, so erlaubt der etwas frühere Bericht des griechischen Geschichtsschreibers Diodor (1. Jh. v. Chr.) doch einen ebenso realistischen wie erschreckenden Einblick in diese unmenschliche Ausbeutungspraxis:

„Die Bergwerkssklaven verbringen ihr Leben Tag und Nacht untertage und ruinieren dort ihren Körper. Viele sterben infolge übermäßig harter Arbeitsbedingungen. Von den Aufsehern werden sie mit Schlägen gezwungen, in ihrem elenden Dasein auszuharren. Ihr Leiden ist so groß, dass sie lieber sterben als weiterleben würden.“

Ähnlich drastisch schildert ein Autor der Kaiserzeit die Verhältnisse in einer Mühle:

„Guter Gott, was für elende Menschen gab es da! Ihre ganze Haut war mit blauen Striemen gezeichnet. Ihr zerschundener Rücken war mit verschlissenen Fetzen eher behängt als bedeckt. Durch die Lumpen waren die Knochen zu sehen. Auf der Stirn trugen sie ein Brandmal, der Kopf war halb rasiert, die Füße steckten in Eisenringen. Sie waren hässlich vor Blässe, ihre Augenlider durch den Rauch und Staub in der finstersten Mühle geradezu zerfressen, ihr Körper vom Mehlstaub schmutzig weiß.“ (Apuleius)

Die unterschiedlichen Ausprägungen der römischen Sklaverei (servitūs) wirken verstörend. Das Gesamtbild zersplittert sich in so viele Facetten, dass allgemeine, undifferenzierte Aussagen über „die“ Sklaverei die historische Wirklichkeit nicht abbilden. Heute ist man sich wenigstens darüber einig, dass jede Form der Versklavung gegen die Menschenrechte verstößt. Die gab es in der Antike als Idee allerdings noch nicht. Hat es aber gerade angesichts der in einigen Bereichen furchtbaren Zustände nicht doch eine Bewegung gegeben, die Sklaverei als Institution abzuschaffen?

Das ist nicht der Fall. Es gab Stimmen, die die Sklaverei als Unrecht bezeichneten und die sich für eine humane Behandlung von Sklaven einsetzten – z. B. die Philosophenschule der Stoiker. Aber niemand hat ein grundsätzliches Ende dieser Unterdrückungsform gefordert. Nicht einmal die Sklaven, die im 2. und 1. Jh. v. Chr. große Aufstände in Sizilien und Süditalien entfesselten, haben die Abschaffung der Sklaverei zum Programm erhoben. Sie haben nur die Rollen umgekehrt, indem sie ihre einstigen Peiniger ihrerseits versklavten und peinigten. Auch Spartakus, dessen Aufstand zwischen 73 und 71 v. Chr. die Römer an den Rand einer Katastrophe gebracht hat, hat sich nicht von der Sklaverei losgesagt. Diese Feststellung verbindet sich nicht mit einem Vorwurf. Denn die Unterdrückten hatten weder die Bildung noch die Zeit, sich über neue Gesellschaftsentwürfe Gedanken zu machen. Das wäre schon eine Aufgabe für die Intellektuellen in der Oberschicht gewesen. Sie hatten den Denkhorizont und die Freizeit, über solch eine Neuorientierung nachzudenken.

Diesen Schritt hat auch das Christentum nicht getan. Es hat allen Menschen einschließlich der Unfreien die Möglichkeit eröffnet, zu gleichberechtigten Mitgliedern der christlichen Gemeinden zu werden. Und es hat einiges dafür getan, dass sich die Lage mancher Sklavinnen und Sklaven verbesserte. Aber abgeschafft wurde die Sklaverei auch von den christlichen Kaisern der Spätantike nicht. Sie ging allmählich in andere Formen der Unfreiheit über. Das mag nicht besonders schmeichelhaft sein für das christliche Selbstverständnis, aber es ist eine Tatsache.

Speisen

→ Gaststätte; Mahlzeiten; Vegetarier

Spielen

→ Brot und Spiele; Kinderspiel; Sport

S

Im Meer schwimmen – das machte in der afrikanischen Küstenstadt Hippo Menschen jeden Alters Spaß, besonders aber den jungen Leuten.

„Für sie ist es eine ruhmreiche Mutprobe, möglichst weit hinauszuschwimmen", berichtet Plinius der Jüngere. „Sieger ist, wer die größte Entfernung zum Ufer und zu seinen Mitschwimmern erreicht."

So ein spielerisches Wettschwimmen war sicher nicht auf Hippo beschränkt – auch wenn es keine regulären Wettkämpfe gab. Anderswo wurde der Schwimmsport in Flüssen praktiziert; bevor Rom zur Millionenstadt wurde, auch häufig im Tiber. Weil der Fluss als Müllkippe missbraucht wurde, empfanden das allerdings immer weniger Leute als Vergnügen. „Leute" sind hier Männer; denn für Frauen war sportliche Betätigung in der Öffentlichkeit nach römischer Sitte untersagt. Mit Ausnahme der Thermen: Die Swimmingpools dort dienten aber eher zum **Baden**, denn sie waren meist so klein, dass sie sportliches Schwimmen kaum erlaubten.

Bevor es bebaut wurde, aber auch noch in späterer Zeit bot das Marsfeld in Rom nahe dem Tiber eine freie Fläche, auf der sich die sportiven **Jugendlichen**, manchmal auch durch ältere „Semester" ergänzt, sammelten, um Sport zu treiben. Das waren leichtathletische Disziplinen wie Diskus- und Speerwurf, Laufen, Hoch- und Weitsprung sowie Reifentreiben. Dazu kamen Ringen, Reiten und Ballspiel. In der Nähe gab es auch eine beliebte Joggingstrecke.

In anderen Städten trainierte man auf Sportplätzen, die nach griechischem Vorbild mit ringsum laufenden **Säulenhallen** als palaestrae, ursprünglich „Ringplätze", bezeichnet wurden. Wohlhabende Römer ließen solche palaestrae in ihre Villenanlagen auf dem Land einbauen. Auch das Bodybuilding mit Hanteln und anderen Geräten hatte in der sportlichen „Community" der Römer Anhänger – mochten es Intellektuelle auch als töricht ansehen, ihre „Arme zu stärken, den Nacken zu verbreitern und die Brust zu stählen". Warum? „Weil die Muskelpakete, die dir gewachsen sind, trotzdem nicht die Kraft eines Stiers erreichen werden!" (Seneca)

Wenn man einen „Nationalsport" der Römer benennen will, dann war das das Ballspiel. Es gab verschieden schwere Bälle und eine Reihe unterschiedlicher Ballspiele, sowohl von Einzelnen betriebene Disziplinen wie das Hochwerfen oder Prellen des Balles gegen eine Wand oder den Fußboden als auch Mannschaftsspiele mit übersichtlichen Gruppen, bei denen man den Gegner abzuwerfen versuchte oder den Ball über der Erde halten musste. Fußball kannten die Römer noch nicht, und auch keine Amateure oder professionellen Teams, die um Tabellenplätze und Meisterschaften kämpften.

Schwerathletische Disziplinen wie Boxen und Pankration, den brutalen „Allkampf", überließ man dagegen lieber den Profis, die sich für gute Preisgelder blaue Augen, krumme Nasen, zerquetschte Ohren und andere Entstellungen „verpassen" ließen. Aber es gab auch Faustkämpfer, die sich spontan zu Schlägereien auf der Straße verabredeten. Sie lockten manchmal interessierte Zuschauer an. Auch Augustus (Kaiser 27 v. Chr. – 14 n. Chr.) schaute diesem Amateur-„Sport" begeistert zu.

Insgesamt stand der aktiv betriebene Sport wohl deutlich im Schatten des Zuschauersports bei den öffentlichen Spielen. Ein starker Breitensport lässt sich in den Quellen nicht erkennen, die sich zudem sehr einseitig auf

S

Auch die Römer traten bei Sportwettkämpfen als Läufer gegeneinander an. Manche waren auch als Freizeit-Jogger unterwegs. Läuferstatuen aus Bronze. Aus Herculaneum, 1. Jh.

die Oberschicht konzentrieren. Über sportliche Aktivitäten der einfachen Menschen erfahren wir nur sehr wenig. Eines aber steht fest, ob man das nun gut findet oder kritisch sieht: Im Lehrplan römischer **Schulen** tauchte das Fach Sport nirgendwo auf.

Sterben

„Welcher Anblick könnte für einen jüngeren Adligen schöner sein?", fragt der griechische Geschichtsschreiber Polybios. Selbst bei angestrengtem Nachdenken kommt heute niemand mehr darauf, was er meinte. Die Rede ist von Leichenbegängnissen. Wenn ein hochrangiger Angehöriger gestorben war, machten die vornehmen römischen Adels-**Familien** daraus ein gewaltiges spectāculum, eine Riesenshow (für verstorbene weibliche Familienmitglieder betrieb man seltener einen vergleichbaren Aufwand). Der auf einer Prunkbahre liegende Tote wurde auf seinem letzten Gang durch die Stadt nicht nur von seinen Verwandten, Freunden, **Klienten** und **Freigelassenen** begleitet, sondern erhielt auch ein Ehrengeleit seiner Ahnen. Deren Wachsmasken (imāginēs) und Amtstrachten wurden von Schauspielern getragen, die ihrerseits von Amtsdienern (līctōrēs) begleitet wurden. Das konnten mehrere Dutzend „Ahnen" sein, in

Ausnahmefällen mehrere Hundert – plus Amtsdiener. Die Ahnenparade war das Herzstück des Leichenzuges und Sinnbild für das Ansehen, das die trauernde gēns („Familienverband", „Sippe") in der Gesellschaft genoss.

Mit Herolden, Musikern, „Klageweibern" (Frauen, die man dafür bezahlte, dass sie eindrucksvoll und lautstark „trauerten"), Tänzern und Mimen, die (auch lustige) Sketche aus dem Leben des Verstorbenen spielten, sorgte man dafür, dass das Begräbnis (fūnus) möglichst viele Augenzeugen anlockte. Frequentia, „große (Zuschauer-)Beteiligung", war ein wichtiger Gradmesser des Erfolges einer Leichenprozession (pompa fūnebris).

Die heranwachsenden Sprösslinge der großen Familien Roms erfuhren durch dieses Schauerlebnis, wie wichtig es war, durch eigene Leistungen in der Nachfolge so vieler Vorbilder Ruhm, glōria, zu erwerben. Glōria war in der Aristokratie eine entscheidende Motivation. Hinzu kam die memoria: In der römischen Mentalität war es wichtig, sich ein „Nachleben" nach dem Tod zu sichern, die „Erinnerung" an sich aufrechtzuerhalten. Die „Staatsreligion" bot dem Einzelnen keine Hoffnung auf ein Weiterleben im Jenseits; das stellten nur **Mysterienkulte** in Aussicht. Was aber blieb, war das Andenken bei künftigen Generationen.

Darum ging es auch in der Totenrede (laudātiō fūnebris), die der nächste Angehörige hielt, wenn die Prozession nach einigen Kilometern auf dem **Forum** Romanum angekommen war. Da wurden noch einmal die Verdienste des Verstorbenen um den Staat, aber auch die seiner gesamten gēns hervorgehoben. Zu den prächtigen Bildern der pompa kamen so auch noch rühmende Worte. Und da durfte auch dick aufgetragen werden. So führte Cäsar bei der Leichenrede auf seine Tante Julia seine gēns „mütterlicherseits auf die römischen **Könige** zurück, vonseiten des Vaters auf die unsterblichen Götter". Man sieht: Von Understatement konnte bei diesen Anlässen nicht die Rede sein.

Die memoria-Orientierung setzte sich bei den Gräbern fort. Auf Lateinisch heißen sie nicht zufällig monumenta, „Denkmäler", „Bauten des Andenkens" (monēre, „mahnen",

S

Zu beiden Seiten der Überlandstraßen wurden in der Nähe von Städten und Siedlungen Grabbauten angelegt. Auf diese Weise erreichte man ein großes „Publikum". Digitale Rekonstruktion einer Römerstraße beim römischen Ladenburg im heutigen Baden-Württemberg.

„erinnern"). Friedhöfe gab es nicht; im Prinzip war jedes Grundstück außerhalb der Stadt für einen Grabbau geeignet. Besonders begehrt waren die Lagen zu beiden Seiten der großen Straßen, die aus der Stadt herausführten. Dort kamen viele Menschen – die meisten zu Fuß – vorbei; und ihre Aufmerksamkeit wurde von den großen, individuell gestalteten Gräbern angezogen. So entwickelte sich beispielsweise die berühmte Via Appia zu einer kilometerlangen Gräberstraße. Die erste Reihe direkt an der Fahrbahn war die teuerste, dahinter entstanden eine zweite und eine dritte.

Für all die, die weniger **Geld** hatten, wurden ganz in der Nähe unterirdische Grabnischen in das weiche, aber stabile Tuffgestein gegraben. Das waren die mehrere Stockwerke tiefen Katakomben. Ihr eigentlicher Zweck war der als Begräbnisstätte; als Fluchtorte dienten sie den Christen nur in Verfolgungszeiten (dafür kennen die meisten die Katakomben heute). Daneben gab es eine andere Platz sparende Form des Begräbnisses: columbāria, „Taubenschläge", mit zahlreichen Nischen für Urnenbestattungen in einer Wand. Normalerweise wurden Leichname im alten Rom verbrannt, nicht als ganze Körper bestattet – auch unter imposanten Grabmälern verbargen sich oft nur Aschenurnen.

Die Allerärmsten wurden in Rom wenig liebevoll bestattet: Ihre Leichname wurden in Gruben geworfen und mit Erde zugeschüttet, oder sie wurden in nicht mehr genutzten Keramikgefäßen bestattet. Das hatte mit memoria nichts zu tun – ganz im Unterschied zu zwei Monumentalgräbern, die ausnahmsweise in der City selbst gebaut wurden und bis heute Touristenattraktionen sind: Zum einen das Mausoleum des Augustus (und seiner Familie) auf dem Marsfeld, zum anderen das Mausoleum des Hadrian (Kaiser 117 – 138) am rechten Tiberufer, besser bekannt als „Engelsburg".

Zentraler Bestandteil der memoria-Kultur waren die Inschriften auf den Grabsteinen / -monumenten. Der kleine Teil der **Bevölkerung**, der sie sich finanziell leisten konnte, investierte in diese schriftliche Form des Nachlebens. Zehntausende von Grabinschriften haben sich erhalten – und sie sind eine überaus wichtige Quelle gerade für das Leben von Römerinnen und Römern, die *nicht* zur Elite gehörten. Manche sind ähnlich heutigen Grabinschriften nicht ganz so auskunftsfreudig, viele aber sind „gesprächiger" und informieren die Nachwelt über den Beruf der Verstorbenen, ihre Karriere, ihren **Militärdienst**, ihre Familie und manche Ansichten über das Leben und den Tod. Das Bemühen, von den Lebenden zur Kenntnis genommen zu werden, sogar mit ihnen „ins Gespräch zu kommen", ist stark ausgeprägt:

„Bleib stehen, Wanderer, und lies!"

„Hast du das hier gelesen, dann geh. Lebe wohl und sei glücklich!"

„Ich danke dir, Fremder, dass du an meinem Grab stehen geblieben bist. Mach's gut, lass es dir wohl ergehen und schlafe ohne Sorge!"

„Totengräber, lass das Grab in Ruhe! Hier liegt schon einer!"

Ein sogenanntes Columbarium („Taubenschlag"; *columba*, „Taube") in Rom: mit Nischen für Aschenurnen.

Der Tod war in der römischen Zivilisation allgegenwärtig. Man konnte ihn viel weniger verdrängen als heute. Viele verloren schon im Kindesalter Geschwister, Großeltern, nicht selten auch Vater und / oder Mutter. Die Lebenserwartung lag bei 30-35 Jahren. Die Kindersterblichkeit war sehr hoch; wer aber die Kindheit überlebt hatte, hatte gute Aussichten, 40 - 50 Jahre alt zu werden. Viele Krankheiten verliefen häufiger tödlich als in unserer Zeit. Vor allem in den frühen Jahrhunderten der römischen Geschichte verloren viele Männer ihr Leben in der Schlacht, während sie als Bürgersoldaten Militärdienst leisteten.

Trauernde trugen dunkle **Kleidung**. In der üblichen Trauerzeit (acht bis zehn Monate bei engen Verwandten) „sollte sich jeder von **Partys** fernhalten, keinen **Schmuck** und keine purpurne oder weiße Kleidung tragen", heißt es in einem juristischen Handbuch. Wie man mit dem Verlust eines nahestehenden Menschen umging, blieb aber letztlich jedem selbst überlassen.

Mit dem Tod als „Testamentsjäger" oder Erbschleicher Geschäfte zu machen war im antiken Rom ein weitverbreitetes Übel. Das wurde von vielen Zeitgenossen auch als solches gesehen – im Unterschied zu einem anderen Umgang mit dem Sterben, der aus heutiger Sicht unmoralisch wirkt. Die Rede ist vom Tod als Schauvergnügen, vor allem in der Arena: Der mögliche Tod eines **Gladiators** wurde von den Zuschauern als Nervenkitzel empfunden; zahllose Menschen aus allen Schichten strömten dafür in die Amphitheater. Bei künstlichen Seeschlachten, die allerdings wegen des Riesenaufwandes nur ganz selten stattfanden, war die Zahl der Todesopfer meist sehr hoch. Und schließlich wurden auch Hinrichtungen als *spectācula* inszeniert, sei es dass beim Kampf *ad bestiās* wilde **Tiere** als Vollstrecker der Todesstrafe missbraucht wurden, sei es bei Schauhinrichtungen von Verbrechern durch den Henker. Die Tötung brutaler Seeräuber, die als Massenmörder galten, *nicht* mitansehen zu dürfen, heiße dem Volk ein Vergnügen (*voluptās*) vorzuenthalten, findet

S

Im trockenen Klima Ägyptens haben sich ca. 900 Mumienporträts erhalten: Man malte das Porträt eines /
einer Verstorbenen auf Holz und legte es auf ihn / sie. Die Abbilder wirken lebensnah und unmittelbar. 2. / 3. Jh.

Cicero. Von solchen scheinbaren „Augen-
weiden" ging die Gefahr der Verrohung der
Zuschauer aus – ein fataler Voyeurismus, den
der Philosoph Seneca heftig kritisierte:

„Weil er (der Verbrecher) getötet hat, hat *er*
es verdient, das zu erleiden. Du aber, womit
hast *du* es verdient, das anzuschauen?"

Durfte man sich nach römischer Auffassung
selbst das Leben nehmen? Der Suizid in aus-
weglosen Situationen galt den meisten nicht als
unmoralischer Akt. Die Selbsttötung mancher
Prominenter von Lucretia über Cato (wir nennen ihn heute „den Jüngeren"), den „letzten
Republikaner", bis zu Seneca ist sogar in literarischen Darstellungen gefeiert und verklärt worden. Wie häufig die Selbsttötung praktiziert
wurde, darüber liegen keinerlei Nachrichten vor.
Wohl aber darüber, wie man eine kurze Lebenszeit möglichst intensiv genoss – jedenfalls in
der Oberschicht, deren Lebensumstände das
Genießen ermöglichten. Auf einen knappen
Nenner gebracht hat das – mit Blick auf die
ständige Präsenz des Todes – der Dichter Horaz:

Carpe diem! – „Nutze den Tag!"

Straße → Bettler; Kriminalität; Müll;
Reisen; Rom in Zahlen; Transportmittel

Tagesablauf → Arbeit; Baden; Brot
und Spiele; Mahlzeiten; Sport

Tempel Es gibt keinen Bautyp, der uns für
die Antike so vertraut und charakteristisch erscheint wie der Tempel. Seine Architektur verbindet sich mit einem weiteren „Markenzeichen"
des Altertums, den Säulen. Die unterschieden
sich in der Gestaltung der Kapitelle, das heißt der
„Säulenköpfe" (capitellum, Verkleinerungsform
zu caput, „Kopf"). Die drei Dekor-Klassiker sind
die dorische, die ionische und die korinthische
Ordnung. Die dritte war in der römischen Kaiserzeit am weitesten verbreitet.

Nur wenige römische Tempel hatten eine
runde Form (wie z. B. Vesta-Heiligtümer); die
meisten waren viereckig und lagen auf einem
hohen, über eine Freitreppe erreichbaren Podi-
um. Der Altar stand vor oder in der Mitte der
Treppe. Hinter der offenen, von Säulen getra-
genen Vorhalle („Pronaos") lag die von Mauern
umschlossene cella, der heilige Raum mit dem

Kultstandbild der Gottheit. Der Haupttempel Roms und vieler anderer römischer Städte war in drei „Kammern" unterteilt: In der Mitte die cella des höchsten Gottes Jupiter, links und rechts daneben die cellae mit den Statuen der Götterkönigin Juno und der Minerva. Die drei galten als kapitolinische Trias („Dreiheit").

Das eigentliche „Gotteshaus" mit der Kultstatue bzw. den Kultstatuen heißt im Lateinischen aedēs. Dagegen bezeichnet templum einen heiligen Bezirk, der vom normalen, nichtsakralen Raum „abgeschnitten", das heißt abgegrenzt ist. Man könnte auch sagen: Templum ist das Grundstück (das auch andere Gebäude wie **Säulenhallen** oder Bibliotheken umfassen konnte), auf dem die aedēs steht. Wenn man beispielsweise den Tempel der Concordia meint, müsste man im Lateinischen

korrekt von der aedēs Concordiae sprechen. Aber schon die Römer haben es damit nicht so genau genommen; auch sie sprachen oft vom templum Concordiae – und hatten dabei nicht das „Gelände", sondern das „Haus der Göttin" vor Augen.

Anders als bei christlichen Kirchen spielte sich die Religionsausübung nicht *im* Tempel ab. Zu Gebeten, Gesängen und Prozessionen traf man sich *vor* dem Tempel, wie auch vor allem für **Opfer**. Die Eingeweide der Opfer-**Tiere** wurden auf dem Altar verbrannt; das wäre im Inneren des Tempels nicht möglich gewesen. Auch **Feste** mit gemeinsamen **Mahlzeiten** und **Theater**-Aufführungen fanden *vor* dem Tempel statt. Die Götter sollten vornehmlich die Gemeinschaft – und damit indirekt auch den Einzelnen – schützen; deshalb war die Öffentlichkeit für religiöse Rituale so wichtig.

Natürlich wandten sich auch einzelne Menschen in Gebeten an die eine oder andere Gottheit. Viele stellten ihr, wenn sich ihr Wunsch erfüllen sollte, ein Geschenk in Aussicht. Man spricht von einer Votivgabe (vōtum, „das Gelübde"; vovēre, „einer Gottheit etwas feierlich versprechen"). Die Beziehung zur Gottheit war auf einen „Deal" angelegt: dō, ut dēs, „ich gebe, damit du gibst". Votivgaben – das konnte bei einem Feldherrn ein Zehntel der Beute sein oder sogar ein neuer Tempel, das konnte bei armen Menschen aber auch ein aus Ton geformter Körperteil sein, den man der Gottheit nach der Heilung spendete. Geschäfte mit solchen Füßen, Händen, Fingern oder Ohren aus Ton säumten die Straße, die zum Äskulap-Tempel auf der Tiberinsel führte. Der Heilgott erhielt unzählige solcher Exvotos (ex vōtō, „aufgrund eines Gelübdes"). Man händigte den gespendeten Gegenstand einem Tempeldiener aus. Der stellte ihn dann in die cella oder einen Nebenraum. Die kostbarsten Weihgeschenke erhielten die besten Plätze. Im Laufe der Zeit wurde mancher Tempel zu einem wahren Schatzhaus mit wunderbaren Skulpturen griechischer Meister, kostbaren Bildern, **Schmuck** aus Gold und Silber und teuren Gefäßen. In dieser Hinsicht gibt es eine Parallele zu manchen christlichen Gotteshäusern, die auch Kunstschätze beherbergen.

Schon in der Antike ordnete man die drei Säulenordnungen dorisch, ionisch, korinthisch von unten nach oben in genau dieser Reihenfolge an. Moderne Nachahmer gibt es zuhauf. Hier die um 1870 erbaute Kücken-Villa in Schwerin.

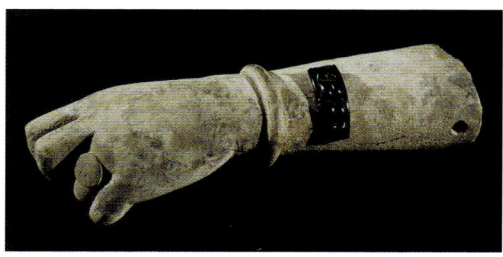

Tempelbauten prägten das Forum Romanum. Im Vordergrund der Dioskuren-Tempel, rechts daneben der Rundtempel der Vesta; am linken Rand der Saturn-Tempel, in dem der Staatsschatz lagerte.

Allerdings hatten nur wenige Bürgerinnen und **Bürger** die Gelegenheit, das alles nicht nur flüchtig anzuschauen. In der Regel waren die Tempeltüren geschlossen. Nur zu besonderen Gelegenheiten – z. B. Bittfesten, die anlässlich schlimmer Niederlagen, drohender **Seuchen** und Katastrophen ausgerufen wurden (suppli-

cātiōnēs; manchmal auch als Dankfeste gefeiert) – wurden alle Tempel geöffnet. Dann durften die Menschen auch den Kultstatuen ganz nahe kommen.

„Geh aufs Kapitol! Du wirst dich für den öffentlichen Wahnsinn schämen. Ein **Priester** trägt dem Gott Namen vor, ein anderer meldet Jupiter die Stunden, einer ist sein Bader, ein anderer sein Einsalber, indem er mit unnützen Armbewegungen so tut, als salbte er ihn. Es gibt Frauen, die Juno und Minerva das Haar ordnen, und andere, die ihnen den Spiegel halten." (So wunderte sich der Philosoph Seneca über die Praxis, die Kultstatuen der Gottheiten, die im Tempel standen, zu umsorgen.)

Wer den Tempel betreten wollte, musste sich im Normalfall beim **aedituus** melden, dem Tempelwächter. Vermutlich „half" eine Spende

Ein zum Dank für eine Heilung geweihter Unterarm aus Ton mit Ring und Armreif. Frankreich, 1. Jh.

158

(stips) für die Tempelkasse oder den Geldbeutel des aedituus dabei, die Tür zu öffnen. Jedenfalls gab es auch immer wieder Einzelne, die ihre Anliegen, dicht vor der Gottheit stehend, sitzend oder kniend, vortrugen, die ihr dankend „ihre lange Leidensgeschichte erzählten" oder ihr sogar „ihre Klageschriften unterbreiteten und ihre Rechtsstreitigkeiten vortrugen". Das waren, anders als der Philosoph Seneca kritisiert, nicht nur schlichte Gemüter, denn auch der berühmte Feldherr Scipio Africanus (3./2. Jh. v. Chr.) hielt des Öfteren stille Zwiesprache mit Jupiter – und das natürlich in dessen Haupttempel auf dem Kapitol. Dafür ließ er sich die nachts verschlossene Tür von den Tempelwächtern aufschließen, und die wunderten sich, „dass die Wachhunde, die sonst gegen jeden wütend tobten, ihn allein nicht einmal anbellten".

Wächter und Wachhunde – das lässt erkennen, dass nur wenige Menschen in die Tempel hineinkamen. Tatsächlich musste man Sorge haben, dass sich sacrilegī, „Tempelräuber", an den kostbaren Weihgaben vergriffen. Ab und zu wurden sogar Männer erwischt, die die Goldbeschichtung von Statuen abzuschaben versuchten. Manche Heiligtümer dienten auch Privatleuten als Tresore; sie deponierten dort Wertsachen und **Geld** – ein Service, den sich die Tempelkasse gut bezahlen ließ.

Einige Tempel in Rom waren gelegentlich Schauplätze nichtsakraler Vorgänge. So versammelte sich der Senat des Öfteren im Tempel der kapitolinischen Trias oder im Kastor-Tempel auf dem **Forum** Romanum. Auch Gerichtsverhandlungen wurden manchmal in Tempel verlegt. Andere Tempel dienten als offizielle Archive wichtiger Dokumente. Im Kastor-Tempel lagerten die offiziellen Gewichte und Maße. Eine solche staatliche Nutzung stand nicht im Widerspruch zur Religion, denn die Bürgergemeinde war identisch mit der Religionsgemeinschaft: Als römischer Bürger und römische Bürgerin war man automatisch Mitglied der Staatsreligion. Eine Möglichkeit, aus ihr auszutreten, gab es nicht. Und wenn man es ganz materiell betrachtete: Tempel, die ein hoher staatlicher **Beamter**, ein Konsul oder Feldherr, gelobte, wurden vom Staat gebaut und unterhalten. Da war es nur fair, wenn der Geldgeber seine Bauten ab und zu auch für nichtreligiöse Zwecke nutzen durfte.

Theater

Eine römische Stadt ohne Theater? Das war kaum vorstellbar. Und tatsächlich wurden Überreste von rund 150 Theatern im Römischen Reich gefunden. Weitere 30 sind durch Texte bezeugt. Das allein zeigt, wie beliebt die Bühnenstücke beim Publikum waren. In der Hauptstadt Rom gab es drei Open-Air-Theater für gut 30.000 Menschen, zusätzlich ein wohl überdachtes Odeum hauptsächlich für **Musik**-Darbietungen mit rund 7.000 Plätzen. Die Theater waren im wahrsten Sinne des Wortes Schau-Plätze (griechisch theásthai, „schauen"); die dort veranstalteten Spiele hießen lūdī scaenicī (scaena, „Bühne"; davon leitet sich das deutsche Wort „Szene" ab). Die „Szene" war stets gut besucht; die Theater dürften bei jeder Aufführung voll gewesen sein. Denn die Theaterbegeisterung der Römerinnen und Römer war groß; vom **Senator** bis zum **Sklaven** drängte es fast jeden dazu, eine Eintrittsmarke zu ergattern. Nur wenige kritisierten den histriōnālis favor, die „Theaterleidenschaft" der Römer.

Das Schauvergnügen wurde auch dadurch nicht getrübt, dass **Familien** nicht zusammensaßen: Frauen mussten sich seit der Zeit des Augustus (Kaiser 27 v. Chr. – 14 n. Chr.) mit den oberen Rängen begnügen (wo man natürlich weniger gut sah und hörte), damit die Hierarchie der römischen Gesellschaft auch im Theater abgebildet wurde. Im Amphitheater galt die gleiche Regelung, im Circus aber nicht.

Im griechischsprachigen Raum hatte das Theater eine lange Tradition. Die Blüte der „klassischen" Tragödie und Komödie lag im Athen des 5. Jh.s v. Chr. Die Stücke aus dieser Epoche wurden auch in späteren Zeiten auf die Bühne gebracht. Beim „Lustspiel" entwickelte sich später eine neue Form, bei der Liebesverwicklungen und familiäre Konflikte mit Happy End im Vordergrund standen. Plautus, Terenz und andere römische Dichter übersetzten diese Komödien ins Lateinische und brachten sie in

T

Rom auf die Bühne. Auch eine Art Bauernkomödie mit Ursprüngen in Italien selbst feierte Erfolge. In dieser fabula Ātellāna ging es zwischen vier mit Masken spielenden Charakteren ebenso lustig wie derb zu: Bucco, das „Vollmaul", Dossenus, der „Vielfraß", Maccus, der „Blödmann", und Pappus, der trottelige „Opa", sorgten ordentlich für „Schenkelklopfer". Ob auch Tragödien gespielt wurden, die in lateinischer Sprache neu verfasst worden waren, ist nicht ganz klar. So ist auch nicht sicher, ob die im 1. Jh. von Seneca geschriebenen Tragödien tatsächlich gespielt wurden, oder ob sie nur „Lesedramen" waren.

In der Kaiserzeit eroberten zwei neue Schauspiele die Bühnen der römischen Welt. Das eine war der Mimus – eine Komödie, die die Zuschauer mit viel Klamauk (Ohrfeigen, Fußtritten und Geschrei) und volkstümlicher, nicht selten obszöner Sprache zum **Lachen** brachte. Die Handlung der Stücke spielte meist im Alltag. Die Mischung aus „sex and crime" war erfolgreich, darunter Ehebruchsgeschichten, Giftmorde, Schiffsunglücke, aber auch Geschichten, in denen die Götter verulkt wurden. Zwei Dinge waren beim Mimus ganz ungewöhnlich. Zum einen wurde ohne Maske gespielt, sodass Grimassen ein wichtiges schauspielerisches Ausdrucksmittel waren. Und zum Zweiten wurden Frauenrollen tatsächlich von Frauen gespielt. Das machte Sexszenen besonders „glaubwürdig".

Die erzählten Geschichten mochten schlicht und anspruchslos sein. Aber auf gute darstellerische Leistungen legten die Theaterbesucher Wert. Die Kunst der Schauspieler bestehe darin, stellt Cicero anerkennend fest, etwas Unwirkliches glaubwürdig „rüberzubringen". Gefiel den Zuschauern die Aufführung, dann klatschten sie Beifall (das lateinische applaudere liegt dem deutschen Wort „Applaus" zugrunde). Waren sie unzufrieden, so zischten sie die Darsteller aus, riefen ihnen wenig Schmeichelhaftes zu oder warfen sogar mit Obst oder Steinen.

Der zweite Stern am Theaterhimmel der Kaiserzeit war der Pantomimus. Das war ein stummer, von Musik und Chorgesang begleiteter Ausdruckstanz. Dabei übernahmen ausschließlich männliche Solotänzer verschiedene Rollen, für die sie die Masken wechselten. Sie trugen bunte Seidenkostüme und spielten auch weibliche Rollen. Die Pantomimen tanzten die Bühnenstücke mit elegant-rhythmischen Bewegungen, mit Sprüngen und Pirouetten – Ballettdarbietungen, die ihnen viel abverlangten. Ständiges Training und strenge Diät waren für die Pantomimen unabdingbar. Neben ihnen standen ein paar weitere Akteure auf der Bühne, doch gingen diese Nebenrollen fast unter. Aller Augen richteten sich auf den Superstar.

Das Erfolgsrezept des Pantomimus war, dass die Zuschauer leicht erkannten, worum es ging. Die Stoffe waren meist der Welt der **Mythen** entnommen; sie waren den meisten Zuschauern zumindest in groben Umrissen vertraut. Man musste auch nicht Latein können, um den Pantomimus zu genießen. Das machte das Theater z. B. im römischen Gallien und Germanien attraktiv.

Wer sich auf einer Bühne öffentlich zur Schau stellte, galt als īnfāmis, „ehrlos". Das hatte erhebliche rechtliche Nachteile im Gefolge, und die trafen auch die Schauspieler. Auf der anderen Seite strichen Publikumslieblinge

Szene aus einer Komödie, in der die Schauspieler von Flöten, Zimbeln und Tamburin begleitet werden. Fußbodenmosaik aus Pompeji, 1. Jh.

T

Digitale Rekonstruktion der südfranzösischen Stadt Arles um das Jahr 150 n. Chr.: links das Theater, rechts das Amphitheater – beide mit Sonnensegeln.

Höchstgagen ein; sie verkehrten in vornehmsten Kreisen und genossen einen Starrummel, den wir heute auch von den Größen des Showbusiness kennen. Pantomimendarsteller waren ausgesprochene Frauenlieblinge; manche Verehrerinnen sicherten sich eine Maske oder sogar einen Lendenschurz ihres Schwarms. Die Stars hatten eine ziemlich aggressive Anhängerschaft, die sich auch schon mal auf Prügeleien mit rivalisierenden Fangruppen anderer Schauspieler einließ. Randale brachen jedenfalls in römischen Theatern öfter als in Amphitheatern aus. Und manchmal wurden die „Celebritys", die diese Feindseligkeiten auch noch anheizten, für einige Zeit aus Rom verbannt. Nach relativ kurzer „Denkpause" rief der Kaiser sie jedoch zurück. Er wollte es sich nicht auf Dauer mit Tausenden enttäuschter Fans verderben.

Als Nero (Kaiser 54 – 68) selbst sich der Schauspielkunst verschrieb, fanden das viele Vertreter „altrömischer Sitte" natürlich peinlich, ja ehrlos. Aber das einfache Volk liebte den Kaiser als Bühnenstar. Trotzdem: Sicher ist sicher, sagte sich Nero und rief eine von ihm bezahlte Beifallstruppe ins Leben; diese „Augustiānī" – mehr als 5.000 Mann – begleiteten ihn bei all seinen Auftritten und spendeten ihm jenen Applaus, den er zu verdienen glaubte.

Thermen → **Baden**

Tiere In einer Fabel des Dichters Phädrus wird das Schicksal eines Pferdes skizziert. Es ist ein gefeiertes Rennpferd, das im Viergespann bei **Wagenrennen** zahlreiche Preise „abgeräumt" hat und von den Zuschauern bejubelt wird. Dann aber wird es von seinem Besitzer verkauft, und zwar an eine Mühle. Seitdem läuft es ständig im Kreis, um den Mühlstein zu drehen – die „Höchststrafe". Als es einmal „Kollegen" erblickt, die geschmückt und erhobenen Hauptes auf dem Weg in den Circus sind, wird ihm sein bitterer Abstieg bewusst, und es fängt an zu weinen. Was will der römische Fabeldichter seinen Lesern damit beibringen? Phädrus liefert die Moral gleich mit: „Man muss alles, was passiert, mit Gleichmut ertragen."

Diese kühle Haltung ohne Mitleid oder Mitgefühl bringt das normale Verhältnis zwischen Mensch und Tier in der Antike gut auf den Punkt. Tiere waren im Wesentlichen dazu da, den Menschen das Leben angenehmer zu machen – abgesehen von denen, die man bekämpfen musste, weil sie gefährlich sind, wie etwa Löwen und Bären, oder lästig wie Mücken und Fliegen. Als Mitgeschöpfe im christlichen Sinn

T

wurden sie kaum wahrgenommen, und Tierschutz als grundsätzliche Aufgabe der Menschen war der Antike fremd. Wenn sie auf ihre Tiere achtgaben, sie nicht überstrapazierten, sie behüteten und versorgten, so sahen die Menschen dabei eher auf den Wert, den die Tiere für sie darstellten – sozusagen ihr Kapital –, als dass sie sich ihrem Wohl verpflichtet fühlten.

Die Anhänger des Philosophen Pythagoras waren eine kleine Minderheit, die das anders sah: Sie glaubten an die Seelenwanderung. Menschliche Seelen konnten nach ihrer Auffassung auch auf Tiere übergehen. Deshalb waren die Pythagoreer auch überzeugte **Vegetarier**. Wer will schon etwas essen, das vielleicht einmal ein Mensch war?

Natürlich gab es auch da, wo Mensch und Tier eng zusammenlebten, starke Bindungen mit echten Gefühlen. Manch einer liebte sein **Haustier** heiß und innig, andere waren Wachhunde, die sie und ihr Eigentum zuverlässig schützten, ehrlich dankbar, und sicher gewannen Hirten, die über Monate mit ihrer Schaf- oder Ziegenherde über das Land zogen, das eine oder andere Tier lieb. Aber das waren Ausnahmen. Allein schon das Beispiel des Rennpferdes zeigt, wie schnell Menschen sich von Tieren abwandten, die ihre Erwartungen nicht mehr erfüllten. Viele Rennpferde wurden während ihrer Circus-Karriere besser behandelt als manche Menschen und von ihren Fans abgöttisch geliebt – um dann ausgerechnet zur furchtbaren Mühlenarbeit abgeschoben zu werden, statt ein Gnadenbrot zu erhalten.

Wenn sich das vertraute oder sogar herzliche Verhältnis zwischen Menschen und ihren Haustieren an zahlreichen Beispielen – auch an literarischen Texten und Bilddokumenten – belegen lässt, so stehen dem auf der entgegengesetzten Seite der „Skala" aber noch mehr Beispiele gegenüber, wie Menschen zu ihrem Vergnügen Tiere gequält und als zynisches „Spielmaterial" missbraucht haben: Die „Jagden" des Amphitheaters, die **Tierhetzen**, waren ein Schandfleck der römischen Zivilisation.

Was den „Gebrauch" von Tieren angeht, so waren die Landwirtschaft und das Transportwesen die zentralen Bereiche. Das wichtigste Arbeitstier war der Maulesel. Er zog, schleppte und trug. Weil er stärker und geduldiger war als

Zum Mahlen des Korns wurden gern Maulesel eingesetzt. Sie liefen mit verbundenen Augen im Kreis, wie in dieser Zeichnung einer Bäckerei in Pompeji. Von Peter Connolly .

Ein Ochsenpaar beim Pflügen. Dieses Relief stellt allerdings einen sakralen Vorgang dar: das Ziehen der „Urfurche" (**sulcus prīmigenius**) bei einer Stadtgründung. Aus Aquileia, 1. Jh.

der Esel, wurde er deutlich teurer gehandelt; oft hatte er einen höheren Wert als das Pferd. Der Esel dagegen galt als das Tier der armen Leute. Kleinbauern nutzten ihn, um ihre Waren zum Markt zu bringen. Auch bei weiteren **Reisen** wurde er als **Transportmittel** eingesetzt. Zeigte er sich störrisch, so wurde er durch Schläge zum Weitergehen „motiviert". Esel mussten wie Pferde auch Mühlenarbeit leisten.

Schwere Lasten zogen Ochsen – paarweise, auch in mehreren hintereinandergespannten Paaren. Und sie hatten Felder zu pflügen und zu eggen. Arbeitstiere waren in dauerndem Einsatz; im ländlichen Umfeld wurden ihnen an nur wenigen **Fest**-Tagen Pausen gegönnt. Die Arbeitsleistung der Tragetiere in der Stadt wird häufig unterschätzt; dabei wird allein für Rom ihre Zahl auf 5.000 bis 10.000 geschätzt.

Im alten Rom aß man sehr viel weniger Fleisch als wir heute. Während die Tafeln reicher Leute oft von Braten auch exotischer Tiere überquollen, konnten sich die Ärmeren Fleisch nur zu besonderen Gelegenheiten leisten. Gleichwohl gab es in der römischen Landwirtschaft eine ausgedehnte Viehhaltung. An der Spitze der „Fleischproduzenten" standen Schweine. Man wusste, dass sie gesund und artgerecht gehalten werden mussten, wenn sie hohe „Erträge" einbringen sollten. Die meisten Landwirte richteten sich danach und bemühten sich auch um eine ordentliche tierärztliche Versorgung und um gute Hygienebedingungen in den Ställen. Das galt auch für die übrige Tierzucht.

„Schweine sollen im Morast wühlen, Regenwürmer ausgraben und sich im Schlamm suhlen können. Das tun diese Tiere überaus gern. Wenn es im Freien an Futter fehlt, muss man sie mit der Hand füttern. Dafür sollte man reichlich Eicheln einlagern." (So Columella, der Autor eines Landwirtschaftsratgebers.)

Auch Rinder wurden als „Fleischproduzenten" gezüchtet, ebenso Rotwild und Wildschweine. Und die Geflügelzucht war ein sehr einträgliches Geschäft; mit Enten, Gänsen, Pfauen und anderem Geflügel, auch mit Tauben und Drosseln ließ sich gutes **Geld** verdienen – eine „Nischenproduktion" für Wohlhabende, die seit dem 2. Jh. v. Chr. stark ausgebaut wurde.

Hühner lieferten Eier; im Durchschnitt legten Hennen alle zwei Tage ein Ei. In vielen Betrieben überwog die Freilandhaltung – auf dem Land lebten also überwiegend glückliche Hühner, wie man heute gern sagt. Nicht so in manchen Mästbetrieben in der Stadt, wo die Hühner mit Honigwasser und Kraftfutter schnell zur „Schlachtreife" gebracht wurden, und das „in möglichst dunklen Ställen, jedes Huhn in einen ganz engen Kasten so eingezwängt, dass es sich nicht umdrehen kann", heißt es in einem landwirtschaftlichen Lehrbuch.

T

Ziegen und Schafe lebten in großen Herden, von Hirten behütet, die sich für ihre Tiere verantwortlich fühlten und sie auch von Krankheiten heilen konnten (wie sie häufig auftraten). Manche Herden blieben in der Nähe des Gutshofes, andere zogen im Frühjahr los und wurden auf weit entfernte Weiden getrieben, die immer wieder wechselten. Als Nutztiere waren sie hochgeschätzt: wegen ihrer Milch und des daraus hergestellten Käses und wegen ihrer Felle und ihrer Wolle. Schafe wurden zweimal im Jahr vorsichtig geschoren. Dabei verursachte Wunden wurden rasch und umsichtig versorgt. In den Ställen achtete man auf Sauberkeit. Den Römern war sehr bewusst, was sie den Schafen verdankten. Hinsichtlich ihres Nutzens stünden sie an erster Stelle, betont Columella:

„Denn dieses Tier schützt uns Menschen ganz besonders gegen die Gewalt des Frostes und verschafft unserem Körper reichlich Hüllen."

Jagd auf einen Eber – einer der Jäger liegt verletzt im Vordergrund. Fußbodenmosaik aus einer Villa auf Sizilien, 4. Jh.

Kein Wunder, dass der lāniger, „Wollträger", in Fabeln auch als unschuldiger Sympathieträger erscheint, der dem „bösen" Wolf zwar nicht körperlich, aber moralisch überlegen ist.

Schafe opferte man auch gern den Göttern, ebenso Rinder und Schweine, aber auch kleinere Nutztiere wie Hühner und anderes Geflügel. Für diesen Zweck kamen nur makellose Tiere infrage, die man der Gottheit „zumuten" zu dürfen glaubte. Allerdings beschränkte sich das eigentliche **Opfer** auf die Innereien der Tiere. Sie wurden auf dem Altar verbrannt, das Fleisch aber wurde unter den Menschen verteilt, die beim Opfer anwesend waren.

Wilde Waldtiere sowie Fische galten „natürlich" als Beutetiere. Für Menschen, die auf dem Land und in der Nähe von Gewässern lebten, waren Jagd und Fischfang alltägliche Formen der Nahrungsbeschaffung. Manche Reiche gingen der Jagd als Hobby nach, doch war diese Liebhaberei im alten Rom nicht so ausgeprägt wie bei Oberschichtangehörigen anderer Epochen. Wohl aber hatten nicht wenige wohlhabende Leute Spaß daran, wilde und exotische Tiere in Gehegen (vīvāria) zu halten und als piscīnāriī, stolze „Fischteichbesitzer", eine aufwendige Fischzucht zu betreiben.

Ein letztes Tier, das als Nutztier häufig übersehen wird, war die Biene. So klein die einzelne war, so wichtig war ihr Beitrag zur Ernährung der Menschen. Der von Bienen produzierte Honig (mel) war der einzige Süßstoff, der den Menschen im Altertum in größerer Menge zur Verfügung stand. Dessen Bedeutung war man sich wohl bewusst. Es hätte wohl niemand widersprochen, wenn der Dichter Vergil ihn als caelestia dōna, „Himmelsgabe", rühmte.

Tierhetzen

„Cessorinius Ammausius": In Antike-Lexika sucht man diesen Namen vergebens. Nicht so im Archäologischen Museum von Xanten (in Nordrhein-Westfalen), dem römischen Castra Vetera. Dort kennen ihn fast alle, denn er ist eine lokale Berühmtheit. Nicht weil er Soldat der 30. Legion gewesen ist, „der Siegreichen" (Victrix), wohl aber, weil er dort eine Spezialaufgabe hatte: Er war ursārius,

„Bärenfänger". Auf dem Weihaltar, den er für den Waldgott Silvanus gestiftet hat, ist folgerichtig neben ihm ein Bär dargestellt.

Wozu brauchte eine Legion einen Bärenfänger?, fragt man sich verwundert. Die Antwort ergibt sich aus einer weithin unbekannten Rolle der Armee: Legionäre waren Teil einer ziemlich erschreckenden Lieferkette, die den Tiernachschub für die Arenen der römischen Welt sicherstellte. Im römischen Köln tat ein weiterer ursārius namens Quintus Tarquitius Dienst. Er rühmt sich in einer Inschrift, „innerhalb von sechs Monaten 50 Bären gefangen zu haben".

Der „Verbrauch" an **Tieren**, die über Hunderte oder Tausende von Kilometern zu Schaujagden (vēnātiōnēs) in Amphitheatern und Circussen transportiert wurden, war hoch. Soldaten waren da nur ein kleiner Teil der Tierfang-„Industrie". Überall gab es Jäger und Fallensteller, die ihre Beute an Handelsgesellschaften verkauften – Unternehmen, die mit Im- und Export von Arenatieren viel **Geld** verdienten. Über die Transporte weiß man wenig. Die Städte, durch die sie kamen, waren gesetzlich dazu verpflichtet, Futter bereitzustellen. Trotzdem dürften viele Tiere die Strapazen des Transports nicht überlebt haben.

In die Beschaffung möglichst exotischer Tiere wurden auch führende **Beamte** in den **Provinzen** eingebunden. Als Cicero Statthalter im (heute türkischen) Kilikien war, bedrängte ihn ein guter Freund in Briefen, ihm für eine Tierhetze in Rom Panther zu schicken. Die waren allerdings schon knapp geworden; „aber alles, was die Profijäger fangen, wird dir gehören", verspricht Cicero seinem Freund.

Das Drängen seines Briefpartners zeigt: Politiker, die Tierhetzen ausrichteten, steigerten damit ihre Beliebtheit. Die vēnātiōnēs waren ein Publikumsmagnet, und das nicht nur in Rom. Dort begann die Geschichte dieses „Schauspiels" (spectāculum) im Jahr 186 v. Chr.: Eine „Jagd" auf Löwen und Panther stieß bei den Zuschauern auf großen Beifall. Und schon wenige Jahrzehnte später waren Tierhetzen regelmäßiger Programmbestandteil öffentlicher Spiele. Politiker überboten einander darin, den Römerinnen und Römern immer neue

Ein Elefant wird auf ein Schiff geführt – wahrscheinlich für den Einsatz bei einer Tierhetze. Im Hintergrund u. a. ein Tiger. Fußbodenmosaik aus einer Villa auf Sizilien, 4. Jh.

Rekorde an Quantität und „Qualität" zu bieten – mit „Qualität" ist hier gemeint, dass man immer „neue" Tiere haben wollte, Tierarten also, die noch nie zuvor in der Hauptstadt gezeigt worden waren. Im Jahr 55 v. Chr. wurden erstmals 150 Leoparden, ein Nilpferd und fünf Krokodile bei Tierhetzen eingesetzt, wenige Jahre später das erste Rhinozeros und nach ein paar weiteren Jahren die erste Giraffe.

Die Zahl der „verbrauchten" Tiere – so der Geschichtsschreiber Cassius Dio – ging bei einzelnen Vorstellungen in die Hunderte: 410 Leoparden und 500 Löwen im Jahr 52 v. Chr. sowie 400 Löwen und 40 Elefanten wenig später. Augustus beziffert die Zahl der in „seinen" Spielen „niedergemachten" wilden Tiere auf 3.500. Mag sein, dass diese Zahlen wie auch spätere „Rekorde" übertrieben sind. Sie zeigen aber, wie sehr man nicht nur die Zuschauer der Tötungsshows, sondern auch die Leser von Geschichtswerken damit beeindrucken konnte.

T

Die **Kaiser** setzten die aus heutiger Sicht perverse Rekordjagd weiter fort. Die Einweihung des Kolosseums im Jahr 80 kostete 9.000 Tiere – zahme wie wilde – das Leben. Und im Jahr 107 wurde während einer mehrmonatigen **Fest**-Periode eine „Strecke" von 11.000 Tieren gezählt. In den kleineren Arenen der Landstädte waren die Zahlen geringer, aber die Begeisterung des Publikums war ebenso groß. In Pompeji haben sich große Wandinschriften erhalten – gewissermaßen Einladungs-„Plakate" –, die für eine bevorstehende vēnātiō lēgitima warben, eine „ordentliche", „echte" Jagd.

Im Ablauf eines Arenatages fanden die Tierhetzen morgens statt (wobei Arenatage pro Standort auf rund 25 im Jahr beschränkt blieben). Von einer „echten" Jagd konnte dabei aber keine Rede sein. In den Augen der Zuschauer „spielten" die Tiere, aber es war ein grausames Spiel: Sie hatten keine Chance, dem Tod zu entgehen. Das trifft auf beide Varianten der Tierhetzen zu. Bei der einen wurden Tiere gegeneinandergehetzt, manchmal mit einer Kette verbunden und mit Feuer in Panik versetzt. Beliebte Paarungen waren Bär gegen Stier, Tiger gegen Löwe, Stier gegen Panther oder Elefant und Löwe gegen Krokodil. Zudem ließ man wilde Tiere auf zahme los. Mitten in der Großstadt wurde so der verzweifelte Überlebenskampf der Wildnis nachgestellt und durch den Nachbau „echter" Lebensräume wie Wälder, Felsabhänge, Wasserläufe, Dickichte, Wüsten und Sanddünen noch realistischer inszeniert. Die Zuschauer fanden größten Gefallen an der „Wut", der „Wildheit" und „Raserei" der gegeneinandergehetzten Tiere: „Seit er unter uns ist, besitzt der Tiger mehr Wildheit", stellte der Dichter Martial fest – und das meinte er keineswegs als Kritik.

Bei der zweiten Variante kämpften menschliche Jäger gegen wilde Tiere. Sie hießen vēnātōrēs, „Jäger", oder bestiāriī, „Tierkämp-

Tierhetze: Ein Bär und ein Stier sind aneinandergekettet und werden zudem von Arena-Sklaven gereizt. Fußbodenmosaik aus Nordafrika, 3. Jh.

T

fer", und waren bestens bewaffnet – anders als die ad bestiās, „zu den Tieren", verurteilten Verbrecher, deren Kampf nur eine spektakuläre Hinrichtung war. Häufig kämpften mehrere vēnātōrēs zugleich gegen eine größere Zahl von tierischen Gegnern. Das waren gefährliche „Jagden", die auch mancher Jäger mit dem Leben bezahlte. Dieser Thrill faszinierte die Zuschauer, aber sie jubelten auch über die Demonstrationen menschlicher Überlegenheit. Viele Tiere waren schneller, kräftiger und ausdauernder als die Menschen, doch der menschliche Geist hatte Waffen ersonnen, denen die Tiere letztlich unterlegen waren.

Was sich da in zahllosen Kämpfen in den Arenen der römischen Welt abspielte, war der als spectāculum inszenierte Triumph der menschlichen Zivilisation über die wilde Natur, die die Menschen und Nutztiere überall im „Freien" bedrohte. Wenn sich diese Gefahr durch die starke Bejagung und Tötung gefährlicher Tiere in den Amphitheatern verringerte, so sah man darin einen Erfolg: Wo etwa in Nordafrika früher Löwen die Menschen terrorisierten, „da hütet jetzt der Mensch auf der Weide seine Rinder", freute sich ein Dichter im 1. Jh. – und dankte dem Kaiser und seinen Tierkämpfern ausdrücklich dafür. Mitleid mit den gequälten Tieren kam in der Antike selten auf, und ebenso wenig gab es Bedenken etwa hinsichtlich der Zerstörung des ökologischen Gleichgewichts.

„Alle Schönheit, alle Furcht der Wälder wird eingefangen. Vorsicht schützt die Tiere nicht, nicht ihre Stärke und ihr Gewicht, auch sehr schneller Lauf lässt sie nicht entkommen. Aber die Pfeile sollen ohne Blut bleiben! Nur für die Arena soll das Blut der Tiere aufgespart werden. Der Tod wird aufgeschoben." (So der Dichter Claudian im 4. Jh.)

Bei einer „Jagd" sozusagen live in der Arena zuzusehen, das „Abenteuer" mit durchaus hohem Risikofaktor auch für die Jäger mitzuerleben und an dieser „spannenden Unterhaltungsshow" mit jeder Menge Action Spaß zu haben – das machte für das Publikum den Reiz des Schauens aus. Das Ganze war ein spectāculum,

Auch in den Provinzen waren Arena-„Spiele" als Freizeitangebot sehr geschätzt: zum Beispiel im Amphitheater von Castra Vetera (Xanten, Nordrhein-Westfalen).

ein Schau-Event (spectāre, „schauen"). Und es verband sich damit ein weiteres Schau-Erlebnis: Löwen, Nashörner und Giraffen aus Afrika, Krokodile und Flusspferde aus Ägypten, Bären aus Germanien, Hirsche aus Gallien, Tiger und Panther aus Asien und Seehunde von der Nordseeküste – das war römische Weltherrschaft zum Anschauen. Da wurde auch den einfachen Leuten demonstriert, was „Imperium" bedeutete und dass das Verb dazu imperāre war, „befehlen". Rom „befahl" der Welt seinen Willen, und an der Tierwelt konnte man das besonders anschaulich – auch und gerade mit unbarmherziger Brutalität – zeigen.

Auch dazu dienten jedes Jahr Tausende von Tierhetzen in rund 180 über das Reich verteilten Amphitheatern. Eines davon stand (und steht noch) in Castra Vetera (Xanten). Cessorinius Ammausius war sicher stolz darauf, dass er als Bärenfänger dazu beitrug, die Arena seines Standortes mit „Material" zu versorgen.

T

Tierschutz → Tiere; Tierhetzen

Tod → Sterben

Toilette

Toilette Der Dichter Lukan erschreckte ein paar Mitbürger einst fast zu Tode. Auf einer öffentlichen Toilette kommentierte er einen lauten Furz mit den Worten: „Unter der Erde, könnte man meinen, habe es gedonnert!" Unfein, gewiss, aber warum löste er damit fast eine Panik aus? Das Problem lag beim Urheber des „Spruchs": Das war ein Zitat aus einem Gedicht Neros (Kaiser 54–68). Und der könnte das, wenn Geheimagenten ihm den Vorfall meldeten, als Majestätsbeleidigung werten und alle Beteiligten vor Gericht stellen. Also nichts wie weg, sagten sich Lukans „Mitsitzer" und ergriffen schleunigst die Flucht.

Aber warum wollten sie überhaupt so schnell wegkommen? Die Gefahr erklärt sich aus dem Begriff „Mitsitzer" (cōnsessor). Denn in den öffentlichen Toiletten der römischen Städte gab es keine Trennwände, sondern man saß in einer langen Reihe – manchmal waren es sogar 20 oder 30 Plätze – nebeneinander. Dadurch war schwer zu ermitteln, wer mit dem Zitat Majestätsbeleidigung begangen hatte; der Verdacht fiel auch auf die Nebenleute.

Toiletten ohne Trennkabinen! Es gibt diese Latrinen, wie man sie nennt, in vielen archäologischen Stätten der Römerzeit zu sehen, und wenn man sie in einer Gruppe besucht, geht kaum ein Weg am Gruppenbild vorbei: ein Highlight, wenn auch von zahlreichen „i"-Rufen begleitet. Für die Römer hatten die Mehrsitzer-Latrinen keinen „i"-Faktor. Für sie waren sie Normalität, und sie boten sogar den Vorteil, dass man miteinander ins Gespräch kam. **Mahlzeiten**-Jäger, die eine Einladung zum Essen „erschnorren" wollten, nutzten die Latrinen gern als „Jagdreviere".

Das stille Örtchen und seine lateinischen Wurzeln: Das französische Wort *toilette* bedeutete ursprünglich „Tuch" (der Toilettenartikel), abgeleitet vom lateinischen **tēla**, „Gewebe". Die **lātrīna** ist entstanden aus **lavātrīna**, „Ort der Reinigung". Hinter dem Lokus müssen wir gedanklich nur ein Wort ergänzen: **locus (necessitātis)**, „Ort (des dringenden Bedürfnisses)". Und das Klo(sett) leitet sich über das Französische vom lateinischen **claudere** ab: „schließen", also: „abgeschlossener Raum".

Wahrscheinlich gab es keine Geschlechtertrennung in den öffentlichen Latrinen! Angesichts der wallenden **Kleidung** der Römer (und der fehlenden Unterwäsche) konnte man die Toilette zumindest optisch ziemlich diskret benutzen. Zur Reinigung diente ein **xylospongium**. Das war ein an einem Holzstab befestigter Schwamm, den man in die vor den Steinsitzen verlaufende Rinne mit fließendem Wasser tauchte.

Für vornehme Leute entwickelte sich in der Kaiserzeit die „römische Prachtlatrine" mit viel Licht und Luft, mit edlen Materialien wie Marmor und Stuck, Kunstwerken und Wasserspielen. Dort trafen sich manchmal feste „Sitzer"-Gruppen zu bestimmten Zeiten – sozusagen das Gegenstück zum Stammtisch!

In vielen Privathäusern der Oberschicht gab es Haustoiletten, meist Ein- oder Zweisitzer nahe der Küche. Die allermeisten Mietwohnungen dagegen hatten keine eigene Toilette, auch keine Flur- oder Hoftoilette. Ihre Bewohner wa-

Eine Mehrsitzer-Latrine in Ostia. Die Wände sind zum Teil noch mit Marmor verkleidet. Unter den „Sitzplätzen" floss Wasser.

T

ren auf die öffentlichen Latrinen angewiesen. Unter diesen Umständen kam dem Nachttopf (matella) große Bedeutung zu. Er stand in jeder Wohnung und wurde in die Latrinen entleert. Die bequeme, aber extrem unhygienische Methode „Fensterguss" stand unter Strafe und wurde sicher nicht regelmäßig, wohl aber von manchen „Ferkeln" im Schutz der Dunkelheit praktiziert.

„Entschuldigung! Wir haben ins Bett gepinkelt. Ich geb's zu, Wirt; wir haben da einen Fehler gemacht. Fragst du, warum? Es war kein Pisspott da!" (So hat es jemand in Pompeji an eine Wand gekritzelt.)

Gab es am Straßenrand Amphoren für urinierende Männer? Diese Behauptung wurde immer wieder verbreitet; in den Quellen (archäologische Überreste oder **Literatur**) finden wir dafür aber keine Belege. Und außerdem: Wie soll man sich das vorstellen, dass sich Römer in aller Öffentlichkeit seelenruhig an einer belebten Kreuzung erleichtert hätten? Natürlich hat es „Wildpinkler" gegeben, die dunkle Ecken aufsuchten und manche Gasse mit Urin oder sogar Kot verschmutzten. Anlieger wehrten sich gegen dieses illegale Treiben mit Warnschriften wie cacator, cavē malum, „Kacker, hüte dich davor, dass es dir übel ergeht!". Ungefähr zwölf solcher abschreckenden „Mitteilungen" haben sich erhalten. Voraussetzung für ihre Wirksamkeit war zumindest, dass der bedrohte „Kacker" überhaupt **lesen** konnte ...

In der Stadt gab es genügend Bedürfnisanstalten – in Rom mehrere Hundert. Was aber, wenn man auf der Landstraße unterwegs war, an der kilometerlang nichts anderes stand als Grabmäler? Dann musste man wohl oder übel rasch hinter einen Grabbau verschwinden. Keine schöne Aussicht, findet Trimalchio, die Hauptperson im Roman des römischen Schriftstellers Petron, und er greift zu einem rabiaten Gegenmittel:

„Per Testament werde ich einen meiner **Freigelassenen** am Grab als Wächter aufstellen, damit die Leute nicht an mein Grabmal zum Kacken laufen!"

Transportmittel

Vor aufdringlichen Küssern, die diese Art der Begrüßung zur Sucht entwickelt haben, ist man nirgendwo sicher, lästert der Dichter Martial – nicht einmal „in einer mit Leder und Vorhang abgeschirmten Sänfte oder in einem mehrfach geschlossenen Tragsessel". Damit werden zwei Transportmittel genannt, mit denen sich vornehme Leute über kürzere Entfernungen in der Stadt oder in ihrer Umgebung befördern ließen. Die Sänfte (lectīca) benötigte sechs bis acht Träger, der Tragsessel (sella gestātōria) vier. Deren Körperkräfte halfen auch dabei, einen Weg durch die dichte Menschenmenge auf den Straßen Roms zu bahnen. Beide Transportmittel gab es in unterschiedlich luxuriösen Ausführungen: mit und ohne Fenster, mit Purpurdecken ausgelegt, manche sogar mit Silberbeschlägen und Elfenbein geschmückt. Ob sie häufig zum Einsatz kamen, ist aber fraglich. Das Straßenbild Roms haben sie sicher nicht geprägt.

Für weitere Strecken bot sich das Reiten vor allem auf Pferden, daneben auch auf Eseln und Maultieren an. In den Städten war das Reiten allerdings mit Rücksicht auf den dichten Fußgängerverkehr untersagt. Mit einem Reittier legte man ungefähr 50 Kilometer am Tag zurück. Zum Tragen von Gepäck nutzten Händler und Bauern, die auf dem Weg zum Markt waren, Pack-**Tiere**; sie konnten Lasten bis 100 Kilogramm bewältigen. Längere Reihen von Packtieren (mandrae) waren auf bestimmten Strecken durch die Stadt keine Seltenheit. Wer es eilig hatte, empfand sie als Hindernis, das schwer zu überholen war.

Für schwerere Lasten wie Baumaterialien eigneten sich plaustra, die meist von Ochsen gezogen wurden. Diese Lastwagen hatten zwei große Scheibenräder aus Holz; sie fanden auch in der Landwirtschaft vielfach Verwendung. Ihr Tempo war sehr gering; plaustra schafften nur rund zwölf Kilometer am Tag. Größere Ausführungen (plaustra māiōra) hatten zwei Achsen und vier Räder. Sie scheinen vor allem in Germanien und Gallien beliebt gewesen zu sein, wo sie mit Wein und anderen landwirtschaftlichen Produkten beladen wurden und

T

Ein römischer Reisewagen auf einem Grabstein in Österreich: Nur die Reichen konnten sich eine Reise damit leisten, und doch war die Fahrt darin sehr beschwerlich.

ihre Ladung gelegentlich mit einem Netz gegen das Herunterfallen gesichert war.

Für die Personenbeförderung wurden raedae und carrūcae eingesetzt, häufig offene, manchmal auch mit einer Plane überdachte leichte Wagen mit vier Rädern, die von zwei oder vier Pferden oder Maultieren gezogen wurden. Ein relativ luxuriöses Gefährt war die carrūca dormītōria, eine geräumige Kutsche mit einem kastenförmigen Aufbau und einer Bespannung aus Leder, die während der Fahrt auch das dormīre, „Schlafen", erlaubte. Allerdings darf man sich keine falschen Vorstellungen über den Komfort römischer **Reise**-Wagen machen: Er war schlicht lausig. Das ständige Gerumpel ging den Passagieren ebenso auf die Nerven wie die ausgelösten „Staubwolken sowie das grässliche Geschrei und Peitschenknallen der Kutscher", die überdies noch dem Wein kräftig zugetan waren – so jedenfalls die Erfahrungen Kaiser Julians im 4. Jh. An dieser Stelle können nicht alle Fahrzeugtypen vorgestellt werden. Allgemein gilt: Je leichter ein Wagen war, umso länger war die maximale tägliche Fahrstrecke. Die schnellsten kamen auf rund 60 Kilometer Reichweite pro Tag, die Normalkutschen auf 35 bis 50 Kilometer.

Waren Schiffsreisen angenehmer? Sicher nicht. Die Flussschifffahrt musste nicht mit so hohen Wellen kämpfen wie die Fahrt über das offene Meer, sodass sich die Symptome der Seekrankheit dort bei anfälligen Passagieren im Rahmen hielten. Für sämtliche Schiffe galt: Sie waren, abgesehen von Kriegsschiffen, für den Warentransport bestimmt. Reine Passagierschiffe gab es nicht. Wer mitfahren wollte, musste sich mit dem Kapitän eines Handelsschiffes einig werden. Vielleicht bekam er eine Kajüte, vielleicht aber auch nicht. Viele Schiffsreisende mussten die Überfahrt auf dem (nicht selten überfüllten) Deck unter dem Schutz von Zeltplanen verbringen. Sie waren Wind und Wetter ebenso ausgesetzt wie die Seeleute – nur dass sie deutlich weniger Erfahrung mit den Gefahren und Unannehmlichkeiten des Meeres hatten. Stabilisatoren gab es nicht. Wurde das Schiff zur Nussschale im Wogengetümmel, so bekamen es alle, die an Bord waren, hautnah mit. Und ebenso die beiden ständigen existenziellen Risiken jeder Seereise: Schiffbruch und Überfall durch Piraten.

Wegen der bedrohlichen Mittelmeerstürme war die Schifffahrtssaison auf die Monate März bis Oktober beschränkt. Außerhalb dieser Zeit

T

war das Risiko eines Untergangs so erhöht, dass viele Kapitäne lieber im Hafen blieben. Ausnahmen gab es, aber sie waren der Not – oder dem Leichtsinn – geschuldet und nahmen oft ein schlimmes Ende. Jedenfalls ruhen viele Tausend römische Schiffe auf dem Grund des Mittelmeeres. Das naufragium („Schiffbruch") war in der Antike geradezu eine Normalität. Ängstliche Naturen sahen es als tollkühne Verrücktheit an, wenn jemand sein Leben freiwillig den Planken eines Schiffes anvertraute.

Zugleich waren die Frachtschiffe für die Versorgung Roms unerlässlich. Öl, Wein und vor allem Getreide, aber auch andere Nahrungsmittel für die Millionenmetropole kamen ganz überwiegend auf dem Seeweg nach Ostia, dem Flusshafen Roms. Dort wurden die Schiffsladungen auf kleinere Kähne umgefüllt, die sie per Treidelverkehr über den Tiber in Rom anlandeten (beim „Treideln" wurde ein Schiff von Lasttieren oder Menschen gezogen, die parallel am Ufer liefen). Der Jubel war stets groß, wenn die ersten Schiffe der classis Alexandrīna, der ägyptischen Getreideflotte, im späten Frühjahr in Italien gesichtet wurden. Seeschiffe legten zwischen 200 und 250 Kilometer am Tag zurück; bei sehr günstigen Windverhältnissen deutlich mehr, bei ungünstigen deutlich weniger. Für die Strecke zwischen Alexandria und Puteoli, dem Überseehafen Roms nahe Neapel, brauchte ein Schiff rund zehn Tage, von Ostia nach Gibraltar an der Südspitze Spaniens rund sieben. Der Treidelverkehr auf Flüssen war mit zehn Kilometern am Tag deutlich langsamer.

Die meisten Frachter fassten zwischen 150 und 300 Tonnen. Allein für die Versorgung Roms rechnet man mit ungefähr 1.500 Schiffsladungen pro Jahr. Über längere Strecken war der Seehandel deutlich günstiger als der Transport über Land. Im regionalen Rahmen aber – etwa bei der Versorgung von Landstädten durch die Bauernhöfe des Umlandes – kam den Lastwagen die größte Bedeutung zu.

Was den Warenverkehr auf Kurzstrecken angeht, stößt man auf einen Beruf, den es heute kaum noch gibt; in den römischen Städten aber übten ihn viele aus: Gemeint ist der des gerulus oder bāiulus, des menschlichen Lastenträgers.

In Pompeji gab es sogar einen Berufs-**Verein**, in dem die saccāriī organisiert waren – diejenigen, die Säcke (saccī) schleppten. Wer Gepäck oder Waren in überschaubarem Rahmen von A nach B befördern wollte, konnte einen Lastenträger mieten – ähnlich wie heutzutage einen Möbelpacker. Aber nicht jeder ließ sich hetzen oder so schlecht behandeln, wie es Lasttieren üblicherweise erging:

„Was meint ihr", flucht ein Lastenträger im Roman des Petron, „bin ich ein Tragetier oder ein Steintransportschiff? Ich habe mich als Mensch vermietet, nicht als Gaul!" Und um seinem Ärger Nachdruck zu verleihen, tut er etwas, das kein anderes Transportmittel einsetzen konnte: „Immer wieder hob er das Bein und erfüllte den Weg mit unanständigem Geräusch und Gestank gleichermaßen."

Trinken → **Getränke**

Uhr Wie spät ist es? Früher guckte man auf seine Armbanduhr, heute eben mal aufs Smartphone. Und in römischer Zeit? Da hatten die allermeisten ein Problem. Denn die einzige Möglichkeit, um einigermaßen exakt die Zeit zu bestimmen, bot eine Sonnenuhr (hōrologium sōlārium). Die aber gab es im öffentlichen Raum selten, und private Sonnenuhren waren für den „kleinen Mann" unerschwinglich. Es gab sie durchaus, neben großen auch kleine, transportable, meist aus Bronze gefertigte und durchaus an den jeweiligen Standort angepasste Sonnenuhren – etliche „überlebende" Exemplare sind in Museen zu bewundern –, aber nur Wohlhabende konnten sich diesen Luxus leisten.

In der Öffentlichkeit wurde in Rom erstmals im Jahr 263 v. Chr. eine Sonnenuhr aufgestellt, deren Zeiger aus Eisen den Schatten auf eine halbrunde Marmortafel mit einer Stundenskala warf. Allerdings war das ein Beutestück aus Sizilien, das nun einmal näher am Äquator liegt, und so zeigte es die Stunden auf seinem neuen Standplatz nicht gerade genau an. Erst im Jahr 164 v. Chr. wurde eine für Rom genaue Sonnenuhr konstruiert.

Die größte jemals gebaute Sonnenuhr stammt aus der Zeit des Augustus (Kaiser 27 v. Chr. – 14 n. Chr.). Ihr Zeiger war ein rund 30 Meter hoher Obelisk aus Ägypten. Er steht heute vor dem italienischen Parlament. Das auf den Boden mit Bronzelinien aufgetragene „Anzeigefeld" war 160 mal 75 Meter groß. Teile davon wurden bei Ausgrabungen wiederentdeckt – eine Sternstunde der Archäologie!

Obelisk vor dem italienischen Parlament in Rom. Er diente zur Zeit des Augustus (Kaiser 27 v. Chr. – 14 n. Chr.) als Zeiger einer riesigen Sonnenuhr.

Kleinere Sonnenuhren wurden in vielen Städten von wohlhabenden Sponsoren als Service für ihre Mitbürger aufgestellt. In Pompeji rühmten sich zwei führende **Beamte** in Stifterinschriften, jeweils eine Sonnenuhr auf einem Markt und vor einem Apollo-Tempel gespendet zu haben. Die Abkürzung, die sie dabei verwendeten, konnten des **Lesens** kundige Pompejaner leicht entschlüsseln: dspfc steht für dē suā pecūniā faciendum cūrāvērunt – „sie ließen sie von ihrem eigenen **Geld** bauen".

Wer in seinem Privatgarten eine Sonnenuhr sein Eigen nannte, war stolz auf dieses Statussymbol. Manche Snobs ließen sich jede neue Stunde von einem **Sklaven** melden, manchmal sogar mit Trompetenstößen. Und der neureiche Trimalchio – Hauptfigur im berühmten Roman des Petron – hatte sich clever überlegt, wie er die Aufmerksamkeit von Reisenden später einmal auf sein Grabmal lenken könnte:

„In die Mitte setze eine Sonnenuhr", befiehlt er seinem Architekten, „damit jeder, der nach der Zeit sieht, ob er will oder nicht, meinen Namen (der natürlich auf dem Grabstein steht) liest."

Das konnte allerdings nur tagsüber funktionieren – und wenn die Sonne schien. Sonst waren die Römer sehr auf ihr Gefühl angewiesen. Da waren Zeitangaben wie „frühmorgens", „vormittags", „in der Abenddämmerung", „in tiefer Nacht" usw. die einzigen Orientierungspunkte. Entsprechend großzügig musste man den Begriff „pünktlich" interpretieren. Bei Verabredungen wartete eigentlich immer einer ...

Angesichts der groben Zeitmessung „lohnte" sich eine präzise Einteilung der Stunde in Minuten oder gar Sekunden nicht. Das sind zwar lateinstämmige Begriffe, aber die Römer verwendeten sie nicht als Zeiteinheiten. Und auch bei der Stunde (hōra) muss man umdenken. Der römische Tag war zwar auch in 24 Stunden unterteilt, aber davon entfiel jeweils die Hälfte auf die Zeit des Sonnenlichts und die andere Hälfte auf die dunkle Nacht. Das Ergebnis waren sehr ungleich lange Stunden. Tagesstunden im Sommer waren (umgerechnet) bis zu 75 Minuten lang, während Nachtstunden auf bis zu

Römische Taschen-Sonnenuhr aus Bronze:
Sie konnte auf die jeweilige Jahreszeit und Provinz
eingestellt werden.

45 Minuten gekürzt waren. Im Winter kehrten sich diese Verhältnisse um. Da waren die Tagesstunden kürzer und die Nachtstunden länger. Auf diese unterschiedliche Dauer römischer Stunden baut der Witz in einer Komödie auf:

„Du Schuft säufst, glaube ich, vier Weinlesen in einer einzigen Stunde weg!", wirft ein Sklave einem anderen vor. Und der setzt noch eins drauf: „In einer Winterstunde, setze noch hinzu!"

Die einzige Uhr, die wirklich genau ging, war die Wasseruhr (clepshydra, griechisch: „Wasserstehler"). Sie funktionierte nach dem Prinzip der Sanduhr: Aus einer Öffnung lief Wasser aus einem Gefäß. Eine bestimmte Menge benötigte dazu immer die gleiche Zeit. Deswegen setzte man Wasseruhren z. B. bei Prozessen ein: Jede Partei bekam so die gleiche Redezeit zugemessen. Eine relative Zeitdauer, die allerdings keine Antwort auf die Frage gab: Quota hōra est? – „Wie viel Uhr ist es?"

Umweltschutz

Fridays-for-Future-Aktivist(inn)en und das alte Rom – gibt es da Gemeinsamkeiten? In sprachlicher Hinsicht jede Menge; denn der englische *friday* ist wie der deutsche „Freitag" eine Lehnübersetzung aus dem lateinischen diēs Veneris, „Tag der Venus": Bei den Germanen hieß die Göttin der Liebe „Freya", und so entstanden nach lateinischem Vorbild der „fri-day" und „Frei-Tag". *Future* leitet sich von lateinisch futūrus, „künftig", ab. Und Aktivisten sind Menschen, die „etwas tun" (agere; āctīvus, „tätig"). Inhaltlich gesehen verhält es sich mit den Gemeinsamkeiten anders: Es gibt keine. „Nachhaltigkeit" und „Umweltschutz" waren keine antiken Konzepte; deshalb konnten sie auch kein Anliegen und kein Programm sein.

Allerdings war Respekt vor der Natur als der Gesamtheit alles „Gewordenen" (nātūra von nāscī, „entstehen", „geboren werden") dem römischen Denken nicht fremd. Im Gegenteil: Man sah in ihr überall Erscheinungsformen des Göttlichen und göttliche Kräfte. Seen, Quellen und Wälder waren religiöse Orte, die von Nymphen – niederen Naturgottheiten – bewohnt waren (weshalb arbor, „Baum", und sämtliche Bäume Feminina sind). Und die Erde wurde als Muttergottheit, Tellus, verehrt. Ihre Früchte galten als Gabe der Götter. Die Römer taten viel, um all diese Gottheiten zu versöhnen: **Opfer**, Gebete und Kultstätten sollten sie freundlich stimmen – auch und gerade dort, wo die Menschen durch Ackerbau, Holzwirtschaft und Bergbau in diese göttlichen Bereiche eingriffen. Als Bauernvolk wussten die Römer, was sie – bei aller harten **Arbeit** – den göttlichen Mächten zu verdanken hatten. Der römische **Kalender** war deshalb prall gefüllt mit **Fest**-Tagen und -Ritualen.

Andererseits musste sich der Mensch im Existenzkampf auch gegen eine Natur behaupten, die es ihm schwer machte: Missernten durch schlechtes Wetter, Krankheiten, **Seuchen**, Naturkatastrophen, das „Wüten" des unberechenbaren Meeres sowie gefährliche **Tiere** machten den Menschen das Leben in der Antike viel schwerer als uns heute, die wir es dank moderner Erfindungen und technischer Hilfsmittel leichter haben, unser Leben zu meistern. Die Römer mussten sich also auch anstrengen, der Natur etwas abzuringen, was sie von sich aus nicht abgab. Die Vorstellung vom „Goldenen Zeitalter", in dem die Erde ihre Geschöpfe

U

„automatisch" mit allem versorgte, was sie benötigten, war ein schöner Traum. Aber eben auch nur ein Traum.

Die Römer nahmen diese Herausforderung an, und zwar mit der ihnen eigenen Mentalität. So, wie sie sich zu Herren über andere Völker gemacht hatten, traten sie häufig auch der Natur gegenüber: Sie wollten ihre Umwelt nicht nur gestalten, sondern sie nach Möglichkeit auch beherrschen. „Der Mensch hat die uneingeschränkte Herrschaft über die Güter der Erde", formulierte Cicero diesen Anspruch. Und er fügte mit einem mehrfach wiederholten nōs und nostrī, „wir" und „unsere", hinzu, dass Flüsse, Seen, Agrarerträge, Bäume und vieles mehr fest in der Hand des Menschen seien.

„Mit unseren Händen versuchen wir, innerhalb der Natur sozusagen eine zweite Natur zu schaffen."

Diese „zweite Natur" wurde in manchen Bereichen ziemlich sorglos, ja rücksichtslos geschaffen. Die Abholzung von Wäldern in der Nähe von Städten und Dörfern wurde im Allgemeinen nicht von Wiederaufforstungsmaßnahmen begleitet. Neue Baumpflanzungen beschränkten sich auf kleinere Gebiete, in denen man das Holz erneut schlagen wollte. Das waren wirtschaftliche Interessen, aber keine – wie wir heute sagen würden – ökologischen Überlegungen. Der Raubbau an Wäldern hatte zwei gravierende Folgen. Man musste zum einen das benötigte Holz immer weiter in die Verbrauchszentren transportieren. Ein wesentlicher Energiefresser waren in der Kaiserzeit übrigens die Thermen, wo Räume und Wasser zum **Baden** mit Holzkohle beheizt wurden. Die zweite Folge war ein Fortschreiten der Bodenerosion in manchen Gegenden. Dass gerodete ehemalige Waldböden zu verkarsten, also zu unfruchtbaren Böden zu werden drohten, weil die Humusschicht weggeschwemmt wurde, war durchaus bekannt. Insofern wäre das, was heute „nachhaltige Waldbewirtschaftung" heißt, durchaus sinnvoll gewesen.

Allerdings waren die von der römischen Zivilisation verursachten Erosionsschäden im Mittelmeerraum nicht so groß, wie viele Menschen heute annehmen. Die Römer stießen mit ihren technischen Geräten und **Transportmitteln** kaum in küstenferne Gebiete vor. Waldvernichtung in größerem Ausmaß und die „Kahlheit" vieler Landstriche im Mittelmeergebiet sind daher erst das Ergebnis „industrieller" Abholzung seit dem 19. Jh.

Als hemmungslosen Raubbau muss man auch die weitgehende Ausrottung mancher Tierpopulationen bezeichnen, die als „Spielmaterial" (so die römische Sicht) für die **Tierhetzen** dienten. Da Raubtiere eine Gefahr für Menschen und ihre Nutztiere darstellten, wurde die Jagd auf Arenatiere sogar als zivilisatorischer Fortschritt gefeiert. Das Wissen um ein ökologisches Gleichgewicht, in dem auch Raubtiere eine wichtige Rolle spielen, ist modern. Die aktuelle Diskussion um die Wiederansiedlung von Wölfen in bewohnten Gebieten zeigt das Spannungsverhältnis zwischen Naturschutz und Sicherheitsbedürfnis allerdings auch in unseren Tagen deutlich auf – und Bären in unseren Wäldern, wie sie zur Römerzeit dort heimisch waren, würden noch heftigere Kontroversen auslösen.

Bergbau, der der Erde *keine* Wunden zufügt, gibt es nicht. Das „Wühlen in den Eingeweiden der Erde" wurde von einigen römischen Denkern verurteilt; doch richtete sich diese Kritik mehr gegen die menschliche „Gier", die vor allem durch Edelmetalle nur weiter angeheizt werde. Im heutigen Sinne ökologische Bedenken waren das nicht. Tatsache war allerdings, dass man der Mutter Erde ziemlich rabiat auf den Leib rückte, u. a. mit landschaftszerstörenden Erkundungsverfahren, die Bergeinstürze in Kauf nahmen. Auch wurden Bodenschätze oft nicht gründlich ausgebeutet. Waren die ergiebigsten Erzadern erschöpft, zogen die Bergleute rasch weiter. Gewinn war wichtiger als Ehrfurcht vor der Natur. Der römische Gold- und Silberbergbau hat in einigen Regionen Spaniens bis heute Mondlandschaften hinterlassen. Diese dauerhaften Schäden sind allerdings lokal begrenzt und mit heutigen Eingriffen nicht vergleichbar. Aber grundsätzlich ist eine Mentalität zu erkennen, die in moderner Formulierung zugespitzt heißt: Ökonomie vor Ökologie, also Profit vor Umweltschutz.

U

Wenn sie im Krieg waren, nahmen die Römer keine Rücksicht auf die Gottheiten, die über die Felder der Feinde wachten. Ernten wurden zerstört, Obstbäume abgehackt und die Lebensgrundlagen im Feindesland verwüstet – vāstāre und das verstärkte dēvāstāre, „wüst machen", „ganz und gar veröden", sind die Verben für diese Kriegsführung. Die Zerstörung manchmal jahrzehntelanger landwirtschaftlicher Aufbauarbeit im Krieg kommt uns „normal" vor, weil sie beileibe nicht auf die Römerzeit beschränkt ist. Trotzdem ist es bemerkenswert, wie selbstverständlich und skrupellos da die Kriegserklärung auch die Naturgottheiten eines fremden Territoriums erfasste.

Als regelrechten Kampf gegen eine „widerspenstige" Natur nahmen manche reichen Römer auch den Bau einer prächtigen Landvilla wahr. Dass man wie heute schöne Plätze wie See- und Flussufer zubaute – ein „Landschaftsverbrauch", den der Philosoph Seneca als Ausdruck unnatürlicher Luxussucht kritisierte –, war das eine. Das andere war, dass manche Bauherren die Konfrontation mit der Natur geradezu suchten. Sie hatten den Ehrgeiz, gerade dort zu bauen, wo die Landschaft es besonders schwer machte. Da ließ man dann ganze Berge abtragen, künstliche Hügel aufschütten, Dämme in Seen und ins Meer als Zufahrten zu einer Villa anlegen – und feierte diese Eingriffe in die Landschaft als „Zähmung der wilden Natur".

„Dieser Gegend ist die Natur gewogen; hier hat sie sich besiegen lassen und hat dem Bauherrn nachgegeben. Sie ist gelehrig und zahm geworden für vorher nicht bekannte Dienste." (So kommentiert der Dichter Statius den Bau einer Villa.)

Im Umgang mit Problemstoffen erkennt man im alten Rom eine ähnliche Sorglosigkeit, wie sie Umweltschützerinnen und -aktivisten unserer heutigen Zivilisation vorwerfen. Dies betraf das Blei. Außer seinem hohen Gewicht hatte es viele Vorteile: Es war vergleichsweise preiswert, leicht zu schmelzen, gut formbar und vielseitig verwendbar. Und es *wurde* viel verwendet. Man spricht sogar vom „römischen Metall". Allerdings ist Blei ein gefährlicher Stoff. Die Arbeiter

Römisches Wasserrohr aus Blei mit Ventil. Aus Südfrankreich, 2. Jh.

in den Bleigruben hatten kein langes Leben. Zum Schmelzen wurden hohe Schornsteine gebaut, um „die schwere tödliche Luft besser zu verteilen". Und diese giftige Substanz verwendete man für den Bau von Wasserrohren? Gesünder seien Tonröhren auf jeden Fall, wandte der Architekt Vitruv ein. „Bleiröhren scheinen ganz und gar nicht gut, wenn wir gesundes Wasser haben wollen", warnte er – und sicher nicht nur er. Aber es geschah nichts. Man nahm das Risiko in Kauf. Bei hartem Wasser setzt sich schnell Kalk ab, sodass Bleirohre nicht schädlich sind. Aber das wusste man nicht, und es gab auch genügend Gegenden mit weichem Wasser – und weitere Quellen möglicher Bleivergiftung. Weil der Stoff so bequem war, schob man Warnsignale zur Seite. Letztlich hat wohl ein Großteil der Wohlhabenden unter einer Bleivergiftung gelitten – ohne dass das *der* Grund für den Untergang des Römischen Reiches gewesen wäre, wie es schon behauptet wurde.

Ist es überhaupt zulässig, moderne Begriffe und Konzepte auf die Welt der Antike zu übertragen? Der Begriff „Umwelt" ist neuzeitlich; „Umweltbewusstsein" und „Ökologiebewegung" sind noch viel jüngere Erscheinungen. Sie waren das Ergebnis eines durch Umweltbelastungen ausgelösten Problemdrucks, den die Römer noch nicht hatten. Daher ist vieles, was unter diesem Stichwort steht, von heute aus gedacht. Aber es spricht natürlich nichts dagegen, in die Geschichte zu schauen: Wie sind frühere Kulturen mit dem umgegangen, was wir heute zunehmend als Problem ansehen? Der Blick auf

U

die Römer zeigt: Sie haben in ihrer Umwelt zugunsten wirtschaftlicher Interessen Schäden angerichtet, die in ihrem Ausmaß in keiner Weise vergleichbar sind mit heutigen Umweltbelastungen, -risiken und -zerstörungen. Das ist bei einer **Bevölkerung** von 60 bis 80 Millionen im gesamten Imperium Romanum nicht verwunderlich. Parallelen lassen sich aber in der Einstellung erkennen: Raubbau an den Ressourcen in der Nähe der Siedlungen, Verzicht auf Nachhaltigkeit und der Vorrang der Ökonomie vor moralisch-religiösen Überzeugungen sind nicht erst „Erfindungen" der Moderne.

Auch wenn antike Kritiker nicht ökologisch argumentierten, hat manch einer doch schon die Ursache-Folgen-Rechnung aufgemacht:

Wundern müssten wir uns nicht, meint Plinius der Ältere, dass Bergstürze, Erdrisse und Erdbeben da, wo wir sie ausgehöhlt haben, „aus dem Unwillen der heiligen Mutter Erde gedeutet werden können".

 → Kleidung; Reisen

Vegetarier

„Unsere Seele ist auf Wanderschaft. Sie geht von wilden Tieren in menschliche Körper über und wieder in Tiere zurück, und nie geht sie zugrunde."

So lässt der Dichter Ovid den Pythagoras (6. Jh. v. Chr.) sprechen, der heute vor allem als Mathematiker und Erfinder der Gleichung $a^2 + b^2 = c^2$

(„Satz des Pythagoras") bekannt ist. Als Philosoph vertrat er die Lehre von der Seelenwanderung. Und wenn die Seele ihr Zuhause mal im Tier, mal im Menschen hat, dann sind **Tiere** unsere Verwandten, fand er. Verwandte aber darf man nicht essen, und deshalb sollten die Menschen sich vegetarisch ernähren.

Die Anhängerschaft des Pythagoras, die sich nach dieser Lehre richtete („Pythagoreer"), war nicht allzu groß. Manche Menschen verzichteten aber auch aus anderen Gründen darauf, Fleisch zu essen. Sie glaubten, dass das für Geist und Körper nicht besonders gesund sei. Der Mensch müsse Fleisch erst aufwendig zubereiten, deshalb sei er von Natur aus kein Fleischesser. Müsse man nicht die Sorge haben, dass der Mensch durch Fleischverzehr verrohe? Auch der Tierschutzgedanke spielte bei einigen wenigen eine Rolle – und die Überlegung, dass Menschen meist nicht aus Not und Hunger Fleisch äßen, sondern zum Vergnügen: ein Luxus auf Kosten anderer Lebewesen.

„Dass der Mensch von Natur aus kein Fleischesser ist, geht klar aus der Beschaffenheit seines Körpers hervor." (So meinte der Schriftsteller Plutarch im 1./2. Jh.)

Die meisten Römer jedoch, die kein oder nur wenig Fleisch aßen, taten das, weil sie es sich finanziell nicht leisten konnten. Sie waren gewissermaßen Zwangsvegetarier. Bei den Gastmählern der Wohlhabenden durfte Fleisch hingegen nicht fehlen – gerade *weil* es ein Luxusgut war.

Wenn die ärmeren Leute die Gelegenheit dazu hatten, griffen die allermeisten gern zu. So etwa bei öffentlichen **Opfern**. Da wurden die Innereien der Opfertiere auf dem Altar verbrannt und damit den Göttern geopfert. Das Fleisch aber wurde unter den Menschen verteilt. Wer da nicht mitmachte, geriet in den Verdacht des Außenseiters, der den religiös begründeten Brauch ablehne.

Im Ganzen stellten überzeugte Vegetarier nur eine kleine Minderheit. Viele „arme Schlucker" verhielten sich ganz anders: Sie holten sich sogar das Fleisch der wilden und zahmen Tiere, die bei den **Tierhetzen** in den Arenen der römischen Welt getötet worden waren.

Hochwertige, teure Lebensmittel in einem römischen Mosaik: Fische, Geflügel, Krebse und Spargel. 2. Jh.

Verdienst

→ Arbeit; Bettler; Geld; Ritter

Verein

Sport-Vereine? Gesangsvereine? Kannten die Römer nicht. Naturschutzvereine, Heimatvereine? Fehlanzeige. Kulturvereine, **Theater**-Vereine, Blindenvereine? Nichts von alledem gab es in römischer Zeit. Und doch waren die Römer keine „Vereinsmuffel". Es *gab* Vereine (collēgia, sodālitātēs, corpora), allerdings nur Kult- und Berufsvereine. Im Leben der Städte spielten sie eine wichtige Rolle und ihre Versammlungshäuser (scholae) waren nicht zu übersehen. Doch in den antiken Texten werden sie kaum thematisiert. Warum? In diesen Vereinen waren hauptsächlich tenuiōrēs organisiert. So nannte man die „Schwächeren", „weniger Wichtigen". Für deren Alltag interessierten sich die Literaten aus der Oberschicht nicht besonders.

Aus Inschriften wissen wir, dass es in Rom allein mindestens 500 collēgia gegeben hat und in den Städten im gesamten Westen des Reiches mehr als 2.000. Nicht weniger als 156 Vereinslokale sind in der Hauptstadt bezeugt. Sie dienten ausschließlich den Zusammenkünften der Vereinsmitglieder.

Die Mitgliedschaft in einem Berufsverein war freiwillig. Da gab es Kollegien von Bäckern, Flötenspielern und Marmorverlegern, von Tiber-Fischern und -Tauchern, Goldschmieden und Elfenbeinschnitzern, von Läufern, Gewürzhändlern und Töpfern, von Kunstgärtnern, Lastenträgern und Schweinefleischhändlern. Zwischen 17 und 1.500 Mitglieder sind bezeugt, sowohl Freigeborene als auch **Freigelassene**. Auch **Sklaven** wurden mit Zustimmung ihres Herrn aufgenommen; sie dürften aber nur eine Minderheit gewesen sein. Man traf sich mindestens einmal im Monat und zusätzlich an **Fest**-Tagen zu einem gemeinsamen Essen und zu Gesprächen.

Frauen hatten in der Regel keinen Zutritt; einige wenige reine „Frauenclubs" sind bezeugt, z. B. ein collēgium von mīmae, „Schauspielerinnen".

Die Aufnahmegebühr war wohl nicht ganz niedrig. In einem Fall waren das 100 Sesterze und eine Amphore (26 Liter) „guter Wein". Der Monatsbeitrag lag hier bei 15 Sesterzen. Allerdings verband sich damit bei vielen collēgia auch die Beitragsprämie für eine Sterbekasse: Beim Tod eines Mitglieds erhielt seine **Familie** einen Zuschuss zu den Bestattungskosten.

Vereine boten ihren Mitgliedern eine Art zweites Zuhause. Hier waren sie unter ihresgleichen, wurden respektiert und anerkannt; hier konnten auch „kleine Leute" ein Vereinsamt übernehmen und so im Rahmen ihres collēgium „etwas darstellen".

Die Vereine standen allerdings unter staatlicher Beobachtung. Besonders im Osten des Reiches misstraute die kaiserliche Verwaltung ihnen und verdächtigte sie als mögliche Keimzellen von Aufruhr. Tatsächlich scheinen manche collēgia dort auch zu Streikaktionen aufgerufen zu haben. Im Westen dagegen waren die meisten Vereine ausgesprochen kaisertreu. Sie engagierten sich im **Kaiser**-Kult und ließen sich als feste Zusammenschlüsse staatlich gut kontrollieren.

„An Festtagen wollen wir stressfrei und heiter schmausen können. Wenn einer Unruhe schafft und beim Essen den Platz wechselt, soll er mit vier Sesterzen bestraft werden. Wer einen anderen beschimpft und sich rüpelhaft benimmt, soll zwölf Sesterze Strafe zahlen. Wer ein Mitglied des Vorstandes beleidigt, soll 20 Sesterze Strafe zahlen." (Aus der Vereinssatzung des **Collēgium Diānae et Antinoī**)

In den herrschaftlichen Häusern reicher Aristokraten und vor allem am Kaiserhof waren so viele Menschen tätig, dass sie sich in eigenen Vereinen organisierten. So schlossen sich Köche, Salber, Kammerdiener und sogar Vorkoster zu je eigenen collēgia domestica zusammen. Außenstehende hatten dort aber keinen Zugang. Was sich leicht am collēgium Germānōrum einsichtig machen lässt: Das war in der frühen Kaiserzeit der Verein kaiserlicher Bodyguards – stämmige germanische „Barbaren" vor allem aus den Reihen der Bataver und der Ubier. Ob bei deren cēnae eher der Wein als das Gespräch im Vordergrund stand?

Verkehr
→ Polizei; Reisen; Transportmittel

Vestalinnen
Am 2. August des Jahres 216 v. Chr. erlitt das römische Heer im Krieg gegen Hannibal nahe der süditalischen Stadt Cannae eine vernichtende Niederlage. Rund 70.000 römische Soldaten kamen ums Leben. Das Datum ging in den römischen **Kalender** als diēs āter, „schwarzer Tag", ein. Offenbar hatten die Götter, mit denen sich Rom stets im Bunde wähnte, es an diesem Tag im Stich gelassen. Sie schienen die pāx deōrum, den „Frieden mit den Göttern", aufgekündigt zu haben.

Wie konnte es zu dieser Katastrophe kommen? Neben tiefer Niedergeschlagenheit setzte in Rom die Suche nach den Schuldigen ein. Und man wurde fündig, wie der Geschichtsschreiber Livius berichtet:

„In diesem Jahr waren zwei Vestalinnen, Opimia und Floronia, der Unzucht überführt worden (das heißt, sie hatten sich wohl sexuell betätigt). Die eine wurde wie üblich am Collinischen Tor getötet, indem sie lebend begraben wurde, die andere hatte sich selbst getötet."

Aus heutiger Sicht wirkt diese Ursache-Folge-Wirkung reichlich abwegig und konstruiert. Für die Römer war sie zumindest einleuchtend. Denn die Vestalischen Jungfrauen (virginēs Vestālēs) vertraten gewissermaßen das römische Volk. Ihre Hauptaufgabe war es, die pāx deōrum zu sichern und allen ihren Pflichten prō salūte populī Rōmānī nachzukommen, „für das Wohlergehen des römischen Volkes". Dafür waren sie aus der menschlichen Gemeinschaft geradezu

Statue einer Vestalin. Eine Reihe dieser Statuen schmückte das Atrium Vestae auf dem Forum Romanum. Um 200 n. Chr.

V

herausgenommen und in besonderer Weise nahe zu den Göttern gerückt. In dieser Rolle aber mussten sie „rein" bleiben und durften das Wohl ihres Volkes nicht durch Pflichtverletzungen aufs Spiel setzen. Die würden den Zorn der Götter herausfordern, glaubte man in Rom. Und so ließ sich das furchtbare Unheil von Cannae als Ausdruck des Götterzorns über das sexuelle Fehlverhalten zweier Vestalinnen deuten.

Die sechs Priesterinnen der Vesta lebten am Ort ihrer **Arbeit**, im Atrium Vestae auf dem **Forum** Romanum. Dieses Wohngebäude lag in unmittelbarer Nähe des kleinen Rundtempels der Vesta (aedēs Vestae), in dem das Ewige Feuer (īgnis perpetuus oder aeternus) brannte. Dieses „staatliche" Herdfeuer mussten die Vestalinnen Tag und Nacht am Brennen halten; ging es aus, so wurde das als schlimmes **Vorzeichen** gesehen und die schuldige Vestalin durch den Oberpriester mit Peitschenhieben bestraft. Nur einmal im Jahr, am 1. März, dem ursprünglichen Jahresbeginn in Rom, wurde das Feuer absichtlich gelöscht und dann wieder neu entzündet.

Das Hüten des Staatsfeuers mochte eine eintönige Aufgabe sein, eine verantwortungsvolle war es ganz gewiss. Daher prüfte man mögliche Kandidatinnen sehr eingehend. Sie mussten zwischen sechs und zehn Jahre alt sein und noch beide Eltern haben, die römische **Bürger** mit ehrenhaftem Ruf waren. Die Mädchen durften keine **Behinderung** oder körperliche Entstellung aufweisen. Unter diesen Voraussetzungen durfte der Oberpriester die Hand auf sie legen und sie zum Dienst für Vesta verpflichten.

„Zur Priesterin der Vesta, die heilige Handlungen vornehmen soll, wie sie dem Recht nach eine Vesta-Priesterin für das römische Volk und den Staat vornimmt, ergreife ich dich, Amata (so hieß angeblich die erste Vestalin; wahrscheinlicher aber ist die Bedeutung ‚Geliebte' [der Göttin]), so wie sich der Vorgang stets nach dem besten Gesetz abgespielt hat." (Diese Worte sprach der Oberpriester, so schrieb Gellius im 2. Jh.)

Diese captiō (das „Ergreifen") wurde vermutlich in Absprache mit den Eltern inszeniert – zumal sie nicht rückgängig zu machen war.

Seit dem späten 2. Jh. v. Chr. entschied das Los zwischen 20 Mädchen, die man zuvor in die engere Wahl nahm.

Wurden die Mädchen selbst nach ihrer Meinung gefragt? Vorher im Familienkreis vielleicht, offiziell aber nicht. Nach der captiō blieben sie mindestens 30 Jahre lang im Dienst der Vesta. Danach konnten sie, wenn sie wollten, ins bürgerliche Leben zurückkehren und sogar heiraten. Der Normalfall war das aber nicht. Die allermeisten Vestalinnen blieben ihrer göttlichen Herrin bis zu ihrem Tod treu.

Mit der Aufnahme ins priesterliche Kollegium war die Vestalin so frei wie keine andere Römerin. Sie stand nicht mehr unter der väterlichen Gewalt (patria potestās), hatte auch keinen männlichen Betreuer (tūtor) und durfte sogar ein eigenes Testament verfassen. Sie war hochgeehrt, wurde in der Öffentlichkeit von einem Liktor (Amtsdiener) begleitet, und selbst die Konsuln machten ihr den Weg frei. Von dem im 1. Jh. v. Chr. verhängten Tagesfahrverbot in der Stadt waren die Vestalinnen ausgenommen. Sie erhielten ein stattliches Gehalt und zahlreiche Zuwendungen. Wer sie beleidigte, riskierte die Todesstrafe. Im **Theater** hatten sie Ehrenplätze im unteren Bereich nahe der Kaiserloge (alle anderen Frauen waren in die oberen Sitzreihen „verbannt"). Und Vestalinnen durften *innerhalb* der sakralen Stadtgrenze, des pōmērium, beerdigt werden, was sonst verboten war.

Ob die Vesta-Priesterinnen grundsätzlich unter der Aufsicht des pontifex maximus standen, ist umstritten. Innerhalb des Kollegiums der Sechs stand wohl die Virgō Vestālis maxima – vermutlich die dienstälteste Priesterin – an der Spitze und teilte ihren Kolleginnen die Aufgaben zu. Die herausragende Stellung dieser „Obervestalin" zeigt sich darin, dass nur für sie Statuen von Förderern und Verehrern gespendet und im Atrium Vestae aufgestellt wurden. In Inschriften werden die „Obervestalinnen" mit Superlativen geradezu überhäuft: sānctissima, „die Heiligste", piissima, „die Frömmste", religiōsissima, „die in religiösen Dingen Gewissenhafteste", und es werden ihre pudīcitia und castitās, beides Begriffe für „Keuschheit", hervorgehoben.

V

Überreste des Rundtempels der Vesta auf dem Forum Romanum. Das Atrium Vestae, in dem die Vestalinnen wohnten, lag ganz in der Nähe.

All das zeigt vor allem, was man von Vestalinnen erwartete. Und trotz einiger Skandalgeschichten, die aus politischen Gründen oder von Geschichtsschreibern zur Unterhaltung ihrer Leser ordentlich aufgebauscht wurden, spricht vieles dafür, dass fast alle Vestalinnen wirklich moralisch vorbildlich und enthaltsam gelebt haben. In der über tausendjährigen Geschichte des Vesta-Kults sind nur etwa 22 Fälle von incestum („Unzucht") bekannt, und nur etwa zehn entsprechende Prozesse endeten mit der Verhängung der Todesstrafe.

Die Vestalinnen waren nach römischer Auffassung ununterbrochen im religiösen Einsatz. Außer dem Hüten des Feuers hatten sie auch andere sacra im Vesta-Tempel zu bewachen, „heilige Dinge" wie die kleinen Statuen der Penaten („Hausgötter") des römischen Volkes. Außerdem stellten sie die mola salsa her, das gesalzene Dinkelmehl, das bei sämtlichen staatlichen **Opfern** verwendet wurde. Und sie hatten zahlreiche auswärtige Verpflichtungen: die Anwesenheit bei religiösen Feiern und Opfern überall in der Hauptstadt. Dadurch wurden sie im Laufe ihrer Amtszeit zu stadtbekannten Persönlichkeiten.

In der von Männern dominierten Welt des alten Rom stellten die Vestalinnen – als einziges weibliches Priesterkollegium – eine bemerkenswerte Ausnahme dar. Bis zur Auflösung des Vesta-Kults durch den zum Christentum übergetretenen Kaiser Theodosius im Jahr 394 blie-

ben die Priesterinnen stets respektiert und zählten zu den unangefochtenen Spitzen des kultischen Establishments des Reiches. Dieser Respekt war zum einen der Überzeugung geschuldet, dass die Vestalinnen sacrae virginēs seien, „heilige Jungfrauen". Vielleicht dachte man aber auch daran, dass die Vestalin Rhea Silvia der Legende nach die Stadtgründer Romulus und Remus zur Welt gebracht hatte und damit die Stammmutter aller Römer war. In ihrem Fall konnte die Mutterschaft nicht als incestum, Verbrechen gegen die Keuschheit, gewertet werden. Denn der Vater der Stadtgründer-Zwillinge war der Kriegsgott Mars, und der hatte der untadeligen Vestalin Gewalt angetan.

Villa → **Reisen; Wohnen**

Volkstribun Im Jahr 380 v. Chr. war die Lage in Rom äußerst angespannt, denn es drohte ein neuer Krieg. Vor allem aber drückte eine Schuldenkrise auf die Stimmung im Volk. Viele **Bürger** hatten sich **Geld** geliehen, die Gläubiger, also die Verleiher, nutzten die Notlage aus und verlangten Wucherzinsen. Das Ergebnis war eine Schuldenspirale: Die Betroffenen machten immer mehr Schulden. Etliche waren zahlungsunfähig. In dieser Situation konnten sie von ihren Gläubigern in Privathaft genommen und zur privaten Zwangsarbeit verpflichtet werden. Sie blieben freie Bürger, wurden aber wie **Sklaven** behandelt. Das Zusprechen (addīcere) eines überschuldeten Bürgers an seinen Geldgeber setzte allerdings einen Richterspruch voraus: Ein Prätor musste die addictiō aussprechen, damit sie rechtskräftig war.

Plötzlich aber trat eine unerwartete Wende ein. Die Amtshandlung des Prätors durfte nicht vollzogen werden. Denn die Volkstribunen legten Widerspruch ein. Dieser Widerspruch hieß intercessiō, das Substantiv zu intercēdere, „dazwischentreten". Der Einspruch eines Volkstribunen ist ganz bildlich zu verstehen: Er trat zwischen die **Beamten** und die Bürger. Damit verhinderte er die Amtshandlung. Im übertragenen Sinn legte er so sein Veto ein („ich verbiete!"). Auf diese Weise machte er von seinem Recht Gebrauch, Bürgern Hilfe zu leisten (iūs auxiliī, „Hilferecht").

„Unerhört!", mochte da jemand rufen, „unmöglich!", wie da ein Magistrat daran gehindert wurde, seines Amtes zu walten. Was, wenn er seine Amtsdiener in Marsch setzte und den „Störenfried" einfach verhaften ließ? Das wagte er besser nicht. Denn die Volkstribunen standen unter dem besonderen Schutz ihrer Wähler. Die Plebejer hatten sie für unverletzlich (sacrōsānctus) erklärt. Wer ihnen etwas zuleide tat, musste sogar mit dem Tod rechnen.

Dieser Schutz war nötig, weil die Volkstribunen lange Zeit keine echten Beamten der gesamten Bürgerschaft waren. Sie wurden nur von der Plebs gewählt, und zwar als ihre Beschützer gegen Willkür und Übergriffe patrizischer Beamter. Der lateinische Begriff war tribūnus plēbis, „Tribun der Plebs". Oder auch tribūnus plēbī – der Dativ drückt die Aufgabe eines Volkstribunen noch klarer aus: „Tribun *für* das Volk". Die Entstehung des Volkstribunats führten die Römer auf den ersten „Streik" der Plebejer im Jahr 494 v. Chr. zurück. Damals zogen diese aus Protest über ihre Benachteiligung vorübergehend aus der Stadt aus und wählten zwei Anführer – eben die Volkstribunen. Modern könnte man sie auch als Interessenvertreter der „kleinen Leute", als Lobbyisten geradezu der Plebs gegenüber den Adligen bezeichnen.

Die Zahl der Volkstribunen stieg bald auf vier oder fünf, später auf zehn. Volkstribunen wurden in concilia plēbis, „Versammlungen der Plebs", auf ein Jahr gewählt. Wiederwahl war zulässig, Amtsantritt war der 10. Dezember. Im Laufe der Zeit setzten die Volkstribunen durch, dass ihr Veto jede Amtshandlung stoppte – außer wenn ein **Diktator** Rom regierte. Ihre Macht war allerdings auf Rom beschränkt. Außerhalb der heiligen Stadtgrenze (pōmērium), also z. B. in andernorts geführten Kriegen, hatten sie nichts zu sagen. In Rom aber konnten sich die Plebejer auf ihre Beschützer verlassen: Um jederzeit erreichbar zu sein, mussten Volkstribune nachts ihre Wohnungstür offen halten und durften sich nicht länger als einen Tag außerhalb der Stadt aufhalten.

Die Volkstribunen nahmen ihre Aufgaben sehr ernst. Oft waren lange Verhandlungen mit den Beamten nötig, um zu Kompromissen zu gelangen, die für **Patrizier und Plebejer** akzeptabel waren. Ein folgerichtiges Ergebnis dieser „Ständekämpfe" war es, dass die Volkstribunen im Jahr 287 v. Chr. als reguläre Beamte anerkannt wurden. Weiterhin wurden sie aber ausschließlich von Plebejern gewählt, und nur ein Plebejer konnte sich zur Wahl stellen.

In den politischen Auseinandersetzungen der späten Republik versuchten vor allem die **Popularen**, ihre Ziele über das Volkstribunat zu erreichen. Trendsetter waren die Gracchen. Die beiden Brüder, Tiberius und Gajus Gracchus, ließen sich zu Volkstribunen wählen, um soziale Reformen vor allem zugunsten der Kleinbauern durchzusetzen. Beide scheiterten aber (133 und 123 v. Chr.), weil sie keine Einstimmigkeit unter den zehn Volkstribunen herstellen konnten. Das war der Schwachpunkt des Volkstribunats: Gegen den Einspruch auch nur eines einzigen Kollegen konnte ein Volkstribun nichts bewirken. Weil die Gracchen ihr Reformprogramm mit Gewalt durchzusetzen versuchten – beide bezahlten das mit ihrem Leben –, geriet das Volkstribunat bei manchen Römern als gefährliche politische „Spielwiese" von „Radikalen" in Verruf.

In der Kaiserzeit übernahm der **Kaiser** regelmäßig das Amt des Volkstribunen. Das gehörte zu seinem Anspruch, patrōnus plēbis zu sein, „Schutzherr des Volkes". Die tribūnīcia potestās, „tribunizische Gewalt", wurde – abgekürzt als trib. pot. und um die Zahl der Jahre I, II, III usw. ergänzt – regelmäßig auf Inschriften und Münzen erwähnt: Für uns heute ergibt sich daraus eine Möglichkeit, Ereignisse innerhalb der Regierungszeit eines Kaisers zu datieren.

Was für eine Entwicklung! Nach einem halben Jahrtausend war die anfangs revolutionäre, außerhalb der staatlichen Ordnung angesiedelte Position zu einem ganz gewöhnlichen Machtmittel eines Monarchen geworden. Wenn der Kaiser als Volkstribun zwischen einen – von ihm selbst ernannten – Beamten und einen Bürger trat, hatte der Beamte, etwas wenig respektvoll formuliert, Sendepause.

V

Vorzeichen

Beim Ort Luna senkte sich die Erde und ließ einen See entstehen. In Ardea regnete es Erde. In Minturnae zerfleischte ein Wolf einen Wächter. In Rom wurde ein Mädchen mit vier Füßen geboren. Diese und viele weitere Vorzeichen haben die römischen Geschichtsschreiber für das Jahr 133 v. Chr. in Italien verzeichnet.

Unter prōdigia pūblica verstanden die Römer Vorzeichen auf öffentlichem Grund und Boden, vor allem außergewöhnliche Wetter- und biologische Erscheinungen. Sie wurden dem Senat gemeldet. Wenn der sie als Zeichen der Götter anerkannte, wurden **Priester** eingeschaltet. Sie entschieden darüber, wie die Gemeinschaft der **Bürger** darauf reagieren sollte. Meistens deuteten sie solche prōdigia – etwa Blitzeinschläge, Erdbeben, „Blutregen", das „Schwitzen" von Statuen und das merkwürdige Verhalten von Tieren – als Indiz für den Zorn der Götter. Der gestörte „Frieden mit den Göttern" (pāx deōrum) wurde dann durch Bittgänge vieler Bürgerinnen und Bürger, Prozessionen, Gebete und andere Formen der „Entsühnung" (Befreiung von Schuld durch Buße) wiederhergestellt.

Dass 133 v. Chr. so viele Prodigien gemeldet wurden, lag wohl daran, dass die politische Situation damals sehr aufgeheizt war. Der Volkstribun Tiberius Gracchus wollte neue, geradezu revolutionäre Gesetze vorschlagen. Als er sein Haus verließ, stolperte er auf der Schwelle und verletzte sich am Fuß; außerdem warfen Raben ein paar Ziegelscherben vom Dach. Das waren Warnungen davor, das Haus zu verlassen, um die Gesetze durchzubringen – so jedenfalls deutete man die Vorfälle später. Solche Vorzeichen wurden meist als ōmina (Singular: ōmen) bezeichnet. Sie betrafen ungewöhnliche Ereignisse, während prōdigia ungewöhnliche Dinge waren. Allerdings wurden die beiden Begriffe auch von vielen Römern nicht trennscharf benutzt.

Allgemein war das Interesse der Menschen an der Zukunftserforschung sehr groß. Ihr Leben damals war viel unsicherer und weniger planbar als heute. Es gab so gut wie keine Versicherung gegen die großen Lebensrisiken (z. B. Krankheit, Unfall und Arbeitslosigkeit), die die Schläge der Glücksgöttin Fortuna hätten abfedern können. Daher erschien die Beachtung von Vorzeichen vielen als wenigstens eine gewisse Absicherung gegen die Unsicherheiten der Zukunft.

Man unterschied zwischen auspicia oblātīva, „entgegengebrachten", nicht angefragten Vorzeichen, wie die bereits beschriebenen, und auspicia impetrātīva, „erwirkten", weil von den Menschen selbst „angeforderten" Vorzeichen. Und so „zapfte" man auch gezielt Quellen an und deutete sie: Auguren beobachteten den Vogelflug, Haruspices (Eingeweidebeschauer) untersuchten die Leber von **Opfer-Tieren**, Astrologen interpretierten Sternkonstellationen, Traumdeuter analysierten Träume, und man befragte Orakel. Mantis ist im Griechischen der „Seher", „Wahrsager". Deshalb spricht man von mantischen Techniken. Die Römer nannten diese Zukunftserforschung

Ein Haruspex begutachtet die Innereien eines Schweins im Hinblick auf Vorzeichen. Terracotta-Statuette aus Süditalien, 5. Jh. v. Chr.

V

dīvīnātiō, „Weissagung". Darin steckt dīvīnus, „göttlich": Die dīvīnātiō ist also eine von den Göttern vermittelte Eingebung.

Doch natürlich wurden Vorzeichen auch gerne erfunden und missbraucht – kein Wunder, dass viele dem Ganzen skeptisch gegenüberstanden. Bis heute spricht man vom „Augurenlächeln" und meint damit das wissend-augenzwinkernde Lächeln unter Eingeweihten, um nicht zu sagen Komplizen. Schon im 2. Jh. v. Chr. traute Cato (der Ältere) vielen Eingeweidebeschauern nicht über den Weg. Er wundere sich, pflegte er zu sagen, „dass ein Haruspex nicht in Lachen ausbrechen muss, wenn er einen anderen Haruspex sieht".

Wagenlenker der grünen Circuspartei mit dem Leitpferd seines Viergespanns und einer Peitsche. Fußbodenmosaik aus einer Villa im Umland Roms. 4. Jh.

Waffen
→ **Militärdienst**

Wagen
→ **Post; Reisen; Transportmittel; Wagenrennen**

Wagenrennen
4.257 Wagenrennen gefahren, davon 1.462 gewonnen (also jedes dritte), 861-mal zweiter und 576-mal dritter Platz, Preisgelder von fast 36 Millionen Sesterzen; im Laufe von 24 Jahren als Aktiver (von 122 bis 146 n. Chr.) im Dienst aller vier Rennparteien – am längsten für die „Roten" – im Einsatz: Das sind die Superlative, die die Wagenlenkerkarriere des Gajus Appuleius Diocles markieren. Appuleius war Lusitanier, das heißt, er stammte aus dem heutigen Portugal. Er kam als **Sklave** nach Rom, beendete sein Leben aber als **Freigelassener** – und als Topverdiener unter den mīliāriī. Das waren die wenigen Wagenlenker, die mindestens 1.000 (mīlle) Siege eingefahren

hatten. Hinsichtlich seiner Siege steht er „nur" an der fünften Stelle der uns bekannten Siegerliste – den ersten Platz hat ein Pompejus Musclosus mit unglaublichen 3.559 Siegen inne –, aber bei den Preisgeldern übertraf ihn niemand. In die heutige Zeit übertragen, spielte er finanziell in der Liga der Großverdiener im europäischen Fußballgeschäft oder der Stars der nordamerikanischen NFL.

Die eindrucksvollen Zahlen zeigen schon, dass Wagenrennen zum „Big Showbusiness" gehörten. Sie waren überaus beliebt, und zwar im gesamten Römischen Reich. Überall gab es circī und vergleichbare Rennbahnen, überall haben die Archäologen Fanartikel ausgegraben: Öllämpchen mit Darstellungen von Wagenrennen, aber auch Glasfläschchen, Geschirrteile, Mosaiken und Malereien mit aufregenden Circusszenen. Spektakuläre Unfälle waren als Motive besonders beliebt. Man stellte sich solche Souvenirs in die Wohnung oder ließ, wenn man über genügend Platz und „Kleingeld" verfügte,

Wände damit verzieren, um sich an spannende Stunden im Circus zu erinnern und seinen Lieblingen „nah" zu sein. Das waren nicht nur die Jockeys, sondern auch die Leitpferde von Viergespannen. Es sind mehr Namen von Rennpferden überliefert als von Wagenlenkern, z. B. Sagitta, der „Pfeil", Maculosus, der „Gescheckte", Ferox, der „Hitzkopf", Victor, der „Sieger", Praeclarus, der „Ruhmreiche", Amandus, der „Liebling", Gallus, der „Gallier", Gemmula, das „Edelsteinchen", oder Latro, der „Strolch".

Nirgendwo war die Begeisterung für Wagenrennen so groß wie in Rom. Kein Wunder, denn die Hauptstadt verfügte über das größte Sportstadium, das je gebaut worden ist: In seiner letzten Ausbaustufe fasste der Circus Maximus 250.000 Zuschauer. Er war 621 Meter lang und 118 Meter breit. Die Rennbahn wurde durch die spīna, das „Rückgrat", in zwei Hälften geteilt. Auf der spīna standen Altäre, kleine **Tempel** und Götterstatuen – alles Hinweise darauf, dass die circēnsēs, „Circusspiele", religiösen Ursprungs waren. Sieben riesige „Delfine" und „Eier" dienten als Rundenzähler. Das gewaltige Bauwerk hatte eine dreistöckige, mit Marmor verkleidete Außenfassade. Selbst die Startboxen (carcerēs) waren mit Marmor verkleidet und die Wendemarken (mētae) mit Gold überzogen – im Ganzen eine „Stätte, die eines Volkes würdig ist, das alle Nationen bezwungen hat", begeisterte sich Plinius der Jüngere im Jahr 100.

Viele glauben, dass im Circus Maximus fast jeden Tag Wagenrennen stattgefunden hätten. Das war nicht der Fall. Selbst im 4. Jh., als ein neuer Rekord an diēs circēnsēs, „Circustagen", erreicht wurde, waren es nicht mehr als 64 im Jahr. An diesen Tagen allerdings war in Rom der Teufel los. Schon im Morgengrauen strömten Tausende von „Schlachtenbummlern" in den Circus Maximus, darunter viele Frauen. Anders als in **Theater** und Amphitheater gab es im Zuschauerraum keine Trennung der Geschlechter. Die Atmosphäre war äußerst spannungsgeladen, das Geschrei riesig. Der furor circī, die „Raserei des Circus", war sprichwörtlich – allerdings ohne dass es zu gefährlichen Ausschreitungen gekommen wäre.

Ein Circustag begann mit einer prächtigen Prozession: Götterbilder wurden herumgetragen und heftig bejubelt. Dann wurde es ernst. Das erste Rennen stand an – mit je drei Viergespan-

Ehrenrunde des siegreichen Viergespanns im Circus: Die Pferde heißen – ihre Namen stehen links geschrieben – Iridanus, Ispumius, Pelops und Luxuriosus. Fußbodenmosaik aus Barcelona, 4. Jh.

W

Der Circus Maximus in Rom, mit 250.000 Plätzen bis heute das größte Stadion der Welt.
Die **spīna** teilte die Rennbahn; auf ihr standen kleine Tempel, Statuen, Obelisken und Rundenzähler.
Zeichnung von Peter Connolly.

nen (quadrīgae) für jede der vier Rennparteien, die factiōnēs. Sie waren nach Farben unterschieden: Weiß, Rot, Grün und Blau. Fast jede und jeder in Rom war Anhänger einer factiō. „Verrückte" Fans waren auch damals nichts Besonderes, ebenso wenig wie leidenschaftliche Diskussionen, Wetten (spōnsiōnēs) auf mögliche Sieger, tosender Beifall und Anfeuerungsrufe, die weit aus dem Circus hinausschallten.

Auf das Zeichen des Spielgebers hin – er ließ ein weißes Tuch (mappa) fallen – stürmten die Gespanne aus den Startboxen. Die erste Strecke musste in vorgezeichneten Bahnen zurückgelegt werden. Sobald die Wagenlenker (agitātōrēs) die weiße Startlinie überfahren hatten, durften sie ihren Kurs selbst bestimmen. Sieben dramatische Runden lagen vor ihnen, siebenmal 700 Meter, die in knapp zehn Minuten zurückgelegt wurden – bei einem Durchschnittstempo von 35 Kilometern pro Stunde.

Die Fahrweise war aggressiv, ja rücksichtslos. Fairness war *keine* Kategorie des antiken **Sports**. Zickzackfahren, in Kurven „die Tür zumachen", in halsbrecherischer Weise überholen und den überholten Konkurrenten heftig „schneiden" – all diese Tricks und unsauberen Fahrmanöver waren erlaubt und wurden unter wüstem Geschrei der Zuschauer ständig praktiziert. Unfälle waren keine Seltenheit – und für viele Zuschauer waren sie gewissermaßen das Salz in der Suppe. Solche naufragia (eigentlich „Schiffbrüche") fehlen als dramatische Höhepunkte in kaum einer bildlichen oder literarischen Darstellung von Wagenrennen. Besondere Gefahrenstellen bildeten die Wendemarken (mētae). Wer sie zu weit umfuhr, verlor wertvolle Sekunden, wer sie zu knapp nahm, riskierte einen Crash mit den kegelförmigen Barrieren aus Metall. Mancher leichte Rennwagen ist an einer mēta zerschellt, mancher Lenker von seinem Wagen herabgeschleudert worden. Um bei einem Unfall nicht mitgeschleift zu werden, hatten die Jockeys ein Messer dabei. Damit konnten sie die um ihren Körper gewundenen Zügel notfalls abschneiden. Das Verletzungsrisiko für die Wagenlenker war hoch; nicht wenige sind in der Rennbahn ums Leben gekommen.

„Seine Pferde überschlagen sich, ein Knäuel von Beinen gerät in die Speichen der Räder und blockiert sie mit lautem Knall. Der Jockey selbst, als fünftes Opfer, fällt kopfüber von seinem stürzenden Wagen und vollendet den Trümmerhaufen, den er selbst angerichtet hat, und seine Stirn wird von Blut besudelt." (So Sidonius Apollinaris im 5. Jh.)

Die Siegerehrung wurde von riesigem Applaus begleitet. Anders als im antiken Sport sonst üblich, wurde nicht nur der Sieger geehrt, sondern auch der Zweit- und Drittplatzierte. Die Ehrenrunde blieb allerdings dem Ersten vorbehalten. Die Siegesprämie teilten die Wagenlenker und ihre Renngesellschaften so untereinander auf, wie sie es zuvor vereinbart hatten. Auch unfreie Wagenlenker durften wohl einen erheblichen Teil der Preisgelder für sich behalten. Je erfolgreicher sie waren, umso größer wurden ihre Chancen auf Freilassung – auch weil ihre glühenden Anhänger diese forderten und erwarteten.

Die Renngesellschaften konnten damit leben. Sie verloren zwar den Zugriff auf ihren ehemaligen Sklaven, denn der konnte als freier **Bürger** zu einem anderen Rennstall wechseln. Andererseits warben auch sie selbst Spitzenjockeys von den anderen Farben ab. Die Wagenlenker verhielten sich wie heute Fußballer und wechselten für höhere Prämien auch mal zu einer anderen factiō. Die meisten Stars der Rennbahn waren in ihrer Karriere für alle vier Farben tätig. Die wiederum hatten wie heutige Spitzenvereine im Profisport überall im Imperium ihre Scouts, die nach Talenten – Jockeys und Pferden – Ausschau hielten. Von den Ausrichtern der Spiele – hohen **Beamten** oder dem **Kaiser** – ließen sie sich fürstlich bezahlen. Die Spielgeber „mieteten" Pferde, Wagen und Wagenlenker von ihnen, und da die meisten

Römer auf eine der vier traditionellen Farben festgelegt waren, konnte sich keine Konkurrenz entwickeln. Die „Monopolisten" diktierten die Preise.

Allerdings waren das auch kostspielige Organisationen. Jeder Rennstall hatte einen großen Mitarbeiterstab – vom Stallknecht bis zum Tierarzt – und mehrere Hundert Pferde. An einem Renntag benötigte man eine große Zahl von **Tieren**, denn es wurden 24 Wagenrennen ausgetragen. Und manchmal gab es zwei oder sogar drei Renntage hintereinander.

Das war ein spectāculum („Schauspiel"), wie es das römische Publikum liebte. Auch in der „feinen" Gesellschaft erfreuten sich Wagenrennen außerordentlicher Beliebtheit. Alle, die das anders sahen und darüber klagten, „dass sich im Circus nichts Neues abspielte, keine Abwechslung, nichts, was einmal gesehen zu haben, nicht genügt hätte" (Plinius der Jüngere), waren Außenseiter. Ihnen erschloss sich nicht, dass das Zuschauen bei Wagenrennen zu den beliebtesten Freizeitaktivitäten gehörte, die die römische Welt zu bieten hatte. Wer diese Rennen als „Formel Eins auf Römisch" deutet, liegt gar nicht so falsch.

Wahlen → Ämterlaufbahn; Beamte; Bürger; Graffiti; Klient

Wahrsager → Vorzeichen

Wasserversorgung Da haben die sonst so kundigen Schöpfer des listigen kleinen Widerstandskämpfers kräftig danebengegriffen: In einem Band der Comicreihe „Asterix" stehen der Titelheld und sein Begleiter Obelix auf einem Hügel und schauen auf eine gerade im Bau befindliche riesige Wasserleitung herab. Und Asterix kommentiert: „Mit ihren neumodischen Bauwerken verschandeln die Römer die Landschaft!" Klar, die noch heute gut erhaltene dreigeschossige Bogenkonstruktion des Pont du Gard (so der heutige französische Name), die sich bis zu einer Höhe von knapp 49 Metern

Bogenkonstruktion eines Aquäduktes der Superlative: Der sogenannte Pont du Gard in Südfrankreich ist heute noch knapp 49 m hoch und unten 6 m breit. Die eigentliche, 1,20 m breite Wasserleitung verläuft in der oberen Ebene. 1. Jh.

über das Tal erhebt, ist ein gewaltiger, wenn auch architektonisch majestätischer Eingriff in die Natur. Aber die echten Gallier haben sicherlich ganz anders als mit „Öko-Kritik" darauf reagiert: Sie waren froh und dankbar, dass Rom seine Untertanen an den Segnungen seiner Kultur und Ingenieurskunst teilhaben ließ.

Römische Aquädukte galten als „Wunderwerke", die Nutzen mit herrschaftlicher Pracht verbanden. Sie brachten überall im Römischen Reich sauberes Quellwasser in die „angeschlossenen" Städte – in Gallien wie in Spanien, in Kleinasien wie in Nordafrika, wo ein 130 Kilometer langer Aquädukt Karthago versorgte. Und auch Germanien wurde bedacht: Das römische Köln bezog sein Wasser von der Eifel-Wasserleitung, die zwar nicht so spektakuläre Bogenbrücken hatte, aber sich doch auch über 100 Kilometer erstreckte.

Am meisten profitierte die Hauptstadt selbst: Die Wasserversorgung war hervorragend. Im Jahr 312 v. Chr. entstand als erste Wasserleitung die Aqua Appia; es folgten bis zum 2. Jh. n. Chr. zehn weitere Aquädukte. Die Wassermenge, die damit nach Rom strömte, lässt sich auf mindestens 500 Liter pro Einwohner am Tag berechnen – selbst wenn man annimmt, dass die eine oder andere der ziemlich reparaturanfälligen Leitungen zeitweise

vom „Netz" genommen wurde. Diese hohe Versorgungssicherheit wurde in der Neuzeit erst wieder um das Jahr 1950 erreicht. Viele berühmte Brunnen der Ewigen Stadt werden noch heute von der Aqua Virgo gespeist, der im Jahr 19 v. Chr. fertiggestellten „jungfräulichen Wasserleitung" – u. a. die Fontana di Trevi sowie die Brunnen auf der Piazza Navona und am Fuß der Spanischen Treppe.

Die Römer selbst über ihre Aquädukte:

„Aufgrund ihres wahren Wertes unübertroffene Wunderwerke!" (Plinius der Ältere, 1. Jh.)

„Was soll ich die Wasserleitungen rühmen, die hoch auf luftigen Bögen schweben?" (Rutilius Namatianus, 5. Jh.)

„Bei den römischen Aquädukten ist beides vorzüglich: Die Baukunst ist bewundernswert und die Gesundheit des Wassers einzigartig." (Cassiodor, 5. / 6. Jh.)

Die **Kaiser** fühlten sich dem „Programm" abundantia aquae, „Überfluss an Wasser", gewissermaßen verpflichtet. Allerdings war diese Alternative zum viele Jahrhunderte lang zuvor genutzten Tiber-Wasser auch bitter nötig: Der Tiber diente vielen als Müllkippe; sein Wasser war verdreckt.

Anders, als wir es heute gewohnt sind, floss das Wasser in den römischen Wohnungen nicht direkt aus der Leitung. Solche direkten Wasseranschlüsse waren ein vom **Kaiser** persönlich vergebenes Privileg, das beim Tod des Begünstigten nicht einmal auf die Erben überging. In der Millionenstadt Rom kamen nur etwa 1.000 bis 1.200 Haushalte in den Genuss dieser Vergünstigung, also etwas mehr als ein Tausendstel der **Bevölkerung**. Die Zuleitung zu ihrem Haus mussten die Glücklichen aus eigener Tasche bezahlen. Einige machten daraus ein Statussymbol, indem sie ihren Namen in die Bleirohre gießen ließen.

Alle anderen mussten sich das Wasser aus Wasserbecken (lacūs) und von Springbrunnen (salientēs) holen. Diese Wasserstellen waren überall in der Stadt installiert; das Wasser floss dort Tag und Nacht. Der Überschuss lief auf die Straße und schwemmte einen Teil des Unrats in die Gullys. In Pompeji hatte es kaum jemand weiter als 50 Meter zu einem Schöpfbrunnen. In Rom und anderen Städten waren es vermutlich ähnliche Entfernungen. Für antike Verhältnisse war das ein Komfort, auch wenn viele die schweren Wasserkrüge mehrere Stockwerke hochtragen mussten. Wer das nicht konnte oder wollte, beauftragte professionelle Wasserträger (aquāriī) damit und bezahlte ihnen eine geringe Servicegebühr.

Das Wasser als solches war eine staatliche bzw. städtische Sozialleistung; es wurde den **Bürgern** zum Nulltarif zur Verfügung gestellt. Im Laufe der Zeit wurden auch die Hügel Roms an das Wassernetz angeschlossen. Auf diese Weise konnten sich bei Tiber-Hochwasser auch die Bewohner überschwemmter Stadtteile mit sauberem Wasser versorgen.

Manche Stadtbewohner verfügten zudem noch über einen eigenen Brunnen. Auf dem Land dienten Zisternen, in denen Regenwasser gesammelt wurde, und puteī, „Brunnen", zur Wasserversorgung. Außerdem schöpfte man dort Wasser direkt aus Quellen und aus natürlichen Gewässern. Bei der Anlage größerer Bauernhöfe achtete man darauf, dass möglichst ein Bach im Hofbereich verlief.

Den hohen Qualitätsstandard der Städte erreichte man dort nicht. Auf dem Land blieb es so, wie Frontinus – um 100 n. Chr. Generaldirek-

Straßenkreuzung in Pompeji mit einem Wasserbecken (**lacus**). Solche Wasserstellen gab es verteilt im ganzen Stadtgebiet, und die Bewohner der Stadt holten hier tagtäglich ihr Trinkwasser.

W

tor der Wasserversorgung Roms – die früheren Verhältnisse in der Hauptstadt beschrieb:

„441 Jahre lang nach der Stadtgründung waren die Römer zufrieden damit, Wasser zu gebrauchen, das sie aus dem Tiber, aus Brunnen und aus Quellen schöpften."

Mit diesem „primitiven" Zustand war bereits im Jahr 312 v. Chr. Schluss. Auch heute noch hat das Leitungswasser in Rom eine hervorragende Qualität – es ist exzellentes Trinkwasser! Und selbst für die antiken salientēs, Laufbrunnen, gibt es moderne Nachfolger: Sie stehen überall im Stadtgebiet, laufen bei Tag und Nacht und leisten in der Sommerhitze wunderbare Dienste; die Römer nennen sie nasoni, „große Nasen".

Wein → Drogen; Gaststätte; Getränke

Wellness → Baden

Witz → Lachen

Wohnen Hunderte prachtvoll geschmückter Räume, eine Eingangshalle mit einer 35 Meter hohen Kolossalstatue des Kaisers, ausgedehnte **Parks** mit Wäldern und Seen, eine Grundfläche von rund einer Million Quadratmetern – und das mitten in Rom. Das alles gehörte zu der domus aurea, dem wahrhaft „Goldenen Palast", den Nero sich nach dem großen Brand Roms (im Jahr 64) errichten ließ – auf dem Gelände, das nach Abriss der beschädigten Häuser frei geworden war. Ein Riesenbau, den man nur in der doppelten Bedeutung des Wortes mit „Wahnsinn!" kommentieren konnte. Nicht so sein Erbauer: Bei der Einweihung drückte Nero seine Zufriedenheit mit den Worten aus:

„Nun fange er endlich an, menschenwürdig zu wohnen." (**Quasi hominem tandem habitāre coepisse,** so sein Biograf Sueton.)

Das war schon ein reichlich zynischer „Spruch". Denn auch Nero wusste, wie die allermeisten

Die īnsulae (Wohnblöcke) in der Hauptstadt waren oft nur durch enge Straßen getrennt. Das ermöglichte – wenig erwünschte – Einblicke in Nachbarwohnungen. Zeichnung von Peter Connolly.

„anderen" Menschen in Rom wohnten. Sie lebten in engen, dunklen, lauten Mietwohnungen, mit mehreren Personen in ein, zwei Zimmern, die man ganz zutreffend auch als cellae bezeichnete: Die cella ist die „Kammer", das „Stübchen" der armen Leute (das deutsche Wort „Zelle" leitet sich davon ab). Manche reichen Römer kannten solche Kammern aus eigener Anschauung: Wenn sie mal „Armut spielten", zogen sie sich in die cella pauperis, „Armenkammer", ihres luxuriösen Anwesens zurück. Für geschätzt mehr als zwei Drittel der hauptstädtischen **Bevölkerung** waren diese

Unten dunkel und oft feucht, oben heiß: Am besten wohnte man in der Mitte, auch wenn die Wohnungen sehr verschieden groß waren. Im Erdgeschoss lagen Läden. Zeichnung der einzigen zum Teil erhaltenen īnsula in Rom.

Mini-Wohnungen aber bittere alltägliche Realität. Ihr einziger „Auslauf" waren die Straßen, **Säulenhallen** und **Parks** der Stadt.

Die cellae lagen in den īnsulae, „Wohnblöcken", in der Regel in den oberen Stockwerken. Die Wohnungen ganz oben, direkt unter dem Dach, wo es in den Sommermonaten heiß und stickig wurde, galten neben denen ganz unten, im feuchten Kellergeschoss, als die schlechtesten Wohnlagen. Sie wurden als tenebrae oder cellae fuscae, „dunkle Löcher", beschrieben. Auch die etwas besseren unter den kleinen Wohnungen hatten meist keine Küche, keine **Toilette** und keinen Wasseranschluss. Wenn sie etwas Warmes essen wollten, waren die Mieter auf das Angebot von Snackbars angewiesen. Wasser mussten sie aus einem Becken an der Straße holen, und ihren Nachttopf (matella) entsorgten sie in einer öffentlichen Toilette. Die Fenster hatten oft keine Scheiben, wohl aber Fensterläden. Zum Heizen diente ein

Holzkohlebecken. Das verband sich bei der Enge der Wohnung mit einem besonderen Brandrisiko. Viele Wohnungen hatten wenig natürliches Licht, weil die Straßen eng und die nächsten īnsulae dicht gegenüberlagen. Kerzen hellten das Dunkel notdürftig auf.

Das Inventar war sehr karg: ein Bett oder mehrere Betten, Stühle, ein Tisch, ein oder zwei Truhen für die **Kleidung** und andere Habseligkeiten. Manche Leute besaßen nichts außer einem Bett und einem Schemel, sagte Cicero einmal, um „arme Schlucker" zu charakterisieren. Und der Spott-Dichter Martial ist mit der Aufzählung eines bescheidenen Hausrats schnell am Ende: ein klappriges altes Bett, ein wackelnder Tisch, ein Leuchter, ein Holzkrug – und ein Nachttopf, aus dessen Riss fieserweise Urin läuft ... Auch wenn beide, Cicero wie Martial, vielleicht übertrieben: Die Lebenswirklichkeit zahlloser Mieter war nicht weit von diesen Beschreibungen entfernt.

In allen römischen Großstädten gab es „Hochhäuser", die vier oder fünf Stockwerke hatten. In der Hauptstadt aber baute man sechs bis sieben Stockwerke hoch, denn Baugrund war knapp und teuer. Bei 21 Metern Gebäudehöhe war per Gesetz Schluss; die Höchstgrenze wurde später auf 18 Meter reduziert. Allerdings wurden die Baugesetze oft genug durch „Erweiterungen" mittels hölzerner, etwas zurückliegender Aufbauten umgangen.

„Angesichts der erhabenen Größe Roms und der unendlichen Zahl seiner **Bürger** müssen sich unzählige Wohnungen ausbreiten", beschrieb der Architekt Vitruv das Problem im 1. Jh. v. Chr. Die Lösung in seinen Worten: „Die Sachlage zwang dazu, hilfsweise in die Höhe zu bauen. Deshalb werden auf steinernen Pfeilern mit Ziegelmauerwerk und Bruchsteinwänden hohe Bauten errichtet."

Das Ergebnis seien „hervorragende Wohnungen", findet Vitruv. Diesem Urteil schließen sich moderne Historiker nicht an. Gewiss, Vitruv hat insoweit recht, als es in Rom keine Slums (Elendsviertel) gab. Und gegenüber **Bettlern** und Obdachlosen hatten es die Mieter „gut". Sorglos aber konnten sie nicht sein. Viele Haus-

W

eigentümer sparten bei den Baumaterialien, sodass Häuser nicht selten in sich zusammenfielen. Noch größer war die Gefahr durch Brände. Sie waren eine ständige Geißel der Großstadt und bedrohten alle, die in den oberen Stockwerken wohnten, in besonderer Weise. Dann war da noch die Sorge, die Miete nicht mehr bezahlen zu können. In Rom waren die Mieten extrem hoch, bis zu viermal so hoch wie in einer Kleinstadt. Wer nicht zahlte, wurde vom Hausverwalter (īnsulārius) und seinen Helfern schnell aus seiner Wohnung geworfen. Es lässt tief blicken, wenn jemand in seiner Grabinschrift den Tod als Erlösung von ständigen Mietsorgen begrüßt ...

„Zwei meiner Mietshäuser sind zusammengefallen, und die übrigen haben Risse. Deshalb sind nicht nur die Mieter, sondern auch die Mäuse abgewandert. So etwas nennen die Leute ein Unglück, für mich dagegen ist es nicht mal ein Ärgernis."
(So der berühmte Anwalt Cicero.)

Im Erdgeschoss der īnsulae waren sehr häufig tabernae untergebracht, Läden und Handwerksbetriebe. Nicht wenige Betreiber dieser Geschäfte lebten in einem Zwischengeschoss (pergula), das über eine Treppe oder Leiter zugänglich war. Diese pergula bestand oft aus einem Erker, der über dem Bürgersteig gebaut war. Auch das war eine winzige Wohnung; in pergulā nātus, „in einer pergula geboren", war gleichbedeutend mit „aus ärmlichen Verhältnissen".

Die darüber im ersten Stock liegenden Wohnungen waren oft größer, mit vier oder sogar noch mehr Zimmern. Sie hatten viel Platz und Licht und waren teilweise als Luxusapartments gestaltet. In ihnen wohnten auch Angehörige der Oberschicht. Die Mieten in diesen cēnācula genannten Etagenwohnungen waren hoch – für Normalverdiener unerschwinglich. In Ostia sind Luxus-cēnācula ausgegraben worden, die bis zu zwölf Zimmer umfassten. Manchmal wurden sie untervermietet, sodass sie mehrere **Familien** beherbergten. Īnsulae waren also nicht nur Mietskasernen für „kleine Leute" und Habe-

Blick aus dem Atrium (mit **impluvium** in der Mitte) im ausgesprochen luxuriösen Wohnhaus der Vettier in Pompeji in die angrenzenden Räumlichkeiten. Zeichnung.

nichtse, sondern wurden durchaus auch von wohlhabenderen Familien der Mittelschicht oder „Singles" bewohnt, die kein eigenes Haus besaßen oder besitzen wollten.

In Rom hat sich nur eine einzige īnsula erhalten, und zwar am Nordwestabhang des Kapitols unterhalb der Kirche Aracoeli. Sie hatte fünf Stockwerke mit einer typischen Gliederung: unten tabernae, darüber cēnācula und in den oberen Etagen kleine Wohneinheiten.

Die meisten reichen Leute wohnten in domūs. Wie das deutsche Lehnwort „Dom" andeutet, war die domus ein sehr geräumiges, meist freistehendes Haus, häufig eine Art kleiner Stadtpalast – mindestens das, was wir heute eine „Villa" nennen (im Lateinischen verstand man unter dem Begriff vīlla stets ein Landhaus). Die domus verfügte über etliche Zimmer (cubicula). Ihr Herzstück war das Atrium. Es sollte möglichst groß, hoch und repräsentativ sein. Römische Aristokraten empfingen hier ihre **Klienten** zur Morgenbegrüßung; das waren manchmal mehrere Dutzend Gäste. War kein Besuch da, diente das Atrium auch als Kinderspielplatz.

Zur domus gehörte häufig auch ein Peristyl. Das war ein von Säulen begrenzter Hof mit gepflegter Gartenanlage, von dem aus weitere Räume zugänglich waren. Unter diesen war das Triklinium besonders aufwendig gestaltet. Malereien, Stuckarbeiten und Statuen schmückten das Esszimmer, das seinen Namen drei Klinen (Speisesofas für je drei Personen, lectī) verdankte. Für weitere Gäste standen Stühle bereit. Besonders wohlhabende Hauseigentümer ließen sich mehrere Triklinien – unterschiedliche auch für Sommer und Winter – bauen.

Natürlich hatte jedes vornehme Haus eine eigene Küche und meist auch eine Toilette, die nahe bei der Küche lag (so musste man die Abwasserleitungen nicht durchs ganze Haus verlegen). Auch das larārium, der Altar für die Laren (Hausgötter), lag meist unweit der Küche. Lararien waren entweder auf die Wand gemalt oder als kleine **Tempel** gestaltet.

Eine Bibliothek galt als wichtiges Statussymbol – wie überhaupt eine magnifica domus, ein „prächtiger Stadtpalast", zeigte, dass man zur

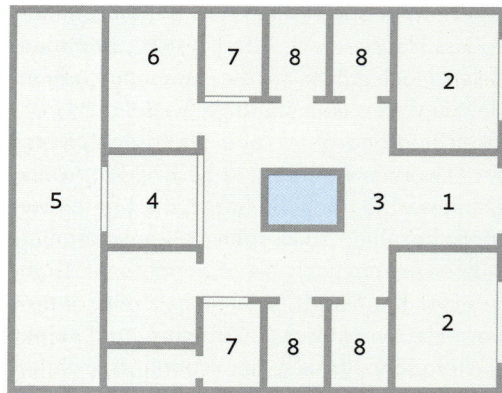

Der typische Grundriss einer römischen **domus**.

1 Diele / Flur (**faucēs**)
2 Läden (**tabernae**)
3 Atrium mit **impluvium** in der Mitte
 (aus dem darüber offenen Dach regnete es
 in dieses Becken)
4 Tablinum
5 Garten (**hortus**)
6 Triklinium
7 Sogenannte **ālae** (offene „Flügel")
8 Sonstige Räume (**cubicula**)

„feinen" Gesellschaft gehörte. Man legte Wert darauf, den Standesgenossen zu demonstrieren, dass man, was Wohnluxus anging, mithalten konnte. Neureichen wie Trimalchio im Roman Petrons konnte dieses Vorführen schon mal zu übertriebener Protzerei entgleiten:

„Ihr wisst ja, früher war das hier eine Bruchbude. Jetzt ist es ein Tempel. Es hat vier Speisesäle, 20 Schlafzimmer, zwei Marmorkolonnaden, oben eine Zimmerflucht, der Gästeflügel kann 150 Leute aufnehmen."

In den einst vom Vesuv verschütteten Städten haben Archäologen viele domūs ausgegraben – nicht nur Häuser von Millionären, sondern auch solche einer gehobenen Mittelschicht. Was man dort auch festgestellt hat: Seit dem 1. Jh. v. Chr. war es nicht unüblich, Atrium-Häuser durch eingezogene Wände in mehrere „Reihenhäuser" aufzuteilen.

Sosehr man auf üppigen Dekor mit wunderschönen Wandmalereien und Hausgerät aus Silber und Gold Wert legte, so zurückhaltend war man mit Möbeln. Die wichtigsten Möbelstücke waren Betten, Sofas zum Speisen und Ausruhen und verschließbare Schränke aus Holz (armāria). Viele zogen allerdings Truhen (arcae) zur Aufbewahrung von Hausrat, Kleidung und **Schmuck** vor. Die wichtigste Truhe stand meist im Tablinum, dem mit Bildern geschmückten Zimmer zwischen Atrium und Peristyl. Darin lag das **Geld** – bei reichen Leuten war das geradezu eine schwere Schatztruhe, da es ja keinen bargeldlosen Zahlungsverkehr und keine Geldscheine gab. Bewacht wurde sie vom ātriēnsis, dem Türhüter.

Stühle kannte man in unterschiedlicher Ausfertigung: einfache Schemel (scamna), Stühle mit Arm-, aber ohne Rückenlehne (sellae) sowie cathedrae mit Rückenlehne. Teure Kandelaber (Kerzenständer) und Spiegel zählten ebenfalls zum Mobiliar – und natürlich Tische von unterschiedlicher Form und Größe. Manche Multimillionäre sammelten Tische aus kostbarsten Hölzern und „Erbstücke" berühmter Männer. Sie gaben Hunderttausende dafür aus; mēnsārum īnsānia, „Tisch-Wahnsinn", nannte der Luxus-Kritiker Plinius der Ältere dieses kostspielige Hobby. Auf Beistelltischen wurden gern teures Tafelgeschirr und die Ringe des Hausherrn präsentiert.

Oft noch prächtiger als die Stadtpaläste waren die Villen, die sich die Reichen auf ihren Landbesitzungen bauen ließen. Eine besonders begehrte Lage war die vīlla suburbāna. Sie war am Rand der Stadt gelegen und daher schnell zu erreichen, zugleich aber in ländlicher Umgebung, sodass sich dort auch weitläufige **Parks** mit schönen weiten Aussichten (prōspectūs) auf Berge, Seen oder Meer anlegen ließen. Diese vīllae gehörten zum gehobenen Freizeitstil wohlhabender Römer. Das ōtium („Freizeit") auf dem Lande verbrachten sie in einer Wohnumgebung, bei der sie auf städtischen Komfort nicht zu verzichten brauchten – einschließlich Privatthermen zum **Baden**, Kunstsammlungen und langer Wandelgänge mit Sommertriklinien im Freien, Springbrunnen und Wildparks. Das Konzept dieses Wohnens hieß: Harmonie von Natur und Kultur. Kein Wunder, dass diese Traumvillen überall dort entstanden, wo die Landschaft besonders reizvoll war: am Meer, an Seeufern und in bergigen Regionen – die Alpen allerdings waren den Römern zu rau und unwegsam.

„Was macht Comum, dein und mein Lieblings-Anwesen (dēliciae)? Was dein wunderschönes Gut nahe der Stadt? Was die stets frühlingshafte Säulenhalle? Was der kristallklare Wasserlauf? Was der angrenzende dienstbare See? Was das Bad, das von reichlichem Sonnenschein erfüllt und umflutet ist? Was die Speisesäle für große Gesellschaften und die für intime kleine Zirkel? Wenn das alles dich dort hält, bist du glücklich und wahrhaft reich!" (Plinius der Jüngere)

Die meisten Landbewohner konnten von einem solchen Wohnluxus nur träumen.

Ausdruck erhöhten Wohnkomforts: Diese bronzenen Akrobatenfiguren (10,5 cm hoch) gehörten zu Beinen eines Möbelstücks. Aus Nordafrika, 2. Jh.

Gutshöfe waren oft in drei Gebäudekomplexe unterteilt. Die pars urbāna, der „städtische Teil", war der Herrensitz; dort wohnten der Eigentümer und seine Familie möglicherweise auch nur auf Zeit, wenn sie Urlaub auf dem Land machten (rūsticārī). In der pars frūctuāria („Früchteteil") lagerten Vorräte (Wein, Öl, Getreide). Die unfreien und freien Arbeiter lebten in der pars rūstica, dem „ländlichen Teil", in kleinen cellae (Kammern) und einer großen Küche, die als Speise- und Aufenthaltsraum diente. Über diesem Bereich lag die Wohnung des Gutverwalters (vīlicus) und seiner Frau (vīlica); auf diese Weise hatten sie das Personal stets im Blick.

Der Flucht verdächtige und aus Sicht des Verwalters arbeitsscheue **Sklaven** wurden zur Strafe oft in unterirdische Arbeits-**Gefängnisse** (ergastula) eingesperrt und mussten die Nacht als servī vīnctī, „angekettete Sklaven", verbringen. Man ahnte sehr wohl, dass solche „Menschen ohne Hoffnung" nicht gerade besonders hohe Erträge erwirtschafteten. Trotzdem scheinen manche Gutsverwalter diese üble Behandlung fortgesetzt zu haben, auch nachdem sie zu Beginn des 1. Jh.s gesetzlich verboten worden war.

Die meisten Kleinbauern und Tagelöhner lebten in bescheidenen Hütten (casae; tuguria). Nicht wenige waren aus Holz gebaut und bestanden lediglich aus einem Raum mit dem notwendigsten Mobiliar: Bett, Tisch, ein paar Schemeln, Wandregalen und einem Herd. Es wurden aber auch die Überreste von Bauernhäusern mit größerem Grundriss und mehreren Zimmern nachgewiesen. Auf dem Land war es in dieser Hinsicht ähnlich wie in der Stadt: Die Wohnverhältnisse richteten sich nach den finanziellen Möglichkeiten der Menschen.

Das war auch in einem weiteren Bereich so: bei Gräbern. Sie wurden von vielen als domūs oder domicilia der Toten gesehen. Während verstorbene Habenichtse sehr wenig pietätvoll in Massengräbern verscharrt wurden, sicherten sich viele Menschen, die über ein kleines Sparvermögen verfügten, in der Großstadt einen Begräbnisort für ihre Asche in einem Columbarium („Taubenschlag"). Solche Anlagen waren nach der Vielzahl der entsprechenden „Nischen" benannt. Wohlhabende Römer und Römerinnen ließen sich dagegen überirdische Grabmonumente erbauen, die ihre gesellschaftliche Stellung abbildeten. Oft waren das ebenso repräsentative wie fantasievolle „Häuser". So ließ sich beispielsweise Eurysaces, Inhaber einer Großbäckerei, ein Grabmal bauen, das aussah wie ein Backofen.

Wie zahllose andere Römer wollte er möglichst auffällig und möglichst lange die Erinnerung (memoria) an ihn bei den Lebenden wachhalten und als Toter in einer standesgemäßen „Wohnung" zu Hause sein. Der neureiche Trimalchio bringt diese Voraussicht im Roman des Petron ganz cool auf den Punkt:

„Es ist nämlich ganz falsch, zu Lebzeiten zwar auf ein gepflegtes Haus zu achten, sich aber nicht um das Haus zu kümmern, wo wir länger wohnen müssen."

„Wohnung" für die Ewigkeit: das Grabmal des Großbäckers Eurysaces und seiner Frau an der Porta Maggiore in Rom, 1. Jh.

Mit dem Namen Nero und der Angabe
TRIB(ūnīcia) POT(estāte) VIII in Zeile 3 und 4
lässt sich die Inschrift datieren: auf 62 n. Chr. (acht
Jahre nach seinem Regierungsantritt im Jahr 54).

Zeitrechnung

Was passierte Appiō Claudiō Caudice Mārcō Fulviō Flaccō cōnsulibus, „im Konsulatsjahr des Appius Claudius Caudex und des Marcus Fulvius Flaccus"? Es dürfte nicht leicht jemand zu finden sein, der das auf Anhieb beantworten kann. Anders, wenn man die römische Zeitangabe in die christliche Zeitrechung umrechnet: Es geht um das Jahr 264 v. Chr. Damals brach der Erste Punische Krieg aus. Rom griff erstmals über Italien hinaus, und es sollte mehr als zwei Jahrzehnte dauern, bis Karthago besiegt war.

Die Datierung nach Konsuln war seit dem Übergang zur Republik (509 v. Chr.) die amtliche Form der Zeitrechnung (Chronologie: „Lehre von der Zeit", von griechisch chrónos, „Zeit"). Es war auch in griechischen Staaten üblich, das Jahr nach dem oder den höchsten **Beamten** zu benennen. Man spricht von eponymen, also „namengebenden" Beamten.

Erst im 1. Jh. v. Chr. kam eine neue Zeitzählung auf: ab urbe conditā, „seit der Gründung der Stadt". Eine solche „Ära" beginnt mit einem festen Zeitpunkt, im Falle Roms mit dem Jahr 753 v. Chr. Wahrscheinlich hat der Gelehrte Marcus Terentius Varro, ein Zeitgenosse Cäsars, dieses Jahr errechnet. Diese Zeitzählung findet sich allerdings nur in literarischen Texten. Das berühmteste Werk, das diese Ära sogar im Titel trägt, sind die ab urbe conditā librī, die Titus Livius zur Zeit des ersten Kaisers, Augustus

(Kaiser 27 v. Chr. – 14 n. Chr.), schrieb: 142 Bücher über die römische Geschichte bis zum Jahr 9 n. Chr. Sie sind aber nicht alle erhalten. Wenn Griechen Geschichtswerke verfassten, bezogen sie sich häufig auf eine andere Ära: die der Olympiaden. Der Beginn dieser Zeitrechnung lag im Jahr 776 v. Chr., als die ersten Olympischen Spiele stattgefunden haben sollen. Eine Olympiade umfasste vier Jahre (die Spiele fanden alle vier Jahre statt). Roms Gründungsjahr z. B. lag damit im vierten Jahr der sechsten Olympiade.

In der Kaiserzeit kam eine neue Jahreszählung dazu: die Regierungszeit des jeweiligen **Kaisers**. Da er regelmäßig das Amt des **Volkstribunen** bekleidete, entsprach ein Herrschaftsjahr der Zählung seiner „tribunizischen Gewalten". Ein Beispiel: Nero wurde im Jahr 54 Kaiser. Wenn auf einer Inschrift oder einer Münze die Angabe trib(ūnīcia) pot(estāte) VI steht, so ist sie ins Jahr 60 n. Chr. zu datieren (54 + 6).

Die Zeitrechnung, die sich weltweit am stärksten durchgesetzt hat, ist die christliche Ära. Sie wurde von dem Mönch Dionysius Exiguus im Jahr 525 berechnet – mit einem Fehler von rund sieben Jahren. Diese Ära „nach Christi Geburt" wurde allerdings erst seit dem frühen 8. Jh. gebräuchlich – und die Zeitrechung „vor Christi Geburt" erst seit 1627. Aber Vorsicht! Sie hat eine Tücke, auf die nicht wenige Menschen hereinfallen: Das Jahr „Null" gibt es nicht! Ganz konkret: Auf den 31. Dezember 1 v. Chr. folgte der 1. Januar 1 n. Chr.

Älius Aristides (um 117 – 181): Berufsredner; ca. 50 Reden sind überliefert, darunter eine „Preisrede auf Rom".

Apuleius (um 125 – 170): römischer Schriftsteller; sein bekanntestes Werk sind die „Metamorphosen"; in dem Roman geht es um die Verwandlung eines Menschen in einen Esel (mit Rückverwandlung).

Augustus (63 v. Chr. – 14 n. Chr.): erster römischer Kaiser; seine politische Leistungsbilanz veröffentlichte er kurz vor seinem Tod: sehr kurz gefasste „Rēs gestae" („Tatenbericht") in griechischer und lateinischer Sprache.

Cäsar (100 – 44 v. Chr.): römischer Politiker, Feldherr und Schriftsteller; die Eroberung Galliens schilderte er in seinem Werk „Dē bellō Gallicō", den Bürgerkrieg mit Pompejus in „Dē bellō cīvīlī".

Cassiodor (um 490 – um 583): römischer Senator und Schriftsteller; erhalten sind u. a. eine Sammlung amtlicher Schreiben („Variae") und eine kurze Weltgeschichte („Chronica").

Cassius Dio (um 164 – um 235): römischer Senator und griechischer Historiker; seine „Römische Geschichte" ist teilweise, für die Zeit von 68 v. Chr. bis 47 n. Chr. vollständig erhalten.

Cato (234 – 149 v. Chr.): römischer Politiker, 195 v. Chr. Konsul, 184 v. Chr. Zensor; er schrieb eine „Römische Geschichte" („Orīginēs"; nur in wenigen Auszügen erhalten) und ein Werk über Landwirtschaft („Dē agrī cultūrā"; komplett überliefert).

Catull (um 84 – 54 v. Chr.): römischer Dichter, besonders berühmt durch seine Liebesdichtung.

Cicero (106 – 43 v. Chr.): römischer Politiker, Anwalt und Schriftsteller; sein literarisches Werk umfasst Schriften zur Philosophie und Rhetorik, Reden und Briefe.

Claudian (um 370 – nach 403): lateinischer Dichter; seine Hauptwerke sind das Epos „Raub der Proserpina" und „Panēgyricī" (Lobreden) auf führende Staatsmänner.

Columella (1. Jh. v. Chr.): römischer Schriftsteller; erhalten ist ein umfassendes Werk über Landwirtschaft („Dē rē rūsticā").

Diodor (1. Jh. v. Chr.): griechischer Historiker; er schrieb eine bis in seine Zeit reichende „Weltgeschichte" (sie ist nur in Teilen erhalten).

Gellius (2. Jh. n. Chr.): römischer Schriftsteller; er schrieb Essays über Literatur, Geschichte und andere Wissensgebiete („Noctēs Atticae").

Homer (7. Jh. v. Chr.): für die Antike war er der Dichter schlechthin; sein Epos „Ilias" (der Kampf um Troja) umfasst 15.700, seine „Odyssee" (die Irrfahrt des Troja-Helden Odysseus), ebenfalls ein Epos, rund 12.000 Verse, jeweils in 24 Büchern.

Horaz (65 – 8 v. Chr.): römischer Dichter, Verfasser u. a. von Satiren („Sermōnēs"; „Epistulae"), lyrischer Dichtung („Oden" und „Epoden") und einer Dichtungstheorie („Ars poētica").

Juvenal (67 – um 128): römischer Dichter; von ihm sind 16 bissige Satiren überliefert.

Livius (59 v. Chr. – 17 n. Chr.): römischer Historiker; von seiner 142 Bücher umfassenden „Römischen Geschichte" („Ab urbe conditā") sind 35 vollständig überliefert, u. a. über die Frühzeit Roms.

Lukan (39 – 65): römischer Dichter, Verfasser eines Epos über den Bürgerkrieg zwischen Cäsar und Pompejus („Pharsālia").

Martial (um 40 – um 104): römischer Dichter; seine Spott-Epigramme sind eine wichtige Quelle zum Alltag im alten Rom.

Ovid (43 v. Chr. – 17 n. Chr.): römischer Dichter; sein Werk umfasst u. a. Liebesdichtung („Amōrēs", Liebesgedichte; „Ars amātōria", „Kunst der Liebe"), Ursprungssagen römischer Feste („Fāstī"; nur für Januar bis Juni) und Exildichtung („Trīstia", „Trauergedichte"; „Epistulae ex Pontō", „Briefe vom Schwarzen Meer"); Ovids Hauptwerk aber sind die „Metamorphosen", Verwandlungssagen in 15 Büchern – eine „Welterklärung" in mythologischen Gestalten.

Petron (1. Jh., gestorben wohl 66 n. Chr.): hoher römischer Beamter und Schriftsteller; der bekannteste Teil seines Episodenromans „Satyrica" ist die „Cēna Trimalchiōnis", das „Gastmahl des Trimalchio".

Plautus (um 250 – 184 v. Chr.): römischer Dichter; er soll 130 Komödien verfasst haben; 21 davon sind erhalten.

Plinius der Ältere (23 – 79): römischer Beamter und Schriftsteller; erhalten sind 37 Bücher „Naturkunde" („Nātūrālis historia"); er starb beim Vesuvausbruch des Jahres 79.

Plinius der Jüngere (61 – 113): Neffe des Älteren Plinius, hoher römischer Beamter, Anwalt und Schriftsteller; sein Werk umfasst neun Bücher Privatkorrespondenz und ein Buch Briefwechsel mit Kaiser Trajan.

Plutarch (um 45 – um 120): griechischer Schriftsteller; am bekanntesten sind seine Parallelbiografien, in denen er jeweils einem berühmten Griechen einen ebenso berühmten Römer gegenüberstellte.

Polybios (um 200 – 120 v. Chr.): griechischer Politiker und Historiker; er verbrachte viele Jahre in Rom; sein historisches Werk widmet sich vor allem dem Aufstieg Roms (von 220 bis 144 v. Chr.; es ist nur zu einem Drittel erhalten).

Properz (um 45 – 15 v. Chr.): römischer Dichter, Verfasser von Liebeselegien.

Quintilian (um 35 – 95 n. Chr.): römischer Redner und Rhetorikprofessor; seine „Īnstitūtiō ōrātōria" („Unterweisung in Rhetorik") in zwölf Büchern beschreibt den Bildungsgang des guten Redners.

Rutilius Namatianus (4./5. Jh.): römischer Beamter und Schriftsteller; sein Werk „Dē reditū suō", „Über seine Rückkehr (nach Gallien)", ist eine Lobeshymne auf Rom.

Sallust (86 – 35 v. Chr.): römischer Politiker und Historiker; erhalten sind zwei Monografien, u. a. über die „Verschwörung des Catilina" („Dē Catilīnae coniūrātiōne"), sowie Auszüge aus seinen „Historien".

Seneca (um 1 – 65): römischer Politiker, Erzieher Neros, Philosoph; er schrieb philosophische Briefe („Epistulae mōrālēs") und Abhandlungen, u. a. „Dē vītā beātā" („Über das glückliche Leben").

Sidonius Apollinaris (um 430 – 486): römischer Schriftsteller; er verfasste Gedichte, Briefe und Lobreden („Panēgyricī").

Statius (um 45 – um 95 n. Chr.): römischer Schriftsteller; Hauptwerke sind das Epos „Thēbais" und die „Silvae", Gelegenheitsgedichte zu verschiedenen öffentlichen und privaten Anlässen.

Sueton (um 70 – 140): Privatsekretär des Kaisers Hadrian und Schriftsteller; Verfasser u. a. berühmter Kaiserbiografien.

Tacitus (um 55 – 120 n. Chr.): hoher römischer Beamter und Historiker; seine (nur zum Teil erhaltenen) Hauptwerke sind die „Annalen" (Geschichte Roms von 14 bis 68 n. Chr.) und die „Historien" (Geschichte Roms von 69 bis 96 n. Chr.) sowie die „Germānia", die „Biografie" eines ihn faszinierenden „Barbaren"-Volkes.

Terenz (um 185 – 159 v. Chr.): römischer Komödiendichter; sechs Stücke sind erhalten.

Tibull (um 50 – 19 v. Chr.): römischer Dichter; erhalten sind zwei Bücher Liebeselegien.

Varro (116 – 27 v. Chr.): römischer Politiker und Schriftsteller; er verfasste Werke u. a. über römische Religion und Kulturgeschichte; erhalten sind nur Werke über die lateinische Sprache („Dē linguā Latīnā"; teilweise erhalten) und über die Landwirtschaft („Dē rē rūsticā").

Vergil (70 – 14 v. Chr.): römischer Dichter; sein wichtigstes Werk ist die „Aenēis", das römische Nationalepos; weitere Werke: u. a. „Būcolica" (Hirtengedichte) und „Geōrgica" (Lehrgedicht über Landwirtschaft).